パッと見るだけ

{ The best book for office workers. }

やさしく教わる

Word & Excel

Office 2021 / Microsoft 365 対応

国本温子 著

SB Creative

本書の掲載内容

本書は、2024年2月の情報に基づき、Word 2021とExcel 2021の操作方法について解説しています。また、本書ではWindows版のWord 2021とExcel 2021の画面を用いて解説しています。ご利用のWord、Excel、OSのバージョン・種類によっては、項目の位置などに若干の差異がある場合があります。あらかじめご了承ください。

本書に関するお問い合わせ

この度は小社書籍をご購入いただき誠にありがとうございます。小社では本書の内容に関するご質問を受け付けております。本書を読み進めていただきます中でご不明な箇所がございましたらお問い合わせください。なお、ご質問の前に小社Webサイトで「正誤表」をご確認ください。最新の正誤情報を下記のWebページに掲載しております。

本書サポートページ https://isbn2.sbcr.jp/23906/

上記ページに記載の「正誤情報」のリンクをクリックしてください。
なお、正誤情報がない場合、リンクをクリックすることはできません。

ご質問送付先
ご質問については下記のいずれかの方法をご利用ください。

Webページより
上記のサポートページ内にある「お問い合わせ」をクリックしていただき、ページ内の「書籍の内容について」をクリックするとメールフォームが開きます。要綱に従ってご質問をご記入の上、送信してください。

郵送
郵送の場合は下記までお願いいたします。

〒105-0001
東京都港区虎ノ門2-2-1
SBクリエイティブ　読者サポート係

はじめに

　本書は、パソコンを使って仕事をしたことがなく、パソコン作業に不慣れな方を対象として作成しています。そのため、ファイルの扱いや、キーボードの打ち分け、文字入力の方法など、初心者の方でも安心して進めていただくことができます。

　Wordは文書作成用のソフトで、主にビジネス文書を作成するときに使用します。また、Excelは表計算用のソフトで、主に表作成をしたり、データを集めて集計したりするときに使用します。WordやExcelは、会社で日常的に使用されているため、ある程度使えるようにしておかないと、職場で困ることがあるでしょう。本書は、WordとExcelの基本機能を中心とし、さらに仕事で必要とされる機能も盛り込んでいます。そのため、本書を勉強することで、自信を持つことができると思います。

　また、レッスンの進め方にも工夫を凝らしています。Sectionごとに、最初にBeforeとAfterの画面を見ていただき、これから何をするのかを確認します。次に練習用サンプルを使い、画面の手順に従って実際に操作します。各レッスンの目標が明確なので、紹介する機能を着実に身に付けることができるでしょう。

　本書を一通り学習することで、WordとExcelの基本的な操作や機能をマスターし、実務で必要となる文書や表は、ほぼ問題なく作成することができるようになることと思います。本書が、皆様のスキルアップの一助となれば幸いです。

2024年4月

国本温子

本書の使い方

「見るだけ方式」採用！初心者のためのいちばんやさしいWordとExcelの入門書です。どなたでもオフィスでパソコン仕事ができるレベルまでスキルアップできるよう、たくさんの工夫と仕掛けを用意しました。以下の学習法を参考にしながら、適宜アレンジしてご活用ください。

Step 1 「見る」

眺めるだけで学習効率アップ！

「見るだけコーナー」で概要をチェック

まずは、使う機能の効果を確認しましょう。Before/Afterの図解で、操作の前後でどう変わるのかよくわかります。

まずは パッと見るだけ！

リラックスして見てみよう！

文字とセルの色を設定する

表の見出しなど、他のセルと区別したい行や列の文字／セルに色を設定注目度を上げることができます。

●文字とセルに色を付ける

Before 操作前

		2024/3/1
3	商品NO 商品名	価格
4	2023年製	

表の項目名を強調したい

After 操作後

		2024/3/1
3	商品NO 商品名	価格
4	2023年製	

文字とセルに色を付けたため、表の区切りが明確になり、項目が見やすくなった

Step 2 「試す」

練習用ファイルのダウンロードはp.6参照

「レッスン」で操作をマスター

紙面を見ながら練習用ファイルを使って、実際にExcelの機能を試してみましょう。1操作ずつ画面に沿って丁寧に解説しているので、安心して進められます。

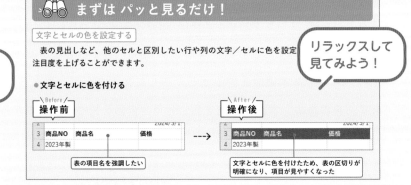

レッスン 25-1 文字とセルに色を設定する

練習用ファイル 25-1-生活家電商品.xlsx

操作 文字とセルに色を設定する

文字に色を設定するには、[ホーム]タブの[フォントの色]▲を使います。
セルに色を設定するには、[ホーム]タブの[塗りつぶしの色]◇を使います。
どちらも▼をクリックしてカラーパレットを表示し、設定したい色をクリックします。

Point 直前に設定した同じ色を設定する

セルや文字の色を変えると、[塗りつぶしの色]◇や[フォントの色]▲には、◇や▲のように、直前に設定した色が表示されます。
手順の後に続けて同じ色を設定したい場合は、直接◇や▲をクリックして設定できます。

セルに色を設定する

ここでは、セル範囲A3〜C3のセルを濃い緑、文字を白に設定します。

1 セル範囲を選択します。

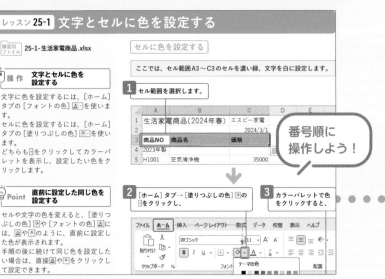

番号順に操作しよう！

2 [ホーム]タブ→[塗りつぶしの色]◇の▼をクリックし、

3 カラーパレットで色をクリックすると、

「演習」
☆ ☆ ☆

「パソコン仕事の練習問題」に挑戦

レッスンで試した機能を、パソコン仕事でよくあるシチュエーションで練習してみましょう。各章を学習したら、自分のペースで練習問題にチャレンジしましょう。

練習問題 いろいろな入力方法を練習してみよう　練習用ファイル 演習3-担当表.xlsx

完成見本を参考に、以下の手順でデータを入力してください。
1 セルA1の「受付スケジュール」を「受付担当スケジュール」に修正する
2 セル範囲A4～A9、セルA4の日付を元にオートフィルを使って連続データ
3 セルG4の値を元に、担当氏名の姓のみをフラッシュフィルを使ってセ
4 セル範囲B4～B9に入力するデータを、データの入力規則を使ってセ
　として設定する
5 セルC7に「はじめての投資」、セルC8に「NISAで資産形成」、セルC9
　オートコンプリートを使って入力する
6 セル範囲D4～D9に「50」を一気に入力する

▼元の表

▼完成見本

（吹き出し）レッスンを見ながら操作もOK！

（吹き出し）パソコン仕事のイメージがつかめる！

【ずっと使える】 充実のコンテンツ

解説している機能や操作の理解を深め、便利に使うための関連知識をたっぷり掲載しています。仕事のお供に手元に置いて、リファレンスとしてお役立てください。

💡 Point	操作のポイントや注意点	⌨ ショートカットキー	効率を上げるショートカットキー
📝 Memo	より使いこなすための知識	🕐 時短ワザ	作業を短時間でこなすワザ
📍 コラム	役立つ関連情報	上級テクニック	慣れたら使いたいテクニック

本書のナビゲーションキャラクター

要点で登場して理解をサポート

練習用ファイルの使い方

学習を進める前に、本書の各セクションで使用する練習用ファイルをダウンロードしてください。以下のWebページからダウンロードできます。

練習用ファイルのダウンロード

https://www.sbcr.jp/product/4815623906/

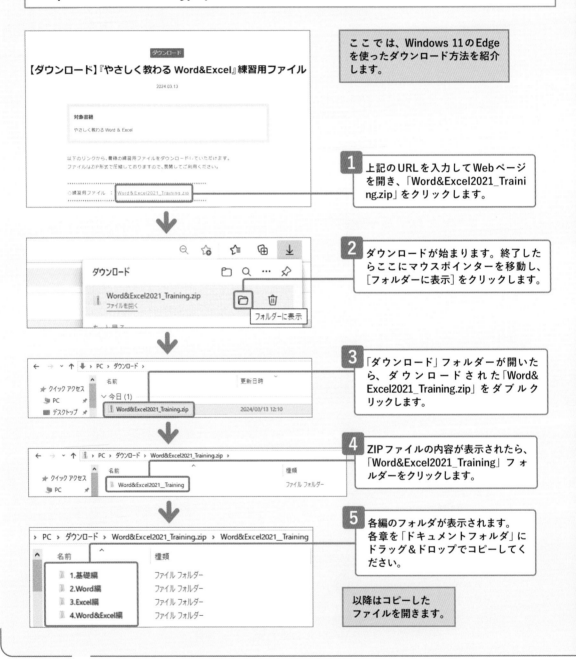

ここでは、Windows 11 の Edge を使ったダウンロード方法を紹介します。

1 上記の URL を入力して Web ページを開き、「Word&Excel2021_Training.zip」をクリックします。

2 ダウンロードが始まります。終了したらここにマウスポインターを移動し、[フォルダーに表示]をクリックします。

3 「ダウンロード」フォルダーが開いたら、ダウンロードされた「Word&Excel2021_Training.zip」をダブルクリックします。

4 ZIP ファイルの内容が表示されたら、「Word&Excel2021_Training」フォルダーをクリックします。

5 各編のフォルダが表示されます。各章を「ドキュメントフォルダ」にドラッグ&ドロップでコピーしてください。

以降はコピーしたファイルを開きます。

練習用ファイルの内容

練習用ファイルの内容は下図のようになっています。

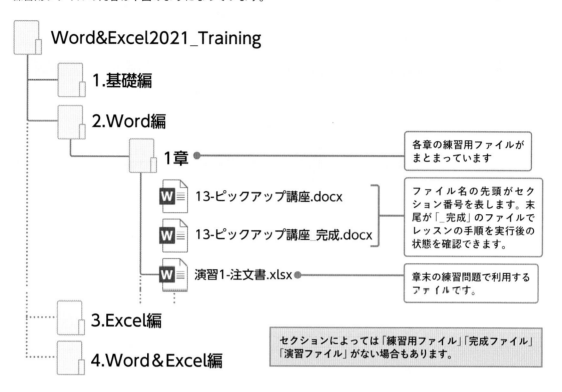

- Word&Excel2021_Training
  - 1.基礎編
  - 2.Word編
    - 1章 ← 各章の練習用ファイルがまとまっています
      - W 13-ピックアップ講座.docx
      - W 13-ピックアップ講座_完成.docx ← ファイル名の先頭がセクション番号を表します。末尾が「_完成」のファイルでレッスンの手順を実行後の状態を確認できます。
      - W 演習1-注文書.xlsx ← 章末の練習問題で利用するファイルです。
  - 3.Excel編
  - 4.Word＆Excel編

> セクションによっては「練習用ファイル」「完成ファイル」「演習ファイル」がない場合もあります。

使用時の注意点

練習用ファイルを開こうとすると、画面の上部に警告が表示されます。これはインターネットからダウンロードしたファイルには危険なプログラムが含まれている可能性があるためです。本書の練習用ファイルは問題ありませんので、[編集を有効にする]をクリックして、各セクションの操作を行ってください。

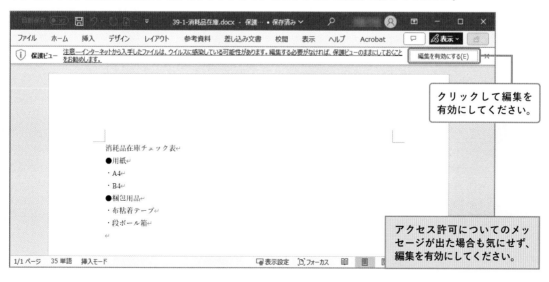

クリックして編集を有効にしてください。

アクセス許可についてのメッセージが出た場合も気にせず、編集を有効にしてください。

Contents

基礎編

第 **0** 章

パソコン仕事きほんのき

29

第 1 章

Word と Excel の基礎を知ろう

49

Ｗｏｒｄ 編

第 1 章

文字の入力をマスターする

91

第 **2** 章

文書の作成をマスターする

129

第 **3** 章

文書の編集を楽にこなそう

167

第 4 章

文字や段落の書式設定

193

第 5 章

きれいな表を作成する

243

第 6 章

文書の中に図形を作成する

279

第 **7** 章

文書に表現力を付ける機能

299

Excel 編

第 1 章

表作成の手順をマスターする

319

第 2 章

セル／行／列を自在に操作する

345

第 3 章

データを速く、正確に入力する

369

第 4 章

表のレイアウトをきれいに整える

387

第 **5** 章

数式や関数で楽に計算する

441

第 **6** 章

表のデータをグラフにする

473

第 7 章

表のデータを便利に利用する

509

第 **8** 章

シートやブックを使いこなそう

543

第 **9** 章

作成した表をきれいに印刷する

565

Word & Excel 編

第 1 章

共同作業に便利な機能

585

第 **0** 章

パソコン仕事
きほんのき

パソコン仕事では、その多くの時間でWordやExcelなどを使ってデータを入力したり、文書や表を作成したりします。そのため、パソコンの作業環境や、適切なデータの保存方法を知ることはとても大切です。

リラックスして
はじめましょう

01 パソコンで必ず使う「デスクトップ」「スタートメニュー」

パソコンを起動するとまず表示される画面がデスクトップです。パソコン仕事では、スタートメニューでWordやExcelなどのアプリケーションを起動させて作業します。

ここで学べること

習得スキル	操作ガイド	ページ
▶デスクトップの役割を知る	なし	p.31
▶スタートメニューの利用		p.31

👀 まずは パッと見るだけ！

デスクトップとスタートメニュー

デスクトップは、Desk Topという文字通り「パソコンの机の上」、つまり作業台にあたります。スタートメニューは、使用できるアプリケーションが一覧で表示されるメニューです。パソコンで仕事をする際に必ず使います。

▼パソコン仕事のルーティーン

❶電源を入れると、デスクトップが表示されます。

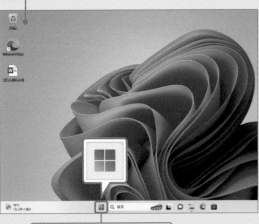

❷スタートボタンを押します。

❸スタートメニューが表示されます。

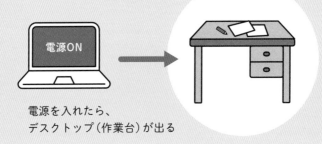

電源を入れたら、デスクトップ（作業台）が出る

デスクトップについて

🔅 Point　デスクトップの機能

デスクトップでは、ウィンドウを開いたり、ファイルを置いたりできます。また、削除されたファイルが保管される［ゴミ箱］やスタートボタンなどが配置されている［タスクバー］が表示されています。

📝 Memo　アプリケーションとは

コンピュータ上で動作するプログラムソフトのこと。「アプリケーションソフト」「アプリ」ともいいます。

デスクトップに表示される内容を確認します。

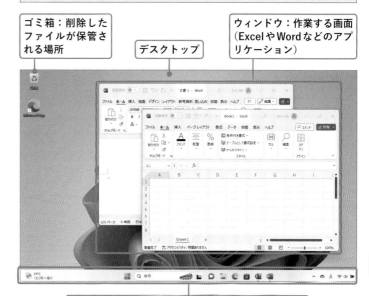

ゴミ箱：削除したファイルが保管される場所

デスクトップ

ウィンドウ：作業する画面（ExcelやWordなどのアプリケーション）

タスクバー：パソコンの状態やアプリケーションのアイコンが表示される

スタートメニューについて

🔅 Point　スタートメニューの機能

スタートメニューには、アプリケーションの一覧と、Windowsにサインインしているユーザー名、電源のアイコンが表示されます。

📝 Memo　使いたいアプリケーションが見つからない場合

スタートメニューには、よく使用するアプリケーションがあらかじめいくつか登録されています。使用したいアプリケーションが見つからない場合は、［すべてのアプリ］をクリックすると、使用できるアプリケーションの一覧が表示され、選択して起動できます。

スタートメニューに表示される内容を確認します。

スタートメニュー：アプリケーションの一覧、電源ボタンが表示される

電源：パソコンの終了、再起動、休止の状態を選択できる

ユーザー名：現在パソコンを使用しているユーザー名が表示される

02 パソコンの引き出し「ドライブ」と「フォルダ」「ファイル」

パソコン仕事

パソコンの「ドライブ」「フォルダ」「ファイル」を実際の物に例えてイメージを理解してから、パソコンの画面を紹介します。

ここで
学べること

習得スキル	操作ガイド	ページ
▶ ドライブの役割を知る	なし	p.33
▶ フォルダの役割を知る		p.33
▶ ファイルの役割を知る		p.33

0

パソコン仕事きほんのき

🔍 まずは パッと見るだけ！

ドライブ／フォルダ／ファイル

ドライブは、パソコンの引き出しです。フォルダは、引き出しの中にしまわれたファイルの保管場所です。関連する書類をパソコンの中でまとめて保管できます。

例えば「見積書フォルダ」では、作成した見積書データをまとめて保管します。

ファイルは、作成した一つ一つの書類データです。

ドライブ＝引き出し

フォルダ＝
書類データの保管場所

ファイル＝書類データ

パソコンの中の引き出しにデータをしまうのね！

給与明細フォルダ

申請書フォルダ

見積書フォルダ

ドライブについて

Point　ドライブの種類

パソコンのドライブには、ハードディスクやUSBなどの機器があります。通常、標準でパソコンに内蔵されているハードディスクは［Cドライブ］というドライブ名がついています。

Memo　ハードディスクとは

コンピュータの代表的な外部記憶装置（ストレージ）のことで、データを記憶するための装置です。

ドライブの一覧を確認します。

パソコン内蔵のドライブ：通常は［C］ドライブ

外付けのドライブ：USBメモリや外付けハードディスクなど。ドライブ名は、パソコンの環境によって異なる

フォルダ／ファイルについて

Point　フォルダの種類

ドライブ内には、あらかじめ［Windows］や［ユーザー］といったフォルダが用意され、関連するファイルが保管されていますが、ユーザーが任意の場所に作成することもできます（p.43参照）。

Point　ファイルとは

ファイルは、データの保存単位です。例えば、Wordで作成した文書はファイルとして保存します。

Memo　拡張子とは

ファイル名の末尾に、「.」（ピリオド）に続けてアルファベットの文字列が表示される場合があります。これを、「拡張子」といいます。詳細はSection04を参照してください。

フォルダの一覧を確認します。

Cドライブ内に作成されているフォルダ一覧

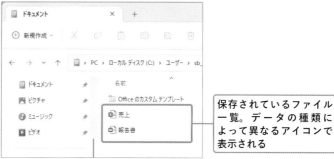

保存されているファイル一覧。データの種類によって異なるアイコンで表示される

パソコンの引き出し「ドライブ」と「フォルダ」「ファイル」

0　パソコン仕事きほんのき

Section

03 ファイルの内容によって保存場所を決めよう

パソコン仕事

手元で作成したファイルの保存場所を、どのように決めるべきか解説します。保存場所がきちんと決まれば、パソコンの中が整理整頓されて仕事がスムーズに進みます。

ここで学べること

習得スキル	操作ガイド	ページ
▶ [ドキュメント]フォルダの利用	レッスン03-1	p.36

👓 まずは パッと見るだけ！

自分用のファイルは[ドキュメント]に保存する

　自分だけが利用するファイルは、[ドキュメント]フォルダに保存します。[ドキュメント]フォルダは、自分専用のフォルダなので他のユーザーは原則開けません。[ドキュメント]フォルダは、エクスプローラーの[クイックアクセス]から開けます。

\ Before /
操作前　　クイックアクセス

クイックアクセスから[ドキュメント]
フォルダを開きたい

\ After /
操作後　　ドキュメント

[ドキュメント]フォルダを開けた

[ドキュメント]
フォルダは自分
専用

📝 Memo　**クイックアクセスに表示されるフォルダ**

クイックアクセスには、ユーザー専用のフォルダや、これまで利用したフォルダ／ファイルの一覧が表示されます。ユーザー専用のフォルダには、[デスクトップ][ダウンロード][ドキュメント][ピクチャ][ミュージック][ビデオ]の6種類あります。

一時的な保存ならデスクトップでもOK

💡 Point デスクトップに保存する メリット

[デスクトップ] フォルダにファイル
を保存すると、デスクトップ上にファ
イルが表示されます。デスクトップ上
にあるため、開きやすく便利です。

💡 Point デスクトップに保存する デメリット

[デスクトップ] に保存すると、他の
人に見られやすいというセキュリティ
上の問題があります。また、数多く保
存するとデスクトップ上が乱雑になり
ます。デスクトップは一時的な保存
場所にするか、すぐに削除するファイ
ルだけを保存しましょう。

左のページの操作前の画面で、[クイックアクセス] から [デスクトップ]
フォルダをダブルクリックして開くと以下のようになり、デスクトップ
に表示されているファイルやフォルダが表示されます（[ゴミ箱] 以外）。

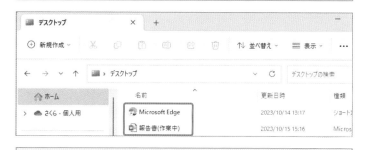

実際のデスクトップ画面

ドライブ内にフォルダを作成して保存できる

💡 Point 任意のフォルダに保存

自分だけが利用するファイルは、[ド
キュメント] フォルダへの保存が推奨
ですが、ドライブ内に任意のフォルダ
を作成して保存することもできます
（Section06参照）。

📍 コラム 既存のフォルダには 保存しない

[Windows] フォルダなどのパソコン
に初めから作成されているフォルダ
には、パソコンを動かすために必要
なファイルやフォルダが保存されて
います。これらのファイルやフォルダ
ダは必要なとき以外は、開かないよ
うにしてください。誤って削除した
り、移動したりするとパソコンが正
常に動作しなくなる場合があります。

[C] ドライブに [学習] フォルダを作成し、いくつかのファイルを保存
している場合、エクスプローラーではこのように表示されます。

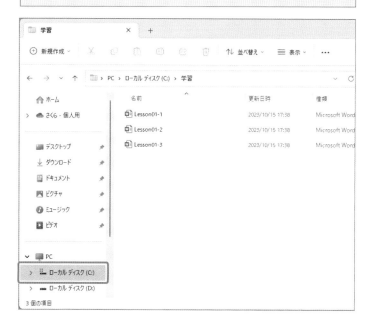

レッスン 03-1 エクスプローラーで すばやく［ドキュメント］フォルダを開く

操作 ［ドキュメント］フォルダを開く

ユーザーの［ドキュメント］フォルダをエクスプローラーから開くには、クイックアクセスから開くのが便利です。

Memo ［ホーム］以外が選択されているとき

手順 2 で［ホーム］以外が選択されている場合は、左側に縦に並んで表示されているクイックアクセスから［ドキュメント］■をクリックしても表示できます。

Memo クイックアクセスの機能

クイックアクセスには、ユーザー用に用意されているフォルダや、ユーザーが最近使ったフォルダやファイルのショートカットが表示されます。ここに表示されているフォルダやファイルをダブルクリックだけで、フォルダやファイルを開くことができます。

Memo 矢印がついているアイコンはショートカット

アイコンの左下に■が表示されている場合があります❶。これは「ショートカット」といいます。実際のファイルではなく、別の場所にあるファイルやフォルダへのリンクが保存されているアイコンです。ショートカットをダブルクリックすると、実際のファイルやフォルダを開くことができます。

❶ Microsoft Edge

1 タスクバーの［エクスプローラー］をクリックすると、

2 エクスプローラーが開き、［ホーム］が選択されます。

3 ［クイックアクセス］に表示されている［ドキュメント］をダブルクリックすると、

4 ［ドキュメント］フォルダが開き、保存されているファイルやフォルダが表示されます。

5 ［閉じる］をクリックしてエクスプローラーを閉じます。

上図に表示されている各ファイルは、ダウンロードファイル内にある0章フォルダに用意しています。p.45を参考に［ドキュメントフォルダ］にコピーすると手順通りの画面になります。ただし、［Officeのカスタムテンプレート］フォルダは、WordやExcelを使用すると自動的に作成されるフォルダであるため、サンプルファイルには用意していません。

コラム　ユーザーの［ドキュメント］フォルダの実際の位置を理解しよう

クイックアクセスに表示されているフォルダやファイルには⤤マークはつけていませんが、これらはすべてショートカットです。ショートカットは前ページのMemoでも説明したように、実際のファイルやフォルダへのリンクが保存されているアイコンで、ダブルクリックするだけでそのファイルやフォルダを開くことができます。

ユーザーの［ドキュメント］フォルダの実際の場所は、Cドライブの［ユーザー］フォルダの中の各ユーザー名（ここでは［sb_sa］）のフォルダの中にあります（右図を参照）。

エクスプローラーでCドライブから順番にたどりながらフォルダを開くには以下の手順になります。

> ユーザーの［ドキュメント］フォルダが
> 実際に作成されている場所です。

1 p.36の手順でエクスローラーを開き、左側の一覧から［PC］をクリックします。

2 ドライブ一覧から［C］をダブルクリックします。

3 Cドライブ内にあるフォルダが表示されました。

4 ［ユーザー］フォルダをダブルクリックします。

5 パソコン内に作成されている全ユーザーのフォルダが表示されました。

6 自分のユーザー名のフォルダをダブルクリックします。

7 自分のフォルダ内にあるフォルダ一覧が表示されました。

8 ［ドキュメント］をダブルクリックします。

9 自分の［ドキュメント］フォルダが表示されました。

10 ［閉じる］をクリックしてエクスプローラーを閉じます。

Section

04 ファイルの種類と拡張子

ここでは、パソコン仕事でよく使われる「ファイルの拡張子の種類」を確認します。また、各ファイルを表すアイコンもあわせて確認してください。

	習得スキル	操作ガイド	ページ
ここで学べること	▶拡張子の表示／非表示の切り替え	レッスン04-1	p.39

まずは パッと見るだけ！

 拡張子を知る

拡張子とは、ファイルの種類を示す文字列です。「.」（ピリオド）と3～4文字のアルファベットで構成されます。拡張子はファイルの種類によって異なります。例えば、Wordのファイルは「.docx」、Excelのファイルは「.xlsx」、テキストファイルは「.txt」になります。

報告.docx

ファイル名　拡張子

▼主なファイルの種類の拡張子とアイコン

ファイルの種類	アイコン	拡張子
Word文書		.docx
Excelブック		.xlsx
PowerPointプレゼンテーション		.pptx
テキストファイル		.txt
CSVファイル		.csv
PDFファイル		.pdf

Memo CSVファイル

CSVファイルとは、Comma Separated Valuesの略で、カンマで区切られたテキストデータを保存するファイル形式のことです。一般的に、データベースや表計算ソフト間でデータを交換する場合に使用されます。

拡張子は、ファイルを区別するのに役立つわ

レッスン **04-1** 拡張子の表示を切り替える

🖱 操作 **拡張子を表示する**

ファイルの拡張子は、エクスプローラーで表示/非表示を切り替えます。ここでの設定変更は、エクスプローラーだけでなく、ExcelやWordなど各アプリケーションにも適用されます。

✍ Memo **拡張子を非表示にする**

拡張子が表示されている場合は、[ファイル名拡張子]の先頭にチェックマークがつきます。この状態で[表示]→[表示]→[ファイル名拡張子]をクリックすると、拡張子を非表示にできます。

> 🗀 項目チェック ボックス
> ✓ 🗋 ファイル名拡張子

拡張子が表示されている場合は、チェックマークが表示されている。

✍ Memo **エクスプローラーの表示**

ここでは、確認用に[ドキュメント]フォルダにいくつかのファイルが保存されている状態で拡張子の表示手順を紹介していますが、エクスプローラーが開いていれば、何が表示されていても設定できます。

ダウンロードファイルの0章フォルダに含まれているファイルを自分の[ドキュメント]フォルダにコピーして操作すると手順通りの画面になります。

1 レッスン**03-1**の手順でエクスプローラーを起動し、[ドキュメント]フォルダを開く

2 [表示]→[表示]→[ファイル名拡張子]をクリックすると、

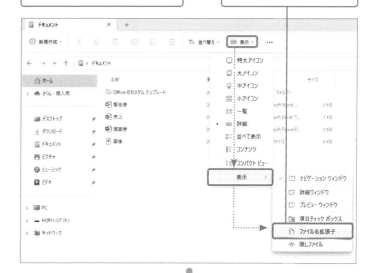

3 拡張子が表示されます。

以降、エクスローラーや他のすべてのアプリケーションソフトのファイル選択画面で、ファイル名と拡張子が表示されます。

Section

05 ファイルやフォルダを探す

パソコン内に保存されているファイルやフォルダの場所を忘れてしまっても大丈夫です。保存場所がわからない場合は、エクスプローラーの検索機能を使って探すことができます。

ここで 学べること	習得スキル	操作ガイド	ページ
	▶ ファイルやフォルダの検索	レッスン05-1	p.41

まずは パッと見るだけ！

エクスプローラーでファイルやフォルダを検索する

エクスプローラーとは、Windows上でファイルやフォルダを管理するためのプログラムです。エクスプローラーの検索機能を使うと、ファイル名やフォルダ名、ファイル内に保存されている文字列を検索ワードにして検索できます。

\Before/
操作前

使いたい［報告書］ファイルがどこにあるのかわからない

\After/
操作後

検索ボックス

報告

「報告」を検索ワードにしてファイルが検索できた

あのファイルどこに保存したっけ

Memo ファイル内の文字列も検索対象になる

検索ワードに指定できるのは、ファイル名やフォルダ名だけではありません。ファイル内の文字列も検索対象になります。そのため、検索ワードに指定した用語を含む文書を調べることができます。

レッスン 05-1 ファイルを検索する

🖱 操作 **エクスプローラーの [検索] ボックスで検索する**

エクスプローラーで、検索場所を開き、[検索] ボックスに検索ワードとなる文字列 (ファイル名など) を入力して Enter キーを押すと、検索ワードを含むファイルまたはフォルダが検索され、一覧に表示されます。

ダウンロードファイルの0章フォルダに含まれているファイルを自分の [ドキュメント] フォルダにコピーして操作すると手順通りの画面になります (p.45)。

1 エクスプローラーを開く

2 ファイルを検索する場所を選択する (ここでは [ホーム])

3 検索ボックスに、[○○の検索] と表示されたことを確認 (ここでは [ホームの検索])

📝 Memo **ファイル名に「報告」が含まれないのに表示されるファイル**

検索結果で表示されたファイルに「売上.xlsx」があります。ファイル名には「報告」が含まれていませんが、ファイルを開くと下図のように「報告」という文字を含んでいるために検索されます。これを利用すれば、ファイル名を思い出せなくても、ファイルの内容を元に検索できます。

▲	A	B	C	D
1	10月売上	報告		
2				
3		支店1	支店2	支店3
4	商品A	2,800	3,000	2,600

4 検索ボックスに検索ワード (ここでは [報告]) を入力

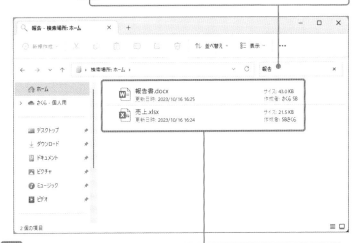

⏱ 時短 ワザ **検索のポイント**

検索場所は、フォルダ単位で指定したほうが短時間で検索できて便利です。検索対象となるファイルが保存されているフォルダがわかっている場合は、そのフォルダを指定してください。

5 すぐに検索が実行され、見つかったファイルが一覧に表示されます。検索ワードに該当する部分が黄色いマーカーで表示されます。

見つかったファイルをダブルクリックするとファイルを開くことができます。

06 フォルダを作成する

パソコンでは、ドライブ内の任意の位置にフォルダを作成できます。フォルダを作成すれば、関連するファイルを分類して保存することができます。

習得スキル	操作ガイド	ページ
▶ フォルダの作成と削除	レッスン 06-1	p.43

まずは パッと見るだけ！

パソコン内の任意の場所にフォルダを作成する

ファイルを保存するフォルダは、エクスプローラーで作成できます。その際、フォルダを作成したいドライブやフォルダを先に開いておきます。

\ Before /
操作前

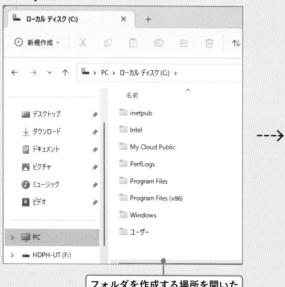

フォルダを作成する場所を開いた

---→

\ After /
操作後

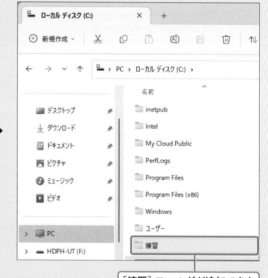

［練習］フォルダが追加できた

整理しやすいようにフォルダを作りましょ♪

レッスン 06-1 [C] ドライブにフォルダを作成する

🖱 **操作** **エクスプローラーで フォルダを作成する**

フォルダを作成したい場所をエクスプローラーで開き、[新規作成] ボタンをクリックして作成します。

📝 **Memo** **フォルダを削除する**

フォルダを削除するには、削除したいフォルダをクリックして選択し、delete キーを押します。または、エクスプローラーの [削除] 🗑ボタンをクリックしても削除できます。

ここでは、Cドライブに [練習] フォルダを作成してみましょう。

1 p.36の手順でエクスプローラーを開く

2 [PC] をクリックし、

3 [ローカルディスク (C:)] をダブルクリックすると、

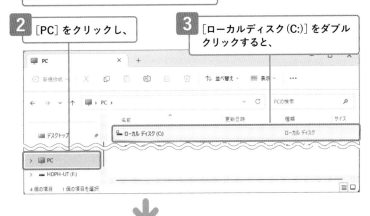

4 Cドライブが開いて、ドライブ内のフォルダが表示されます。

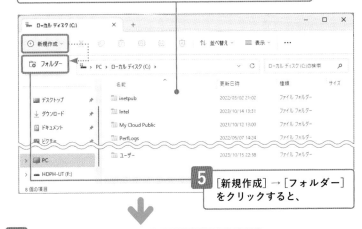

5 [新規作成] → [フォルダー] をクリックすると、

📝 **Memo** **フォルダ名を変更する**

フォルダ名を間違えた場合は、変更したいフォルダをクリックして選択し、フォルダ名の上でクリックします。フォルダ名が右図のように青く反転し編集状態になったら、入力し直してください。

6 新規フォルダが作成され、フォルダ名の「新しいフォルダー」が編集状態になります。

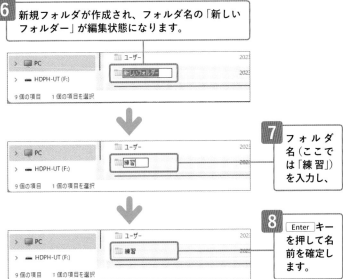

7 フォルダ名（ここでは「練習」）を入力し、

8 Enter キーを押して名前を確定します。

07 ファイルやフォルダの コピー／移動／削除

パソコン仕事

作成したファイルやフォルダは、好きなタイミングで移動・コピーできます。コピーすると、同じ内容を複製することになるのでファイルのバックアップを取りたいときや、同じファイルを別の場所にもう一つ用意したい場合に利用します。また不要になれば削除できます。

ここで
学べること

習得スキル	操作ガイド	ページ
▶ ファイル／フォルダのコピー	レッスン07-1	p.45
▶ ファイル／フォルダの移動	レッスン07-2	p.46
▶ ファイル／フォルダの削除	レッスン07-3	p.47

まずは パッと見るだけ！

コピー／移動／削除

　ファイルやフォルダをコピー、移動するには、［コピー］、［切り取り］、［貼り付け］を使います。削除は、［削除］を使います。削除すると、ごみ箱に移動します。

　以下は［1月］フォルダに［報告書.docx］ファイルが保存されている場合の、コピー、移動、削除の様子です。

▼ファイルのコピー

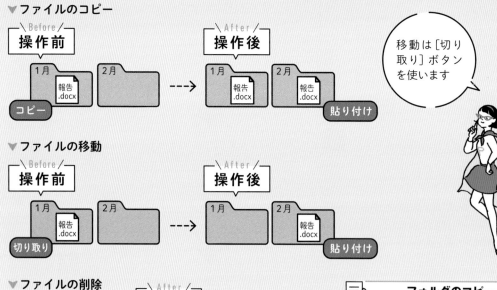

移動は［切り取り］ボタンを使います

▼ファイルの移動

▼ファイルの削除

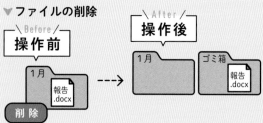

Memo　**フォルダのコピー／移動／削除**

フォルダもファイルと同様にコピー、移動、削除できます。フォルダの場合は、フォルダ内に保存されているファイルやフォルダも一緒にコピー、移動、削除されます。

レッスン 07-1 フォルダをコピーする

操作 ファイルやフォルダを コピーする

ファイルやフォルダをコピーする場合は、対象となるファイルまたはフォルダを選択し、[コピー] ボタンをクリックします。次にコピー先を開き、[貼り付け] ボタンをクリックします。

ショートカットキー

● コピー
　Ctrl + C
● 貼り付け
　Ctrl + V

Memo 間違えてコピーした場合

間違えてコピーしてしまった場合は、直後にエクスプローラーの [⋯] → [元に戻す] をクリックするか、Ctrl + Z キーを押してください。直前の操作が取り消されコピーする前の状態に戻ります。

Memo ドラッグで移動／ コピーする

ファイルやフォルダはドラッグでも移動、コピーできます。詳細はp.90を参照してください。

ここでは、Section06で作成したCドライブの [練習] フォルダを、[ドキュメント] フォルダにコピーしてみましょう。

1 エクスプローラーで [C] ドライブを開く　　**2** [練習] フォルダをクリック　　**3** [コピー] をクリック

4 [ドキュメント] をクリック　　**5** [貼り付け] をクリック

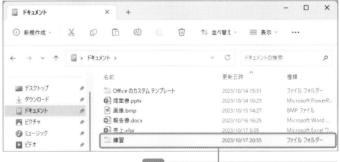

6 [練習] フォルダがコピーされました

ダウンロードファイルの0章フォルダに含まれているファイルを自分の [ドキュメント] フォルダにコピーして操作すると手順通りの画面になります。

レッスン 07-2 ［ドキュメント］内のファイルを移動する

操作 ファイルやフォルダを移動する

ファイルやフォルダを移動する場合は、対象となるファイルまたはフォルダを選択し、［切り取り］ボタンをクリックします。次に移動先を開き、［貼り付け］ボタンをクリックします。

Memo 間違えて移動した場合

直後であれば、［…］→［元に戻す］をクリックするか、Ctrl + Z キーを押して移動前の状態に戻すことができます。

ショートカットキー

● 切り取り
  Ctrl + X
● 貼り付け
  Ctrl + V
● 元に戻す
  Ctrl + Z

ここでは、［ドキュメント］フォルダ内の［報告書.docx］ファイルを前のレッスンでコピーした［練習］フォルダに移動してみましょう。

1 エクスプローラーで［ドキュメント］を開く

2 報告書をクリック

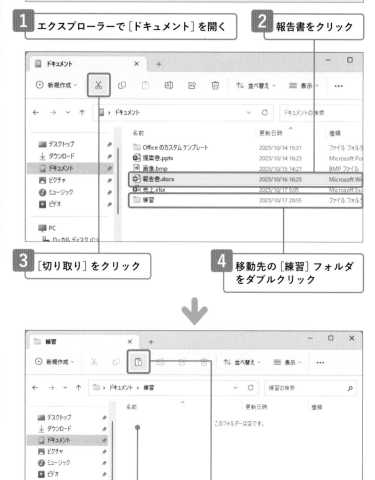

3 ［切り取り］をクリック

4 移動先の［練習］フォルダをダブルクリック

5 ［練習］フォルダが開いた

6 ［貼り付け］をクリック

7 ［報告書.docx］ファイルが移動した

レッスン 07-3 ［ドキュメント］内のファイルを削除する

操作 ファイルやフォルダを削除する

パソコンでは、ファイルやフォルダを削除すると、デスクトップ上にある［ゴミ箱］に移動します。そのため、間違えて削除した場合は、ゴミ箱から元の位置に戻すことができます。

Memo Delete キーでゴミ箱に移動する

ファイルやフォルダを選択し、Delete キーを押してもごみ箱に移動できます。

Memo ごみ箱を空にする

ごみ箱を右クリックし、［ごみ箱を空にする］をクリックするとゴミ箱の中にあるすべてのファイルやフォルダが完全に削除されます。完全に削除すると元に戻すことはできません。

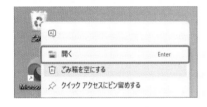

Memo ゴミ箱に移動しないで削除する

ゴミ箱に移動しないで削除したい場合は、削除するファイルまたはフォルダを選択し、Shift + Delete キーを押します。以下のような確認メッセージが表示されるので、［はい］をクリックするとゴミ箱に移動しないで直接削除されます。

ここでは、［ドキュメント］フォルダ内の［売上.xlsx］ファイルを削除してみましょう。

1 エクスプローラーで［ドキュメント］を開く

2 ［売上.xlsx］をクリック **3** ［削除］をクリック

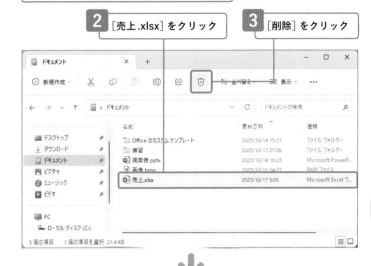

4 ［売上.xlsx］ファイルが削除されました。

5 ［ごみ箱］をダブルクリック

6 ［ごみ箱］が開き、［売上.xlsx］が移動していることが確認できます。

ひと
やすみ

事務職のタイムスケジュールってどんな感じ？

事務職の女性のある1日をのぞいてみましょう。Kさんの勤務時間は9：00～17：00です。

 8：50　出社

できるだけ始業10分前には出社。お気に入りのコーヒーショップでコーヒーを買って行きます。毎日のことだけど、朝のラッシュと早歩きの後、席について飲む始業前のコーヒーで、ほっと一息。コーヒーを飲みながら今日のスケジュールを確認します。

 9：00　始業開始

締め切りや日程などを確認し、優先順位の高い業務から仕事を進めます。
今日は、10時からミーティングがあるので、ミーティングの準備を最優先にして、会議室の確認と資料を用意します。パソコンで作成していた資料をプリントアウトし、人数分をセット。準備ができたら、会議までの間、メールのチェックや、電話／来客時対応などの作業もします。

 10：00　グループミーティング

会議室に移動し、各メンバーの業務報告や進捗状況を共有し、進行中の企画や案件についてスケジュール調整などを相談。自分のスケジュールは要チェック。

 12：00　昼休み（1時間）

いつもはお弁当ですが、今日は近くのコンビニで期間限定のお弁当を購入。狙っていたお弁当が購入できたので満足。ときには近くの定食屋さんに行ったり、カフェでランチしたりと、外食してリフレッシュ！

 13：00　オフィス内整備と郵便物チェック

ロビーに設置しているパンフレットやチラシの確認や入れ替えをし、備品のチェックをして必要なものは発注をかけたり、郵便物のチェックをしたりします。

 14：00　データ入力や書類作成などの事務処理

社内システムを使ってデータ入力したり、WordやExcelを使って資料や書類を作成したりと、座って落ち着いてパソコン作業をします。電話／来客時対応は随時行っています。

 17：00　退社

明日のスケジュールを確認してからパソコンの電源を切り、机の上を整理して退社。今日は、パン屋さんによって帰ろうかな。

余裕を持って
自分のペース
を確保

毎日の作業は、締め切りや会議などを考慮して、スケジューリングします。また、あまりタイトなスケジュールを組まないのがコツ。例えば、会議が長引いたり、急な来客があったりと、思うように作業が進まないことが多々あります。

Point 優先順位を考えてスケジューリングを！

パソコン仕事きほんのき

第 **1** 章

Word と Excel の基礎を知ろう

ここでは、Word と Excel を使用していくうえで、覚えておきたい基本的な事項を紹介します。Word や Excel でできることや、起動、終了の仕方、画面の構成要素、機能の実行方法など、ここでしっかり Word と Excel の基本的な使い方を覚えてしまいましょう。

基礎をしっかり
押さえましょう

08 Wordで作成するビジネス文書の種類

ビジネス
文書

Wordには、ビジネス文書、チラシ、論文、はがき宛名印刷など、さまざまな文書を効率的に作成する機能が用意されています。ビジネス文書には、お客様や社外の協力会社に送付するものや、社内で利用するものなどがあります。

ここで
学べること

習得スキル	操作ガイド	ページ
▶ ビジネス文書の種類	なし	p.50

まずは パッと見るだけ！

社外向けのビジネス文書

送り状

見本や景品、書類などを送付する際に送付内容を知らせる文書

案内書

展示会や講演会などの催事を告知し、参加者を募る文書

見積書

商品の価格や支払い条件など、受注のために作成する文書

マニュアル

機器の操作手順や受付手順などが書かれた文書

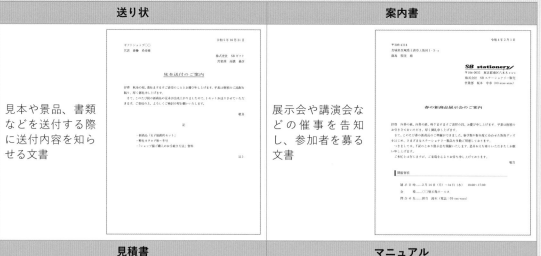

基礎編

1
WordとExcelの基礎を知ろう

社内向けのビジネス文書

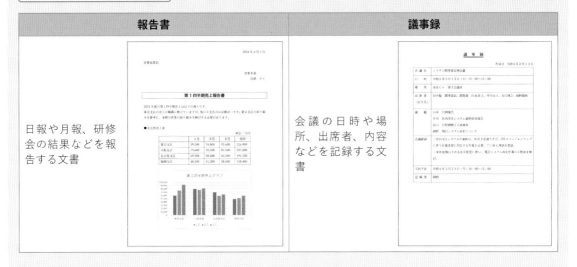

報告書	議事録
日報や月報、研修会の結果などを報告する文書	会議の日時や場所、出席者、内容などを記録する文書

ビジネス文書に利用する画像や図

　自分で撮影した写真やパソコンに表示した地図などの画像を、文書内に取り込んで利用できます。図形と文字を組み合わせて、新たに図表を作成することも可能です。

● 地図

● 組織図

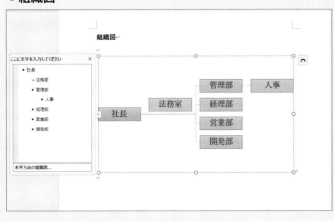

ざっと確認しましょ！

Section

09 Wordを起動／終了する

Word の基本

Word を使うには、Word を起動し、新規に文書を作成したり、既存の文書を開いたりして作業を進めます。ここでは、Word で作業するのに必要な起動と終了、白紙の文書の作成、文書を開いたり、閉じたりといった基本的な操作を覚えましょう。

ここで学べること

習得スキル	操作ガイド	ページ
▶ Word の起動	レッスン 09-1	p.53
▶ 白紙の文書の作成	レッスン 09-1	p.53
▶ Word の終了	レッスン 09-2	p.54

まずは パッと見るだけ！

Word を起動して白紙の文書を表示する

Word を起動すると、タスクバーに Word のアイコンが表示されます。

\Before/
操作前

うむうむ

\After/
操作後

└──→

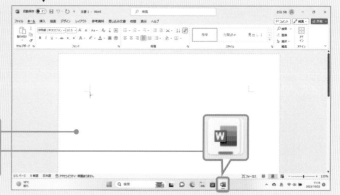

デスクトップ上に Word のウィンドウが開き、タスクバーに Word のアイコンが表示される

レッスン 09-1 Wordを起動して白紙の文書を表示する

操作　Wordを起動する

Wordを使うには、スタートボタンをクリックしてWordを起動することからはじめます。

コラム　Wordのアイコンが見えないとき

[すべてのアプリ]の一覧で、[Word]のアイコンが見えない場合は、[Word]のアイコンが見えるまでスクロールバーを下にドラッグしてください。

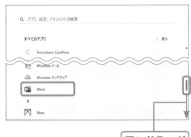

下にドラッグ

コラム　プレインストール版のパソコンの場合

パソコン購入時にWordがすでにインストールされている場合は、手順❶の[スタートボタン]をクリックしたときに表示されるスタートメニューに[Word]のアイコンが表示されている場合があります。

Memo　タイトルバーの文書名の表示

新規文書を作成すると、タイトルバーの中央に文書の仮の名前「文書1」と表示されます。文書を保存すると、ファイル名が表示されます。

❶ [スタート]ボタンをクリックし、

❷ 表示されたスタートメニューの[すべてのアプリ]をクリック

❸ すべてのアプリにある[Word]をクリック

❹ [白紙の文書]をクリック

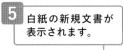

❺ 白紙の新規文書が表示されます。

レッスン 09-2　Wordを終了する

操作　Wordを終了する

Wordを終了するには、タイトルバーの右端にある［閉じる］をクリックします。
複数の文書（Word画面）を開いている場合は、クリックした文書だけが閉じます。開いている文書が1つのみの場合に［閉じる］をクリックすると、文書を閉じるとともにWordも終了します。

ショートカットキー

● Wordを終了する
　　`Alt` + `F4`

1 タイトルバーの右端にある［閉じる］をクリックすると、

2 Wordが終了します。

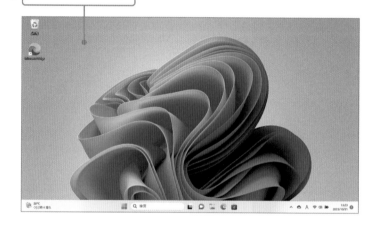

コラム　スタート画面について

Word起動時の画面を「スタート画面」といいます。この画面ではこれからWordで行う操作を選択できます。
起動時に表示される［ホーム］画面では、新規文書作成の選択画面、最近表示した文書の一覧が表示されます。［新規］**1** をクリックすると文書の新規作成用の画面、［開く］**2** をクリックすると保存済みの文書を開くための画面が表示されます。

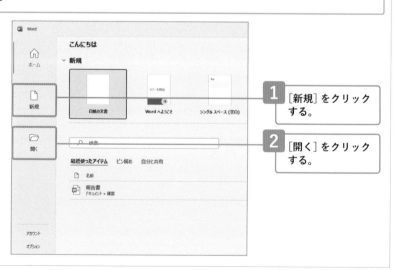

1 ［新規］をクリックする。

2 ［開く］をクリックする。

10 Wordの文書を開く／閉じる

Word の基本

保存されている文書ファイルを開くには、基本的に［ファイルを開く］ダイアログを使って開きます。

ここで
学べること

習得スキル	操作ガイド	ページ
▶ 文書を開く	レッスン10-1	p.56
▶ 文書を閉じる	レッスン10-2	p.57

まずは パッと見るだけ！

［ファイルを開く］ダイアログでファイルを開く

以下は、10月の売上報告書を開いている様子です。

\Before/
操作前

保存したファイルが開くとほっとするわ

→

\After/
操作後

レッスン **10-1** 文書を開く

練習用ファイル 10-報告書.docx

操作 Wordの文書を開く

Wordで作成し、一度保存した文書を開いて続きを編集したい場合は、この手順で文書を開きます。
なお、Wordでは、同時に複数の文書を開くことができます。

ショートカットキー

● [開く] 画面を表示する
Ctrl + O

Memo 表示履歴から文書を開く

手順 **1** で表示される [開く] 画面の右側には、最近使用した文書ファイルが表示されます。この表示履歴を利用して、一覧にある文書をクリックするだけで、すばやく開くことができます。

Memo エクスプローラーから開く

エクスプローラーでWordファイルをダブルクリックしても、開くことができます。このとき、Wordが起動していない場合は、Wordの起動と同時に文書が開きます。

1 p.53の手順でWordを起動し、Wordのスタート画面で [開く] をクリックします。

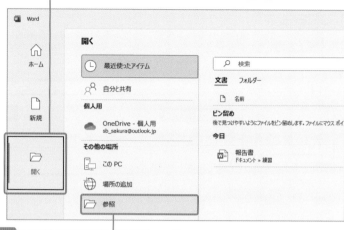

2 [参照] をクリックすると、

3 [ファイルを開く] ダイアログが表示されます。

4 文書ファイルが保存されている場所を選択し、

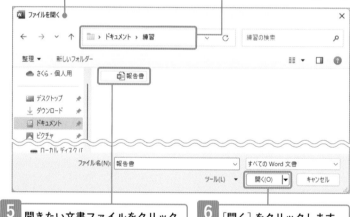

5 開きたい文書ファイルをクリックして、

6 [開く] をクリックします。

7 文書が開きます。

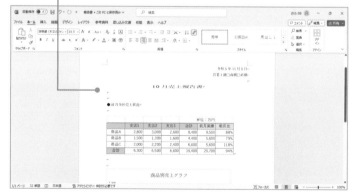

レッスン **10-2** 文書を閉じる

練習用ファイル　10-報告書.docx

操作　Wordの文書を閉じる

Wordで作業をした文書を閉じるには、［ファイル］タブをクリックして閉じます。

ショートカットキー

● 文書を閉じる
　 Ctrl + W

Memo　［閉じる］ボタンでWord文書を閉じる

タイトルバーの右端にある［閉じる］ボタンをクリックしてもWordの文書を閉じることができます。

1 ［ファイル］タブをクリックし、

2 ［その他］→［閉じる］をクリックすると、

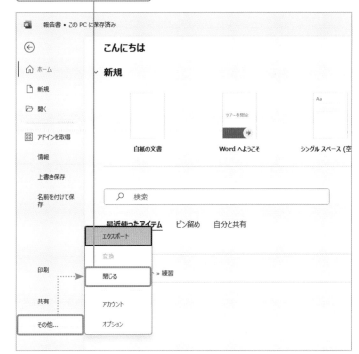

3 開いていた文書が閉じます。

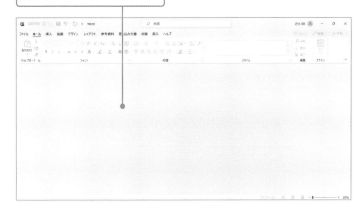

Wordの画面構成を知ろう

Wordの基本

Wordの画面構成について、主な各部の名称と機能を紹介します。すべての名称を覚える必要はありませんが、操作をする際に迷ったときは、ここに戻って名称と位置を確認してください。

ここで学べること

習得スキル	操作ガイド	ページ
▶ Wordの画面構成を知る	なし	p.58
▶ 各部の名称と役割を知る		p.59

まずは パッと見るだけ！

Wordの画面の概要

画面の上部で、[上書き保存][文書の名前の確認][Word画面サイズの変更]を行います。[リボン]は、Wordを操作する機能のセットです。この機能のセットは、[タブ]で切り替えます。中央の白い部分が文字の入力スペース、下部で文章の状態を確認できます。

▼ Wordの画面構成を確認する

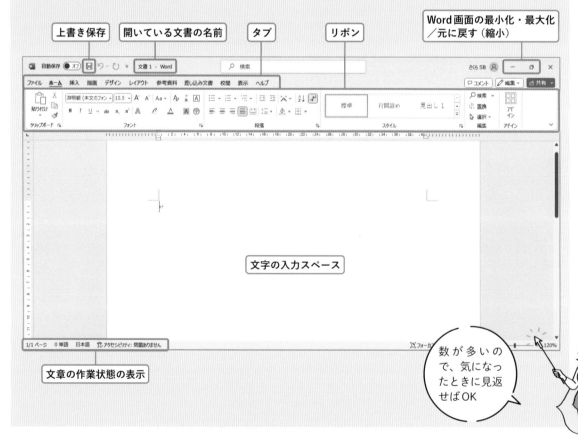

数が多いので、気になったときに見返せばOK

Wordの画面構成

細かな各部の名称と機能は以下の通りです。

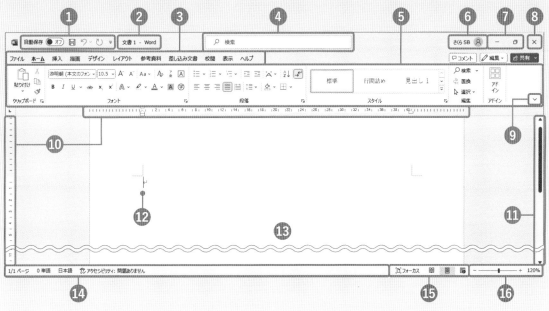

NO	名称	機能
❶	クイックアクセスツールバー	よく使う機能がボタンで登録されている。ボタンは自由に変えられる
❷	タイトルバー	開いている文書名が表示される
❸	タブ	リボンを切り替えるための見出し
❹	Microsoft Search	入力したキーワードに対応した機能やヘルプを表示したり、文書内で検索したりする
❺	リボン	Wordを操作するボタンが表示される領域。上のタブをクリックするとリボンの内容が切り替わる
❻	Microsoft アカウント	サインインしているMicrosoftアカウントが表示される
❼	[最小化][最大化／元に戻す（縮小）]	[最小化] でWordをタスクバーにしまい、[最大化] でWordをデスクトップ一杯に表示する。最大化の場合は [元に戻す（縮小）] に変わる
❽	[閉じる]	Wordの画面を閉じるボタン。文書が1つだけのときはWord自体が終了し、複数の文書を開いているときには、クリックした文書だけが閉じる
❾	リボンの表示オプション	リボンの表示／非表示など表示方法を設定する
❿	ルーラー	水平／垂直方向の目盛。余白やインデント、タブなどの設定をするときに使用する。初期設定では非表示になっている（p.222参照）
⓫	スクロールバー	画面に表示しきれていない部分を表示したいときにこのバーのつまみをドラッグして表示領域を移動する。上下の [▼][▲] でスクロールすることもできる
⓬	カーソル	文字を入力する位置や機能を実行する位置を示す
⓭	編集画面	文字を入力するなど、文書を作成する領域
⓮	ステータスバー	ページ数や文字数など、文書の作業状態が表示される
⓯	表示選択ショートカット	文書の表示モードを切り替える（p.86参照）
⓰	ズームスライダー	画面の表示倍率を変更する

12 Excelでできること

Excel
の基礎

Excelは、表計算ソフトの一つで、表作成や計算を得意とします。加えてデータをもとにグラフの作成、並べ替えや抽出、集計などデータをまとめる機能や分析する機能も用意されています。

ここで
学べること

習得スキル	操作ガイド	ページ
▶ Excelの主な機能	なし	p.60

 まずは パッと見るだけ！

Word と Excel の基礎を知ろう

1

Excelの主な機能

Excelでは、表の作成だけでなく、グラフや図形の追加、並べ替えや抽出、集計や分析など、集めたデータを有効に利用する機能があります。

● 表の作成

	A	B	C	D	E	F	G
1	商品別地区別売上数						
2		商品1	商品2	商品3	合計		
3	東地区	1,400	1,800	900	4,100		
4	西地区	1,200	1,700	1,000	3,900		
5	南地区	1,500	1,600	800	3,900		
6	北地区	1,300	1,600	900	3,800		
7	合計	5,400	6,700	3,600	15,700		
8	平均	1,350	1,675	900	1,308		
9	最大	1,500	1,800	1,000	1,800		
10	最小	1,200	1,600	800	800		
11							

文字、数値、計算式を入力し、色や罫線を設定してさまざまな表が作成できます。

● 関数を使った表作成

D3 ∨ ⋮ ✕ ✓ fx =IF(B3>=90,"A",IF(B3>=70,"B","C")) ← 関数

	A	B	C	D	E	F	G
1	進級テスト結果						
2	学籍番号	得点	進級	評価			
3	S1001	76	進級	B			
4	S1002	93	進級	A			
5	S1003	64		C			
6	S1004	81	進級	B			
7	S1005	100	進級	A			
8	S1006	60		C			
9							

合計や平均などの計算をするだけでなく、文字を取り出したり、条件によって異なる結果をセルに表示したりするなどいろいろな結果を表示できます。

●データの並べ替え

	A	B	C	D	E	F
1	申込者一覧					
2	NO	氏名	フリガナ	地区	加入年	
3	6	安藤　慎一	アンドウ　シンイチ	神奈川	2001年	
4	2	井上　健吾	イノウエ　ケンゴ	千葉	2013年	
5	5	岡崎　由香	オカザキ　ユカ	埼玉	2020年	
6	3	清水　未希	シミズ　ミキ	神奈川	2008年	
7	1	田村　陽介	タムラ　ヨウスケ	東京	2003年	
8	4	藤田　剛	フジタ　ツヨシ	東京	2018年	
9						

50音で並び替え

表のデータを数値の大きい順や、50音順で並べ替えてデータを整列したり、まとめたりできます。

●特定の値を持つデータの抽出

	A	B	C	D	E	F
1	申込者一覧					
2	NO	氏名	フリガナ	地区	加入年	
3	1	田村　陽介	タムラ　ヨウスケ	東京	2003年	
6	4	藤田　剛	フジタ　ツヨシ	東京	2018年	
9						

地区が「東京」のデータで絞り込み

表内の特定のデータだけを絞り込んで表示することができます。

●テーブルの利用

	A	B	C	D	E	F	G	H	I	J
2	NO	氏名	フリガナ	性別	種別	所在地	生年月日	年齢	購入金額	
3	1	工藤　恵子	クドウ　ケイコ	女	ゴールド	東京都世田谷区	1994/11/6	29	123,000	
4	2	青山　健介	アオヤマ　ケンスケ	男	プラチナ	埼玉県さいたま市	1981/8/18	42	429,000	
5	3	川崎　太郎	カワサキ　タロウ	男	シルバー	東京都港区	1998/4/12	25	63,000	
6	4	田村　輝美	タムラ　テルミ	女	ゴールド	千葉県市川市	1992/7/16	31	184,000	
15	13						1987/8/12	30	36,000	
16	14	山崎　健吾	ヤマザキ　ケンゴ	男	レギュラー	埼玉県所沢市	1988/6/17	35	18,000	
17	15	角田　美優	カドタ　ミユ	女	ゴールド	東京都渋谷区	1982/9/2	41	139,000	
18	16	中村　明美	ナカムラ　アケミ	女	シルバー	東京都港区	1994/6/24	29	65,000	
19	集計							16	163,063	

表をテーブルに変換してデータの管理や集計が効率的にできます（p.530参照）。他にもピボットテーブルという集計機能を使って集計表を簡単に作成することもできます（本書では解説していません）。

●表のデータをもとにしたグラフや図形の作成

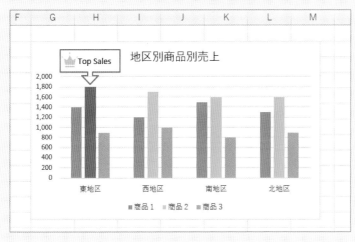

まずは「見ておくだけ」でOK!

表のデータをもとにグラフを作成してデータを視覚化したり、図形を追加して見栄えよくしたりできます。

13 Excelを起動／終了する

Excelで作業をはじめるには、Excelを起動し、空白のブックを追加して新規の画面を表示します。ここでは、Excelの起動と終了の方法、新規ブックの作成方法を確認しましょう。

ここで
学べること

習得スキル	操作ガイド	ページ
▶ Excelの起動	レッスン13-1	p.63
▶ 空白のブックの追加	レッスン13-1	p.63
▶ Excelの終了	レッスン13-2	p.64

まずは パッと見るだけ！

Excelを起動して空白のブックを表示する

Excelを起動すると、Excelのウィンドウが開き、タスクバーにExcelのアイコンが表示されます。

\ Before /
操作前

保存単位となる
ファイルのことを
「ブック」と呼び、
空白の状態から利
用します

\ After /
操作後

デスクトップ上にExcelの
ウィンドウが開き、タスク
バーにExcelのアイコンが
表示される

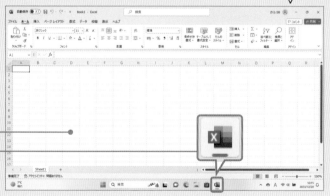

レッスン 13-1 Excelを起動して空白のブックを表示する

操作　Excelを起動する

Excelを起動するには、[スタート]ボタンをクリックし、Excelのアイコンをクリックします。

Memo　Excelのアイコンが見えないとき

すべてのアプリの一覧で、[Excel]のアイコンが見えない場合は、[Excel]のアイコンが見えるまでスクロールバーを下にドラッグしてください。

Memo　プレインストール版のパソコンの場合

パソコン購入時にExcelがすでにインストールされている場合は、手順 1 の[スタートボタン]をクリックしたときに表示されるスタートメニューに[Excel]のアイコンが表示される場合があります。

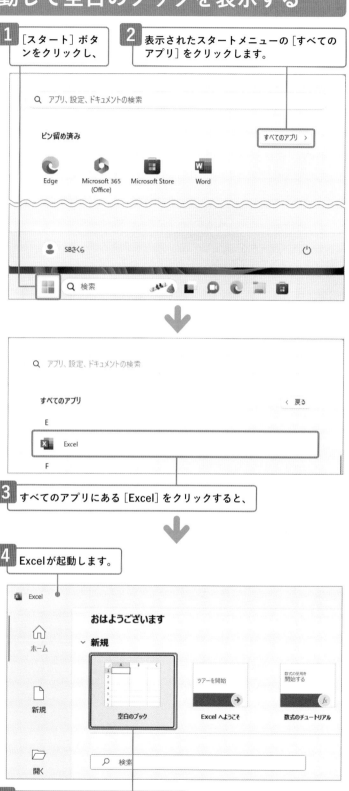

1 [スタート]ボタンをクリックし、

2 表示されたスタートメニューの[すべてのアプリ]をクリックします。

Q アプリ、設定、ドキュメントの検索

ピン留め済み

すべてのアプリ >

Edge　Microsoft 365 (Office)　Microsoft Store　Word

SBさくら

Q 検索

Q アプリ、設定、ドキュメントの検索

すべてのアプリ　　　　　　　　　　　　　　　　< 戻る

E

Excel

F

3 すべてのアプリにある[Excel]をクリックすると、

4 Excelが起動します。

Excel

おはようございます

∨ 新規

空白のブック　　ツアーを開始　　Excelへようこそ

数式の使用を開始する

数式のチュートリアル

ホーム

新規

開く

Q 検索

5 [空白のブック]をクリックすると、

Memo タイトルバーの ブック名の表示

新規ブックを作成すると、タイトル バーにブックの仮の名前「Book1」と 表示されます。ブックを保存すると、 ファイル名が表示されます。

6 新規ブックが開きます。

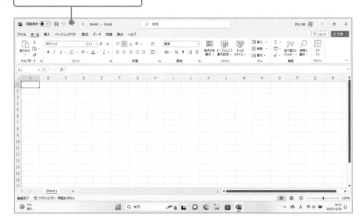

レッスン 13-2 Excel を終了する

操作 Excelを終了する

Excel を終了するには、タイトルバー の右端にある［閉じる］をクリックし ます。複数のブック（Excel画面）を 開いている場合は、クリックした ブックだけが閉じます。開いている ブックが1つのみの場合に［閉じる］ をクリックすると、ブックを閉じる とともに Excel も終了します。

ショートカットキー

● Excel を終了する
[Alt] + [F4]

Memo すべてブックをまとめて 閉じて終了する

複数のブックを開いているとき、 [Shift] キーを押しながら［閉じる］を クリックすると、開いているすべて のブックを閉じると同時に Excel も終 了します。

1 タイトルバーの右端にある［閉じる］をクリックすると、

2 Excelが終了します。

Excelのブックを開く／閉じる

Excel
の基礎

保存されているExcelのブック（ファイル）にあるデータを使って作業をしたい場合は、ブックを開きます。ここでは、既存のブックの開き方と閉じ方を確認しましょう。

ここで
学べること

習得スキル	操作ガイド	ページ
▶ ブックを開く	レッスン14-1	p.66
▶ ブックを閉じる	レッスン14-2	p.67

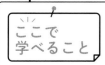

まずは パッと見るだけ！

［ファイルを開く］ダイアログでファイルを開く

保存されているExcelのブックを開くには、［ファイルを開く］ダイアログを表示し、開きたいブックを選択します。

\ Before /
操作前

保存したファイルが開くとほっとするわ

開くブックを選択します。

\ After /
操作後

選択したブックが開きます。

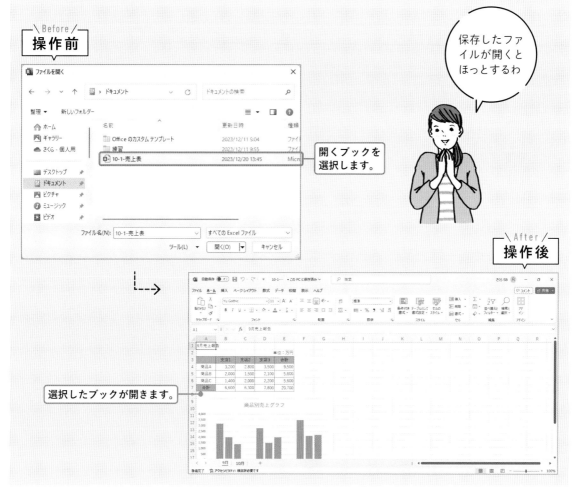

レッスン **14-1** ブックを開く

練習用ファイル　14-売上報告.xlsx

操作　Excelのブックを開く

Excelで作成し、一度保存したブックを開いて続きを編集したい場合は、この手順でブックを開きます。

Memo　複数のブックを同時に開く

Excelでは、同時に複数のブックを開くことができます。
なお、「ブックを開く」についての詳細はp.337を参照してください。

ショートカットキー

● [開く] 画面を表示する
　Ctrl + O

Memo　表示履歴から文書を開く

手順 **1** で表示される [開く] 画面の右側には、最近使用したブックが表示されます。この表示履歴を利用して、一覧にあるブック名をクリックするだけで、すばやく開けます。

1 p.63の手順でExcelを起動し、Excelのスタート画面で [開く] をクリックし、

2 [参照] をクリックすると、

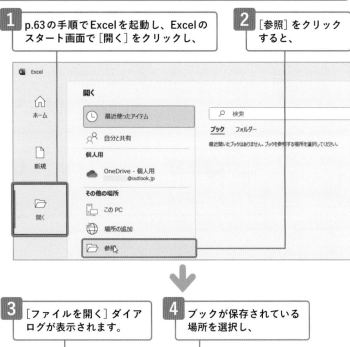

3 [ファイルを開く] ダイアログが表示されます。

4 ブックが保存されている場所を選択し、

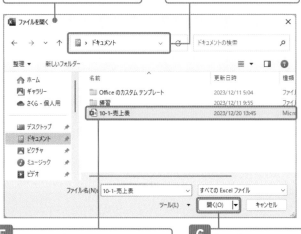

5 開きたいブックをクリックして、

6 [開く] をクリックします。

7 ブックが開きます。

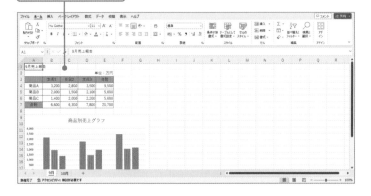

レッスン **14-2** ブックを閉じる

練習用
ファイル　14-売上報告.xlsx

操作　**ブックを閉じる**

Excelを終了しないでブックだけを閉
じたい場合は、[ファイル]タブ→
[閉じる]をクリックします。

Memo　**確認メッセージが
表示される場合**

ブックを変更後、保存せずに閉じよ
うとすると、以下のような保存確認
のメッセージが表示されます。
変更を保存する場合は[保存]、保存
しない場合は[保存しない]をクリッ
クして閉じます。
[キャンセル]をクリックすると閉じ
る操作を取り消します。なお、保存
についての詳細はp.334を参照して
ください。

ショートカットキー

● ブックを閉じる
　　Ctrl + W

1 ［ファイル］タブをクリックし、

2 ［その他］→［閉じる］をクリックすると、

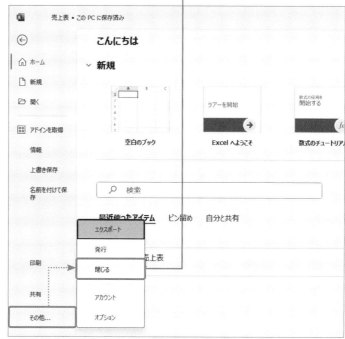

3 開いていたブックが閉じます。

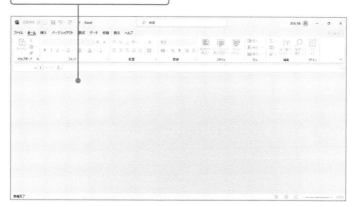

Section

15 Excelの画面構成を知ろう

Excel
の基礎

Excelの画面構成について、主な各部の名称と機能をここでまとめます。すべての名称を覚える必要はありませんが、操作をする上で迷ったときは、ここに戻って確認してください。

ここで
学べること

習得スキル	操作ガイド	ページ
▶ Excelの画面構成を知る	なし	p.68
▶ 各部の名称と役割を知る		p.69

1
WordとExcelの基礎を知ろう

まずは パッと見るだけ！

Excelの画面の概要

　画面の上部で、[上書き保存][ブックの名前の確認][Excel画面サイズの変更]を行います。[リボン]は、Excelを操作する機能のセットです。この機能のセットは、[タブ]で切り替えます。中央のマスが入力スペース、下部でブックの状態を確認できます。

▼ Excelの画面構成を確認する

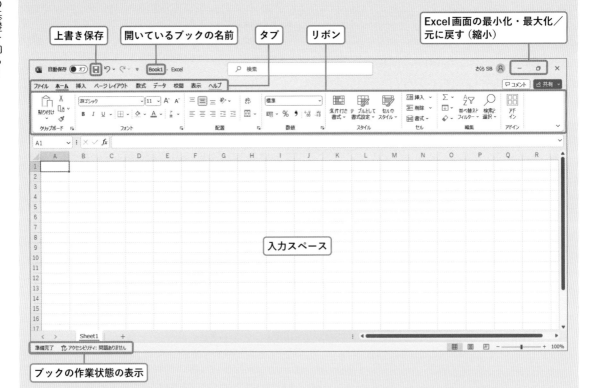

Excelの画面構成

細かな各部の名称と機能は以下の通りです。

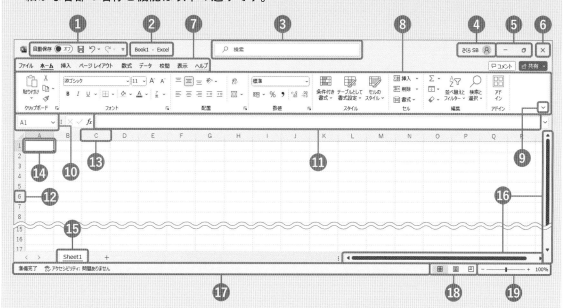

NO	名称	機能
❶	クイックアクセスツールバー	よく使う機能がボタンで登録されている。登録するボタンは自由に変更できる
❷	タイトルバー	開いているブック名が表示される
❸	Microsoft Search	入力したキーワードに対応した機能やヘルプを表示したり、文書内で検索したりする
❹	Microsoftアカウント	サインインしているMicrosoftアカウントが表示される
❺	[最小化][最大化／元に戻す（縮小）]	[最小化]でExcel画面をタスクバーにしまい、[最大化]でExcelをデスクトップ一杯に表示する。最大化になっていると［元に戻す（縮小）]に変わる
❻	[閉じる]	Excelの画面を閉じるボタン。文書が1つだけのときはExcel自体が終了し、複数の文書を開いているときには、クリックした文書だけが閉じる
❼	タブ	リボンを切り替えるための見出し
❽	リボン	Excelを操作するボタンが表示される領域。上のタブをクリックするとリボンの内容が切り替わる。リボンのボタンは機能ごとにグループにまとめられている
❾	リボンの表示オプション	リボンの表示／非表示など表示方法を設定する
❿	名前ボックス	アクティブセルのセル番地やセル範囲につけた名前が表示される
⓫	数式バー	アクティブセルに入力されたデータや数式が表示される
⓬	行番号	行の位置を示す数字
⓭	列番号	列の位置を示すアルファベット
⓮	セル／アクティブセル	ワークシート内の1つのマス目。現在選択されているセルを「アクティブセル」という
⓯	シート見出し	ブックに含まれるワークシート名
⓰	スクロールバー	バーをドラッグして画面に表示する領域を移動する
⓱	ステータスバー	エクセルの現在の状態が表示される
⓲	表示選択ショートカット	文書の表示モードを切り替える（p.88参照）
⓳	ズームスライダー	画面の表示倍率を変更する

Section

機能を実行する①：リボン

機能の実行 WordとExcelの機能を実行するには、リボンにあるボタンをクリックします。ここで、Wordの画面を例にリボンの種類（タブ名）と機能を確認しておきましょう。

ここで学べること

習得スキル	操作ガイド	ページ
▶ リボンの利用	レッスン16-1	p.71
▶ リボンの表示／非表示を切り替える	レッスン16-2	p.71
▶ コンテキストタブの利用	レッスン16-3	p.72

 まずは パッと見るだけ！

リボンの種類（タブ名）と機能

リボンは、各タブをクリックすることで切り替わります。

ホームタブ：ホームのリボンに切り替える

挿入タブ：挿入のリボン に 切り替える

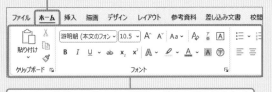 

ホームのリボン：ホームの機能のボタンが表示される

挿入のリボン：挿入の機能のボタンが表示される

▼ タブ一覧

NO	リボン名（タブ名）	機能
❶	ファイル	Backstageビューを表示する。文書の新規作成や保存、閉じる、印刷など文書ファイルの操作に関する設定をする
❷	ホーム	文字サイズや色、文字列の配置や行間隔など、文字の修飾やレイアウトなどの設定をする
❸	挿入	表、写真、図形、ヘッダー／フッター、ページ番号などを文書に追加する
❹	描画	手書き風に図形や文字を描いたり、描いた線を図形に変換したりする
❺	デザイン	テーマを使った文書全体のデザイン設定や、透かし、ページ罫線を設定する
❻	レイアウト	作成する文書の用紙の設定や文字の方向などを設定する
❼	参考資料	論文やレポートなどの文書作成時に使用する目次、脚注、索引などを追加する
❽	差し込み文書	はがきやラベルに宛名を印刷したり、文書内に宛名データを差し込んだりする
❾	校閲	スペルチェック、翻訳、変更履歴の記録など、文章校正するための機能がある
❿	表示	画面の表示モードや倍率、ウィンドウの整列方法など画面表示の設定をする
⓫	ヘルプ	わからないことをオンラインで調べる

レッスン **16-1** リボンを切り替えて機能を実行する

🖱 操作 **リボンを使う**

リボンを使うには、最初に目的のタブをクリックします。すると、リボンの内容が切り替わるので、実行したい機能をクリックします。

💡 Point **メニューが表示されるボタン**

手順**3**のように ∨ が表示されているボタンはクリックするとメニューが表示されます。∨ が表示されていないボタンはすぐに機能が実行されます。

📝 Memo **ウィンドウサイズによるボタンの表示**

ウィンドウのサイズを小さくすると、そのウィンドウサイズに合わせて自動的にボタンがまとめられます**❶**。まとめられたボタンをクリックすれば、非表示になったボタンが表示されます**❷**。

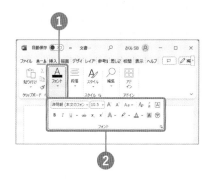

1 切り替えたいタブ（ここでは［レイアウト］タブ）をクリックすると、

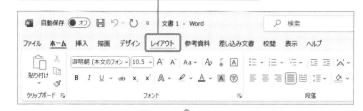

2 リボンが切り替わります（ここでは［レイアウト］リボン）。

3 ボタンをクリックすると、

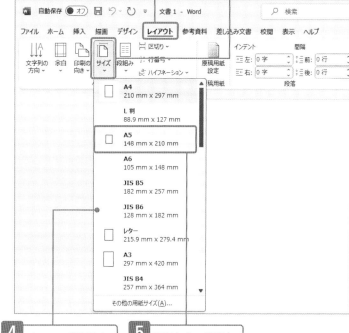

4 メニューが表示されます。

5 実行したい機能をクリックします。

レッスン **16-2** リボンを非表示にして画面を大きく使う

🖱 操作 **リボンを非表示にする**

リボンはたたんで非表示にすることができます。非表示にすると編集画面を大きく使えます。

1 選択されているタブをダブルクリックすると、

Memo リボンの表示を戻すには

リボンが常に表示される状態に戻すには、選択されているタブをダブルクリックするか、下図のように[リボンの表示オプション]をクリックし[常にリボンを表示する]を選択し、チェックをつけます。なお、[全画面表示モード]を選択すると、タブとリボンが非表示になり、タイトルバーをクリックするとタブとリボンが表示されます。

[リボンの表示オプション]

2 リボンが非表示になり、タブのみ表示されます。

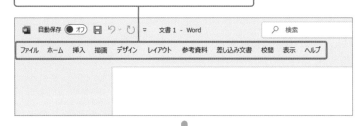

3 使用したいタブをクリックすると、リボンが表示されます。

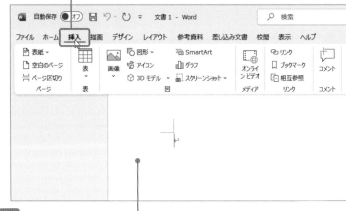

4 編集画面をクリックすると、再びリボンが非表示になります。

レッスン 16-3 編集対象によって表示されるリボンを確認する

| 練習用ファイル | 16-報告書.docx |

🖱 操作 コンテキストタブを使う

文書内にある表や図形などを選択すると「コンテキストタブ」と呼ばれるタブが表示されます。コンテキストタブは青文字で表示され、タブをクリックすると、選択している表や図形の編集用のリボンに切り替わります。

1 表内をクリックすると、

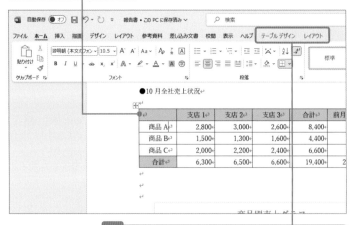

2 コンテキストタブの[テーブルデザイン]タブと[レイアウト]タブが表示されます。

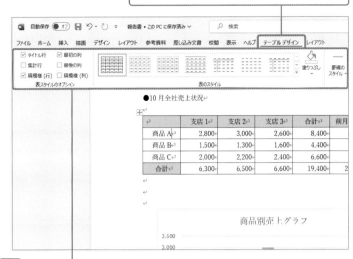

3 ［テーブルデザイン］タブをクリックすると、

Memo コンテキストタブが表示されないとき

コンテキストタブは、図形や表などを選択している場合のみ表示されます。図形や表以外の文書内にカーソルがある場合は、表示されません。

4 リボンが切り替わり、表のデザインを編集するボタンが表示されます。

コラム ［ファイル］タブでBackstageビューのメニューを表示する

［ファイル］タブは、他のタブと異なり、クリックするとBackstageビューという画面が表示されます。ここには、文書の新規作成、開く、保存、閉じる、印刷など文書ファイルの操作に関するメニューが用意されています。また、WordやExcelの全体的な設定をするときにも使用します。

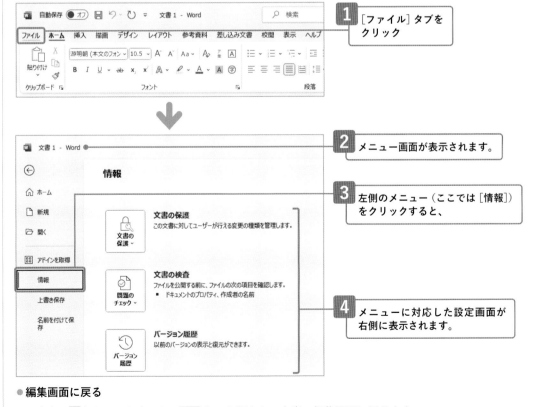

1 ［ファイル］タブをクリック

2 メニュー画面が表示されます。

3 左側のメニュー（ここでは［情報］）をクリックすると、

4 メニューに対応した設定画面が右側に表示されます。

● **編集画面に戻る**

画面左上の◉をクリックするか、Esc キーを押すと、文書の編集画面に戻ります。

Section

機能を実行する②
：ダイアログ／作業ウィンドウ

機能の
実行

Wordでは編集したいテキストなど、Excelでは編集したいセルなどを選択して操作します。2つのソフトでは選択部分に対して複数の機能をまとめて設定できる「ダイアログ」があります。また関連機能の「作業ウィンドウ」も紹介します。

ここで
学べること

習得スキル	操作ガイド	ページ
▶ ダイアログの利用	レッスン 17-1	p.75
▶ 作業ウィンドウの利用	レッスン 17-2	p.76

1
WordとExcelの基礎を知ろう

 まずは パッと見るだけ！

ダイアログと作業ウィンドウ

　ダイアログでは、選択部分に対して複数の機能をまとめて設定できます。画像や図形が選択されている場合など、設定対象や内容によって作業ウィンドウが表示されることもあります。

● ダイアログ

タブをクリックすると切り替えられる

● 作業ウィンドウ

アイコンをクリックすると
切り替えられる

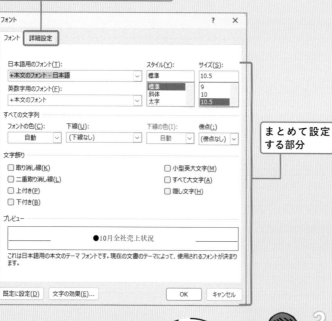

まとめて設定
する部分

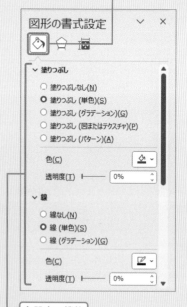

各設定の機能

設定機能が
まとまって
いるのね

レッスン **17-1** リボンからダイアログを表示する

練習用ファイル 17-1-報告書.docx

操作 ダイアログを表示する

ダイアログには、選択された文字や図形に対して設定できる項目がまとめて表示されます。
なお、ダイアログの表示中は、文書の編集など他の操作は実行できません。

Memo ダイアログボックス起動ツール

リボンのボタンは機能ごとにグループにまとめられています。そのグループに設定用のダイアログや作業ウィンドウが用意されている場合には、右の手順 **3** のように、各グループの右下に起動ツールのボタンが表示されます。この起動ツールのボタンのことを「ダイアログボックス起動ツール」といいます。

グループ：ボタンが機能ごとにまとめられている

ダイアログボックス起動ツール

1 設定対象（ここでは文字列「●10月会社売上状況」）を選択し、

2 任意のタブ（ここでは［ホーム］タブ）をクリックします。

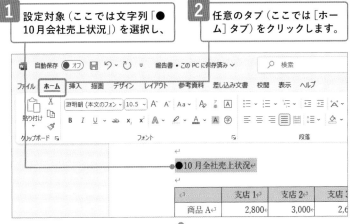

3 グループの右下の をクリックすると、

4 そのグループに関連するダイアログ（ここでは［フォント］ダイアログ）が表示されます。

5 必要な設定をし、［OK］をクリックすると、ダイアログボックスが閉じ、設定が反映されます。

レッスン **17-2** 作業ウィンドウを表示する

練習用
ファイル 17-2-報告書.docx

操作 **作業ウィンドウを
表示する**

作業ウィンドウは、画像や図形が選択されている場合に主に表示されます。作業ウィンドウでは、設定内容がすぐに編集画面に反映されます。また作業ウィンドウを表示したまま編集作業を行うことができます。

1 図形をクリックして選択し、

2 コンテキストタブの[図形の書式]
タブをクリックして、

3 [図形のスタイル]グループの右下のを
クリックすると、

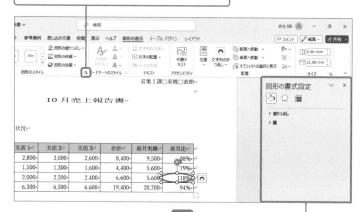

4 作業ウィンドウが表示されます。

5 必要な設定をすると、

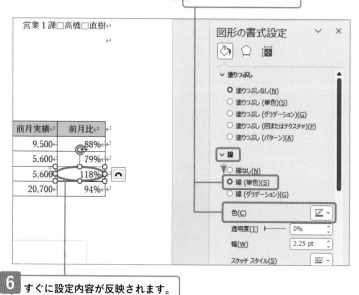

6 すぐに設定内容が反映されます。

怖がらずに
使って
みてね！

コラム　WordやExcelの設定画面の開き方を覚えておこう

Word全般の設定をするには、［Wordのオプション］ダイアログ、またExcel全般の設定をするには、［Excelのオプション］ダイアログを表示します。WordやExcelの操作に慣れてくると、自分が使いやすいように設定を変更したいと思うことがあるでしょう。そのときに、この画面で設定変更します。本書でもこの画面を表示して設定を変更する方法を解説している箇所があります。ここではWordの画面を例に手順を紹介します。Excelでも同様に操作できます。

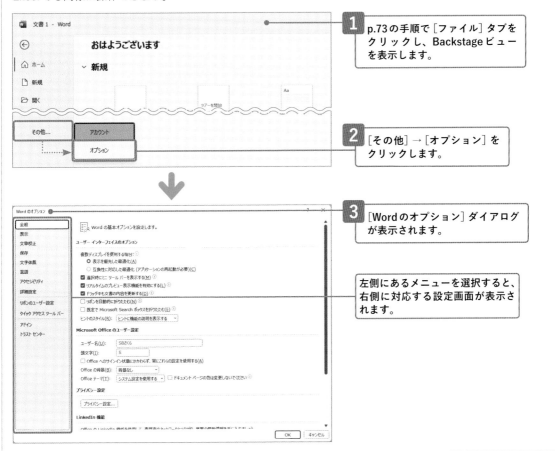

1 p.73の手順で［ファイル］タブをクリックし、Backstageビューを表示します。

2 ［その他］→［オプション］をクリックします。

3 ［Wordのオプション］ダイアログが表示されます。

左側にあるメニューを選択すると、右側に対応する設定画面が表示されます。

Backstageビューについてはp.73のコラムを読んでね〜

Section 18 機能をすばやく実行する

機能の実行

WordとExcelの機能をより早く実行する方法があります。よく使う機能を常に表示するクイックアクセスツールバー、編集画面に表示されるミニツールバーとショートカットメニュー、特定のキーを押すだけで機能が実行できるショートカットキーです。

ここで学べること

習得スキル	操作ガイド	ページ
▶ クイックアクセスツールバーの利用	レッスン18-1	p.79
▶ ミニツールバーの利用	レッスン18-2	p.80
▶ ショートカットメニューの利用	レッスン18-3	p.80
▶ ショートカットキーの利用	レッスン18-4	p.81

まずは パッと見るだけ！

覚えておくと便利なメニュー

それぞれのメニューがどのようなものかを確認しましょう。ここではExcelの画面を例に紹介します。Wordでも同様に操作できます。

● クイックアクセスツールバー

よく使う機能を登録しておけるツールバーで、タイトルバーの左端に表示されます。

● ミニツールバー

セルや図形などを右クリックしたときに表示されるメニューで、主に書式設定のボタンが集められています。

● ショートカットメニュー

セルや図形などを右クリックしたときに表示されるメニューで、右クリックした対象に対して実行できる機能が一覧表示されます。

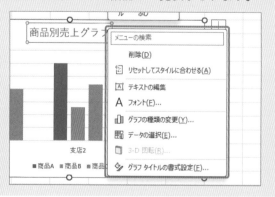

レッスン 18-1 クイックアクセスツールバーを使う

操作 **クイックアクセス
ツールバーを使う**

クイックアクセスツールバーは、常にタイトルバーの左端に表示されています。ボタンを自由に追加できるため、よく使う機能を配置しておくと便利です。

機能を実行する

1 クイックアクセスツールバーに表示されているボタン（ここでは［上書き保存］）をクリックすると、その機能が実行されます。

ボタンを追加する

1 ［クイックアクセスツールバーのユーザー設定］をクリックし、

2 一覧から機能をクリックすると、

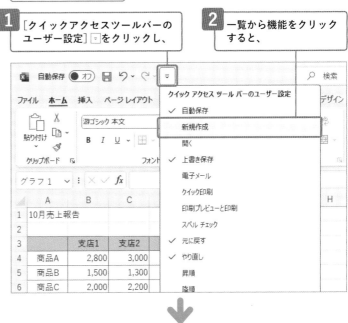

3 ボタンが追加されます。

Memo **クイックアクセスツール
バーのボタンを削除する**

削除したいボタンを右クリックし、［クイックアクセスツールバーから削除］をクリックすると、ボタンが削除されます。

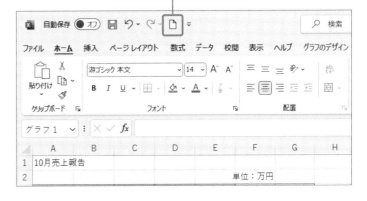

レッスン 18-2 ミニツールバーを使う

練習用ファイル　18-2-売上報告.xlsx

🖱 操作　**ミニツールバーを使う**

ミニツールバーは、文字を選択したり、右クリックしたりしたときに対象文字の右上あたりに表示されるボタンの集まりです。設定対象によって表示されるボタンが異なります。
例えば、文字を選択した場合は、文字サイズなどの書式を設定するボタンが表示されます。不要な場合は[esc]キーを押して非表示にできます。

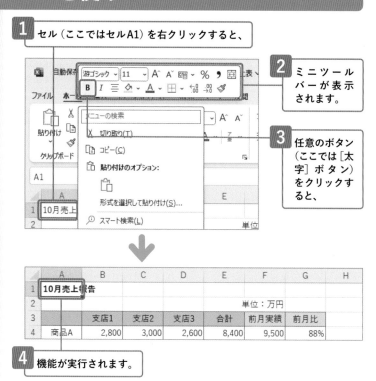

1 セル（ここではセルA1）を右クリックすると、

2 ミニツールバーが表示されます。

3 任意のボタン（ここでは［太字］ボタン）をクリックすると、

4 機能が実行されます。

レッスン 18-3 ショートカットメニューを使う

練習用ファイル　18-3-売上報告.xlsx

🖱 操作　**ショートカットメニューを使う**

ショートカットメニューは、セルや図形などを選択し、右クリックしたときに表示されるメニューです。右クリックした対象に対して実行できる機能が一覧で表示され、機能をすばやく実行するのに便利です。

📝 Memo　**ふりがなを表示する**

Excelでは、セルに入力された漢字にはふりがな情報が保存されています。［ふりがなの表示］を実行すると漢字のふりがなが表示されます。再度同じメニューを選択するとふりがなを非表示にできます。

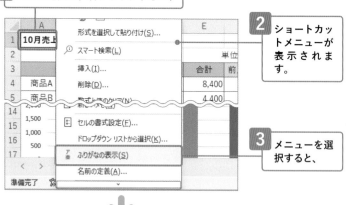

1 セルを選択し、右クリックすると、

2 ショートカットメニューが表示されます。

3 メニューを選択すると、

4 機能が実行されます。

レッスン 18-4 ショートカットキーを使う

練習用
ファイル　18-4-売上報告.xlsx

🖱️ 操作　**ショートカットキーを使う**

ショートカットキーは、機能が割り当てられている単独のキー、またはキーの組み合わせです。
例えば、文字列を選択し Ctrl キーを押しながら B キーを押すと太字が設定されます。

📝 Memo　**ショートカットキーを確認する**

ショートカットキーは、リボンのボタンにマウスポインターを合わせたときに表示される「ヒント」で確認できます。

1 設定対象（ここではセル A1）を選択し、　　**2** ショートカットキー（ここでは、Ctrl + I キー）を押すと、

	A	B	C	D	E	F	G
1	10月売上報告						
2						単位：万円	
3		支店1	支店2	支店3	合計	前月実績	前月
4	商品A	2,800	3,000	2,600	8,400	9,500	
5	商品B	1,500	1,300	1,600	4,400	5,600	
6	商品C	2,000	2,200	2,400	6,600	5,600	
7	合計	6,300	6,500	6,600	19,400	20,700	

3 機能（ここでは斜体）が実行されます。

	A	B	C	D	E	F	G
1	*10月売上報告*						
2						単位：万円	
3		支店1	支店2	支店3	合計	前月実績	前月
4	商品A	2,800	3,000	2,600	8,400	9,500	
5	商品B	1,500	1,300	1,600	4,400	5,600	
6	商品C	2,000	2,200	2,400	6,600	5,600	
7	合計	6,300	6,500	6,600	19,400	20,700	

▶️ コラム　**覚えておきたいショートカットキー**

よく使用されるショートカットキーを紹介します。

機能	ショートカットキー
コピー	Ctrl + C
切り取り	Ctrl + X
貼り付け	Ctrl + V
太字	Ctrl + B
斜体	Ctrl + I
下線	Ctrl + U
元に戻す	Ctrl + Z
やり直し	Ctrl + Y
繰り返し	F4
［名前を付けて保存］ダイアログを表示	F12
［ファイルを開く］ダイアログを表示	Ctrl + F12
ウィンドウを閉じる	Alt + F4

慣れたら
どんどん
使ってね！

Section

19 画面をスクロールする

表示

画面に表示する領域を移動することを「スクロール」といいます。文書や表を作成中に、画面に表示されていない部分の上下左右を見るには、画面をスクロールします。

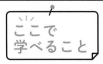
ここで学べること

習得スキル	操作ガイド	ページ
▶画面をスクロールする	レッスン19-1	p.83

 まずは パッと見るだけ！

表示画面を移動する

　画面のスクロールは、スクロールバーを使います。画面をスクロールすると、文書や表の表示されていない部分が表示されます。ここでは、Wordの画面を例に紹介します。Excelでも同様に操作できます。

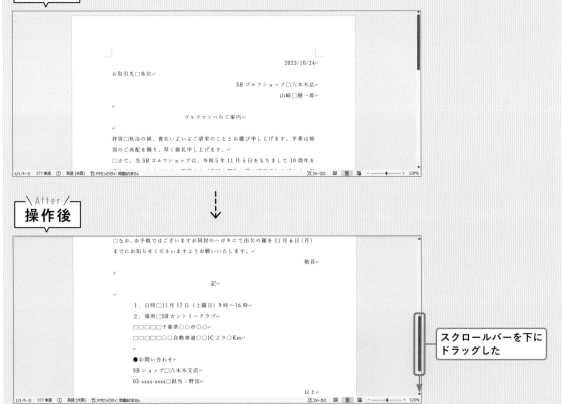

Before
操作前

After
操作後

スクロールバーを下にドラッグした

1 WordとExcelの基礎を知ろう

レッスン **19-1** 画面をスクロールする

練習用ファイル 19-案内状.docx

操作　上下にスクロールする

画面を上下にスクロールするには、画面右側に表示されている垂直スクロールバーを使います。スクロールバーのつまみを上下にドラッグすることで文書を上下にスクロールすることができます。また、スクロールバーの両端にある▲や▼をクリックすると1行ずつスクロールできます。なお、スクロールしてもカーソルの位置は変わりません。

Point　横方向にスクロールするには

横方向に表示しきれていない部分がある場合は、下図のように水平スクロールバーが表示されます。水平スクロールバーを左右にドラッグして画面を移動します。

垂直スクロールバー

水平スクロールバー

Memo　スクロールバーが表示されない場合

スクロールバーは、画面内に文書全体が表示されている場合は表示されません。

Memo　マウスを使ってスクロールする

マウスにホイールが付いている場合は、ホイールを回転することで画面を上下にスクロールできます。

1 スクロールバーのつまみをドラッグすると、

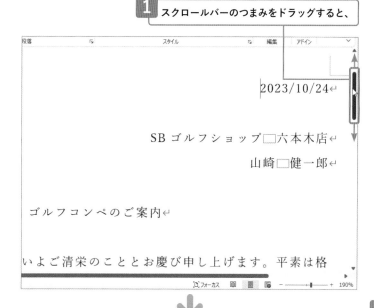

2023/10/24←

SBゴルフショップ□六本木店←

山崎□健一郎←

ゴルフコンペのご案内←

いよご清栄のこととお慶び申し上げます。平素は格

2 画面がスクロールされて、文書の表示位置が変更されます。

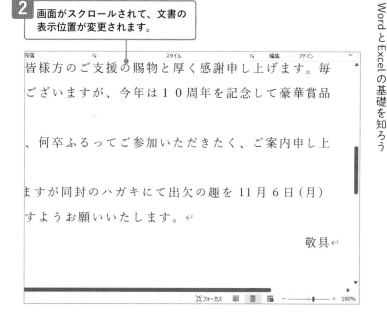

皆様方のご支援の賜物と厚く感謝申し上げます。毎

ございますが、今年は10周年を記念して豪華賞品

、何卒ふるってご参加いただきたく、ご案内申し上

ますが同封のハガキにて出欠の趣を11月6日(月)

すようお願いいたします。←

敬具←

Excelも
操作は
同じだよ〜

Section

20 画面の表示倍率を変更する

Excel
の基礎

画面を拡大して部分的に大きく見たり、縮小して表の全体を見たりなど、画面の表示倍率を10%～400%の範囲で変更できます。

ここで
学べること

習得スキル	操作ガイド	ページ
▶表示倍率の変更	レッスン20-1	p.85

まずは パッと見るだけ！

ズーム機能で表示倍率を変更する

作業内容に合わせて画面の表示倍率を自由に変更できます。ここではExcelの画面を例に紹介します。

\ Before /
操作前

100%

大きくすると
見やすい～

\ After /
操作後

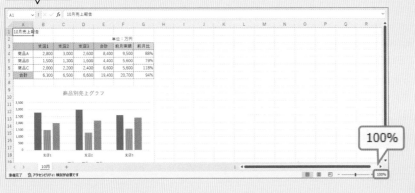

	A	B	C	D	E	F	G	H	I	J	K
1	10月売上報告										
2					単位：万円						
3		支店1	支店2	支店3	合計	前月実績	前月比				
4	商品A	2,800	3,000	2,600	8,400	9,500	88%				
5	商品B	1,500	1,300	1,600	4,400	5,600	79%				
6	商品C	2,000	2,200	2,400	6,600	5,600	118%				
7	合計	6,300	6,500	6,600	19,400	20,700	94%				
8											
9			商品別売上グラフ								
10											

170%

1
WordとExcelの基礎を知ろう

レッスン 20-1 画面の表示倍率を変更する

練習用ファイル 20-売上報告.xlsx

🖱 操作 **画面の表示倍率を変更する**

画面の表示倍率は、ズームスライダーの左右のつまみをドラッグする方法と、リボンにあるボタンを使う方法があります。また、ズームスライダーの左右にある［＋］［－］をクリックすると、10％～400％の範囲（Wordの場合は10％～500％）で10％ずつ拡大／縮小します。

💡 Point **いろいろな表示倍率**

［ズーム］グループのボタンをクリックして指定された倍率に簡単に変更できます。最初の状態に戻すには［100％］をクリックします。［選択範囲に合わせて拡大／縮小］をクリックすると、選択されているセル範囲に合わせて表示倍率が変更されます。また、［ズーム］をクリックすると、［ズーム］ダイアログが表示されます。

📝 Memo **［ズーム］ダイアログで倍率変更する**

［ズーム］ダイアログでは、いろいろな倍率の選択肢があり、倍率を直接入力して指定することもできます。また、ズームスライダーの右側にある表示倍率の数字をクリックしても［ズーム］ダイアログを表示できます。

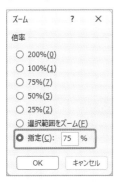

ズームスライダーを使って倍率を変更する

1 画面右下にあるズームスライダーのつまみを左右にドラッグすると、

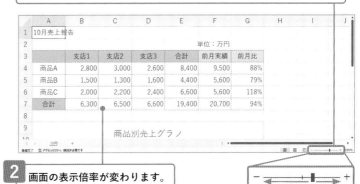

2 画面の表示倍率が変わります。

リボンを使って表示倍率を変更する

1 ［表示］タブをクリックし、

2 ［ズーム］グループ内のボタンをクリックすると、

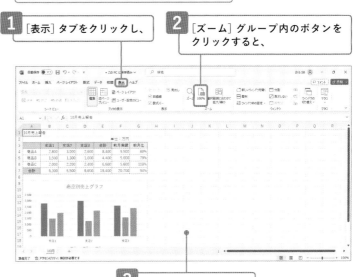

3 表示倍率が変わります。

Wordも同じ操作で読みやすく調整しましょう

Section

21 Wordの表示モードを知ろう

表示モード

Wordには、「印刷レイアウト」「閲覧モード」「Webレイアウト」「アウトライン」「下書き」の5つの表示モードがあります。通常は、「印刷レイアウト」で編集作業を行います。ここでは、「印刷レイアウト」「アウトライン」を確認しておきましょう。

ここで学べること

習得スキル	操作ガイド	ページ
▶印刷レイアウトに切り替える	レッスン21-1	p.87
▶アウトラインに切り替える	レッスン21-2	p.87

まずは パッと見るだけ！

1
WordとExcelの基礎を知ろう

主な表示モード

●印刷レイアウト

通常の編集画面。余白や画像などが印刷結果のイメージで表示される

●アウトライン

罫線や画像が省略され、文章のみが表示される。章、節、項のような階層構造の見出しのある文書を作成・編集するのに便利

●Webレイアウト

Webブラウザーで文書を開いたときと同じイメージで表示される。文書をWebページとして保存する場合のイメージ確認ができる

●閲覧モード

画面の幅に合わせて文字が折り返されて表示され、編集はできない。文書を読むのに適している

レッスン 21-1 印刷レイアウトに切り替える

練習用ファイル 21-お茶講座.docx

操作 表示モードを切り替える

表示モードは、画面右下にある表示選択ショートカットを使うことで[印刷レイアウト][閲覧モード][Webレイアウト]に切り替えることができます。[アウトライン]や[下書き]はリボンのボタンを使って切り替えます。

● 表示選択ショートカット

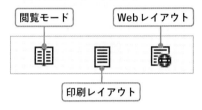

閲覧モード　Webレイアウト

印刷レイアウト

なお、[表示]タブの[印刷レイアウト]をクリックすることでも表示を切り替えることができます。

1 表示選択ショートカットで[印刷レイアウト]をクリックすると、

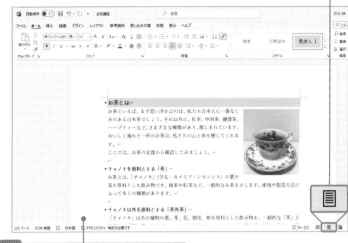

2 印刷レイアウトに切り替わります。

レッスン 21-2 アウトラインに切り替える

練習用ファイル 21-お茶講座.docx

Memo 見出し単位の折りたたみと展開

見出しスタイルが設定されている段落の行頭にある⊞をダブルクリックすると、見出し単位で折りたたんだり、展開したりできます。

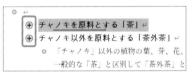

Memo 見出しスタイルとは

[ホーム]タブの[スタイル]グループにあるスタイル一覧の中で[見出し1]や[見出し2]といった名前のついているスタイルです。見出しにしたい文字列にこのスタイルを設定し、見出しとして認識されます（p.241のコラム参照）。

1 [表示]タブ→[アウトライン]をクリックすると、

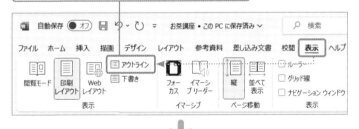

2 アウトラインに切り替わり

3 [アウトライン]タブが表示されます。

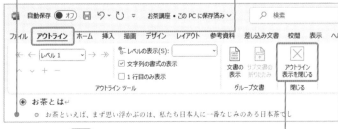

4 [アウトライン]タブの[アウトライン表示を閉じる]をクリックすると印刷レイアウトに戻ります。

22 Excelの表示モードを知ろう

表示モード

Excelには、「標準」「改ページプレビュー」「ページレイアウト」の3つの表示モードがあります。通常は、「標準」で編集作業を行います。ここでは、3つの表示モードの特徴や違いを確認しておきましょう。

ここで学べること

習得スキル	操作ガイド	ページ
▶標準モードに切り替える	レッスン22-1	p.89
▶ページレイアウトに切り替える	レッスン22-2	p.89
▶改ページプレビューに切り替える	レッスン22-3	p.90

まずは パッと見るだけ！

3つの表示モード

表示モード	表示画面
標準 通常の編集画面。ワークシートが画面全体に表示される	
改ページプレビュー 印刷される範囲がページごとに青枠で囲まれて表示される	
ページレイアウト ワークシートが1ページずつ分かれて表示される	

レッスン **22-1** 標準に切り替える

練習用
ファイル 22-売上表.xlsx

🖱️操作 表示モードを切り替える

標準は、通常の編集画面です。作業は常に標準画面で行います。表示モードは、画面右下にある表示選択ショートカットを使って切り替えます。[表示] タブの [ブックの表示] グループにあるボタンでも切り替えられます。

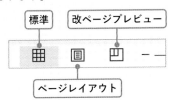

| 1 | 表示選択ショートカットで [標準] をクリックすると、 |

| 2 | 標準に切り替わります。 |

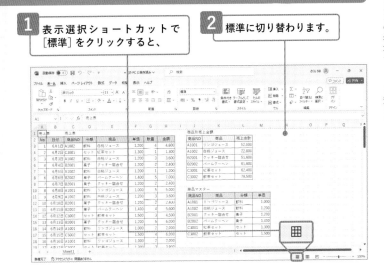

📝Memo リボンから [標準] に切り替える

[表示] タブの [標準] をクリックしても表示を切り替えられます。

レッスン **22-2** ページレイアウトに切り替える

練習用
ファイル 22-売上表.xlsx

📝Memo リボンから [ページレイアウト] に切り替える

[表示] タブの [ページレイアウト] をクリックしても表示を切り替えられます。

💡Point ページレイアウトの使い方

ページレイアウトは1ページ単位で表示されるため、印刷イメージを確認しながら編集できます。ヘッダーやフッターを設定するときに表示すると便利です（p.580参照）。

| 1 | 表示選択ショートカットで [ページレイアウト] をクリックすると、 |

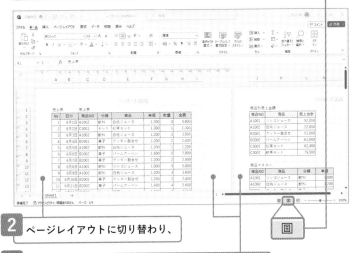

| 2 | ページレイアウトに切り替わり、 |

| 3 | ワークシートが1ページずつ分かれて表示されます。 |

レッスン 22-3 改ページプレビューに切り替える

練習用ファイル 22-売上表.xlsx

1 表示選択ショートカットで［改ページプレビュー］をクリックすると、

Memo リボンから［改ページプレビュー］に切り替える

［表示］タブの［改ページプレビュー］をクリックしても表示を切り替えられます。

| 数式 | データ | 校閲 | **表示** | ヘルプ |

標準　改ページプレビュー　🗐 ページ レイアウト　□ ユーザー設定のビュー

ブックの表示

Point 改ページプレビューの使い方

改ページプレビューでは、ページ区切り線が表示されるため、印刷前に表示して改ページ位置を確認できます。必要に応じてページ区切り線を移動できます（p.577参照）。

2 改ページプレビューに切り替わります。

3 ページの区切りに青色の点線が表示されます。

コラム ドラッグでファイルやフォルダをコピー／移動する

ファイルやフォルダの移動やコピーは、ドラッグ操作でも行えます。ドラッグ操作を覚えるとわざわざボタンをクリックする必要がないため便利です。同じドライブ内と、異なるドライブ間とでは、コピーと移動の動作が変わってくるので気をつけましょう。

● 同じドライブ内でのコピーと移動

例えばCドライブの中でファイルをドラッグすると移動になり、Ctrl キーを押しながらドラッグするとコピーになります。

● 異なるドライブ間でのコピーと移動

例えばCドライブとDドライブの間でファイルをドラッグするとコピーになり、Shift キーを押しながらドラッグすると移動になります。

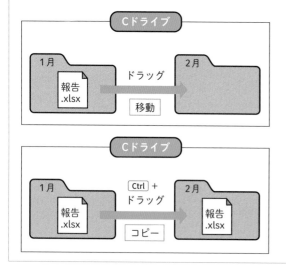

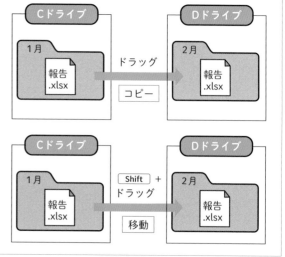

第 **1** 章

文字の入力を
マスターする

ここでは、文字入力の方法を説明します。パソコンのキーボードの配列、
キーボードの機能や打ち分け方、文字の入力や文字変換の仕方を丁寧に
説明していますので、キーボード操作に慣れていない方でも安心して進
めることができます。

文字の入力が
速いと仕事も
スムーズ！

01 キーボードの上手な使い方

キーボードには、文字が割り当てられている「文字キー」と、何らかの機能が割り当てられている「機能キー」があります。文字を入力するには、文字キーを使います。キーボード上の主なキーの名称と機能を確認しましょう。

ここで学べること

習得スキル	操作ガイド	ページ
▶ キーボードの各部の名称と機能	なし	p.93

まずは パッと見るだけ！

キーボードの構成

キーは、軽くポンと押しましょう。キーを押し続けると「連打（連続して複数回押す）した」とみなされます。中央の文字キーとテンキー以外は機能キーです。テンキーを使って数字を入力するときは、Num Lock キーを押してオンにします。Num Lock キーがオンのときは、パソコンにNumLockのランプが点灯します。再度 Num Lock キーを押すとオフになり、ランプが消灯します。

パソコンによっては、Num Lock キーを Fn キーと組み合わせて押すタイプや、NumLockランプのないキーボードもあります

Memo NumLockの状態がわからない場合

NumLockの状態がわからない場合は、テンキーのいずれかの数字を押してみます。数字が入力されない場合は、NumLockがオフなので Num Lock キーを押してオンにしてください。

文字入力に使用する主なキーの名称と機能

標準的なキーボードの配置は以下のようになりますが、パソコンによって機能キーの配置が多少異なります。また、テンキーがないものもあります。

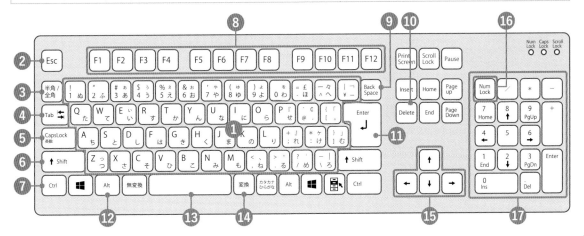

番号	名称	機能
❶	文字キー	文字が割り当てられている。文字や記号を入力する
❷	Esc（エスケープ）キー	入力や変換を取り消したり、操作を取り消したりする
❸	半角/全角 キー	入力モードの「ひらがな」と「半角英数」を切り替える
❹	Tab（タブ）キー	字下げを挿入する
❺	Caps Lock（キャップスロック）キー	アルファベット入力時に Shift キーを押しながらこのキーを押して大文字入力の固定と小文字入力の固定を切り替える
❻	Shift（シフト）キー	文字キーの上部に表示された文字を入力するときに、文字キーと組み合わせて使用する
❼	Ctrl（コントロール）キー	他のキーを組み合わせて押し、さまざまな機能を行う
❽	ファンクションキー	アプリによってさまざまな機能が割り当てられている。文字変換中は、F6 ～ F10 にひらがな、カタカナ、英数変換する機能が割り当てられている
❾	Back space（バックスペース）キー	カーソルより左側（前）の文字を1文字削除する
❿	Delete（デリート）キー	カーソルより右側（後）の文字を1文字削除する
⓫	Enter（エンター）キー	変換途中の文字を確定したり、改行して次の行にカーソルを移動したりする
⓬	Alt（オルト）キー	他のキーを組み合わせて押し、さまざまな機能を行う
⓭	Space（スペース）キー	文字の変換や、空白を入力する
⓮	変換 キー	確定した文字を再変換する
⓯	↑、↓、→、← キー	カーソルを上、下、右、左に移動する
⓰	Num Lock（ナムロック）キー	オンにすると、テンキーの数字が入力できる状態になる
⓱	テンキー	数字や演算記号を入力するキーの集まり

02 IMEで入力モードを確認しよう

IMEとは、パソコンでひらがなやカタカナ、漢字などの日本語を入力するためのプログラムで、Windowsに付属しています。このようなプログラムを「日本語入力システム」といいます。文字を入力する場合は、現在のIMEの入力モードを確認し、必要に応じて変更します。

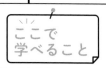

習得スキル	操作ガイド	ページ
▶ IMEの入力モードを切り替える	レッスン02-1	p.95

まずは パッと見るだけ！

1 文字の入力をマスターする

[IMEの入力モード]

IMEの入力モードは、［ひらがな］モードと［半角英数字］モードがあります。入力モードの状態はタスクバーの通知領域で確認できます。また、[半角/全角]キーを押すか、表示をクリックするごとに［ひらがな］モードと［半角英数字］モードが交互に切り替わります。

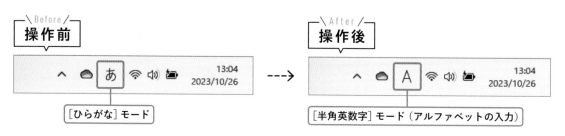

［半角／全角］キーですぐ切り替わるのね！

レッスン 02-1 IMEの入力モードを切り替える

操作 IMEの入力モードを切り替える

キーボードを押したときに入力される文字種は、IMEの入力モードによって変わります。

Wordを起動すると、自動的に入力モードが［ひらがな］に切り替わり、「あ」と表示されます。

[半角/全角]キーを押すと、［半角英数字］モードに切り替わり、「A」と表示され、半角英文字が入力できる状態になります。

[半角/全角]キーを押すか、表示をクリックするごとに入力モードが交互に切り替わります。

入力モードが「あ」のときを「オン」、「A」のときを「オフ」と表現することもあります

Memo 入力モードの種類

タスクバー上の入力モードの表示を右クリックすると、IMEのメニューが表示されます。上から［ひらがな］［全角カタカナ］［全角英数字］［半角カタカナ］［半角英数字］と5種類の入力モードに切り替えることができます。先頭に「・」が表示されているものが現在の入力モードです。

Memo その他のIMEの入力モードに切り替える

入力モードが［全角カタカナ］［全角英数字］［半角カタカナ］の場合も、[半角/全角]キーで［半角英数字］と交互に切り替わります。

キーボードで切り替える

1 IMEの状態（ここでは［ひらがな］モード：オン）を確認し、

13:04
2023/10/26

半角/全角

2 [半角/全角]キーを押します。

3 入力モードが切り替わります（ここでは［半角英数字］モード：オフ）。

A 13:04
2023/10/26

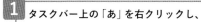
メニューから切り替える

1 タスクバー上の「あ」を右クリックし、

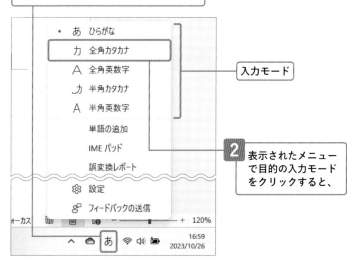

- あ ひらがな
- カ 全角カタカナ
- A 全角英数字
- _カ 半角カタカナ
- A 半角英数字
- 単語の追加
- IME パッド
- 誤変換レポート
- 設定
- フィードバックの送信

オーカス + 120%

あ 16:59
2023/10/26

入力モード

2 表示されたメニューで目的の入力モードをクリックすると、

3 入力モードが切り替わります。

カ 13:56
2023/10/26

03 「ローマ字入力」と「かな入力」

文字入力

日本語を入力する場合の入力方法には「ローマ字入力」と「かな入力」があります。
ローマ字入力はキーに表示されている英字をローマ字読みでタイプして日本語を入力する方法です。
一方、かな入力はキーに表示されているひらがなをそのままタイプして日本語を入力する方法です。

ここで学べること

習得スキル	操作ガイド	ページ
▶ローマ字入力／かな入力を切り替える	レッスン 03-1	p.97

 まずは パッと見るだけ！

1
文字の入力をマスターする

［ローマ字入力］と［かな入力］で使うキー

［ローマ字入力］と［かな入力］で「あめ」と入力するとき、使うキーは以下のようになります。

● **ローマ字入力**
キーに表示されている英字をローマ字読みでタイプして、日本語を入力します。

| A ち | M も | E い／い | ➡ | あめ↵ |

● **かな入力**
キーに表示されているひらがなをそのままタイプして、日本語を入力します。

| # ぁ／3 あ | ? ・／／ め | ➡ | あめ↵ |

IMEの初期設定はローマ字入力です

レッスン 03-1 ローマ字入力とかな入力を切り替える

🖱 操作　入力方法を切り替える

入力方法は、標準でローマ字入力です。そのため何も設定しないとローマ字入力になります。

ローマ字入力からかな入力に切り替えるには、タスクバーの「あ」を右クリックして、表示されるメニューで[かな入力（オフ）]をクリックします。再度メニューを表示して[かな入力（オン）]をクリックするとローマ字入力に戻ります。

1 タスクバーのIMEの表示（ここでは「あ」）を右クリックし、

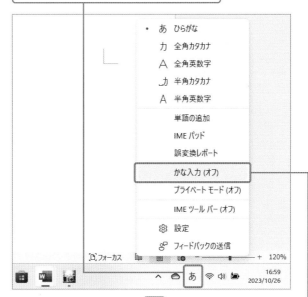

2 [かな入力（オフ）]をクリックすると、かな入力に切り替わります。

3 再度、タスクバーのIMEの表示を右クリックすると、

4 [かな入力（オン）]と表示され、現在かな入力であることが確認できます。[かな入力（オン）]をクリックすると、ローマ字入力に戻ります。

Section

04 効率よく日本語を入力する

文字
入力

日本語を入力するには、IMEの入力モードを「ひらがな」にします。ひらがなで入力して、漢字に変換したり、カタカナに変換したりできます。ここで入力、訂正、変換、再変換の方法を覚えれば、素早く日本語入力ができるようになります。

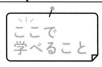
ここで
学べること

習得スキル	操作ガイド	ページ
▶ ひらがなの入力／訂正	レッスン 04-1 ～ 2	p.99 ～ p.101
▶ 漢字変換／再変換	レッスン 04-3 ～ 5	p.102 ～ p.105
▶ カタカナ変換	レッスン 04-6	p.105

まずは パッと見るだけ！

読みを入力して変換する

　日本語を入力するには、ひらがなで読みを入力してから変換します。読みの文字を間違えた場合は変換前に読みを訂正できます。加えて、文字を確定した後に別の漢字に再変換することもできます。

▼ 基本的な漢字変換の流れ

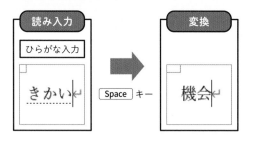

▼ 漢字確定後の再変換の流れ

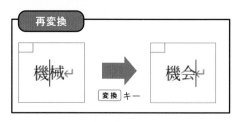

間違った漢字で確定しても、再変換できるので打ち直す必要はありません。

▼ 入力中の読み訂正の流れ

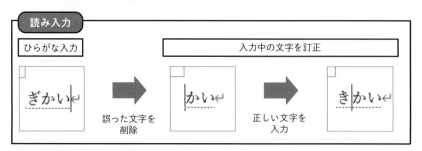

読みを間違えても、間違えだけを訂正すれば打ち直す必要はありません。

日本語がすいすい入力できれば無敵♪

レッスン 04-1 ひらがなを入力する

操作　ひらがなを入力する

ひらがなや漢字などの日本語を入力するには、入力モードを「あ」（[ひらがな] モード）にします。ここでは、ローマ字入力の方法と、かな入力の方法を説明します。

ローマ字入力の場合

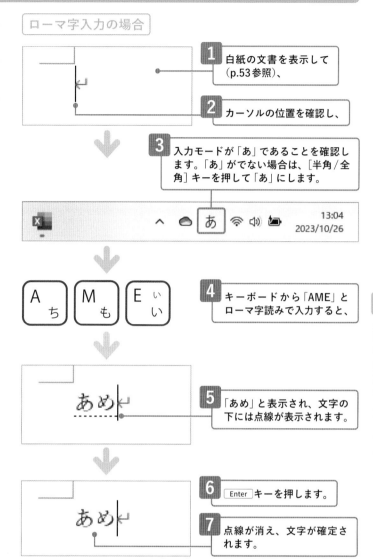

1 白紙の文書を表示して（p.53参照）、

2 カーソルの位置を確認し、

3 入力モードが「あ」であることを確認します。「あ」がでない場合は、[半角／全角] キーを押して「あ」にします。

13:04
2023/10/26

4 キーボードから「AME」とローマ字読みで入力すると、

あめ

5 「あめ」と表示され、文字の下には点線が表示されます。

あめ

6 Enter キーを押します。

7 点線が消え、文字が確定されます。

Memo　入力途中に変換候補が表示される

文字の入力途中に、予測された変換候補が自動で表示されます。ここでは、そのまま入力を進めてください。なお、詳細はp.102の時短ワザで説明します。

Memo　改行する

文字を確定した後、再度 Enter キーを押すと、改行されカーソルが次の行に移動します。

Memo　ローマ字入力で長音、句読点を入力するキー

長音「—」： = £ - ほ

読点「、」： く , ね

句点「。」： > . る

中黒「・」： ? / め

▼ローマ字入力で注意する文字

入力文字	入力の仕方	例
ん	N み N み ※「ん」の次に子音が続く場合は「N」を1回でも可。	ほん → HONN ぶんこ → BUNKO または、 BUNNKO
を	W て O ら	かをり → KAWORI
っ（促音）	次に続く子音を2回入力	ろっぽんぎ → ROPPONGI
や、ゆ、よ（拗音） ぁ、ぃ 等（小さい文字）	子音と母音の間にYまたはHを入力。単独の場合は、先頭に「X」または「L」を入力	きょう → KYOU てぃあら → THIARA ゃ → LYA または、XYA ぁ → LA または、XA

※ローマ字入力の詳細はローマ字／かな対応表を参照してください（p.600参照）。

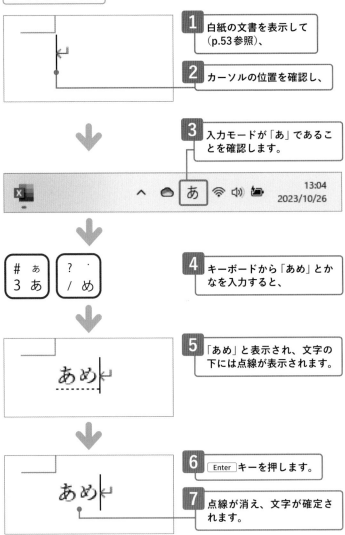

1

文字の入力をマスターする

Memo ローマ字入力／かな入力の切り替え方法

ローマ字入力とかな入力を切り替える方法は、p.97を参照してください。

Memo Enter キーで改行する

手順 7 で文字を確定した後、Enter キーを押すと、改行されてカーソルが次の行に移動します。Enter キーは文字の確定と段落の改行の役割があります。文字入力の練習のときに、Enter で改行しながら入力練習してください。

Memo かな入力の場合のキーの打ち分け方

下半分はそのまま入力し、上半分は Shift キーを押しながら入力します。

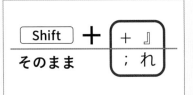

Memo かな字入力で長音、句読点を入力するキー

長音「ー」 ： ｜

読点「、」 ： Shift + < 、 ね

句点「。」 ： Shift + > 。 る

中黒「・」 ： Shift + ？ ／ め

かな入力の場合

1 白紙の文書を表示して（p.53参照）、

2 カーソルの位置を確認し、

3 入力モードが「あ」であることを確認します。

13:04　2023/10/26

4 キーボードから「あめ」とかなを入力すると、

5 「あめ」と表示され、文字の下には点線が表示されます。

あめ

6 Enter キーを押します。

あめ

7 点線が消え、文字が確定されます。

▼かな入力で注意する文字

入力文字	入力方法
を	Shift キーを押しながら ０ を わ キーを押す
っ（促音） や、ゆ、よ（拗音） ぁ、い 等（小さい文字）	Shift キーを押しながら、それぞれのかな文字キーを押す（下図参照）。 例：みっか → N み Shift + Z っ T か
゛（濁音）	かな文字の後に ゛ ＠ キーを押す。 例：がく → T か ゛ ＠ H く
゜（半濁音）	かな文字の後に ゜ ｛ ［ キーを押す。 例：ぱり → F は ゜ ｛ ［ L り

1

文字の入力をマスターする

レッスン 04-2 入力中の文字を訂正する

操作　入力途中に訂正する

文字の入力途中では、文字の下に点線が表示されます。この状態のときに入力ミスをして訂正したい場合は、←、→キーでカーソルを移動し、Delete キーまたは Back space キーで文字を削除して、正しい文字を入力し直します。

Memo　Delete キーと Back space キーの使い分け

Delete キーはカーソルより右（後）の文字を削除し、Back space キーはカーソルより左（前）の文字を削除します。

Memo　入力途中に文字を追加する

入力途中のまだ文字を確定していない状態では、←キー、→キーでカーソルを移動して文字を追加入力できます。

確定前の文字の削除

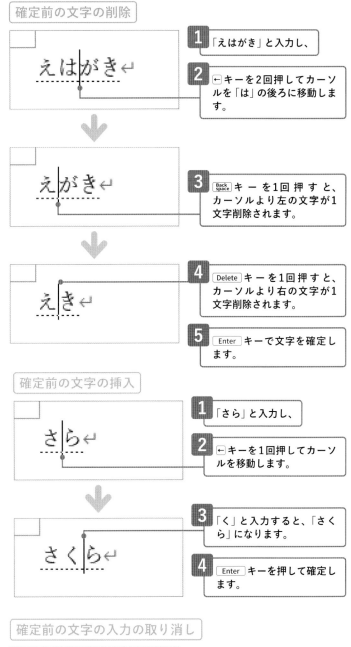

1 「えはがき」と入力し、

2 ←キーを2回押してカーソルを「は」の後ろに移動します。

3 Back space キーを1回押すと、カーソルより左の文字が1文字削除されます。

4 Delete キーを1回押すと、カーソルより右の文字が1文字削除されます。

5 Enter キーで文字を確定します。

確定前の文字の挿入

1 「さら」と入力し、

2 ←キーを1回押してカーソルを移動します。

3 「く」と入力すると、「さくら」になります。

4 Enter キーを押して確定します。

確定前の文字の入力の取り消し

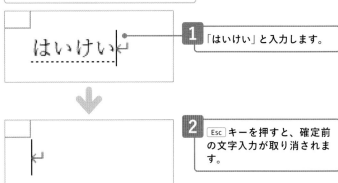

1 「はいけい」と入力します。

2 Esc キーを押すと、確定前の文字入力が取り消されます。

レッスン **04-3** 漢字に変換する

🖱 **操作** **Space キーを押して漢字変換する**

漢字を入力するには、ひらがなで漢字の読みを入力し、Space キーを押して変換します。
正しく変換できたら Enter キーで確定します。なお、変換 キーでも変換できます。

📝 **Memo** **変換前に戻す**

文字を確定する前（手順 4 の状態）であれば、Esc キーを押して変換前の状態に戻すことができます。

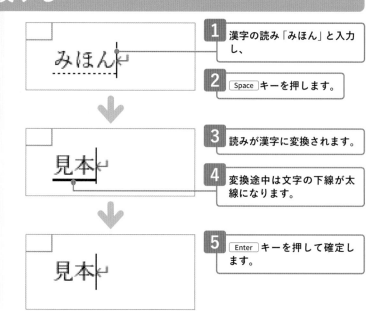

1 漢字の読み「みほん」と入力し、

2 Space キーを押します。

3 読みが漢字に変換されます。

4 変換途中は文字の下線が太線になります。

5 Enter キーを押して確定します。

⏰ **時短ワザ** **予測変換の候補を使う**

入力途中に表示される予測変換の候補から漢字を選択したい場合は、Tab キーまたは ↓↑ キーを押して候補を選択し、続けて入力するか、Enter キーで確定します。
なお、予測変換に表示される候補を削除するには、削除したい候補を選択し、Ctrl + Delete キーを押します。

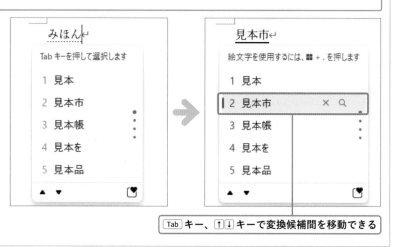

Tab キー、↑↓ キーで変換候補間を移動できる

📝 **Memo** **複数文字をまとめて削除する**

削除したい文字をドラッグして選択し、Delete キー、または Back space キーを押すと、選択した複数の文字をまとめて削除できます。なお、文字の選択方法は p.148 を参照してください。
また、変換を確定する前の文字には、点線の下線が表示されています。この状態のときに Esc キーを押すと、入力を取り消すことができます。入力を一気に取り消したいときに便利です。

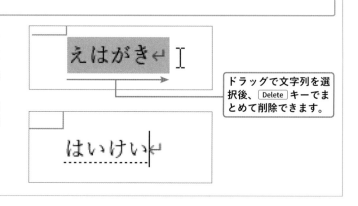

ドラッグで文字列を選択後、Delete キーでまとめて削除できます。

レッスン **04-4** 変換候補から選択する

🖰 操作　**変換候補から選択する**

最初の変換で目的の漢字に変換されなかった場合は、続けて Space キーを押して変換候補から選択します。Space キーまたは、↑ ↓ キーを押して正しい候補を選択し、Enter キーで確定します。

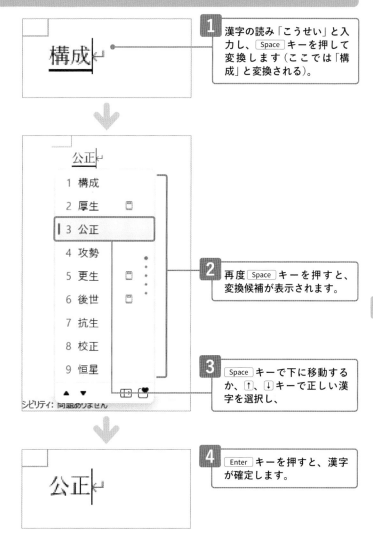

1 漢字の読み「こうせい」と入力し、Space キーを押して変換します（ここでは「構成」と変換される）。

2 再度 Space キーを押すと、変換候補が表示されます。

3 Space キーで下に移動するか、↑、↓ キーで正しい漢字を選択し、

4 Enter キーを押すと、漢字が確定します。

変換候補から
選ぶだけ〜

コラム 変換候補の使い方

レッスン**04-4**の変換候補には、3つのアイコン🔲、🔄、💗が表示されています。それぞれのアイコンの機能を理解して、活用しましょう。

● 🔲：標準統合辞書で同音異義語の意味を確認

変換候補の右側に🔲が表示されているものを選択すると、同音異義語の意味や使い方の一覧が表示されます❶。意味を確認してから正しい漢字が選択できます。

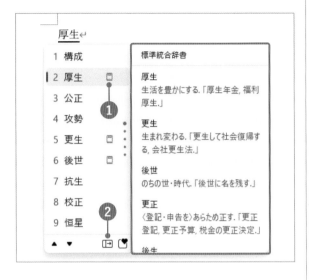

● 🔄：変換候補を複数列で表示

変換候補数が多い場合は、変換候補の下に表示されている🔄をクリックするか❷、Tab キーを押すと複数列で表示され、↑↓→← キーで変換候補を選択できます。🔄をクリックするか❸、Tab キーを押すと表示が戻ります。

● 💗：絵文字を表示

変換候補の右下角にある💗をクリックするか❹、🪟（Windows）+⋅（ピリオド）キーを押すと、絵文字選択画面が表示されます。絵文字、GIF、顔文字、記号といったさまざまな種類の絵文字や記号が用意されています。任意の絵文字をクリックするとカーソル位置に挿入されます。

レッスン 04-5 確定後の文字を再変換する

操作 確定後の文字を再変換する

確定した文字を再度変換するには、変換キーを使います。再変換したい文字にカーソルを移動するか、変換する文字を選択し、変換キーを押すと変換候補が表示されます。変換キーまたは↑、↓キーで変換候補を選択し、Enterキーで確定します。

Memo 右クリックで再変換する

再変換したい文字上で右クリックすると表示されるショートカットメニューの上部に変換候補が表示されます。一覧から漢字をクリックして選択できます。

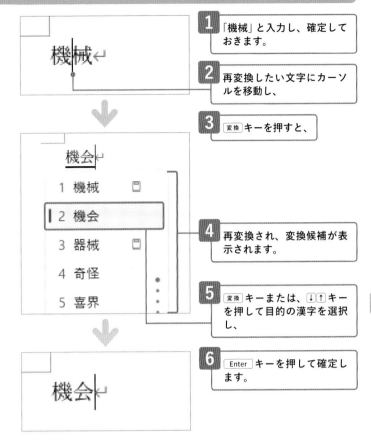

1 「機械」と入力し、確定しておきます。

2 再変換したい文字にカーソルを移動し、

3 変換キーを押すと、

4 再変換され、変換候補が表示されます。

5 変換キーまたは、↓↑キーを押して目的の漢字を選択し、

6 Enterキーを押して確定します。

レッスン 04-6 カタカナに変換する

操作 Spaceキーを押してカタカナ変換する

カタカナを入力するには、ひらがなで読みを入力し、Spaceキーを押して変換します。正しく変換できたらEnterキーで確定します。

Memo F7キーでカタカナ変換する

ひらがなをカタカナに変換する方法に、ファンクションキーのF7キーを押す方法もあります（p.123参照）。

素晴らしいわ！

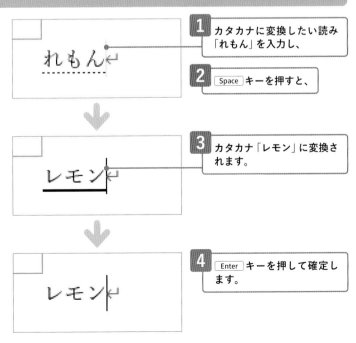

1 カタカナに変換したい読み「れもん」を入力し、

2 Spaceキーを押すと、

3 カタカナ「レモン」に変換されます。

4 Enterキーを押して確定します。

Section

05 文節／文章単位で入力する

文章を入力するときは、文節単位でこまめに変換する方法と、「、」や「。」を含めた一文をまとめて一括変換する方法があります。ここでは、それぞれの変換の仕方と、変換する文字の長さを変更する方法を確認しましょう。

ここで
学べること

まずは パッと見るだけ！

文節単位／文章単位で変換する

　漢字変換する際の変換単位となる、文節、文、文章の違いを確認しましょう。なお、本書では、文を文章に含めて変換単位として扱っています。

● 文節
　読みを文節単位で入力し、変換します。

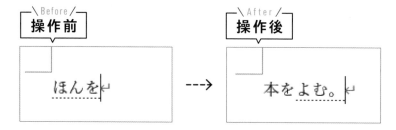

● 文／文章単位で変換
　読みを一気に入力し、まとめて変換します。変換回数が少なくてすみます。

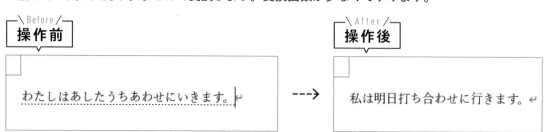

コラム 文節／文／文章の違い

● **文節**

文を意味がわかる程度に区切った言葉の単位です。例えば「今日は、天気がいい。」の場合、「今日は<u>ね</u>、天気が<u>ね</u>いい<u>よ</u>。」のように、「ね」とか「よ」などの言葉を挟んで区切ることができます。

例：

今日は、午後から会議がある。 だから、資料を準備しよう。↵

文節 文節 文節 文節 文節 文節 文節

● **文**

句点「。」から句点までで構成される言葉の集まりです。

例：

今日は、午後から会議がある。 だから、資料を準備しよう。↵

文 文

● **文章**

複数の文を連続させ、まとまった内容を表したものです。1文でもまとまった内容を表していれば文章とされますが、通常は複数文で構成されます。

例：

今日は、午後から会議がある。 だから、資料を準備しよう。↵

文章

レッスン 05-1 文節単位で変換する

操作　文節単位で変換する

文節単位で変換すると、漢字単位で変換するよりも正確に変換されやすく、入力の効率がよくなります。

ここでは、「本を読む。」を文節単位で変換して文を入力します。

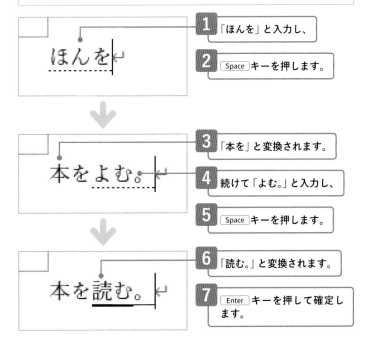

1 「ほんを」と入力し、

2 Space キーを押します。

3 「本を」と変換されます。

4 続けて「よむ。」と入力し、

5 Space キーを押します。

6 「読む。」と変換されます。

7 Enter キーを押して確定します。

レッスン 05-2 文／文章をまとめて変換する

操作 文／文章を一括変換する

句読点を含めたひとまとまりの文の読みを一気に入力して、[Space]キーを押すと、一括変換できます。

ここでは、「私は明日打ち合わせに行きます。」を一括変換で文を入力します。

1 「わたしはあしたうちあわせにいきます。」と入力し、

2 [Space]キーを押します。

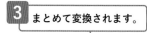
わたしはあしたうちあわせにいきます。↵

Memo 複数の文をまとめて変換する

右の手順では、1文で変換していますが、複数の文（文章）で一気に変換することもできます。
例えば、「わたしはあしたうちあわせにいきます。おきゃくさまにおあいするのがたのしみです。」とまとめて入力し、[Space]キーを押すと「私は明日打ち合わせに行きます。お客様にお会いするのが楽しみです。」と一括変換できます。

3 まとめて変換されます。

私は明日打ち合わせに行きます。↵

4 [Enter]キーで確定します。

私は明日打ち合わせに行きます。｜

レッスン 05-3 文節を移動して変換する

操作 文節を移動しながら変換する

一括変換した後、文節単位で移動して変換できます。確定前の状態では、変換対象となる文節に太い下線が表示されます。[←]、[→]キーを押して変換対象の文節を移動し、[Space]キーを押して、正しく変換し直します。

ここでは、一括変換した「映像を見る。」を文節を移動して「映像を観る。」に変換します。

えいぞうをみる。｜

1 「えいぞうをみる。」と入力して、[Space]キーを押して変換します。

2 一括変換され、先頭の文節（「映像を」）の下に太い下線が引かれています。この太い下線が現在の変換対象になります。

映像を見る↵

3 [→]キーを押して次の文節に移動します。

4 「見る」に太い下線が移動し、変換対象となります。

映像を見る↵

5 [Space]キーを押して変換します。

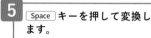

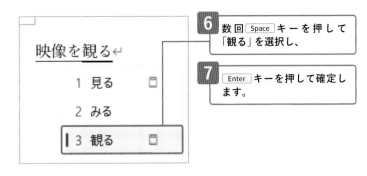

レッスン 05-4 文節区切りを変更する

Memo 文節を区切り直して再変換する

文節の区切りが間違っていて、正しく変換されていない場合は、文節を区切り直して、正しい長さに修正します。文節の長さを変更するには、[Shift]キーを押しながら←、→キーを押します。

Memo 変換候補から文節を区切り直す

文節が正しく区切られていなかった場合、←→キーで区切りなおしたい文節に移動し①、[Shift]キーを押して、表示される変換候補の中から目的の変換候補を選択します②。

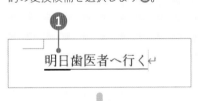

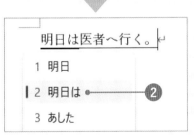

ここでは、「明日歯医者へ行く。」を文節区切り直して「明日は医者へ行く。」に変換し直します。

1 「あしたはいしゃへいく。」と入力して、[Space]キーを押して変換します。

あしたはいしゃへいく。↵

明日歯医者へ行く。↵

2 一括変換され、先頭の文節（「明日」）の下に太い下線が引かれています。

3 [Shift]+→キーを押します。

あしたはいしゃへ行く。↵

4 文節の区切りが「あしたは」に変更されたら、

5 [Space]キーを押します。

明日は医者へ行く↵

6 「明日は」と変換されたら、

7 正しく変換できたことを確認して、[Enter]キーを押して確定します。

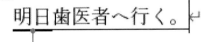

06 英数字を入力する

キーの左側に表示されている英数字を入力するには、入力モードを半角英数モードまたは、全角英数モードに切り替えます。また、ひらがなモードのままで英単語に変換できるものもあります。ここでは、大文字と小文字の打ち分け方など英数字の入力方法を一通り確認しましょう。

習得スキル	操作ガイド	ページ
▶ 半角英数文字の入力	レッスン 06-1	p.111
▶ 全角英数文字の入力	レッスン 06-2	p.112
▶ ひらがなを英単語に変換	レッスン 06-3	p.112

ここで学べること

まずは パッと見るだけ！

アルファベットや数字の入力

　キーの左半分に表示されている英数字を入力するには、入力モードを半角英数字モードまたは全角英数字モードに切り替えます。英字や数字のキーをそのまま押すと、小文字の英字、数字が入力されます。大文字を入力するには、Shift キーを押しながら英字のキーを押します。

全角英数モード
半角英数モード

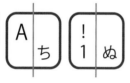
そのまま押す ………………… a（小文字）
Shift キーを
押しながら押す ……………… A（大文字）

数字やアルファベットは、半角が読みやすいです

● 半角アルファベットと数字
　全角文字の半分の幅になります。通常、アルファベットや数字は半角で入力します。

333m·Tokyo·Tower↵

● 全角アルファベットと数字
　ひらがなや漢字と同じ幅になります。特定の単語や強調したいときに入力します。

６３４ｍ□ＴＯＫＹＯ□ＳＫＹＴＲＥＥ↵

レッスン 06-1 半角のアルファベットや数字を入力する

 操作 半角英数字モードで入力する

半角でアルファベットや数字を入力するには、入力モードを［半角英数字］に切り替えます。[半角/全角]キーを押すことで切り替えることができます。

▼全角文字　▼半角文字

ここでは、「333 m Tokyo Tower」を例に半角英数字を入力してみましょう。

1 [半角/全角]キーを押して、入力モードを「A」（［半角英数］モード）に切り替えます。

2 「333」と数字を入力します。

333←

3 続けて「m」と入力し、[Space]キーを1回押して空白を1つ挿入します。

333m ←

M も

 Memo テンキーから数字を入力する

パソコンにテンキーがある場合は、数字の入力に便利です。テンキーを使用すると、入力モードに関係なく常に半角数字を入力できます。
なお、テンキーを使用するにはNumLockをオンにします（p.92参照）。

 **Memo** 自動で小文字が大文字に変換される

小文字で「tokyo」と入力し、[Enter]キーや[Space]キーを押すと、自動的に頭文字が大文字に変換されることがあります。これは「オートコレクト」という機能によるものです。詳細はp.125を参照してください。
小文字のままにしたい場合は、変換された直後に[Ctrl]+[Z]キーを押すか、クイックアクセスツールバーの［元に戻す］をクリックしてください。

---

4 [Shift]キーを押しながら「t」をタイプすると大文字で「T」と入力されます。

333m Tokyo ←

5 続けて「okyo」と入力し、[Space]キーを押して空白を1つ入力します。

[Shift] + T か

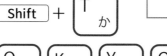

333m Tokyo Tower|

6 同様にして、「Tower」と入力します。

レッスン **06-2** 全角のアルファベットや数字を入力する

🖱️ **操作** **全角英数字モードで入力する**

全角英数字モードは、右の手順のようにメニューを使って切り替えます。連続して全角の数字やアルファベットを入力するときに切り替えましょう。キーの押し方は半角英数字モードの場合と同じです。全角英数字モードで入力すると、変換途中の点線下線が表示されるので最後に [Enter] キーで確定します。

✏️ **Memo** **英大文字を継続的に入力する**

連続して英大文字を入力する場合、[Shift]＋[Caps Lock]キーを押してCaps Lockをオンにします。
Caps LockをオンにするとパソコンのCaps Lockのランプが点灯します（p.93参照）。このとき、そのまま英字キーを押すと大文字が入力されます。小文字を入力したいときは、[Shift]キーを押しながら英字キーを押します。元に戻すには、再度[Shift]＋[Caps Lock]キーを押してください。

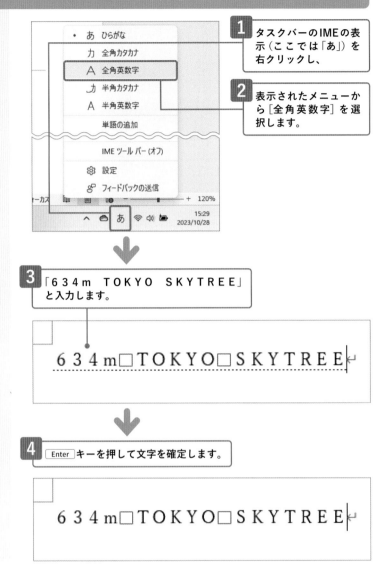

1 タスクバーのIMEの表示（ここでは「あ」）を右クリックし、

2 表示されたメニューから［全角英数字］を選択します。

3 「６３４ｍ　ＴＯＫＹＯ　ＳＫＹＴＲＥＥ」と入力します。

　　　　　６３４ｍ□ＴＯＫＹＯ□ＳＫＹＴＲＥＥ

4 [Enter] キーを押して文字を確定します。

　　　　　６３４ｍ□ＴＯＫＹＯ□ＳＫＹＴＲＥＥ

レッスン **06-3** ひらがなを英単語に変換する

🖱️ **操作** **英単語に変換する**

ひらがなモードで「あっぷる」や「れもん」のような英単語の読みを入力して変換すると、変換候補の中に該当する英単語が表示されます。比較的一般的な英単語に限られますが、アルファベットでつづらなくても入力することが可能です。

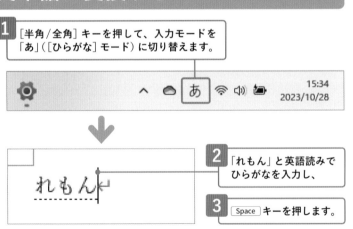

1 ［半角／全角］キーを押して、入力モードを「あ」（［ひらがな］モード）に切り替えます。

2 「れもん」と英語読みでひらがなを入力し、

3 [Space] キーを押します。

　　　れもん

Memo ローマ字入力で英数字を入力する

ローマ字入力であれば、ひらがなモードであっても、数字や英字を入力できます。

例えば、「dream」とタイプすると、「ｄれあｍ」と表示されますが、予測変換の候補の中にアルファベットの綴りが表示されます。あるいは、ファンクションキーの F10 や F11 キーで変換が可能です（p.122参照）。

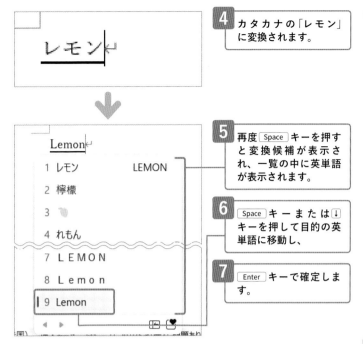

4 カタカナの「レモン」に変換されます。

5 再度 Space キーを押すと変換候補が表示され、一覧の中に英単語が表示されます。

6 Space キーまたは ↓ キーを押して目的の英単語に移動し、

7 Enter キーで確定します。

[練習問題] アルファベットの入力練習をしてみよう

ビジネスに関連する英単語や英語メールで使われる件名を例にアルファベットの入力練習をしてみましょう。（）内は和訳です。

1　account（口座、勘定）
2　advertisement（広告）
3　agenda（議題）
4　budget（予算）
5　branch（支店）
6　customer（顧客）
7　Request for Quotation（見積依頼）
8　Confirmation of Your Order（ご注文の確認）
9　Notification of Reschedule（日程変更のお知らせ）
10　Apology for Defective Product（欠陥商品についてのお詫び）
11　Invitation to the Exhibition（展覧会への招待）

07 記号を入力する

文章内に「10％」とか「＄100」のように記号を入力しなければならないことがよくあります。記号を入力する方法はいくつかあります。記号の入力方法を確認しましょう。

習得スキル	操作ガイド	ページ
▶ キーボードの記号を入力	レッスン07-1	p.115
▶ 読みから記号を入力	レッスン07-2	p.115
▶ ダイアログから記号を入力	レッスン07-3	p.117

1 文字の入力をマスターする

まずは パッと見るだけ！

記号の入力

記号を入力するには、キーボードに配置されている記号を入力する方法、読みから変換する方法、[記号と特殊文字] ダイアログから記号を選択する方法の3つがあります。

▼キーボード上の記号を入力

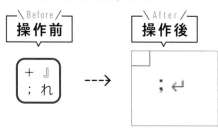

▼記号の読みを変換

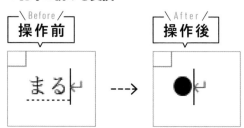

▼[記号と特殊文字] ダイアログから選択

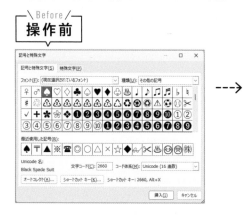

キーボードで記号を打つのがおすすめ！

レッスン 07-1 キーボードに配置されている記号を入力する

操作 記号をキーボードから入力する

キーボードの左半分に表示されている記号を入力するには、入力モードを半角英数字モード、または全角英数字モードに切り替えます。
下側の記号はそのまま押し、上側の記号は Shift キーを押しながら押します。
例えば、; (セミコロン) はそのまま押し、+ (プラス) は Shift キーを押しながら; キーを押します。

Memo ローマ字入力の場合はそのまま入力できる

ローマ字入力の場合は、英数モードに切り替えなくてもひらがなモードのままで記号のキーを押して入力できます。全角で記号が入力されますが、F10 キーを押せば半角に変換できます (p.122参照)。

ここでは半角英数モードで記号を入力してみましょう。

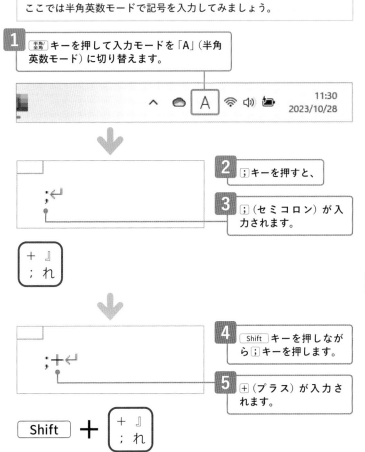

1 半角/全角 キーを押して入力モードを「A」(半角英数モード) に切り替えます。

2 ; キーを押すと、

3 ; (セミコロン) が入力されます。

4 Shift キーを押しながら; キーを押します。

5 + (プラス) が入力されます。

レッスン 07-2 記号の読みを入力して変換する

操作 読みから記号に変換する

「まる」とか「さんかく」のように記号の読みを入力して Space キーを押して記号に変換することができるものがあります。

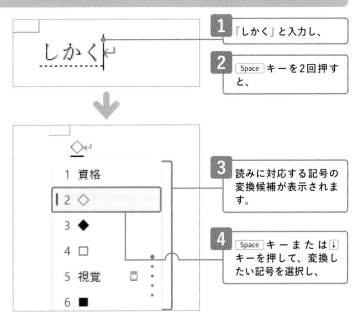

1 「しかく」と入力し、

2 Space キーを2回押すと、

3 読みに対応する記号の変換候補が表示されます。

4 Space キーまたは ↓ キーを押して、変換したい記号を選択し、

1 文字の入力をマスターする

Point　記号の読みがわからない場合

読みがわからない記号を入力したい場合は、「きごう」と入力して変換してみましょう。より多くの記号が変換候補として表示されます。

5 Enter キーを押して確定します。

▼ 読みと変換される主な記号

読み	主な記号
まる	● ◎ ○ ①〜⑳ ∮ Σ √
しかく	■ □ ◇ ◆
さんかく	△ ▽ ▲ ▼ ? ? ∴
ほし	★ ☆ ※ ☆彡
かっこ	「」 [] [] 【】 () 『』 "" {}
やじるし	← → ↑ ↓ ⇒ ⇔
から	〜
こめ	※
ゆうびん	〒
でんわ	℡
かぶ	⑭ （株） 株式会社
たんい	℃ kg mg km cm mm m² cc ㌍
てん	： ； ・ ， … 、
すうじ	I〜X i〜x ①〜⑳
おなじ	〃 々 ゞ 仝
かける	×
わる	÷
けいさん	± √ ∫ ≠ ≦ [

コラム　郵便番号から住所に変換する

郵便番号から住所に変換することができます。
例えば、「106-0032」と入力して Space キーで変換すると、変換候補に住所「東京都港区六本木」と表示されます。

読みで
変換すると
意外と簡単！

レッスン 07-3 ダイアログから選択する

🖱 操作　**[記号と特殊文字] ダイアログを使う**

[記号と特殊文字] ダイアログを表示すると、より多くの記号を入力することができます。記号だけでなく絵文字や特殊な文字も選択できます。

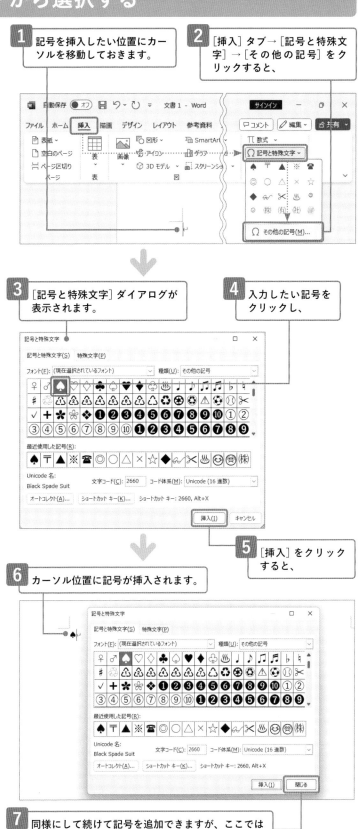

1 記号を挿入したい位置にカーソルを移動しておきます。

2 [挿入] タブ→ [記号と特殊文字] → [その他の記号] をクリックすると、

3 [記号と特殊文字] ダイアログが表示されます。

4 入力したい記号をクリックし、

5 [挿入] をクリックすると、

6 カーソル位置に記号が挿入されます。

7 同様にして続けて記号を追加できますが、ここでは [閉じる] ボタンをクリックします。

Section

08 読めない漢字を入力する

文字
入力

読みがわからない漢字を入力したいときは「IMEパッド」を使います。IMEパッドには「アプレット」と呼ばれる検索用のツールが用意されており、これを使ってマウスでドラッグして文字を手書きしたり、総画数や部首の画数を使ったりするなど、いろいろな方法で漢字を検索できます。

ここで
学べること

 ## まずは パッと見るだけ！

1

IMEパットを使用して漢字を検索する

　IMEパットには、以下の5種類のボタンが用意されており、いろいろな方法で漢字を検索し、入力することができます。

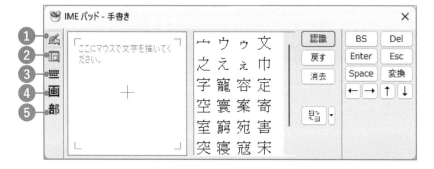

番号	名称	機能
❶	✍ 手書き	マウスドラッグで漢字を手書きして検索
❷	📖 文字一覧	文字一覧から記号や特殊文字を入力
❸	⌨ ソフトキーボード	キーボード画面を使って文字を入力
❹	画 総画数	漢字の総画数で検索
❺	部 部首	部首で漢字を検索

難しい苗字を
入力するとき
に使えそう！

レッスン 08-1 手書きで漢字を検索する

🖱 操作 手書きで検索する

読みがわからないけど、漢字は書けるという場合は、手書きアプレットを表示してマウスドラッグで漢字を書いて検索します。

ここではドラッグして「肘」を検索してみましょう。あらかじめ文字を入力したい位置にカーソルを移動しておきます。

1 タスクバーのIMEの表示（「あ」）を右クリックし、

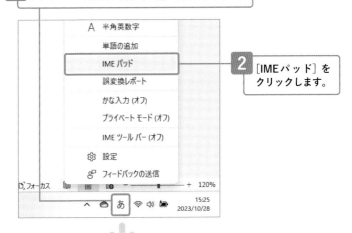

2 ［IMEパッド］をクリックします。

📝 Memo IMEパッドの位置を移動する

IMEパッドを表示したままカーソル移動や文字入力などの操作ができます。IMEパッドが文字やカーソルを隠している場合は、タイトルバーをドラッグして移動してください。

3 IMEパッドが表示されます。

4 ［手書き］をクリックしてオンにすると、

5 ［手書きアプレット］が表示され、入力欄が表示されます。

📝 Memo ドラッグした文字を修正するには

［戻す］ボタンをクリックすると、直前のドラッグした部分が消去され、［消去］をクリックするとすべて消去されます。

6 入力欄にマウスを使って検索したい漢字（ここでは「肘」）をドラッグして描きます。

7 ドラッグされた文字が自動的に認識され漢字の候補が表示されます。

コラム [ソフトキーボード]から クリックで文字を入力する

[ソフトキーボード] ボタンをクリックすると、[ソフトキーボードアプレット] が表示され、キーボードのイメージ画面が表示されます。画面上の文字キーをクリックして入力できます。
また、[配列の切り替え] ボタンをクリックして入力する文字種や配列を変更できます。

[ソフトキーボード] ボタン

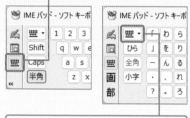

[配列の切り替え] ボタンをクリックして表示する文字種や配列を変更できる

8 漢字にマウスポインターを合わせると、漢字の読みが表示されます。

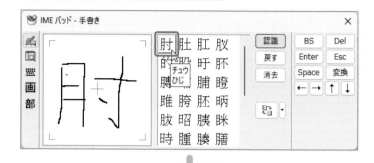

9 漢字をクリックすると、

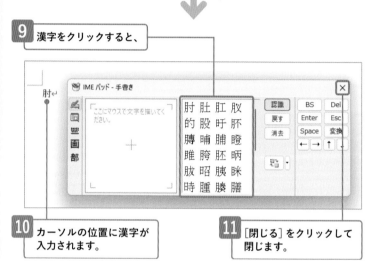

10 カーソルの位置に漢字が入力されます。

11 [閉じる]をクリックして閉じます。

レッスン 08-2 総画数で漢字を検索する

操作 総画数で検索する

漢字の画数がわかっていれば、総画数で検索できます。IMEパットの総画数アプレットでは画数ごとに漢字がまとめられているので、探している漢字の画数を指定して、一覧から探して入力します。

ここでは「凩」（6画）を総画数で検索してみましょう。あらかじめ、入力する位置にカーソルを移動し、IMEパッドを表示しておきます。

1 IMEパッドで[総画数]をクリックすると、

2 [総画数アプレット]が表示されます。

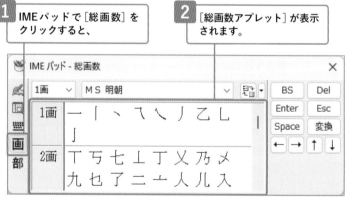

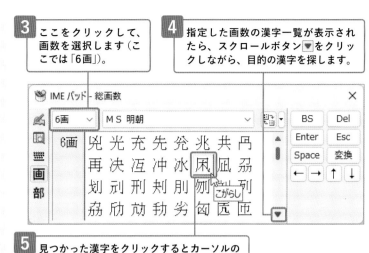

3 ここをクリックして、画数を選択します（ここでは「6画」）。

4 指定した画数の漢字一覧が表示されたら、スクロールボタン▼をクリックしながら、目的の漢字を探します。

5 見つかった漢字をクリックするとカーソルの位置に文字が入力されます。

コラム　[文字一覧]から記号や特殊文字を入力する

[文字一覧]ボタンをクリックすると、文字がカテゴリ別に整理されて表示されます。記号や特殊文字なども入力できます。

[文字一覧]ボタン

カテゴリのフォルダをクリックすると、該当する文字の一覧が表示される

レッスン 08-3　部首で漢字を検索する

操作　部首で検索する

漢字の部首を使って、漢字を検索できます。IMEパットの部首アプレットでは、部首が画数ごとにまとめられているので、探している部首の画数を選択し、目的の部首をクリックして一覧から探して入力します。

ここでは「笊」（部首：たけかんむり、6画）を部首で検索してみましょう。入力する位置にカーソルを移動し、IMEパットを表示しておきます。

1 IMEパッドで[部首]ボタンをクリックすると、

2 部首の検索画面が表示されます。

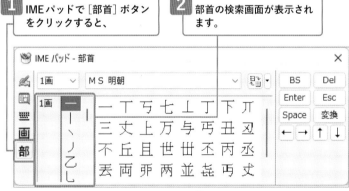

3 ここをクリックして部首の画数を選択し（ここでは「6画」）、

4 調べたい部首をクリックします。

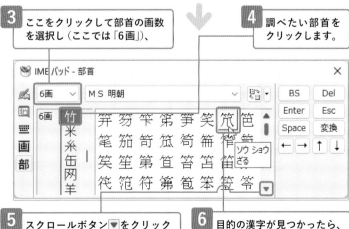

5 スクロールボタン▼をクリックしながら漢字を探します。

6 目的の漢字が見つかったら、クリックして入力します。

Memo　目的の部首が表示されない場合

同じ画数の部首が多い場合は、部首一覧にあるスクロールバーをドラッグしてください。

Section 09 ファンクションキーで変換する

F6 〜 F10 のファンクションキーを使うと、ひらがなをカタカナに変換したり、英字を大文字や小文字、全角や半角に変換したりできます。F6 キーでひらがな変換、F7 、F8 キーでカタカナ変換、F9 、F10 キーで英数字変換できます。覚えておくべき便利なキー操作です。

ここで学べること

習得スキル	操作ガイド	ページ
▶ カタカナ変換	レッスン 09-1	p.123
▶ 英数字変換	レッスン 09-2	p.123
▶ ひらがな変換	レッスン 09-3	p.124

まずは パッと見るだけ！

ファンクションキーを使った変換

　文字が変換途中（確定されていない状態）のとき、F6 キー〜 F10 キーを使ってひらがな、カタカナ、英数字変換ができます。キーの位置と変換方法を確認しましょう。

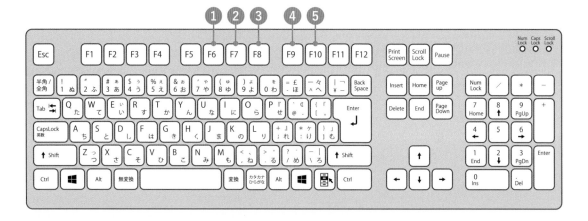

番号	ファンクションキー	内容
❶	F6 キー	ひらがな変換
❷	F7 キー	全角カタカナ変換
❸	F8 キー	半角カタカナ変換
❹	F9 キー	全角英数変換
❺	F10 キー	半角英数変換

ファンクションキーも便利〜

レッスン 09-1 　F7 キーで全角カタカナ、　F8 キーで半角カタカナに変換する

🖱️ 操作 **全角／半角カタカナに 変換する**

変換途中の読みをまとめてカタカナに変換するには、F7 キー、F8 キーを押します。
F7 キーで全角カタカナ、F8 キーで半角カタカナに変換されます。
なお、文字が確定されている場合は別の機能が実行されてしまいますので注意してください。

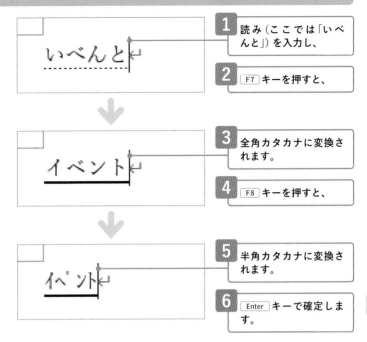

1 読み（ここでは「いべんと」）を入力し、

2 F7 キーを押すと、

3 全角カタカナに変換されます。

4 F8 キーを押すと、

5 半角カタカナに変換されます。

6 Enter キーで確定します。

💿 コラム **F7 キー、F8 キーを押すごとにひらがな混じりに変換される**

カタカナに変換後、さらに F7 キー、F8 キーを押すごとに、後ろの文字から順番にひらがなに変換されます。送り仮名の部分をひらがなにしたいときなどに活用できます。

全角カタカナ変換	マウス ―F7→ マウす ―F7→ マうす
半角カタカナ変換	ﾏｳｽ ―F8→ ﾏｳす ―F8→ ﾏうす

レッスン 09-2 　F9 キーで全角英数字、　F10 キーで半角英数字に変換する

🖱️ 操作 **全角／半角英数字に 変換する**

変換途中の読みをまとめて英数字に変換するには、F9 キー、F10 キーを押します。
F9 キーで全角英数字、F10 キーで半角英数字に変換されます。文字が確定されていない状態でキーを押します。
また、キーを押すごとに小文字、大文字、頭文字だけ大文字に変換できます（次ページのコラム参照）。

ここでは、ローマ字入力の場合の手順で説明します。

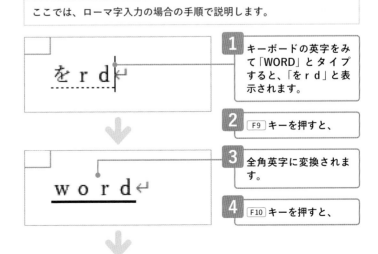

1 キーボードの英字をみて「WORD」とタイプすると、「をｒｄ」と表示されます。

2 F9 キーを押すと、

3 全角英字に変換されます。

4 F10 キーを押すと、

📝 Memo　かな入力の場合

かな入力の場合、英字のキーを「WORD」とタイプすると、「てらすし」とひらがなが入力されますが、`F9` キー、`F10` キーを押せば、ローマ字入力の場合と同様に英数字に変換できます。

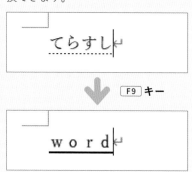

てらすし

`F9` キー

word

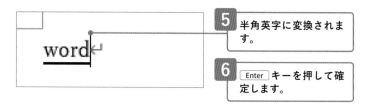

word

5 半角英字に変換されます。

6 `Enter` キーを押して確定します。

▶ コラム　`F9` キー、`F10` キーを押すごとに小文字、大文字、頭文字だけ大文字に変換される

`F9` キー、`F10` キーを押すごとに、小文字、大文字、頭文字だけ大文字に変換されます。英単語混じりの文書を作成する場合、ひらがなモードのままで英単語の綴りを入力して、`F9` キー、`F10` キーで簡単に英字に変換できるので大変便利です。

全角英数字変換	t o k y o ─ `F9` ➡ T O K Y O ─ `F9` ➡ T o k y o
半角英数字変換	tokyo ─ `F10` ➡ TOKYO ─ `F10` ➡ Tokyo

レッスン 09-3　`F6` キーでひらがなに変換する

🖱 操作　ひらがなに変換する

変換途中の読みをまとめてひらがなに変換するには、`F6` キーを押します。文字が確定されていない状態でキーを押します。

パソコン

ぱそこん

1 読み（ここでは「ぱそこん」）を入力し、`F7` キーを押してカタカナ変換しておきます。

2 `F6` キーを押すと、

3 全角ひらがなに変換されます。

4 `Enter` キーを押して確定します。

▶ コラム　`F6` キーを押すごとに順番にカタカナに変換される

`F6` キーを押すごとに、先頭の文字から順番にカタカナに変換されます。先頭から数文字分カタカナに変換したいときに使えます。

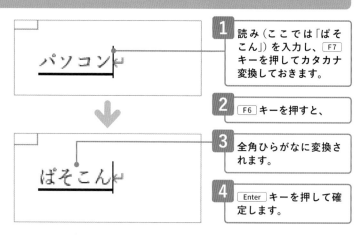

全角ひらがな変換	まうす ─ `F6` ➡ マうす ─ `F6` ➡ マウす

コラム オートコレクトによる自動変換について

「tokyo」と入力して、Space キーや Enter キーを押すと、自動的に頭文字だけが大文字に変換され「Tokyo」と表示される場合があります。これは、オートコレクト機能によるものです。英字で「tokyo」とか「sunday」などの単語を入力するとオートコレクト機能が働き自動的に頭文字だけ大きくします。

●オートコレクトによる変換を元に戻すには
オートコレクトによる変更を元に戻したい場合は、次の手順で取り消せます。大文字に変換された文字の下にマウスポインターを合わせて❶、表示される「オートコレクトのオプション」ボタンをクリックし❷、「元に戻す－大文字の自動設定」を選択します❸。
なお、[文の先頭文字を自動的に大文字にしない]を選択すると、これ以降すべての英字について大文字に自動変換されなくなります。[オートコレクトのオプションの設定]を選択すると[オートコレクト]ダイアログが表示され、英字のオートコレクトの設定の確認と変更ができます。

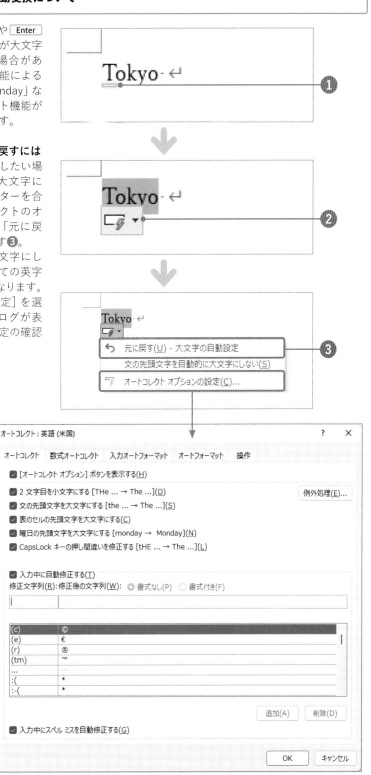

Section

10 単語登録ですばやく入力する

文字
入力

読みが難しい名前や住所、会社名などは、単語登録しておくとすばやく入力できます。登録された単語は、Microsoft IMEユーザー辞書ツールによって管理され、パソコン全体で有効です。そのため、Wordだけでなく、Excelなど別のソフトでも使うことができます。

ここで
学べること

習得スキル	操作ガイド	ページ
▶ 単語登録	レッスン10-1	p.127
▶ 単語の修正／削除	レッスン10-2	p.128

 まずは パッと見るだけ！

単語を辞書に登録する

人名や会社名など、よく使用する単語を登録しておくと簡単な読みですばやく入力できます。単語登録は、［単語登録］ダイアログで単語登録し、［Microsoft IME ユーザー辞書ツール］ダイアログで編集／削除します。

Before
操作前

かいしゃ

After
操作後

SBクリエイティブ株式会社

「かいしゃ」という簡単な読みで
会社名に変換できた。

▼［単語登録］ダイアログ

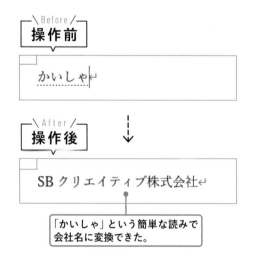

長い単語を登録すれば時短になるのね！

▼［Microsoft IME ユーザー辞書ツール］ダイアログ

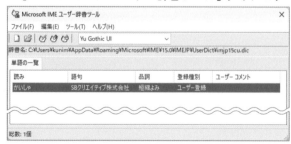

レッスン **10-1** 単語を辞書に登録する

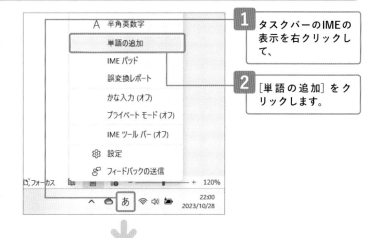

操 作　単語を登録する

人名や会社名などよく使用する単語を登録しておくと、入力の効率が上がります。[単語の登録]ダイアログを表示して、登録する単語と読みと品詞を指定して登録します。

Memo　よみに登録できる文字

ひらがな、英数字、記号がよみとして使えます。カタカナや漢字は使えません。

Memo　[単語の登録]ダイアログ のサイズを調整する

[単語の登録]ダイアログは、右下の ▶▶ ボタンをクリックすると横に拡大し、◀◀ ボタンに変わります。このボタンをクリックするごとに拡大／縮小を切り替えられます。

ここをクリックするごとに、サイズが 拡大／縮小する

3 [単語の登録]ダイアログが表示されます。

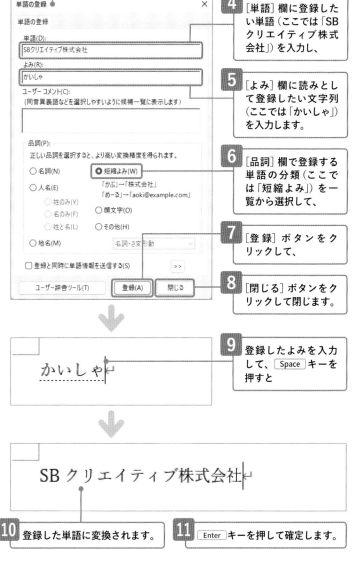

4 [単語]欄に登録したい単語（ここでは「SBクリエイティブ株式会社」）を入力し、

5 [よみ]欄に読みとして登録したい文字列（ここでは「かいしゃ」）を入力します。

6 [品詞]欄で登録する単語の分類（ここでは「短縮よみ」）を一覧から選択して、

7 [登録]ボタンをクリックして、

8 [閉じる]ボタンをクリックして閉じます。

9 登録したよみを入力して、[Space]キーを押すと

かいしゃ

SB クリエイティブ株式会社

10 登録した単語に変換されます。

11 [Enter]キーを押して確定します。

レッスン 10-2 単語を削除する

操作　登録した単語を削除する

登録した単語を削除する場合は、[Microsoft IME ユーザー辞書ツール]ダイアログを表示します。ダイアログには、ユーザーが登録した単語が一覧表示されます。表示された単語を削除したり、編集したりできます。

1 前ページの手順 **1** ～ **2** を実行し、[単語の登録]ダイアログを表示します。

2 [ユーザー辞書ツール]をクリックします。

Memo 登録した単語を修正する

登録した単語の読みや品詞などを修正したい場合は、[変更]ボタンをクリックします。[単語の変更]ダイアログボックスが表示され内容を修正できます。

---

3 [Microsoft IMEユーザー辞書ツール]ダイアログが表示されます。

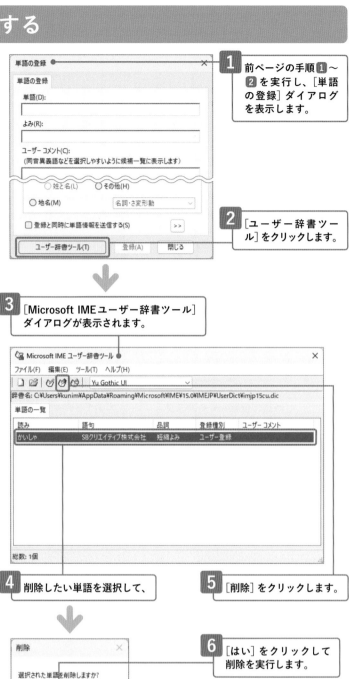

4 削除したい単語を選択して、

5 [削除]をクリックします。

6 [はい]をクリックして削除を実行します。

7 [閉じる]をクリックして閉じます。

第 **2** 章

文書の作成を
マスターする

ここでは、新規文書の作成とページ設定の方法を確認し、簡単なビジネス文書の作成を例に、一から文書を作成します。入力オートフォーマットという自動入力機能を確認しながら文章を入力し、保存と印刷の方法を説明します。基本的な文書作成手順を学びましょう。

いよいよ文書の
作成ね！

Section

11 文書作成の流れ

文書作成

文書の基本的な作成手順を紹介します。おおよその流れを確認しておきましょう。ただし、必ずしもこの通りの順番である必要はありません。例えば、ページ設定の後にすぐ保存してもいいですし、保存の前に印刷しても構いません。仕事ではこまめな保存をおすすめします。

ここで
学べること

習得スキル	操作ガイド	ページ
▶ 文書作成の手順を知る	なし	p.130

まずは パッと見るだけ！

文書作成の流れ

2
文書の作成をマスターする

　文書を作成するには、最初にこれから作成する文書の内容に合わせてページ設定をします。次に、文章を入力していき、文字サイズや色、配置などの設定や表、写真、図形などを挿入して完成させます。作成した文書は、ファイルとして保存したり、印刷したりします。

● Step1　ページ設定

用紙サイズ、用紙の向き、余白などページの基本的な設定をします。文書作成途中に変更も可能です。

● Step2　文字入力

文章のみを入力します。

● Step3　書式設定、表、写真や画像などの挿入

● Step4　保存

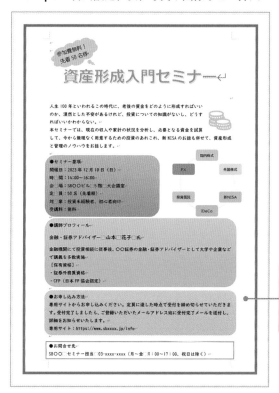

文書をファイルとして
保存します。

文字の種類、大きさ、色、
スタイル、配置などを変更
したり、罫線や表、画像な
どを挿入したりして、見映
えを整えます。

印刷する枚数や、ページ数、印刷方法などを指
定できます。

● Step5　印刷

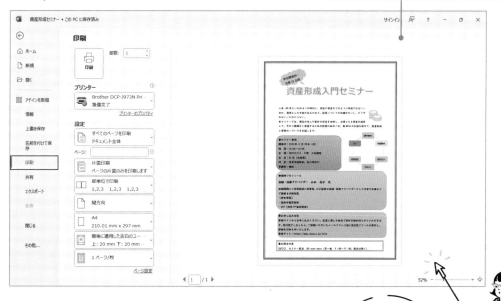

文章を入力して、
書式を設定した
ら、こまめな保存
を忘れずに！

12 新しい文書を作成する準備をする

 文書作成

案内文のようなビジネス文書はA4縦向き、年賀状であればはがきサイズといった具合に、作成する文書によって、用紙の大きさ、印刷の向き、行数や文字数などが異なります。このようなページ全体に関する設定を「ページ設定」といいます。

ここで学べること

 まずは パッと見るだけ！

2 文書の作成をマスターする

新規文書を作成し、ページ設定をする

　新規文書を作成したら、文書の内容に合わせてページ設定をします。白紙の新規文書の初期設定を確認し、設定後の違いを確認しておきましょう。

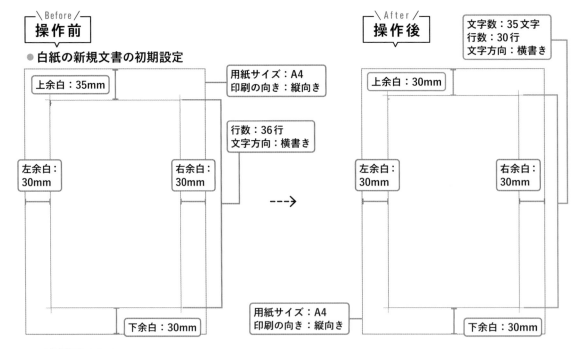

\Before/
操作前
● 白紙の新規文書の初期設定

上余白：35mm

用紙サイズ：A4
印刷の向き：縦向き

行数：36行
文字方向：横書き

左余白：30mm

右余白：30mm

用紙サイズ：A4
印刷の向き：縦向き

下余白：30mm

\After/
操作後

文字数：35文字
行数：30行
文字方向：横書き

上余白：30mm

左余白：30mm

右余白：30mm

下余白：30mm

▼ 新規文書の初期設定

用紙サイズ	A4	文字方向	横書き
印刷の向き	縦向き	行数	36行
余白	上：35mm	下／右／左：30mm	

　ここでは、上余白を30mm、文字数を35文字、行数を30行に変更しています。

レッスン **12-1** 白紙の新規文書を作成する

操作　白紙の文書を開く

すでに他の文書を作成中でも、新規に白紙の文書を追加して作成できます。その場合は、別の新しいWordのウィンドウで表示されます。

ショートカットキー

● 白紙の文書作成
　`Ctrl` + `N`

ここでは、すでに文書を開いている状態で新規に白紙の文書を作成します。

1 ［ファイル］タブをクリックし、

2 ［新規］をクリックし、

3 ［白紙の文書］をクリックすると、

4 新規の白紙の文書が作成されます。

コラム　テンプレートを使って新規文書を作成する

Wordには文書のひな型であるテンプレートが用意されています。テンプレートには、サンプルの文字や写真／イラストなどのデザインが用意されており、文字を置き換えたり、写真を入れ替えたりするだけで目的の文書が作成できるようになっています。
テンプレートは、レッスン**12-1**の手順**2**の［新規］画面の下部に用意されています。一覧から目的に合ったテンプレートをクリックして利用できます**①**。また、［オンラインテンプレートの検索］欄にキーワードを入力すると、キーワードに対応したテンプレートが表示されます**②**。他に、検索欄の下の検索の候補をクリックすることでも関連するテンプレートを表示できます**③**。テンプレートは、Microsoft社が無料で提供しています。テンプレートを使用するにはインターネットに接続してダウンロードする必要があります。

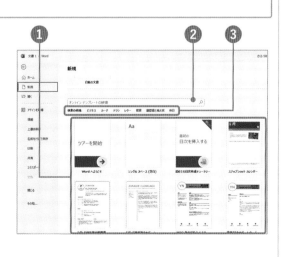

レッスン **12-2** 用紙のサイズを選択する

操作　用紙のサイズを選択する

用紙を選択するには、[レイアウト]タブの[サイズ]をクリックして、一覧から使用する用紙サイズを選択します。

1 [レイアウト]タブをクリックし、

2 [サイズ]をクリックして、

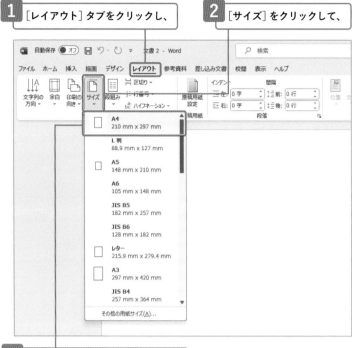

3 一覧から用紙サイズを選択します。

コラム　用紙サイズの基礎知識

用紙サイズには、一般的にJIS規格のA版とB版が使われています。B版のほうがやや大きく、サイズの数字が大きくなるにつれて用紙サイズは小さくなります（下図を参照）。例えば、A5サイズはA4サイズの半分の大きさになります。最も使用されているのはA4サイズで、Wordの初期設定の用紙サイズもA4です。

A判	寸法（mm）
A0	1,189 × 841
A1	841 × 594
A2	594 × 420
A3	420 × 297
A4	297 × 210
A5	210 × 148
A6	148 × 105

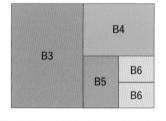

B判	寸法（mm）
B0	1,456 × 1,030
B1	1,030 × 728
B2	728 × 515
B3	515 × 364
B4	364 × 257
B5	257 × 182
B6	182 × 128

A4サイズはよく使われます

レッスン 12-3 印刷の向きを選択する

操作　印刷の向きを選択する

[レイアウト] タブの [印刷の向き] で印刷の向きを選択します。ページを横長のレイアウトにしたい場合は横向き、縦長のレイアウトにしたい場合は縦向きにします。

Memo [横] を選択した場合

[横] を選択すると、以下のように横長に表示されます。

1 [レイアウト] タブをクリックし、

2 [印刷の向き] をクリックして、

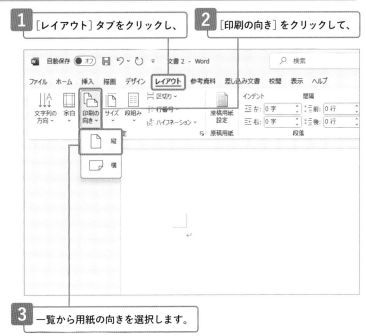

3 一覧から用紙の向きを選択します。

レッスン 12-4 余白を設定する

操作　余白を設定する

余白とは、用紙の上下左右にある「印刷しない領域」です。余白を小さくすると、その分印刷する領域が大きくなるので、1行の文字数や1ページの行数が増えます。編集できる領域をすこし増やしたいときは、[狭い] や [やや狭い] を選択するとよいでしょう。

上余白

左余白　　編集領域　　右余白

下余白

1 [レイアウト] タブをクリックし、

2 [余白] をクリックして、

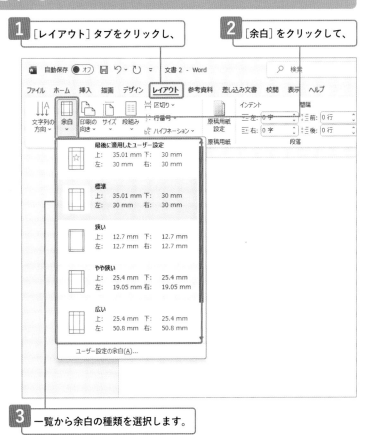

3 一覧から余白の種類を選択します。

操作 余白サイズを数値で変更する

余白サイズを数値で正確に設定するには、[ページ設定] ダイアログの [余白] タブにある [余白] で数値を指定します。
なお、余白の上下左右の各ボックスの [▲][▼] ボタンをクリックすると1mmずつ数値が増減します。ボックス内の数字を削除して直接数字を入力しても変更できます。

Memo 縦書きと横書き

[ページ設定] ダイアログの [文字数と行数] タブにある [文字方向] で、横書きと縦書きを選択することができます。縦書きにすると、文字を縦書きで入力できます。縦書き文書は、年賀状や招待状、社外に発信する文書で案内状やお祝い状など、儀礼的な文書で多く使います。

● 印刷の向き：縦／文字方向：縦書き

数値で余白を変更する

1 [レイアウト] タブの [ページ設定] グループにある 🔽 をクリックします。

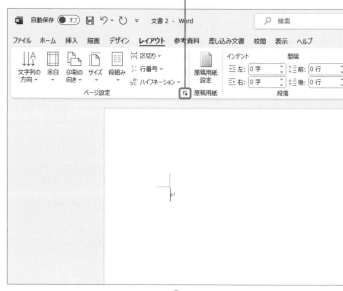

2 [ページ設定] ダイアログが表示されます。

3 [余白] タブをクリックし、

4 余白を変更します。

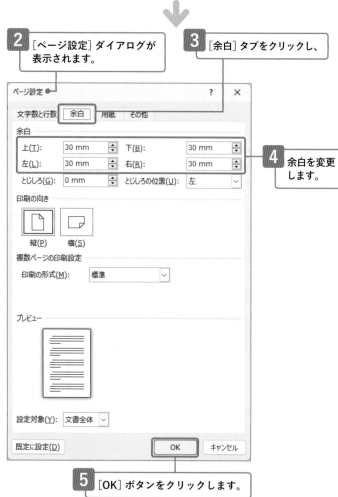

5 [OK] ボタンをクリックします。

レッスン 12-5 1ページの行数や1行の文字数を指定する

操作 文字数と行数を設定する

文字数と行数は、[ページ設定]ダイアログの[文字数と行数]タブで設定します。初期設定では、[行数だけを指定する]が選択されており、行数のみ変更できるようになっています。文字数は、設定されているフォントやフォントサイズで標準の状態で1行に収まる文字数になります。1行の文字数を指定したい場合は、右の手順のように設定してください。

Point 文字数と行数は最後に設定する

用紙に設定できる文字数や行数は、用紙のサイズと余白によって決まります。先に文字数や行数を設定しても、用紙サイズや余白を変更すると、それに合わせて文字数と行数が変更になります。そのため、用紙サイズ、余白を設定した後で、文字数と行数を指定してください。

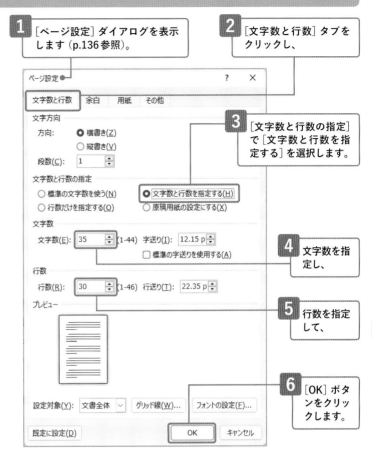

1 [ページ設定]ダイアログを表示します（p.136参照）。

2 [文字数と行数]タブをクリックし、

3 [文字数と行数の指定]で[文字数と行数を指定する]を選択します。

4 文字数を指定し、

5 行数を指定して、

6 [OK]ボタンをクリックします。

コラム 設定した通りの行数にならない場合

設定されているフォント（p.201）の種類によっては、ページ設定で行数を増やしても、実際には行数が減ってしまう場合があります。フォントの種類を変更しないで行数を増やしたい場合は、次の操作を試してみてください。
文章全体を選択し、[ホーム]タブの[段落]グループの右下にある⊡をクリックして[段落]ダイアログを表示し、[インデントと行間隔]タブ❶にある[1ページの行数を指定時に文字を行グリッド線に合わせる]のチェックをオフにします❷。指定通りの行数にはならない場合もありますが、行数が減ることはありません。
または、フォントの種類を「MSゴシック」「MS明朝」「MS Pゴシック」「MS P明朝」などにすれば、特に上記の設定をしなくても設定通りの行数になります。なお、既定のフォントの種類の変更方法はp.203を参照してください。

※ Wordのバージョンによって既定のフォントサイズや段落後間隔が異なります。上記の設定がうまくいかない場合は、p.139のMemoを参考にしてフォントサイズと段落後間隔を以下のように設定してみてください。

・フォントサイズ：10.5pt
・段落後間隔：0行

13 簡単なビジネス文書を作ってみる

文書作成

Wordには、効率的に文書を作成できる入力オートフォーマット機能が用意されています。ここでは、文字の入力と配置を変更するだけのシンプルなビジネス文書を作成しながら、ビジネス文書の基本構成と入力オートフォーマット機能を確認しましょう。

ここで学べること

習得スキル	操作ガイド	ページ
▶ 発信日付／宛先／発信者名／タイトルの入力	レッスン13-1	p.139
▶ 頭語と結語の入力	レッスン13-2	p.140
▶ 前文／主文／末文の入力	レッスン13-3	p.141
▶ 記書きの入力	レッスン13-4	p.142
▶ 文字列の配置の変更	レッスン13-5	p.143

まずは パッと見るだけ！

ビジネス文書の基本構成

ビジネス文書は、基本的に8つの部分で構成されており、だいたいのスタイルは決まっています。この構成を覚えておけば、ビジネス文書作成時に役に立ちます。

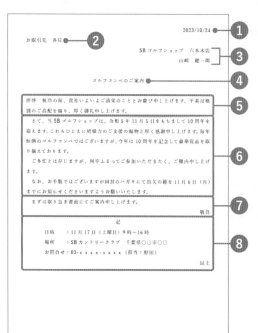

NO	構成	内容
❶	発信日付	文書を発信する日付。文書の内容によっては、発信日付の上に文書番号（例：請求書NO0001、人事20-001）が入る場合もある。右寄せで配置
❷	宛先	相手先を指定。相手が複数の場合は、「各位」や「皆様」を付ける。左寄せで配置
❸	発信者名	発信者を指定。右寄せで配置
❹	タイトル	タイトルを指定。中央揃えで配置
❺	前文	頭語、時候の挨拶、慶賀（安否）の挨拶、感謝の挨拶の順の定型文
❻	主文	伝えたい内容
❼	末文	結びの挨拶、最後に結語を右寄せで配置
❽	記書き	必要な場合のみ、別記で要点を箇条書きする。中央揃えの「記」で始まり、箇条書きを記述したら、最後に「以上」を右寄せに配置。

ビジネス文書のパーツがあるのね！

レッスン 13-1 発信日付／宛先／発信者名／タイトルを入力する

練習用ファイル 13-1-文書1.docx

🖱 操作 **今日の日付を自動入力する**

発信日付として、作成している日の日付を入力することが多くあります。
半角で今年の西暦4桁に続けて「/」（スラッシュ）（例：「2024/」）を入力し、[Enter]キーを押すと、自動的に今日の日付が入力されます。

📝 Memo **和暦で今日の日付を自動入力する**

「令和」と入力して[Enter]キーを押すと、和暦で今日の日付がヒントで表示されます。[Enter]キーを押すと、そのまま和暦の今日の日付が入力されます。

> 令和5年10月24日（Enterを押すと挿入します）
> 令和↵

🖱 操作 **宛先／発信者／タイトルを入力する**

日付の後には、宛先、発信者を入力し、文書のタイトルを入力します。
宛先が取引先のような複数の場合は、「お取引先　各位」のように「各位」とつけます。
個人の場合は、「鈴木　花子　様」のように「様」とつけます。

📝 Memo **手順通りに操作できない場合の対処方法**

Wordのバージョンによって［白紙の文書］の既定が異なるため、みなさんが利用しているWordのバージョンによっては、右の手順通りに操作を進められないケースがあるので注意してください。
右の手順通りに操作できない場合で、かつ本書の手順通りに作成したい場合は、事前に以下の設定を行ってください。

❶ ［デザイン］タブ→［テーマ］→［Office 2023 – 2022 テーマ］をクリックする
❷ ［デザイン］タブ→［段落の間隔］→［段落間隔なし］をクリックする
❸ p.137を参照して［ページ設定］ダイアログを表示し、［フォントの設定］をクリックしてフォントサイズを「10.5」に設定する

今日の日付の入力

> ここでは今日の日付が2023年10月24日として進めます。

1 Section12の手順で白紙の文書を作成し、ページ設定を行っておきます。

2 文書の先頭位置にカーソルがあることを確認し、今年の西暦の年と「/」（スラッシュ）を半角で入力します（ここでは「2023/」）。

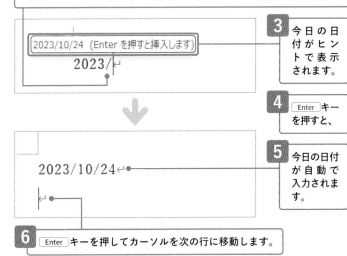

3 今日の日付がヒントで表示されます。

4 [Enter]キーを押すと、

5 今日の日付が自動で入力されます。

6 [Enter]キーを押してカーソルを次の行に移動します。

宛先の入力

1 2行目に宛先を入力し、[Enter]キーを押して改行します。

発信者名を入力する

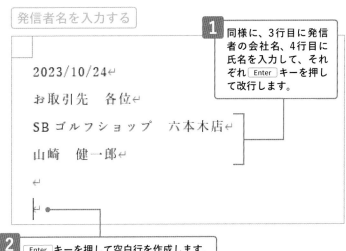

1 同様に、3行目に発信者の会社名、4行目に氏名を入力して、それぞれ[Enter]キーを押して改行します。

2 [Enter]キーを押して空白行を作成します。

Memo 空行を挿入する

何も入力しない行を挿入したい場合は、行頭で Enter キーを押します。行頭に段落記号 ↵ のみ表示されます。

Memo 全角や半角の空白を入力する

文字と文字の間に空白（スペース）を入力するには、Space キーを押します。[ひらがな] モードのときは、全角で空白が入力されます。[ひらがな] モードのときに半角の空白を入力するには、Shift キーを押しながら Space キーを押します。

タイトルの入力

1 タイトルを入力して、Enter キーを押して改行し、

2 再度 Enter キーを押して空行を作成します。

レッスン 13-2 頭語と結語を入力する

練習用ファイル 13-2-文書1.docx

操作 頭語と結語を自動入力する

Wordでは、「拝啓」のような頭語を入力すると、入力オートフォーマットの機能により、空行が挿入され、次の行に頭語に対応する結語が右寄せで自動入力されます。

1 頭語「拝啓」と入力し、Enter キーを押して改行すると

2 空行が挿入され、頭語に対応する結語「敬具」が右寄せで自動入力されます。

Memo 頭語と結語

頭語とは、「拝啓」「前略」のように手紙やビジネス文書などの文書の最初に記述する決まり言葉です。頭語の後ろに「、」は付けず、1文字空けます。また、結語とは、文書の最後に記述する決まり言葉で「敬具」や「草々」などがあります。表のように頭語と結語はワンセットになっています。

● 文書の種類による頭語と結語

頭語と結語	文書の種類
拝啓　敬具	一般的な文書
前略　草々	前文を省略した文書
謹啓　謹白	改まった文書

レッスン **13-3** 前文（あいさつ文）／主文／末文を入力する

練習用ファイル 13-3-文書1.docx

あいさつ文の入力

🖱 操作 **（前文）あいさつ文を自動入力する**

[あいさつ文] ダイアログでは、前文となる季節の挨拶、安否の挨拶、感謝の挨拶を一覧から選択するだけで自動入力できます。作成する文書の内容に合ったものを選択してください。

📝 **Memo 季節の挨拶**

[あいさつ文] ダイアログでは、現在の日付により自動的に月が選択され、対応する季節の挨拶の一覧が自動で表示されます。月を変更し、あいさつの一覧を変更することもできます。

1 カーソルを頭語「拝啓」の後ろに移動し、Space キーを押して空白を入力しておきます。

2 [挿入] タブ→[あいさつ文] をクリックして、

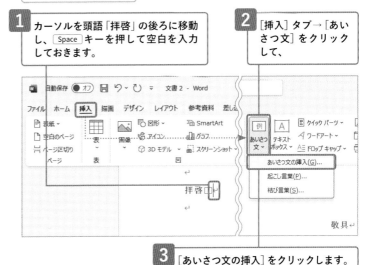

3 [あいさつ文の挿入] をクリックします。

4 [あいさつ文] ダイアログが表示されたら、

5 月を確認し、季節のあいさつの一覧から適切なものを選択します。

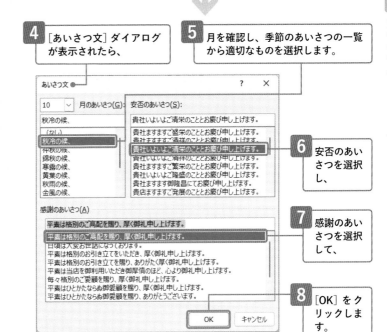

6 安否のあいさつを選択し、

7 感謝のあいさつを選択して、

8 [OK] をクリックします。

あいさつ文を考える必要はないのね！

9 あいさつ文が入力されます。

拝啓□秋冷の候、貴社いよいよご清栄のこととお慶び申し上げます。平素は格別のご高配を賜り、厚く御礼申し上げます。↵

敬具↵

10 1行下の空行にカーソルを移動します。

操作　主文を入力する

主文を入力する際は、最初に1文字分の空白を開けてから、「さて、」のような起こし言葉を入力し、用件を入力します。

操作　末文を入力する

末文にはビジネス文書の締めくくりとなる文を記述します。例文のような言葉や、「今後ともどうぞよろしくお願いします。」「ぜひご検討くださいますようお願い申し上げます。」など、内容やシチュエーション、相手との関係性によって使い分けます。最後に、頭語に対する結語を右寄せで入力しますが、Wordでは自動で入力されたものをそのまま使えます。

主文の入力

1 Space キーを押して、1文字分の空白を開けてから、起こし言葉「さて、」と入力し、続けて主文を以下のように入力します。

> 別のご高配を賜り、厚く御礼申し上げます。↵
>
> □さて、当 SB ゴルフショップは、令和 5 年 11 月 5 日をもちまして 10 周年を迎えます。これもひとえに皆様方のご支援の賜物と厚く感謝申し上げます。毎年恒例のゴルフコンペではございますが、今年は 10 周年を記念して豪華賞品を取り揃えております。↵
>
> □ご多忙とは存じますが、何卒ふるってご参加いただきたく、ご案内申し上げます。↵
>
> □なお、お手数ではございますが同封のハガキにて出欠の趣を 11 月 6 日（月）までにお知らせくださいますようお願いいたします。↵
>
> 敬具↵

2 Enter キーを押して改行します。

末文の入力

> までにお知らせくださいますようお願いいたします。↵
>
> □まずは、取り急ぎ書面にてご案内申し上げます。↵
>
> 敬具↵

1 Space キーを押して、1文字分の空白を開けてから、末文を上のように入力します。

レッスン 13-4　記書きを入力する

練習用ファイル　13-4-文書1.docx

操作　記書きを入力する

記書きには、連絡事項や詳細な内容を箇条書きにします。中央に「記」と書いてから、要点を箇条書きで書き、最後に右寄せで「以上」と記述して締めくくります。
Wordでは、「記」と入力すると自動的に中央揃えになり、「以上」が右寄せで自動入力されます。

Memo　Tabキーで字下げする

新規行の行頭で Tab キーを押すと、タブが挿入され、標準で約4文字分カーソルが右に移動します。リスト形式で文字の開始位置を揃えたいときに使うと便利です。なお、タブについては、p.226を参照してください。

1 結語（ここでは「敬具」）の下の行にカーソルを移動し、「記」と入力して、Enter を押します。

> □まずは、取り急ぎ書面にてご案内申し上げます。↵
>
> 敬具↵
>
> 記↵

2 自動的に「記」が中央揃えになり、

3 1行の空行が挿入されて、「以上」が右寄せで自動入力されます。

> 敬具↵
>
> 記↵
>
> ↵
>
> 以上↵

Memo 項目名の文字幅を揃える

項目名の文字数が異なる場合、字間に適当な空白を挿入すると文字幅が揃います。
例えば、下図では「時間」「場所」の字間に全角のスペースを2つ挿入して揃えています。
なお、「文字の均等割り付け」という機能を使って文字幅を揃えることもできます（p.210参照）。

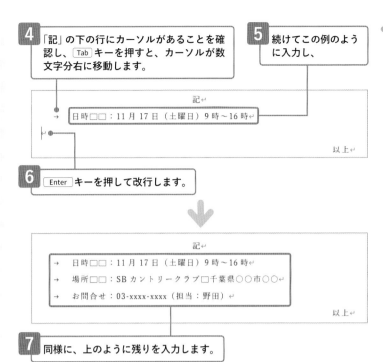

4 「記」の下の行にカーソルがあることを確認し、Tab キーを押すと、カーソルが数文字分右に移動します。

5 続けてこの例のように入力し、

6 Enter キーを押して改行します。

7 同様に、上のように残りを入力します。

レッスン 13-5 文字列の配置を変更する

練習用ファイル 13-5-文書1.docx

操作 文字列の配置を変更する

日付や発信者などを右揃えに配置するには、配置を変更したい文字列内にカーソルを移動するか、段落を選択したうえで、[ホーム] タブの [段落] グループにある [右揃え] をクリックします。なお、配置変更の詳細については、p.214を参照してください。

ショートカットキー

● 右揃え
Ctrl + R

日付と発信者名を右揃えにする

1 1行目の日付をクリックしてカーソルを移動し、

2 [ホーム] タブ→[右揃え] をクリックします。

3 日付が右揃えになります。

4 同様に、3行目と4行目の発信者を右揃えにします。

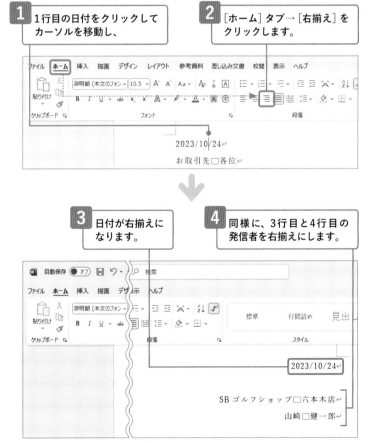

ショートカットキー

● 中央揃え
　Ctrl + E

タイトルを中央揃えにする

1 タイトルをクリックして
カーソルを移動し、

2 [ホーム] タブ→[中央揃え]
をクリックします。

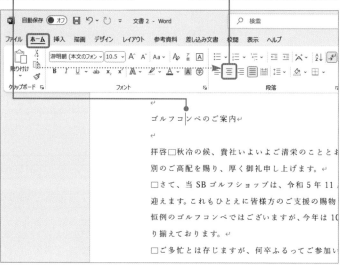

3 タイトルが中央揃えになります。

ゴルフコンペのご案内↵

拝啓□秋冷の候、貴社いよいよご清栄のこととお慶び申し上げます。平素は格
別のご高配を賜り、厚く御礼申し上げます。↵
□さて、当 SB ゴルフショップは、令和 5 年 11 月 5 日をもちまして 10 周年を
迎えます。これもひとえに皆様方のご支援の賜物と厚く感謝申し上げます。毎年
恒例のゴルフコンペではございますが、今年は 10 周年を記念して豪華賞品を取
り揃えております。↵
□ご多忙とは存じますが、何卒ふるってご参加いただきたく、ご案内申し上げ
ます。↵
□なお、お手数ではございますが同封のハガキにて出欠の趣を 11 月 6 日（月）
までにお知らせくださいますようお願いいたします。↵

Memo　編集記号を表示する

[ホーム] タブの [段落] グループの [編集記号の表示/非表示] を
クリックしてオンにすると、段落記号↵以外のスペース□やタブ
→などの編集記号が表示されます。編集の際の目安になるので、
表示しておくと便利です。なお、編集記号は印刷されません。

コラム 縦書き文書を作成する

ビジネス文書のうち、社外に発信する文書で、より儀礼的な目的で送られる文書のことを「社交文書」といいます。社交文書は、招待状やお祝い状のような文書です。このような文書は縦書きにします。
以下は、縦書きの文書の例です。横書きの文書とは構成が異なるので、確認してください。

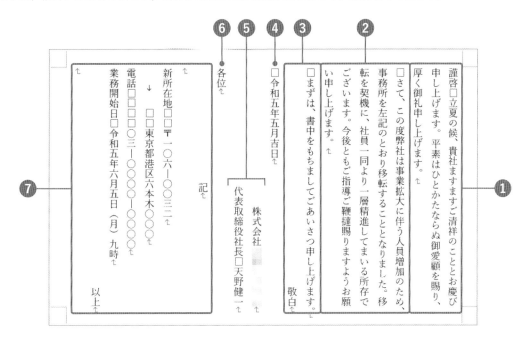

番号	名称	機能
❶	前文	頭語、時候の挨拶、慶賀（安否）の挨拶、感謝の挨拶の順の定型文
❷	主文	伝えたい内容
❸	末文	結びの挨拶、最後に結語を下揃えで配置
❹	発信日付	文書を発信する日付を漢数字にする。祝い事など、発信日が重要でない場合は「吉日」として日付を明記しない。本文より少し下げる
❺	発信者名	発信者を指定。正式名称、部署名、役職名、氏名の順に書き、下揃えで配置
❻	宛先	相手先を指定。正式名称、部署名、役職名、氏名の順に書く。相手が複数の場合は、「各位」などを付ける。上揃えで配置
❼	記書き	必要な場合のみ、別記で要点を箇条書きする。中央揃えの「記」で始まり、箇条書きを記述したら、最後に「以上」を下揃えで配置

ビジネス文書
が作れそう！

14 文書を保存する

文書の保存

作成した文書をファイルとして保存しておくと、Wordを終了した後に再度開いて編集することができます。新規文書を保存する方法や、既存の文書を別の名前を付けて保存する方法、文書の内容を更新する方法と、Word文書の保存方法の基本を覚えましょう。

ここで学べること

習得スキル	操作ガイド	ページ
▶ 名前を付けて保存	レッスン14-1	p.147
▶ 上書き保存	レッスン14-2	p.148

まずは パッと見るだけ！

文書の保存を知る

文書の保存方法には、名前を付けて保存と上書き保存の2種類があります。新規文書を保存する場合と、すでに保存されている文書を保存する場合の違いもあわせて確認してください。

●**新規文書**

新規文書を作成すると、「文書1」のような名前がタイトルバーに表示されます。これは、仮の名前として表示されているだけでまだファイルとしては存在していません。ファイルとして残したい場合は、名前を付けて保存します。

●**保存済みの文書**

一度ファイルとして保存した文書は、「上書き保存」と「名前を付けて保存」の使い分けが必要です。上書き保存は、同じ名前で保存するためデータが更新され、元ファイルの変更前のデータは残りません。

一方、名前を付けて保存は、元ファイルで編集した内容を別の名前を付けて保存するため、元ファイルは変更前の状態で残ります。

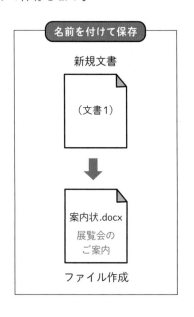

名前を付けて保存

新規文書

（文書1）

↓

案内状.docx
展覧会の
ご案内

ファイル作成

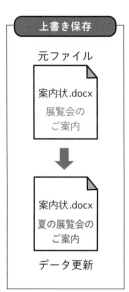

上書き保存

元ファイル

案内状.docx
展覧会の
ご案内

↓

案内状.docx
夏の展覧会の
ご案内

データ更新

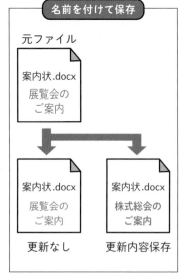

名前を付けて保存

元ファイル

案内状.docx
展覧会の
ご案内

案内状.docx
展覧会の
ご案内

案内状.docx
株式総会の
ご案内

更新なし　　更新内容保存

レッスン 14-1 保存場所と名前を指定して保存する

練習用ファイル 14-文書1.docx

ここではサインインしていない状態で［ドキュメント］フォルダーに「案内状」という名前で保存します。

操作 名前を付けて保存する

新規の文書を保存する場合は、［名前を付けて保存］ダイアログを表示し、保存場所と名前を指定してファイルとして保存します。保存済みの文書の場合、同じ操作で別のファイルとして保存できます。

Memo Word文書の拡張子

Wordの文書をファイルとして保存すると、「案内文.docx」のように、文書名の後ろに「.」（ピリオド）と拡張子「docx」が付きます。拡張子の確認方法などの詳細はp.38を参照してください。

Memo OneDriveに保存する

保存場所にOneDriveを選択すると、文書をインターネット上に保存できます。OneDriveに保存すれば、わざわざファイルを持ち運ぶことなく、別のパソコンから文書を開くことができます。この場合、Microsoftアカウントでサインインしている必要があります。詳細はp.587を参照してください。

ショートカットキー

● 名前を付けて保存
F12

「残したいデータ」がないか考えて保存しましょ

1 ［ファイル］タブ→［名前を付けて保存］をクリックし、

2 ［参照］をクリックします。

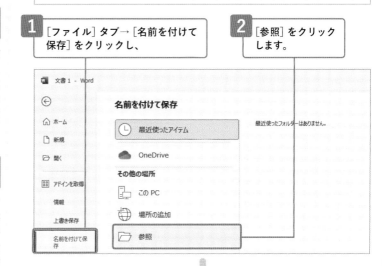

3 ［名前を付けて保存］ダイアログボックスが表示されます。

4 保存先のフォルダーを選択（ここでは「ドキュメント」）し、

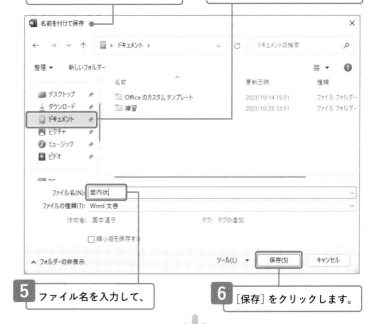

5 ファイル名を入力して、

6 ［保存］をクリックします。

7 文書が保存され、文書名がタイトルバーに表示されます。

レッスン **14-2** 上書き保存する

🖱 操作 上書き保存する

一度保存したことのある文書は、上書き保存をして変更内容を更新して保存します。クイックアクセスツールバーの［上書き保存］をクリックします。なお、［上書き保存］を実行すると、文書の内容が更新されるので、文書を開いたときの元の内容は残りません。

⌨ ショートカットキー

● 上書き保存
　 Ctrl ＋ S

1 クイックアクセスツールバーの［上書き保存］をクリックします。

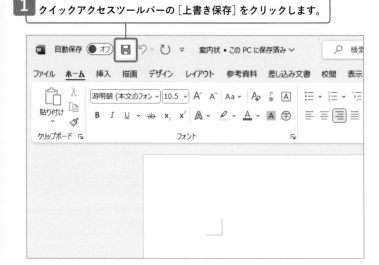

📍 コラム 自動保存を理解しましょう

タイトルバーの左端に表示されている自動保存は、Microsoftアカウントでサインインしているときに文書をOneDriveに保存すると［自動保存］がオンになり、文書に変更があると自動で上書き保存されるようになります。

● Microsoftアカウントでサインインしていない場合

文書を保存しても［自動保存］はオンになりません。保存後、文書に変更を加えた場合は、自分で上書き保存をして文書を更新してください。このとき［自動保存］をクリックしてオンにしようとするとサインインを要求する画面が表示されます。

● Microsoftアカウントでサインインしている場合

文書をOneDriveに保存すると［自動保存］がオンになり、文書に変更があると、自動的に上書き保存が実行され、データが更新されます。［自動保存］のオンとオフの設定は、文書ごとに保存されます。次に文書を開いたときは、前回と同じ設定で開きます。

なお、Microsoftアカウントでサインインしていても、文書をパソコン上のドライブに保存すると、［自動保存］はオフになります。

15 文書を開く

保存したファイルは、Word画面から開くだけでなく、エクスプローラーから開くこともできます。さらにWordでは複数の文書を同時に開いて編集することもできます。ここでは、文書の開き方の基本を確認しましょう。

ここで
学べること

習得スキル	操作ガイド	ページ
▶ 文書をダイアログから開く	レッスン15-1	p.150
▶ エクスプローラーから開く	レッスン15-2	p.151

まずは パッと見るだけ！

文書の開き方2パターン

　Word文書は、Wordにある［ファイルを開く］ダイアログから開くのが基本ですが、エクスプローラーから直接Word文書を開くことも可能です。

\Before/
操作前

● ［ファイルを開く］ダイアログ

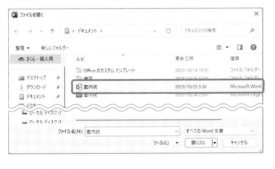

● エクスプローラー

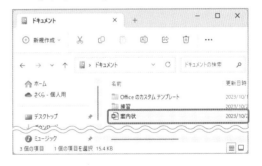

\After/
操作後

Wordのウィンドウが開き、
文書が表示された

レッスン 15-1 保存場所と名前を選択して開く

練習用ファイル **15-案内状.docx**

🖱 **操作 ファイルを開く**

Wordの文書を開くには、[ファイルを開く]ダイアログを表示して、保存場所と開くファイルを指定します。
Wordでは複数ファイルを同時に開いて編集することができます。手順 **5** で、1つ目のファイルを選択したのち、2つ目以降のファイルを Ctrl キーを押しながらクリックすると複数ファイルを選択できます。複数選択した状態で[開く]をクリックすると複数ファイルをまとめて開くことができます。

📝 **Memo 複数の文書を切り替えるには**

[表示]タブ→[ウィンドウの切り替え]をクリックして ❶、一覧から切り替えたい文書をクリックします ❷。または、タスクバーの Word のアイコンにマウスポインターを合わせ、表示される文書のサムネイル(縮小表示)で、編集したい文書をクリックしても切り替えられます。

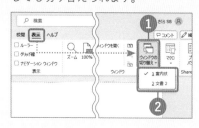

⌨ **ショートカットキー**

● [開く]画面表示
[Ctrl] + [O]

● [ファイルを開く]ダイアログ表示
[Ctrl] + [F12]

ドキュメントフォルダに、15-案内状.docxをコピーしておくと以下の画面と同じになります。ファイルのコピー方法は、p.45参照

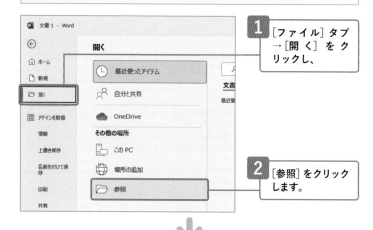

1 [ファイル]タブ→[開く]をクリックし、

2 [参照]をクリックします。

3 [ファイルを開く]ダイアログが表示されます。

4 ファイルの保存先を選択し、

5 対象のファイルをクリックします。

6 [開く]をクリックすると、

7 選択したファイルが開きます。

レッスン 15-2 エクスプローラーから開く

練習用
ファイル 15-案内状.docx

ドキュメントフォルダに、15-案内状.docxをコピーしておくと以下の画面と同じになります。ファイルのコピー方法は、p.45参照

操作 **エクスプローラーから開く**

エクスプローラーを開き、開きたい文書ファイルをダブルクリックすると、文書が開きます。

Memo **Wordも自動的に起動する**

文書ファイルをダブルクリックしたときにWordが起動していない場合は、Wordが起動すると同時に文書ファイルが開きます。

エクスプローラーのダブルクリックがおすすめ

1 エクスプローラーで保存場所のフォルダーを開き、

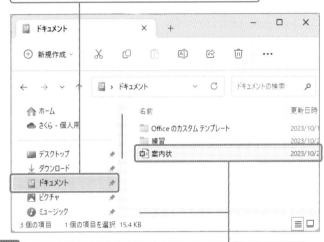

2 開きたい文書ファイルをダブルクリックすると、ファイルが開きます。

コラム **エクスポート機能を使ってPDFファイルとして保存する**

エクスポート機能を使うと、Wordで作成した文書を、PDFファイルに保存することができます。PDFファイル（拡張子：.pdf）は、さまざまな環境のパソコンで同じように表示／印刷できる電子文書の形式で、紙に印刷した時と同じイメージで保存されます。Microsoft Edgeのようなブラウザーで表示することができるため、Wordがない環境でも内容を表示し、印刷できます。

PDFファイルとして保存するには、［ファイル］タブをクリックし、［エクスポート］をクリックして、表示される［エクスポート］画面を表示します**1**。次に、［PDF/XPSドキュメントの作成］をクリックし**2**、［PDF/XPSの作成］をクリックます**3**。表示される［PDFまたはXPS形式で発行］ダイアログで、保存場所とファイル名を指定し**4**、［発行後にファイルを開く］にチェックを付け**5**、［発行］をクリックして保存します**6**。保存後、ブラウザーが起動し、文書の内容が表示されます**7**。

なお、［エクスポート］画面で［ファイルの種類の変更］をクリックすると、テキスト形式など別のファイル形式を選択することもできます。

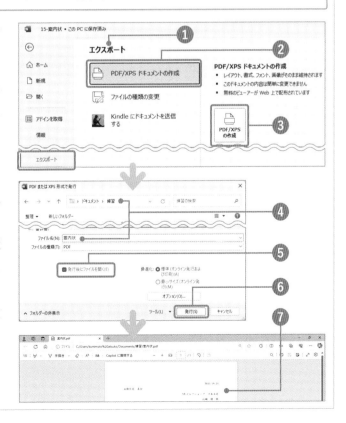

16 印刷する

印刷

文書を印刷するには、[印刷] 画面を表示します。[印刷] 画面で印刷イメージを確認し、印刷部数や印刷ページなどの設定をして印刷を実行します。基本的な印刷の方法を確認しましょう。

ここで学べること

習得スキル	操作ガイド	ページ
▶ 印刷	レッスン16-1	p.153

まずは パッと見るだけ！

文書を印刷する

文書を印刷するには、[印刷] 画面で印刷プレビューを確認し、印刷を実行します。

● [印刷] 画面

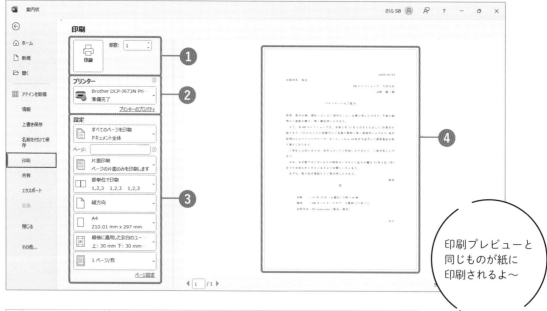

❶	印刷	印刷部数の指定と印刷を実行する
❷	プリンター	印刷するプリンターの選択と詳細設定の確認と変更をする
❸	設定	印刷範囲や用紙のサイズ、用紙の向きなど印刷設定をする。詳細は p.156 を参照
❹	印刷プレビュー	印刷イメージが表示される

印刷プレビューと同じものが紙に印刷されるよ〜

レッスン **16-1** 印刷イメージを確認し、印刷する

練習用ファイル 16-案内状.docx

🖱 操作 文書を印刷する

印刷するには、[印刷]画面の印刷プレビューで印刷イメージを確認します。確認ができたら部数を指定し、[印刷]をクリックします。印刷する前に、プリンターを接続し、用紙をセットしておきましょう。

⌨ ショートカットキー

● [印刷]画面を表示する
Ctrl + **P**

1 [ファイル]タブ→[印刷]をクリックすると、

2 [印刷]画面が表示され、

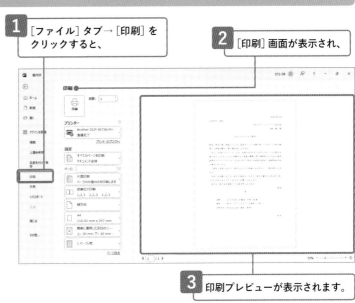

3 印刷プレビューが表示されます。

✍ Memo 印刷イメージを拡大／縮小する

印刷プレビューでは、10〜500%の範囲で拡大／縮小できます。倍率のパーセント❶をクリックすると[ズーム]ダイアログで倍率を調整できます。[−]や[+]❷をクリックすると、10%ずつ、縮小、拡大し、スライダー❸を左右にドラッグしてサイズ調整できます。[ページに合わせる]❹をクリックすると1ページが収まる倍率に調整して表示されます。

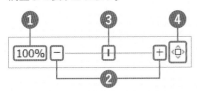

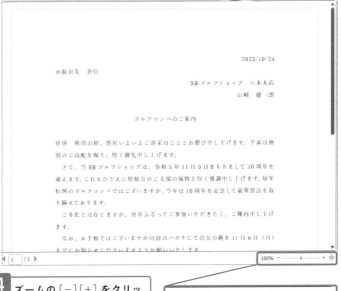

4 ズームの[−][+]をクリックして印刷イメージサイズを縮小／拡大して確認します。

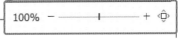

✍ Memo 1ページに収まらない場合

1ページに収めたい場合は、余白を狭くしたり、行数を多くしたりして1ページに入る文字数を増やしてみましょう（**Section12**参照）。

✎ Memo プリンターについて

プリンターの ☑ をクリックすると、プリンターの一覧が表示されます。印刷に使用するプリンターには、緑のチェックマークが付いています。
[プリンターのプロパティ] をクリックすると使用するプリンターの設定画面が表示されます。

✎ Memo 部単位とページ単位

部単位の印刷や特定のページだけを印刷することもできます。

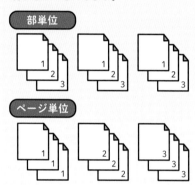

5 プリンターを確認して、

6 部数を指定し、

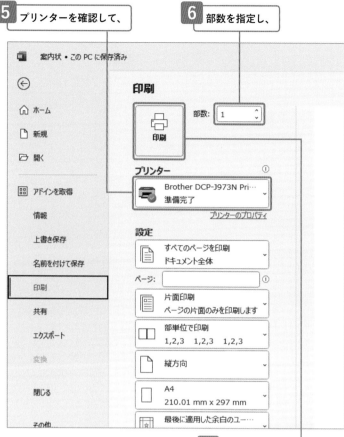

7 [印刷] をクリックします。

🔍 コラム 印刷プレビューで複数ページを一度に見るには

文書が複数ページある場合、[-] を数回クリックして倍率を小さくすると❶、印刷プレビューに複数のページが表示されます❷。全体のページ構成を確認したいときに便利です。

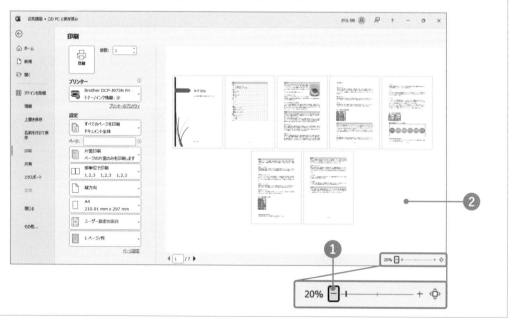

社内掲示文「健康診断実施のお知らせ」を手順に従って作成し、保存してください。

1 白紙の文書を作成する（A4サイズ、余白を上下：30mm、左右：30mm、印刷の向きは縦、文字の方向は横書き、行数は35行）

2 下図の完成サンプルを見ながら、文字のみ入力する

3 日付、発信者名は右揃え、タイトルは中央揃えに設定する

4 ［ドキュメント］フォルダに「健康診断実施のお知らせ.docx」と名前を付けて保存する

※Wordのバージョンによって既定のフォントサイズや段落後間隔が異なるため、手順通りに操作しても1ページに収まらない場合があります。その際は、p.139のMemo「手順通りに操作できない場合の対処方法」を参照して、文書の設定を変更してください。

▼完成サンプル

令和5年10月29日

社員各位

総務部
鈴木□直美

健康診断実施のお知らせ

定期健康診断を下記の通り実施します。対象者には、受診券と問診票を10月30日に配布いたします。問診票に必要事項をご記入の上、指定日時に受診くださいますようお願いいたします。

記

日時：11月16日（木）□午前9時～午後16時
対象者：正社員、契約社員
場所：男性：3階□セミナールームA、女性：4階□第1会議室
検査項目：身長、体重、血圧、血液検索、視力、聴力、内科検診、胸部レントゲン撮影、検尿、心電図、骨密度検査
追加検査：がん検診（胃・直腸・乳房・子宮）

注意事項
・女性は、Tシャツ等を持参してください。
・追加検査は、後日、指定の医療機関での受検になります。
・受診日には、受診券と問診票をお持ちください。

以上

□なお、当日やむを得ず受診できない場合は、前日午前中までに総務部□鈴木（内線369）までご連絡ください。

17 いろいろな設定をして文書を印刷する

印刷
設定

文書を印刷する場合、単に印刷するだけでなく、ページ数を指定したり、両面印刷したりと、いろいろな設定をすることができます。ここでは印刷設定の方法を覚えましょう。

ここで学べること

習得スキル	操作ガイド	ページ
▶印刷ページの指定	レッスン17-1	p.157
▶印刷単位の指定	レッスン17-2	p.158
▶1枚に複数ページを印刷	レッスン17-3	p.158
▶拡大／縮小印刷	レッスン17-4	p.159

まずは パッと見るだけ！

いろいろな設定をして印刷する

通常、何も設定しないで［印刷］をクリックすると、開いている文書が全ページそのまま印刷されます。設定を変更すると、いろいろな形で印刷できます。

＼Before／ 操作前

●通常印刷

通常は、印刷イメージどおりで全ページ印刷されます。

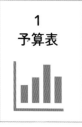

Memo プリンターについて

プリンターの  をクリックすると、プリンターの一覧が表示されます。印刷に使用するプリンターには、緑のチェックマークが付いています。［プリンターのプロパティ］をクリックすると使用するプリンターの設定画面が表示されますが、プリンターによって設定内容が異なるため、本書ではプリンターの設定については解説していません。

＼After／ 操作後

●印刷ページ指定

印刷するページを指定

●印刷単位

部単位、ページ単位を指定

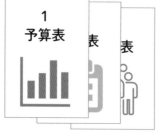

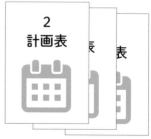

● **複数ページ印刷**

用紙1枚に複数ページ印刷

● **用紙サイズに合わせて印刷**

指定した用紙に合わせて拡大／縮小印刷

縮小印刷のイメージ

レッスン **17-1** 印刷するページを指定して印刷する

 17- 顧客名簿.docx

> ［ファイル］タブ→［印刷］をクリックして［印刷］画面を表示しておきます。

🖱 操作 印刷ページを指定する

指定したページだけを印刷したい場合は、［印刷］画面の［ページ］欄でページを指定します。
連続するページを指定する場合は「1-2」のように「-」（半角のハイフン）で指定し、連続していない場合は、「1,3,5」のように「,」（半角のカンマ）で指定します。また、「1-2,5」のように組み合わせることもできます。

📝Memo その他の印刷範囲の指定方法

印刷範囲は、初期設定で［すべてのページを印刷］になっており❶、全ページが印刷されます。［現在のページを印刷］を選択すると❷、印刷プレビューで表示しているページだけが印刷されます。
また、文書内で選択した範囲だけを印刷したい場合は、［選択した部分を印刷］を選択します❸。

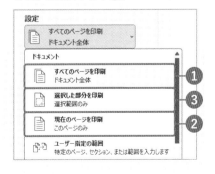

1 ［ページ］欄に印刷するページ範囲を半角数字で入力します。

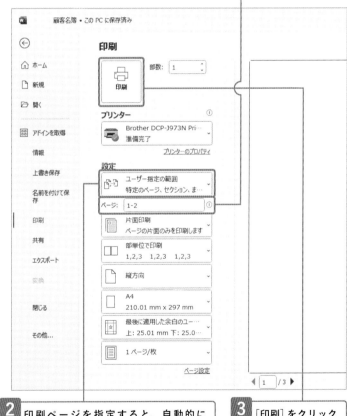

2 印刷ページを指定すると、自動的に［ユーザー指定の範囲］に設定されます。

3 ［印刷］をクリックします。

レッスン 17-2 部単位とページ単位で印刷単位を変更する

練習用ファイル　17-顧客名簿.docx

操作　部単位で印刷する

複数ページの文書を複数枚印刷する場合、[部単位で印刷]を選択すると1部ずつ印刷され、[ページ単位で印刷]にするとページごとに印刷されます。

▼部単位

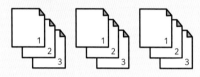

▼ページ単位

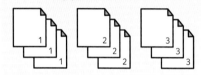

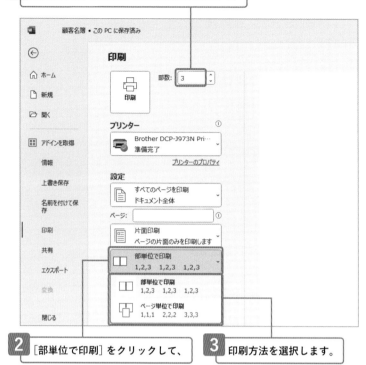

1 [印刷]画面の[部数]で印刷部数を指定して、

2 [部単位で印刷]をクリックして、

3 印刷方法を選択します。

レッスン 17-3 1枚の用紙に複数ページ印刷する

練習用ファイル　17-顧客名簿.docx

操作　用紙1枚に複数ページを印刷する

1枚の用紙に複数ページを印刷したい場合は、[1ページ/枚]をクリックして、一覧から用紙1枚あたりに印刷するページ数を選択します。指定したページ数に収まるようにページが自動的に縮小されます。

Memo　ページを移動する

複数ページの文書の場合は、画面下にある◀(前のページ)をクリックするとページが戻り、▶(次のページ)をクリックするとページが進みます。また、ページボックスにページを直接入力して Enter キーを押すと指定したページに進みます。

◀ 2 / 3 ▶

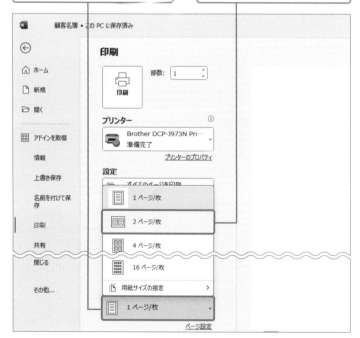

1 [印刷]画面で[1ページ/枚]をクリックし、

2 用紙1枚あたりに印刷するページ数をクリックします。

レッスン 17-4 用紙サイズに合わせて拡大／縮小印刷する

練習用ファイル **17-顧客名簿.docx**

🖱️操作 用紙サイズに合わせて拡大／縮小印刷する

ページ設定で用紙サイズをA4にして作成した文書をB5用紙に印刷したい場合など、設定した用紙サイズと印刷する用紙サイズが異なる場合、[1ページ／枚]の[用紙サイズの指定]で、印刷する用紙サイズを選択します。ここで選択した用紙サイズに合わせて文書が自動的に拡大／縮小されて印刷できます。

✏️Memo 1枚の用紙に両面印刷する

両面印刷するには、[印刷]画面で[片面印刷]をクリックして一覧から両面印刷の種類を選択します。プリンターが両面印刷に対応していて、用紙の長辺でページを綴じる場合は❶、用紙の短辺でページを綴じる場合は❷を選択します。プリンターが両面印刷に対応していない場合は、[手動で両面印刷]❸を選択してください。

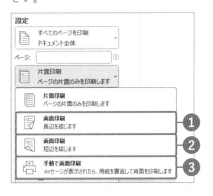

1 [印刷]画面で[1ページ/数]をクリックし、

2 [用紙サイズの指定]をクリックして

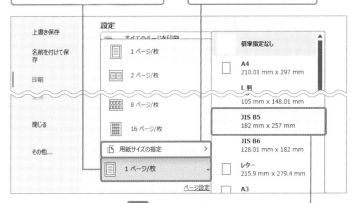

3 印刷で使用する用紙サイズを選択します。

📍コラム [Wordのオプション]ダイアログで印刷設定を変更する

[Wordのオプション]ダイアログの[印刷オプション]では、印刷時における詳細設定を行うことができます。p.77を参照し[Wordのオプション]ダイアログを表示して、左側の一覧で[表示]を選択し❶、[印刷オプション]に印刷時における設定を確認、変更できます❷。各項目いずれもオン／オフで設定と解除を切り替えられます。

Wordで作成した描画オブジェクトを印刷する	画像や図形などのオブジェクトを印刷する
背景の色とイメージを印刷する	文書のページ色が設定されている場合は印刷する
文書プロパティを印刷する	本文の後に文書プロパティを印刷する
隠し文字を印刷する	隠し文字の設定がされている文字を印刷する
印刷前にフィールドを更新する	印刷前に日付やページ番号などのフィールドを更新する
印刷前にリンクされているデータを更新する	別のファイルとリンクされている場合、印刷前に更新して最新の内容にする

ヘッダー／フッターを挿入する

ヘッダーはページの上余白、フッターはページの下余白の領域です。ヘッダーやフッターには、ページ番号、日付、タイトルやロゴなどのグラフィックなどを挿入でき、その内容は、すべてのページに印刷されます。また、組み込みのスタイルを使用してすばやく作成することもできます。

ここで 学べること	習得スキル	操作ガイド	ページ
	▶ ヘッダーの設定	レッスン 18-1〜2	p.161〜p.162
	▶ フッターの設定	レッスン 18-3	p.163

まずは パッと見るだけ！

ヘッダーとフッターの挿入

ヘッダーはページの上余白の領域で、一般的に文書のタイトルや日付、会社のロゴなどを表示します。フッターはページの下余白の領域で、一般的にページ番号などを表示します。ヘッダー／フッターともに、設定した内容は、すべてのページに共通に表示／印刷されます。

2 文書の作成をマスターする

\Before/
操作前

\After/
操作後   ヘッダー

フッター

ヘッダーやフッターに、文字や画像、ページ番号などを追加して印刷できます

レッスン 18-1 左のヘッダーにタイトルを表示する

練習用ファイル 18-1-顧客名簿.docx

操作 ヘッダーを挿入する

ヘッダーは、用紙の上余白の領域内の左、中央、右の3か所に設定できます。ヘッダーを挿入するには、[挿入] タブ→[ヘッダーの追加] をクリックします。

Memo ヘッダー領域と本文の編集画面

ヘッダー領域を表示すると、本文の編集画面が淡色で表示され、編集できなくなります。また、本文編集画面に戻ると、ヘッダー領域が淡色表示になり編集できなくなります。なお、フッターについても同様です。

Point ヘッダーを編集／削除するには

[ヘッダーの追加] をクリックして表示されるメニューで [ヘッダーの編集] をクリックする❶と、ヘッダー領域が表示され編集できます。
また、[ヘッダーの削除] をクリックして削除できます❷。

1 [挿入] タブ→[ヘッダーの追加] をクリックし、

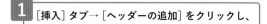
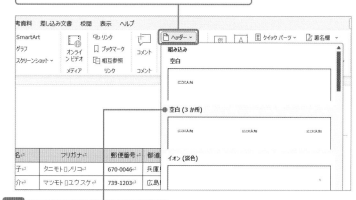

2 一覧からヘッダーのスタイル（ここでは「空白3か所」）をクリックすると、

3 ヘッダー領域が表示され、ヘッダーの入力位置に [ここに入力] と表示されます。

4 左側のヘッダーをクリックして選択し、

5 タイトル（ここでは「2023年新規顧客」）を入力し、

6 [ヘッダー／フッターを閉じる] をクリックすると、

7 編集画面に戻り、左のヘッダーにタイトルが表示されます。

レッスン 18-2 右のヘッダーにロゴを挿入する

練習用ファイル 18-2-顧客名簿.docx
18-2-ロゴ.jpg

操作 画像をヘッダーに表示する

ヘッダーにロゴなどの画像を挿入するには、コンテキストタブの[ヘッダーとフッター]タブで[ファイルから](画像)をクリックして画像ファイルを選択します。挿入された画像は、本文で挿入する画像と同様にサイズ変更など編集できます。

Point 不要なヘッダーは削除しておく

使用しないヘッダーは、そのままにしておくと、仮の文字列が印刷されてしまいます。使用しないヘッダーは手順のように削除します。

Memo ヘッダー領域と編集画面を素早く切り替える

編集画面でヘッダー領域をダブルクリックすると、ヘッダー領域が表示され、編集できる状態になります。ヘッダー領域から編集画面に戻るには、編集画面をダブルクリックします。

上級テクニック ヘッダーに文書情報を表示する

ヘッダーを挿入する位置をクリックし❶、[ドキュメント情報]をクリックして❷、挿入したい項目をクリックします❸。

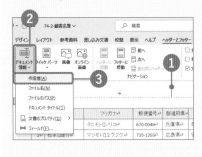

---

1 ヘッダー領域をダブルクリックしてヘッダーを編集できるようにします。

2 右側のヘッダーをクリックして選択し、

3 コンテキストタブの[ヘッダーとフッター]タブ→[ファイルから](画像)をクリックすると、

4 [図の挿入]ダイアログが表示されます。

5 ロゴが保存されているフォルダーをクリックし、

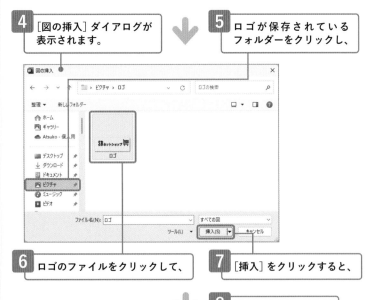

6 ロゴのファイルをクリックして、

7 [挿入]をクリックすると、

8 ロゴが挿入されます。

9 中央のヘッダーをクリックして選択し、

10 Delete キーを押します。

Memo ヘッダーに日付を表示する

コンテキストタブの［ヘッダーとフッター］タブで［日付と時刻］をクリックすると、［日付と時刻］ダイアログが表示されます。一覧から日付のパターンをクリックし、［OK］をクリックします。［自動的に更新する］にチェックを付けると文書を開くたびに現在の日付が表示されます。

11 中央のヘッダーが削除されます。

12 編集領域をダブルクリックして、編集画面に戻ります。

レッスン 18-3 中央のフッターにページ番号を挿入する

練習用ファイル 18-3-顧客名簿.docx

操作 フッターを挿入する

フッターは、ヘッダーと同様に用紙の下余白の領域内の左、中央、右の3か所に設定できます。

［挿入］タブの［フッターの追加］をクリックして、ヘッダーと同様に設定できます。

ただし、ページ番号を挿入する場合は、手順のように［ページ番号］（ページ番号の追加）をクリックすると便利です。

Memo フッター領域と本文の編集画面

フッター領域を表示すると、本文の編集画面が淡色で表示され、編集できなくなります。また、本文編集画面に戻ると、フッター領域が淡色表示になり編集できなくなります。

1 ［挿入］タブ→［ページ番号の追加］をクリックし、

2 ［ページの下部］をクリックして、

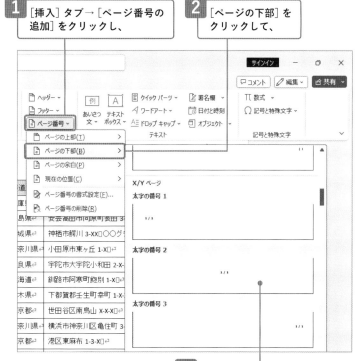

3 一覧から挿入するページ番号をクリックすると、

Memo フッターを編集/削除するには

[フッターの追加]をクリックして表示されるメニューで[フッターの編集]❶をクリックするとフッター領域が表示され、編集できます。また、[フッターの削除]❷をクリックして削除します。

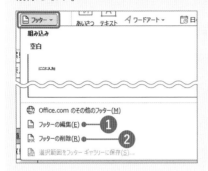

Memo ページ番号を削除する

[挿入]タブの[ページ番号の追加]をクリックし、[ページ番号の削除]をクリックします。

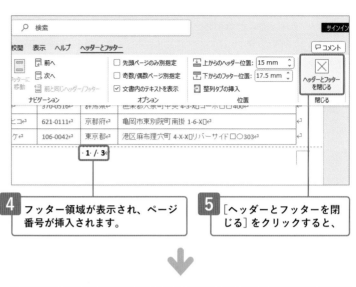

4 フッター領域が表示され、ページ番号が挿入されます。

5 [ヘッダーとフッターを閉じる]をクリックすると、

	カメヤマ□サツキ↵	299-2502↵	千葉県	南房総市石堂原 2-X-X□レジデンス◎○202↵
	タケモト□タツヤ↵	252-0124↵	神奈川県	相模原市緑区田名 2-X↵
	ウエムラ□タロウ↵	370-2105↵	群馬県	高崎市吉井町中島 4-6-X↵
	アサミ□キョウコ↵	520-1421↵	滋賀県	高島市朽木岩瀬 3-X-X□メゾン△◎○406↵
	オガワ□ノリオ↵	370-0516↵	群馬県	邑楽郡大泉町中央 4-3-X□コーポ□□400↵
	ハナオカ□ミツヒコ↵	621-0111↵	京都府	亀岡市東別院町南掛 1-6-X↵
	マエダ□コウスケ↵	106-0042↵	東京都	港区麻布理穴町 4-X-X□リバーサイド □○30↵

· 1 · / · 3·

6 編集画面に戻り、フッターにページ番号が表示されます。

Memo ページ番号を2から始めるには

[挿入]タブの[ページ番号]をクリックし❶、表示されるメニューで[ページ番号の書式設定]をクリックすると❷、[ページ番号の書式]ダイアログが表示されます❸。[開始番号]に開始番号「2」を入力します❹。

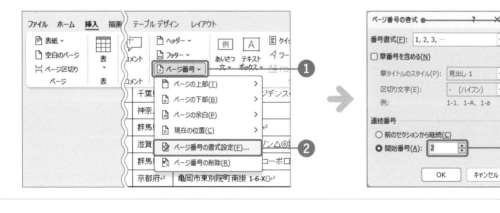

▶ コラム　入力オートフォーマットについて

入力オートフォーマットとは、水平線（p.219）や箇条書き（p.235）、段落番号（p.235）のように、特定の文字を入力したら自動的に書式が設定されたり、文字が変換されたりする機能です。入力オートフォーマットの機能が働き、書式が自動で設定されると、［オートコレクトのオプション］が表示されます。クリックすると、メニューが表示され、入力オートフォーマットの機能により自動で設定された書式の取り扱いをどうするか選択できます。

● オートコレクトのオプションのメニュー

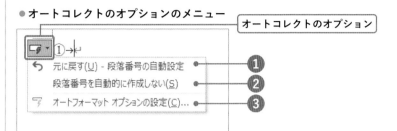

オートコレクトのオプション

メニュー	内容
❶元に戻す -（機能名）の自動設定	自動で設定された書式を解除し、入力した通りの文字が表示される
❷（機能名）を自動的に作成しない	自動で設定された書式の入力オートフォーマットの機能をオフにする
❸オートフォーマットオプションの設定	［オートコレクト］ダイアログを表示し、入力オートフォーマットの確認、設定、解除ができる

● ［オートコレクト］ダイアログ

［オートコレクト］ダイアログは［Wordのオプション］ダイアログ（p.77）の［文章校正］で［オートコレクトのオプション］ボタンをクリックしても表示できます。

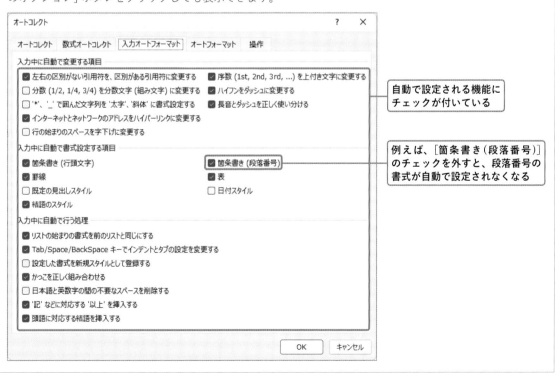

自動で設定される機能にチェックが付いている

例えば、［箇条書き（段落番号）］のチェックを外すと、段落番号の書式が自動で設定されなくなる

練習問題 印刷設定をして保存する練習をしよう

練習用ファイル 演習2-お茶講座.docx

入力練習1

文書「お茶講座」に以下の設定をして保存する練習をしてみましょう。

1 ヘッダーを以下のように設定する
   ・中央に文字列「SBカルチャーセンター特別講座」を入力

2 フッターを以下のように設定する
   ・右のフッターにページ番号 [X/Yページ] の [太字の番号3] を設定

3 [ドキュメント] フォルダーに [お茶講座テキスト.docx] という名前で保存する

▼完成見本

SBカルチャーセンター特別講座

お茶講座

心と体を癒すお茶のたのしみ

お茶とは

お茶といえば、まず思い浮かぶのは、私たち日本人に一番なじみのある日本茶でしょう。それ以外に、紅茶、中国茶、健康茶、ハーブティーなど、さまざまな種類があり、親しまれています。おいしく淹れた一杯のお茶は、私たちの心と体を癒してくれます。

ここでは、お茶の定義から確認してみましょう。

ールなどハーブティーと呼ばれるものが含まれます。

日本茶

日本茶は、日本で作られるお茶の総称として用いられています。煎茶、玉露、抹茶、番茶、ほうじ茶など、収穫方法や製法によって種類が異なります。また、産地によって味や香りも異なり、私たちを楽しませてくれます。

1 / 5

第 **3** 章

文書の編集を
楽にこなそう

ここでは、文字の選択、修正、削除、コピー、移動など、文書作成時に
欠かせない基本操作を説明します。また、実行した操作を取り消す操作、
文字の検索と置換の方法も説明します。基本的な編集方法をまとめてい
るので、しっかり身につけましょう。

文書の編集は
欠かせません！

Section

19 カーソルの移動と改行

移動と改行

Wordで文字を入力するには、まず文字を入力する位置にカーソルを移動します。カーソルは縦に点滅する棒で、クリックで簡単に移動できます。ここでは、カーソルの移動の基本を確認し、カーソルの移動、改行と空行の挿入についてまとめます。

ここで学べること

習得スキル	操作ガイド	ページ
▶ カーソルの移動	レッスン19-1	p.169
▶ 改行	レッスン19-2	p.170
▶ 空行の挿入	レッスン19-3	p.171

 まずは パッと見るだけ！

カーソルの移動と改行

文字を入力したい位置にカーソルを移動するには、マウスポインターを移動先に合わせて、クリックまたはダブルクリックします。また、次の行にカーソルを移動する場合は、[Enter]キーを押します。[Enter]キーを押して改行すると、行末に段落記号が表示されます。

● カーソルの移動

文字上でカーソルを移動するときや、文字を打ちはじめるときは、クリックでカーソルを移動します。

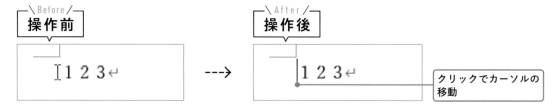

文字のない位置へカーソルを移動するときや、行の途中から文字を打ちはじめるときは、ダブルクリックでカーソルを移動します。

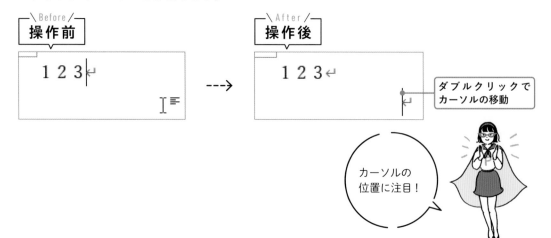

● 改行

文章に区切りをつけるときは、Enterキーで改行します。

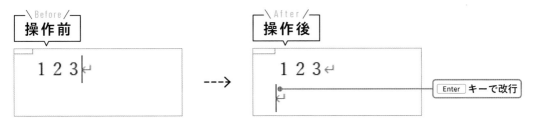

● 空行

文と文の間隔を広げるときは、行頭にカーソルがある状態でEnterキーを入力します。

レッスン 19-1 文字カーソルを移動する

操作 カーソルを移動する

カーソルとは、文字の入力位置を示すものです。文字が入力されている場合は、マウスポインターの形がⅠの状態のときにクリックすると、その位置にカーソルが移動します。矢印キーで移動することもできます。

Point ダブルクリックで移動する

何も入力されていない空白の領域にマウスポインターを移動し、ダブルクリックするとその位置にカーソルを表示することができます。これを「クリックアンドタイプ」といいます。

クリックでカーソルを移動する

あらかじめ白紙の文書を作成し、1行目に「123」と入力しておきます。

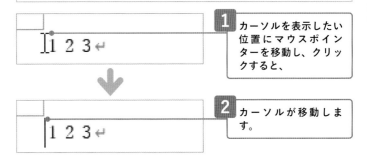

1 カーソルを表示したい位置にマウスポインターを移動し、クリックすると、

2 カーソルが移動します。

クリックアンドタイプでカーソルを移動する

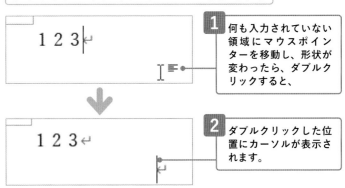

1 何も入力されていない領域にマウスポインターを移動し、形状が変わったら、ダブルクリックすると、

2 ダブルクリックした位置にカーソルが表示されます。

Memo　クリックアンドタイプ機能

何も入力されていない空白の領域にマウスポインターを移動すると、マウスポインターが |I≡| |I≡| |≡I| の形になります。この状態のときにダブルクリックするとその位置にカーソルが表示されます。
マウスポインターの形状によって次のように書式が設定されます。なお、間違えた場合は、任意の場所でクリックすれば解除されます。

形状	内容
I≡	1文字字下げされた位置から文字入力される
I≡	行頭または、ダブルクリックした位置に左揃えタブが追加され、その位置から文字入力される
I≡	中央揃えの位置から文字入力される
≡I	右揃えの位置から文字入力される

コラム　ショートカットキーでカーソル移動する

ショートカットキーを使うと、文書内のいろいろな場所にマウスを使わずにカーソルを移動できます。カーソル移動のショートカットを表にまとめておきます。

ショートカットキー	移動先
Ctrl + Home	文頭
Ctrl + End	文末
Home	行頭
End	行末
Page UP	前ページ

ショートカットキー	移動先
Page Down	次ページ
Ctrl + →、←	単語単位
Ctrl + ↑、↓	段落単位
Ctrl + G	指定ページ

レッスン 19-2　改行する

操作　改行する

文字列を入力し、次の行に移動することを「改行」といいます。
改行するには、改行したい位置で Enter キーを押します。 Enter キーを押して改行した位置に「段落記号」↵が表示されます。

Memo　間違えて改行した場合

間違えて改行したときは、すぐに Back space キーを押して段落記号↵を削除します。

あらかじめ白紙の文書を作成し、1行目に「１２３」と入力しておきます。

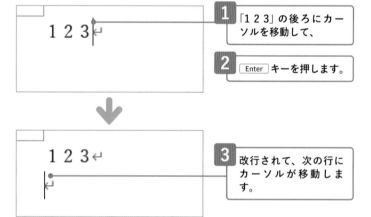

1 「１２３」の後ろにカーソルを移動して、

2 Enter キーを押します。

3 改行されて、次の行にカーソルが移動します。

Memo　行の途中で改行する

Wordでは、行の途中からでも改行できます。例えば、以下のように、行の途中にカーソルを移動し**❶**、[Enter]キーを押して改行できます**❷**。

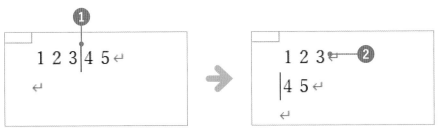

レッスン **19-3** 空行を挿入する

操作　空行を挿入する

文字が入力されていない、段落記号だけの行のことを「空行」といいます。空行を挿入して文と文の間隔を広げることができます。

あらかじめ白紙の文書を作成し、1行目に「123」と入力しておきます。

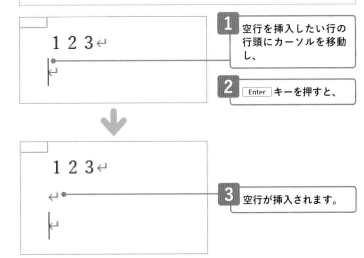

1 空行を挿入したい行の行頭にカーソルを移動し、

2 [Enter]キーを押すと、

3 空行が挿入されます。

適度に空行があると読みやすい文書になります

Section

20 文字を選択する

文字のサイズや色を変更するなど、指定した範囲の文字に対して書式の設定をしたり、コピーや移動などの編集作業をしたりするときは、対象となる文字を選択します。ここではいろいろな文字の選択方法を確認しましょう。

ここで
学べること

 まずは パッと見るだけ！

3

文書の編集を楽にこなそう

いろいろな文字選択

文字のサイズや色を変更したり、タイトルの行を中央揃えしたり、文字に対して編集をするときには、対象となる文字を選択します。どのような文字選択があるのかを見てみましょう。

▼**文字選択**

文字単位で選択

> ゴルフコンペのご案内↵

▼**行選択**

1行全体を選択

> 拝啓□秋冷の候、貴社いよいよご清栄のこととお慶び申し上げます。平素は格
> 別のご高配を賜り、厚く御礼申し上げます。↵

▼**文選択**

「。」までの文字を選択

> 拝啓□秋冷の候、貴社いよいよご清栄のこととお慶び申し上げます。平素は格
> 別のご高配を賜り、厚く御礼申し上げます。↵

[段落記号] を含めたひとまとまりの文を選択

▼**段落選択**

> 拝啓□秋冷の候、貴社いよいよご清栄のこととお慶び申し上げます。平素は格
> 別のご高配を賜り、厚く御礼申し上げます。↵

▼文章全体選択

入力されているすべてを選択

2023/10/24↵

お取引先□各位↵

SBゴルフショップ□六本木店↵

山崎□健一郎↵

→　日□□時：11月17日（土曜日）9時～16時↵

→　場□□所：SBカントリークラブ□千葉県○○市○○↵

→　お問合せ：03-xxxx-xxxx（担当：野田）↵

↵

以上↵

編集したい部分だけ選択できると作業がスムーズね

レッスン 20-1 文字列を選択する

練習用ファイル　20-ゴルフコンペのご案内.docx

操作　文字列を選択する

マウスポインターの形が I の状態でドラッグすると、文字列を選択できます。
また、マウスポインターが I の状態で別の場所をクリックすると選択を解除できます。

Memo　Shift キー＋クリックで範囲選択する

選択範囲の先頭でクリックしてカーソルを移動し❶、選択範囲の最後でShift キーを押しながらクリックすることでも❷、範囲選択できます❸。選択する文字列が多い場合に便利です。

1 選択したい文字列の先頭にマウスポインターを合わせて、

I ゴルフコンペのご案内↵

2 選択したい文字列の末尾までドラッグすると、

ゴルフコンペのご案内↵

3 文字列が選択されます。

Memo　離れた文字列を同時に選択する

離れた複数の文字列を同時に選択するには、1か所目はドラッグして選択し❶、2か所目以降は、Ctrl キーを押しながらドラッグして選択します❷。

、厚く御礼申し上げます。↵
ルフショップは、令和5年11月5日をもちまして 10周年を
ひとえに皆様方のご支援の賜物と厚く感謝申し上げます。毎年
ベではございますが、今年は 10周年を記念して豪華賞品を取

❶

❷

Memo 単語を選択する

単語の上でダブルクリックすると、その単語だけが選択されます①。

時短ワザ キーボードを使って範囲選択する

マウスを使わずに範囲選択すると、マウスに持ち替える必要がないので時短につながります。操作に慣れたら少しずつ使ってみましょう。
選択範囲の先頭位置にカーソルを移動したうえで、以下のキー操作をします。

キー操作	選択範囲
Shift + 矢印キー	現在のカーソル位置から文字単位で選択
Shift + Home	現在のカーソル位置から行頭まで選択
Shift + End	現在のカーソル位置から行末まで選択
Shift + Ctrl + Home	現在のカーソル位置から文頭まで選択
Shift + Ctrl + End	現在のカーソル位置から文末まで選択
Ctrl + A	文章全体を選択

レッスン 20-2 行を選択する

練習用ファイル 20-ゴルフコンペのご案内.docx

操作 行を選択する

選択したい行の左余白にマウスポインターを合わせて、の形になったらクリックします。

Memo 連続する複数行を選択する

選択したい先頭行の左余白にマウスポインターを移動し、縦方向にドラッグします。

> 拝啓□秋冷の候、貴社いよいよご清栄のこととお
> 別のご高配を賜り、厚く御礼申し上げます。↵
> □さて、当 SB ゴルフショップは、令和 5 年 11 月
> 迎えます。これもひとえに皆様方のご支援の賜物と

ショートカットキー

● 行選択
行の先頭にカーソルを移動して、
Shift + **↓**

1 選択したい行の左余白にマウスポインターを移動し、

> ↵
> 拝啓□秋冷の候、貴社いよいよご清栄のこととお慶び申し上げ
> 別のご高配を賜り、厚く御礼申し上げます。↵
> □さて、当 SB ゴルフショップは、令和 5 年 11 月 5 日をもちま
> 迎えます。これもひとえに皆様方のご支援の賜物と厚く感謝申し
> 恒例のゴルフコンペではございますが、今年は 10 周年を記念し
> り揃えております。↵
> □ご多忙とは存じますが、何卒ふるってご参加いただきたく、

2 ポインターが の形になったときにクリックすると、

3 行が選択されます。

> ↵
> 拝啓□秋冷の候、貴社いよいよご清栄のこととお慶び申し上げ
> 別のご高配を賜り、厚く御礼申し上げます。↵
> □さて、当 SB ゴルフショップは、令和 5 年 11 月 5 日をもちま
> 迎えます。これもひとえに皆様方のご支援の賜物と厚く感謝申し
> 恒例のゴルフコンペではございますが、今年は 10 周年を記念し
> り揃えております。↵
> □ご多忙とは存じますが、何卒ふるってご参加いただきたく、

レッスン 20-3 文を選択する

練習用
ファイル　20-ゴルフコンペのご案内.docx

操作　一文を選択する

句点（。）またはピリオド（.）で区切
られた文を選択するには、[Ctrl] キー
を押しながら、選択したい文をク
リックします。

---

1 選択したい文の上にマウス
ポインターを移動し、

2 [Ctrl] キーを押しながら
クリックすると、

> 拝啓□秋冷の候、貴社いよいよご清栄のこととお慶び申し上げます。平
> 別のご高配を賜り、厚く御礼申し上げます。↵
>
> □さて、当 SB ゴルフショップは、令和 5 年 11 月 5 日をもちまして 10
> 迎えます。これもひとえに皆様方のご支援の賜物と厚く感謝申し上げま

3 句点（。）で区切られた一文が選択されます。

> 拝啓□秋冷の候、貴社いよいよご清栄のこととお慶び申し上げます。平
> 別のご高配を賜り、厚く御礼申し上げます。↵
>
> □さて、当 SB ゴルフショップは、令和 5 年 11 月 5 日をもちまして 10
> 迎えます。これもひとえに皆様方のご支援の賜物と厚く感謝申し上げま

レッスン 20-4 段落を選択する

練習用
ファイル　20-ゴルフコンペのご案内.docx

操作　段落単位で選択する

選択したい段落の左余白にマウスポ
インターを合わせ、の形になった
らダブルクリックします。

Memo 段落とは

文章の先頭から改行するまでのひと
まとまりの文章を段落といいます。
[Enter] キーを押して改行をした先頭
から、次に [Enter] キーを押して改行
したときに表示される段落記号まで
を1段落と数えます。

ショートカットキー

● 段落選択
　段落の先頭にカーソルを移動して、
　[Ctrl] + [Shift] + [↓]

---

1 選択したい段落の左余白に
マウスポインターを移動し、

2 ポインターがの形になった
ときにダブルクリックすると、

> 拝啓□秋冷の候、貴社いよいよご清栄のこととお慶び申し上げ
> 別のご高配を賜り、厚く御礼申し上げます。↵
>
> □さて、当 SB ゴルフショップは、令和 5 年 11 月 5 日をもちま
> 迎えます。これもひとえに皆様方のご支援の賜物と厚く感謝申し
> 恒例のゴルフコンペではございますが、今年は 10 周年を記念し
> り揃えております。↵

3 段落が選択されます。

> 拝啓□秋冷の候、貴社いよいよご清栄のこととお慶び申し上げ
> 別のご高配を賜り、厚く御礼申し上げます。↵
>
> □さて、当 SB ゴルフショップは、令和 5 年 11 月 5 日をもちま
> 迎えます。これもひとえに皆様方のご支援の賜物と厚く感謝申し
> 恒例のゴルフコンペではございますが、今年は 10 周年を記念し
> り揃えております。↵

レッスン 20-5 文章全体を選択する

 練習用ファイル **20-ゴルフコンペのご案内.docx**

操作 文書全体を選択する

文書全体を一気に選択するには、左余白にマウスポインターを合わせて、🖺の形になったらすばやく3回クリックします。

ショートカットキー

● 文書全体を選択
[Ctrl] + [A]

Memo ブロック単位で選択する

[Alt] キーを押しながらドラッグすると、四角形に範囲選択できます❶。項目名のように縦方向に並んだ文字に同じ書式を設定したい場合に便利です。

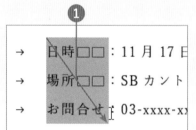

1 選択したい左余白にマウスポインターを移動し、

2 ポインターが🖺の形になったときにすばやく3回クリックすると、

拝啓□秋冷の候、貴社いよいよご清栄のこととお慶び申し上げま
別のご高配を賜り、厚く御礼申し上げます。↵
□さて、当 SB ゴルフショップは、令和 5 年 11 月 5 日をもちま
迎えます。これもひとえに皆様方のご支援の賜物と厚く感謝申し
恒例のゴルフコンペではございますが、今年は 10 周年を記念して
り揃えております。↵

3 文書全体が選択されます。

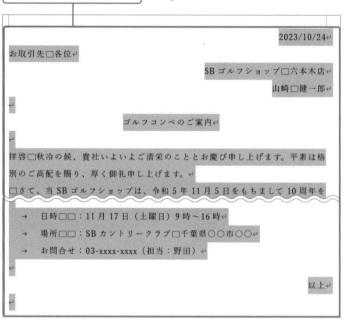

慣れたらショートカットキーでスピードアップ！

21 文字を修正／削除する

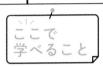

文字を打ち間違えた場合の対応策には、文字の間に文字を挿入したり、文字を別の文字に置き換えたり、不要な文字を削除したりと、いろいろな方法があります。ここでは、文字を修正したり、削除したりする方法をまとめます。

習得スキル	操作ガイド	ページ
▶ 文字の挿入	レッスン21-1	p.178
▶ 文字の上書き	レッスン21-2	p.179
▶ 文字の削除	レッスン21-3	p.179

まずは パッと見るだけ！

文字の修正と削除

　文字を修正する場合は、修正位置にカーソルを移動し、文字を入力したり、削除したりして文を整えます。文字を入力するのに重要な挿入、上書き、削除を覚えましょう。

● **文字の挿入**
カーソル位置に文字を挿入します。

 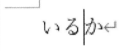

● **文字の上書き**
選択した文字を上書きして別の文字に置き換えます。

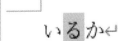 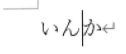

● **文字の削除**
選択した文字を削除します。

修正／削除も
かんたん〜

レッスン **21-1** 文字を挿入する

練習用ファイル **21-1-挨拶文.docx**

🖱 操作 文字を挿入する

Wordの初期設定では、「挿入モード」になっており、カーソルのある位置に文字が挿入されます。

📝 Memo 上書きモードとは

「挿入モード」に対して、「上書きモード」があります。
「上書きモード」では、下図のように、カーソルのある位置に文字を入力すると、カーソルの右側（後ろ）の文字が上書きされます。

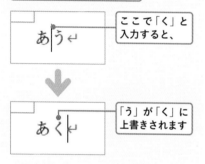

Insert キーを押して上書きモードにしておきます

ここで「く」と入力すると、

「う」が「く」に上書きされます

挿入モードと上書きモードを切り替えるには、Insert キーを押します。Insert キーを押すごとに挿入モードと上書きモードが切り替わります。

⌨ ショートカットキー

● 挿入モードと上書きモードの切り替え
  Insert

1 文字を挿入したい位置にカーソルを移動し、

2 文字（ここでは「何卒」（読み：なにとぞ））を入力すると、

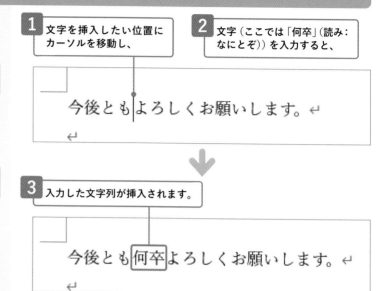

今後ともよろしくお願いします。↵
↵

⬇

3 入力した文字列が挿入されます。

今後とも 何卒 よろしくお願いします。↵
↵

📍 コラム 挿入モードと上書きモードの表示と切り替え

現在の状態が挿入モードか上書きモードかをステータスバーに表示することができます。ステータスバーを右クリックし❶、表示されたメニューから［上書き入力］をクリックしてチェックを付けます❷。すると、ステータスバーに現在の状態が表示されます❸。モードの表示をクリックするか、Insert キーを押すとモードが切り替わります❹。

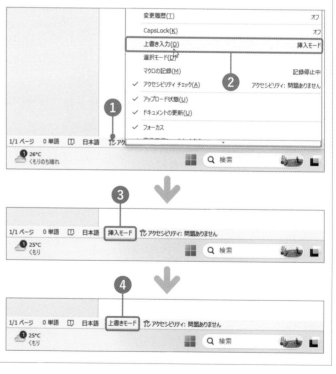

レッスン 21-2 文字を上書きする

練習用ファイル　21-2-挨拶文.docx

操作　文字を上書きする

文字を別の文字に書き換えることを「上書き」といいます。前ページのMemoのように上書きモードに切り替えて上書きすることもできますが、文字列を選択した状態で、文字を入力すると、選択された文字列が入力された文字列に置き換わります。ある単語を文字数の異なる別の単語に置き換えたいときに使うと便利です。

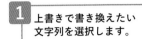

1 上書きで書き換えたい文字列を選択します。

2 文字列（ここでは「申し上げ」）を入力すると、

今後とも何卒よろしくお願いします。↵

3 入力した文字列に上書きされます。

今後とも何卒よろしくお願い申し上げます。↵

レッスン 21-3 文字を削除する

練習用ファイル　21-3-挨拶文.docx

操作　文字を削除する

文字を削除する場合、1文字ずつ削除する方法と、複数の文字列をまとめて削除する方法があります。
カーソルの前の文字を削除するには Back space キー、後ろの文字を削除するには Delete キーを押します。
文字列を範囲選択し、 Back space キーまたは Delete キーを押せば、選択された複数文字列をまとめて削除できます。

1 文字列（ここでは「今後とも」）を選択し、

2 Delete キーを押すと、

今後とも何卒よろしくお願い申し上げます。↵

3 選択した文字列がまとめて削除されます。

何卒よろしくお願い申し上げます。↵

どうして何回も修正したくなっちゃうの？

22 文字をコピー／移動する

コピーと移動

入力した文字を別の場所で使いたい場合は、コピーと貼り付けの機能を使うと便利です。コピーした内容は何度でも貼り付けられます。移動したい場合は、切り取りと貼り付けの機能を使います。また、ボタンを使う以外に、マウスのドラッグ操作のみでも移動やコピーが可能です。

ここで学べること

習得スキル	操作ガイド	ページ
▶ 文字のコピー	レッスン 22-1	p.181
▶ 文字の移動	レッスン 22-2	p.182
▶ ドラッグでコピー	レッスン 22-3	p.183
▶ ドラッグで移動	レッスン 22-4	p.183

まずは パッと見るだけ！

文字のコピーと移動

すでに入力済みの文字を**コピー**や**移動**で使いまわす例を見てみましょう。

▼文字のコピー

操作前 `\Before/`

消耗品在庫チェック表↵
●用紙
・A4
・B4↵

--->

操作後 `\After/`

消耗品在庫チェック表↵
●用紙
・A4 用紙
・B4 用紙↵

▼ドラッグ＆ドロップでコピー

操作前 `\Before/`

●用紙↵
・A4 用紙
・B4 用紙↵

--->

操作後 `\After/`

●用紙↵
・A4 用紙
・B4 用紙
・A4 用紙↵
🔲(Ctrl)▼

▼文字の移動

操作前 `\Before/`

消耗品在庫チェック表↵
●用紙
・A4 用紙
・B4 用紙↵
●梱包用品
・布粘着テープ↵
・段ボール箱↵

--->

操作後 `\After/`

消耗品在庫チェック表↵
●梱包用品
・布粘着テープ
・段ボール箱↵
●用紙 🔲(Ctrl)
・A4 用紙
・B4 用紙↵

▼ドラッグ＆ドロップで移動

操作前 `\Before/`

●用紙↵
・A4 用紙
・B4 用紙↵
・A4 用紙↵

--->

操作後 `\After/`

●用紙↵
・A4 用紙
・A4 用紙 🔲(Ctrl)
・B4 用紙↵

コピーができるとらくちん～

レッスン 22-1 文字をコピーする

練習用ファイル 22-1-消耗品在庫.docx

🖱 **操 作　文字列をコピーする**

コピーする文字列を選択して、[コピー]をクリックすると、文字列がクリップボードに保管されます。
[貼り付け]をクリックすると、クリップボードにある文字列を何度でも貼り付けることができます。

📝 **Memo　クリップボードとは**

[コピー]や[切り取り]をクリックしたときにデータが一時的に保管される場所です。[貼り付け]の操作でデータがカーソルの位置に貼り付けられます。

⌨ **ショートカットキー**

● コピー
　[Ctrl]＋[C]
● 貼り付け
　[Ctrl]＋[V]

1 コピーしたい文字列（ここでは「用紙」）を選択して、

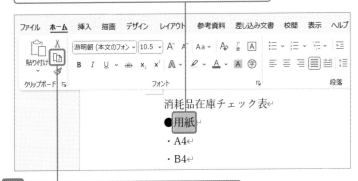

2 [ホーム]タブ→[コピー]をクリックします。

3 コピー先をクリックしてカーソルを移動し、

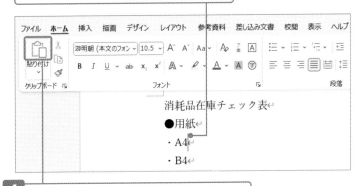

4 [ホーム]タブ→[貼り付け]をクリックすると、

5 文字列がコピーされます。

6 手順**3**、**4**を繰り返すと続けて同じ文字列がコピーされます。

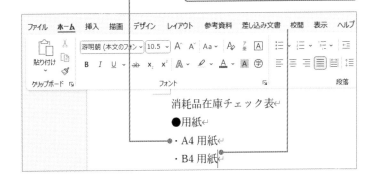

レッスン **22-2** 文字を移動する

練習用ファイル 22-2-消耗品在庫.docx

操作 文字列を移動する

移動する文字列を選択して、[切り取り] ボタンをクリックすると、文字列が切り取られてクリップボード（p.181）に保管されます。
[貼り付け] ボタンをクリックすると、クリップボードにある文字列を何度でも貼り付けることができます。

ショートカットキー

● 切り取り
Ctrl + X

Memo 移動の操作を取り消すには

[切り取り] ボタンをクリックすると、選択中の文字列が削除されます。このときに移動の操作を取りやめたい場合は、[元に戻す] ボタンをクリックします。[切り取り] の操作が取り消され、削除された文字列が復活します。

1 移動したい文字列（●梱包用品～段ボール箱）を選択し、

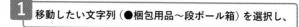
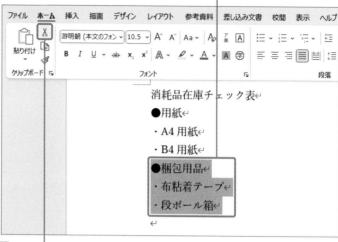

2 [ホーム] タブ→[切り取り] をクリックすると、

3 選択した文字が削除されます。

4 移動先にカーソルを移動し、

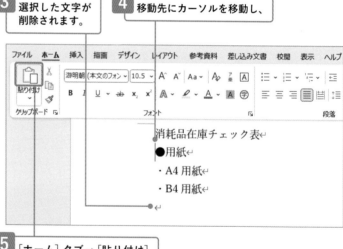

5 [ホーム] タブ→[貼り付け] をクリックすると、

6 文字が移動します。

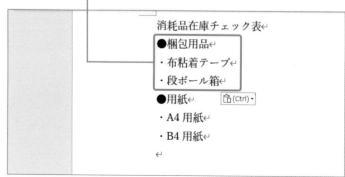

レッスン 22-3　ドラッグ＆ドロップで文字列をコピーする

練習用ファイル　22-3-消耗品在庫.docx

🖱️ 操作　**ドラッグ＆ドロップで文字列をコピーする**

文字列を選択し、選択した文字列を Ctrl キーを押しながらコピー先までドラッグします。1回限りのコピーや近いところへのコピーに向いています。

📝 Memo　**段落記号も含める場合**

文字を選択するときに、段落記号 ⏎ まで含めると、コピー後や移動後に改行されます。

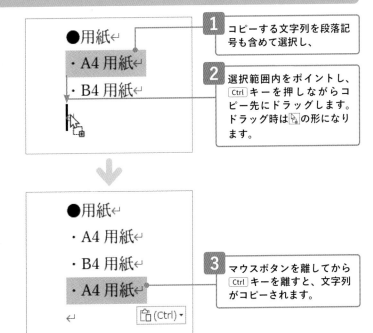

1 コピーする文字列を段落記号も含めて選択し、

2 選択範囲内をポイントし、Ctrl キーを押しながらコピー先にドラッグします。ドラッグ時は 🔖 の形になります。

3 マウスボタンを離してから Ctrl キーを離すと、文字列がコピーされます。

レッスン 22-4　ドラッグ＆ドロップで文字列を移動する

練習用ファイル　22-4-消耗品在庫.docx

🖱️ 操作　**ドラッグ＆ドロップで文字列を移動する**

文字列を選択し、選択した文字列を移動先までドラッグします。近いところへ移動するのに便利です。

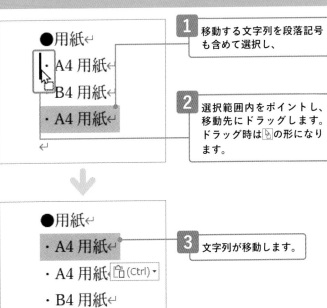

1 移動する文字列を段落記号も含めて選択し、

2 選択範囲内をポイントし、移動先にドラッグします。ドラッグ時は 🔖 の形になります。

3 文字列が移動します。

23 いろいろな方法で貼り付ける

コピーと移動

［貼り付け］をクリックした場合、初期設定では元のデータの書式が保持されて貼り付けられます。［貼り付けのオプション］を利用すると、貼り付ける内容を指定できます。

ここで学べること

習得スキル	操作ガイド	ページ
▶形式を選択して貼り付ける	レッスン23-1	p.185

👓 まずは パッと見るだけ！

形式を選択して貼り付ける

［貼り付けのオプション］は、例えば文字データのみ貼り付けたいとか、図として貼り付けたいといった場合に使えます。ExcelなどWord以外のデータを貼り付ける場合によく使います。

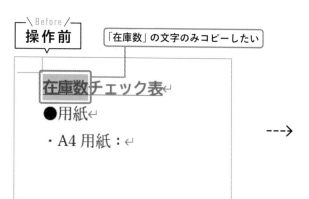

\Before/ **操作前**

「在庫数」の文字のみコピーしたい

在庫数チェック表←
●用紙←
　・A4 用紙：←

---→

\After/ **操作後**

在庫数チェック表←
●用紙←
　・A4 用紙：在庫数←

元データの書式を除いた文字のみをコピーできた

貼り付け先の「在庫数」は、書式なしの黒の文字になってる！

レッスン 23-1 形式を選択して貼り付ける

練習用ファイル 23-用紙在庫.docx

操作 貼り付けのオプションを使う

[貼り付け] ボタンの下の▾をクリックすると、[貼り付けのオプション] が表示され、貼り付け方法（下表参照）を選択できます。各ボタンをポイントすると、貼り付け結果をプレビューで確認できます。

ボタン	説明
	元の書式を保持：コピー元の書式を保持して貼り付ける
	書式を結合：貼り付け先の書式が適用されるが、貼り付け先に設定されていない書式があれば、その書式はそのまま適用される
	図：図として貼り付ける
	テキストのみ保持：コピー元の文字データだけを貼り付ける

Memo 貼り付け後に貼り付け方法を変更する

貼り付けを行った直後には、貼り付けた文字列の右下に [貼り付けのオプション] が表示されます。
貼り付けオプションをクリックするか❶、[Ctrl] キーを押し、一覧から貼り付け方法をクリックして変更できます❷。

1 コピーする文字列を選択し、

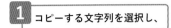

在庫数チェック表
●用紙
・A4 用紙：

2 [ホーム]→[コピー] をクリックします。

3 コピー先にカーソルを移動し、

4 [ホーム]→[貼り付け] の▾をクリックし、

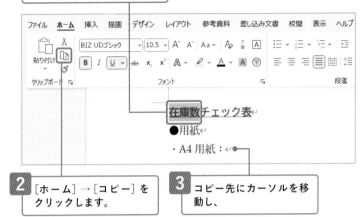

在庫数チェック表
●用紙
・A4 用紙：在庫数

5 貼り付ける形式をクリックすると、

6 指定した形式で貼り付けられます。

コラム Officeクリップボードを表示してコピーする

Officeクリップボードには、コピーまたは切り取りしたデータが最大24個まで一時保管できます。
[ホーム] タブの [クリップボード] グループにある▿をクリックして❶、[クリップボード] 作業ウィンドウを表示すると❷、[コピー] または [切り取り] によるデータが追加されます❸。
貼り付け先にカーソルを移動してOfficeクリップボードに表示されているデータをクリックするか、データ横にある▾をクリックし[貼り付け] をクリックして貼り付けます❹。

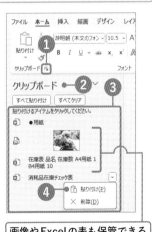

画像やExcelの表も保管できる

24 操作を取り消す／やり直す／繰り返す

操作を間違えた場合は、［元に戻す］で直前の操作を取り消すことができます。また、元に戻した操作をやり直したい場合は、［やり直し］をクリックします。同じ操作を繰り返す場合は、［繰り返し］をクリックすると直前の操作が繰り返されます。

習得スキル	操作ガイド	ページ
▶操作を元に戻す／やり直し	レッスン 24-1	p.187
▶操作を繰り返す	レッスン 24-2	p.188

まずは パッと見るだけ！

元に戻す／やり直し／繰り返し

　行った操作を取り消すことを［元に戻す］、元に戻した操作を取り消すことを［やり直し］、直前に行った操作を繰り返すことを［繰り返し］といいます。

▼元に戻す

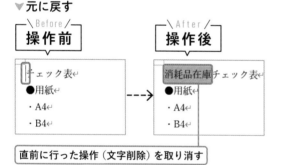

直前に行った操作（文字削除）を取り消す

▼やり直し

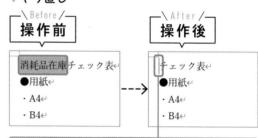

［元に戻す］で元に戻した操作を取り消す（ここでは、［元に戻す］操作で文字を復活した操作を取り消して再び文字を削除している）

▼繰り返し

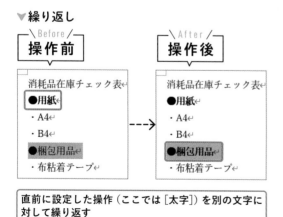

直前に設定した操作（ここでは［太字］）を別の文字に対して繰り返す

これですぐ修正できるわ♪

レッスン 24-1 元に戻す／やり直し

練習用ファイル 24-1-消耗品在庫.docx

🖱 操作 **操作を元に戻す／やり直し**

直前の操作を取り消したい場合は、クイックアクセスツールバーの［元に戻す］ボタンをクリックします。また、元に戻した操作をやり直したい場合は、［やり直し］ボタンをクリックします。

［元に戻す］の右にある⏷をクリックすると、操作の履歴が表示されます。目的の操作をクリックすると、複数の操作をまとめて取り消すことができます。［やり直し］ボタンは［元に戻す］ボタンをクリックした後で表示されます。

元に戻す

1 文字列を選択し、

2 Delete キーを押して削除する。

消耗品在庫チェック表↵
●用紙↵
・A4↵

--->

チェック表↵
●用紙↵
・A4↵

3 クイックアクセスツールバーの［元に戻す］ボタンをクリックすると、

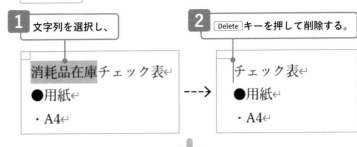

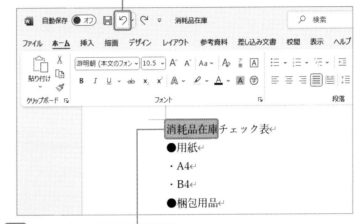

4 削除した操作が取り消され、文字列が復活します。

やり直し

1 ［やり直し］ボタンをクリックすると、元に戻した操作がやり直され、再び文字列が削除されます。

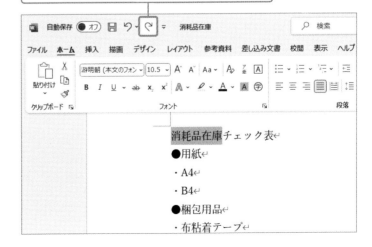

レッスン **24-2** 繰り返し

練習用
ファイル **24-2-消耗品在庫.docx**

操作 直前の操作を繰り返す

直前の操作を別の場所で実行したい
場合、[繰り返し] ボタンをクリック
します。[繰り返し] ボタンは何らか
の操作を実行した後で表示されます。

Memo 入力オートフォーマット を取り消す

Wordでは、入力オートフォーマット
やオートコレクトの機能により、文
字を入力するだけで、自動的に文字
が変換されたり、続きの文字が入力
されたりすることがあります。これ
らの機能が不要で、入力した通りの
文字を表示したい場合は、直後に
[元に戻す] ボタンをクリックすれ
ば、自動的に実行された機能を取り
消すことができます。

ショートカットキー

● 元に戻す
　Ctrl + **Z**
● やり直し
　Ctrl + **Y**
● 繰り返し
　F4

1 文字列を選択し（ここでは「●用紙」）、

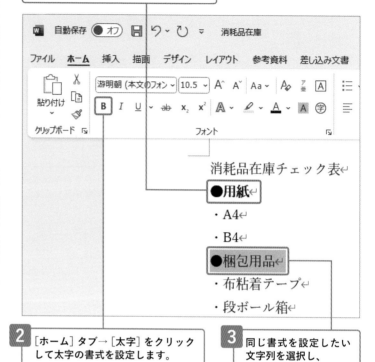

2 [ホーム] タブ→ [太字] をクリック
して太字の書式を設定します。

3 同じ書式を設定したい
文字列を選択し、

4 [繰り返し] をクリックすると、

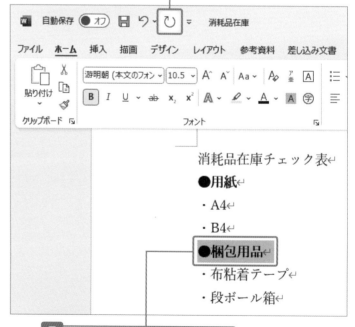

5 操作が繰り返され、文字列に同じ
書式（太字）が設定されます。

Section

25 文字を検索／置換する

文書の中にある特定の文字をすばやく見つけるには［検索］機能を使います。また、特定の文字を別の文字に置き換えたい場合は［置換］機能を使います。検索はナビゲーションウィンドウ、置換は［検索と置換］ダイアログで便利に操作できます。

習得スキル	操作ガイド	ページ
▶ 文字の検索	レッスン 25-1	p.190
▶ 文字の置換	レッスン 25-2	p.191

まずは パッと見るだけ！

文字の検索と置換

文書内で指定の文字を検索するには、ナビゲーションウィンドウに検索したい文字を入力します。また、置換するには［検索と置換］ダイアログで指定して別の文字に置き換えます。

▼検索

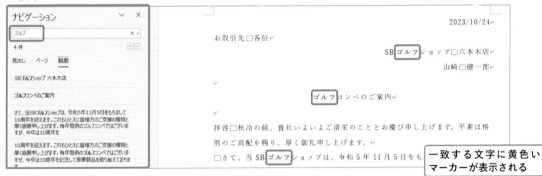

一致する文字に黄色いマーカーが表示される

▼置換

一気に検索／置換できて便利！

\ Before /
操作前

\ After /
操作後

レッスン **25-1** 指定した文字列を探す

練習用ファイル 25-1-ゴルフコンペのご案内.docx

操作　文字列を検索する

文書内の文字列を探す場合は、[検索] 機能を使います。
[ナビゲーションウィンドウ] の検索ボックスに探している文字列を入力すると、[結果] 欄に検索結果が一覧で表示され、文書内の該当する文字列に黄色のマーカーが付きます。

Memo 検索結果の削除と終了

検索ボックスの右にある ☒ をクリックすると❶、検索結果の一覧と文字の黄色のマーカーが消えます。
ナビゲーションウィンドウ自体を閉じる場合は、右上の [閉じる] をクリックします❷。

ショートカットキー

● 検索
　[Ctrl] + [F]

1 ［ホーム］タブをクリックし、

2 ［検索］をクリックすると、

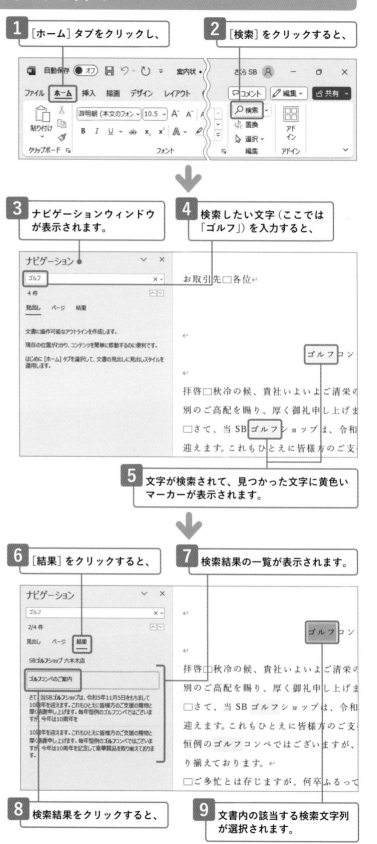

3 ナビゲーションウィンドウが表示されます。

4 検索したい文字（ここでは「ゴルフ」）を入力すると、

5 文字が検索されて、見つかった文字に黄色いマーカーが表示されます。

6 ［結果］をクリックすると、

7 検索結果の一覧が表示されます。

8 検索結果をクリックすると、

9 文書内の該当する検索文字列が選択されます。

レッスン 25-2 指定した文字列を別の文字列に置き換える

練習用ファイル 25-2-
ゴルフコンペのご案内.docx

操作　文字列を置換する

文書内の文字列を別の文字列に置換する場合は、[置換] 機能を使います。[検索と置換] ダイアログで、検索する文字列と、置換する文字列を指定し、一つずつ確認しながら置換できます。

Memo　まとめて置換する

一つ一つ確認する必要がない場合は、手順 6 で [すべて置換] をクリックします。文書内にある検索文字列が一気に置換後の文字列に置き換わります。

ショートカットキー

● 置換
　Ctrl + H

コラム　検索方法を詳細に設定する

[検索と置換] ダイアログの [オプション] をクリックすると ①、ダイアログが下に拡大されて、[検索オプション] が表示されます。
ここで、[あいまい検索 (英)] と [あいまい検索 (日)] のチェックを外し ②、[大文字と小文字を区別する] と [半角と全角を区別する] をオンにすると ③、アルファベットの大文字と小文字、半角と全角が区別されて、完全に一致する単語だけが検索されます。

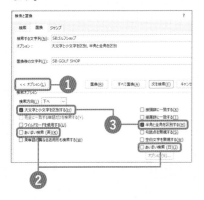

1 [ホーム] タブをクリックし、

2 [置換] をクリックすると、

3 [検索と置換] ダイアログの [置換] タブが表示されます。

4 [検索する文字列] に検索する文字 (ここでは「SBゴルフショップ」) を入力し、

5 [置換後の文字列] に置換後の文字 (ここでは「SB GOLF SHOP」) を入力します。

6 [次を検索] をクリックすると

7 検索した文字が選択されます。

8 [置換] をクリックすると、

9 指定した文字に置換され、

10 次に該当する文字が選択されます。

11 同様にして置換し、終了したら [閉じる] をクリックして終了します。

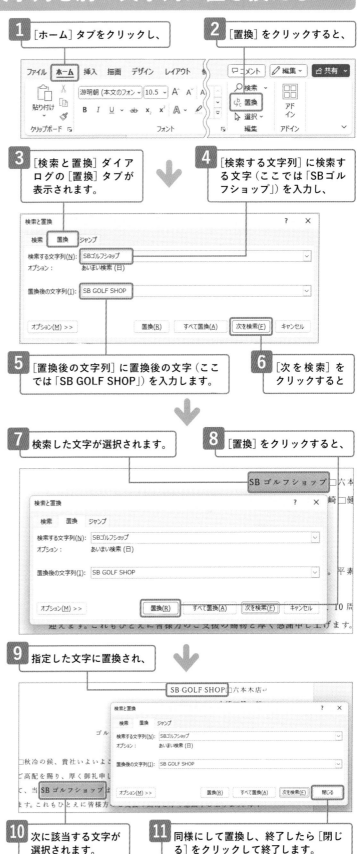

練習問題 文書の編集を練習しよう

 練習用ファイル 演習3- 健康診断実施のお知らせ.docx

入力練習1

社内掲示文「健康診断実施のお知らせ」を以下の指示通り編集してください。

1 コピー機能を使って、本文1行目の「定期」をタイトル文字の先頭にコピーし、「定期健康診断実施のお知らせ」に修正する

2 注意事項の箇条書きの3行目の「受信日」を「受診日」に修正する

3 下から2行目「総務部　鈴木」の「鈴木」を「村主」に修正する

4 置換の機能を使って文書内のすべての「問診表」を「問診票」に修正する（全3か所）

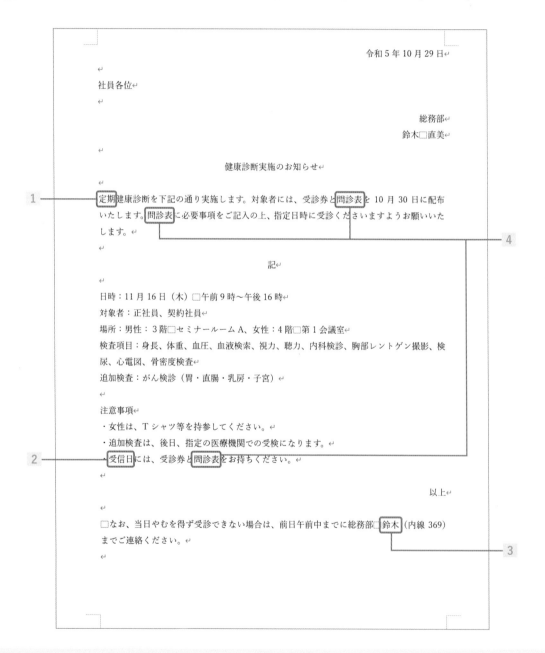

第 **4** 章

文字や段落の 書式設定

ここでは、文字サイズや色、配置などを変更して、文書を整え、読みやすくするための書式の設定方法を説明します。書式には、文字書式と段落書式があります。それぞれの違いと設定方法をマスターして思い通りの文書を作れるようになりましょう。

書式の設定は
楽しい作業よ♪

Section

26 文字書式と段落書式の違い

 書式

Wordでは、文書の見栄えをきれいに整えるために、文字書式や段落書式を使います。文字書式は文字に対して設定する書式で、段落書式は段落全体に対して設定する書式です。

ここで学べること

習得スキル	操作ガイド	ページ
▶ 文字書式を知る	なし	p.195
▶ 段落書式を知る		p.196

まずは パッと見るだけ！

文字書式と段落書式

指定した文字に対して設定する文字書式には、文字サイズ、色、太字などがあります。また、段落に対して設定する段落書式には、右寄せ、中央揃え、段落罫線、箇条書きなどがあります。

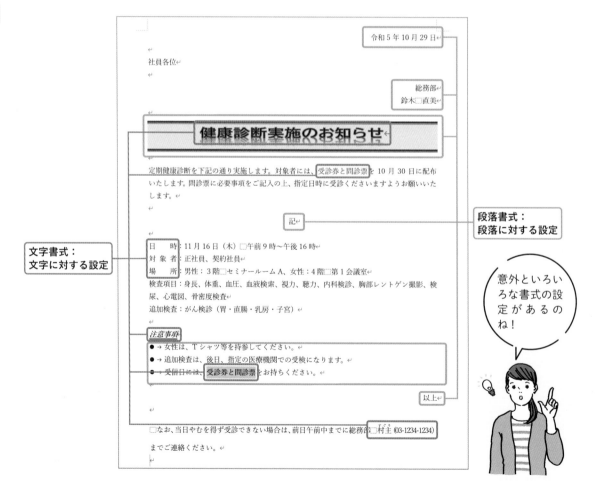

4

文字や段落の書式設定

文字書式とは

Point 文字書式とは

文字書式は、選択した文字に対して設定する書式です。文字書式はよく使用するので、ボタンの位置や設定画面を確認しておいてください。

Memo 文字書式の初期設定

[空白の文書] の文字書式の初期設定は下表の通りです。

▼ 文字書式の初期設定

文字書式	初期設定
フォント	游明朝
サイズ	10.5 pt※
文字色	自動（背景が白の場合は黒字）
太字、斜体、下線	設定なし

※ Wordのバージョンによっては11 ptの場合もあります。

ショートカットキー

● [フォント] ダイアログを表示
　Ctrl + D
● 文字書式の解除
　Ctrl + Space

文字単位に設定する文字書式

主な文字書式は [ホーム] タブの [フォント] グループにまとめられています。

クリックして [フォント] ダイアログを表示します。

● [フォント] グループの文字書式の設定

フォント（p.201）　　フォントサイズ（p.202）

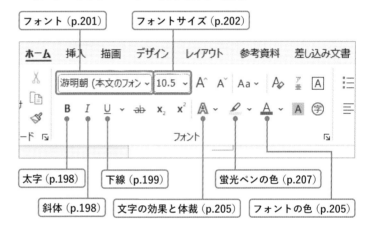

太字（p.198）　　下線（p.199）　　蛍光ペンの色（p.207）

斜体（p.198）　　文字の効果と体裁（p.205）　　フォントの色（p.205）

● [フォント] ダイアログの文字書式の設定

[フォント] ダイアログで主な文字書式をまとめて設定できます。

段落書式とは

Point　段落書式とは

段落書式は、段落全体（改行の段落記号 ↵ で区切られた文字）に対して設定する書式です。

段落書式を設定するには、段落全体または一部を選択するか、段落内にカーソルを移動します。文字書式同様、よく使用するので使用するボタンの位置や設定画面を確認しておいてください。

Memo　段落書式の初期設定

［空白の文書］の段落書式の初期設定は下表の通りです。

▼ 段落書式の初期設定

段落書式	初期設定
配置	両端揃え
行間	1行
段落前	0行
段落後	0行※
箇条書き	設定なし
インデント	設定なし

※ Wordのバージョンによっては8 ptの場合もあります。

Memo　［段落］グループ内の文字書式

［段落］グループにある［拡張書式］ ※ は、文字書式です。少し紛らわしいのですが、区別しておきましょう。

ショートカットキー

● 段落書式の解除

[Ctrl] + [Q]

段落単位で設定する段落書式

主な段落書式は［ホーム］タブの［段落］グループにまとめられています。

クリックして［段落］ダイアログを表示します。

● ［段落］グループの段落書式の設定

箇条書き（p.230、p.233）

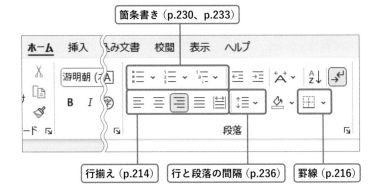

行揃え（p.214）　　行と段落の間隔（p.236）　　罫線（p.216）

● ［段落］ダイアログの段落書式の設定

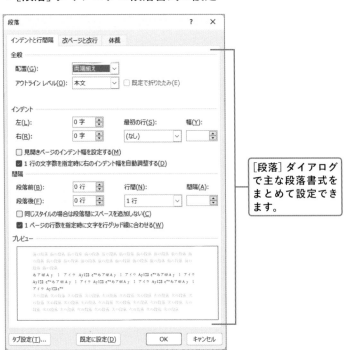

［段落］ダイアログで主な段落書式をまとめて設定できます。

Section

27

文字に太字／斜体／下線を設定する

文字
書式

文字に太字、斜体、下線を設定することができます。それぞれの設定を1つずつ設定することも、1つの文字に太字、斜体、下線のすべてを同時に設定することもできます。また、下線の線種や色を選択することもできます。

ここで
学べること

習得スキル	操作ガイド	ページ
▶太字と斜体の設定	レッスン27-1	p.198
▶下線の設定	レッスン27-2	p.199

 ## まずは パッと見るだけ！

太字／斜体／下線の設定

太字、斜体、下線は、文字を強調するための書式です。それぞれの書式を設定すると、以下のようになります。

\Before/
操作前

注意事項

\After/
操作後

太字　　　　　　　　斜体　　　　　　　　下線

注意事項　　　*注意事項*　　　<u>注意事項</u>

迷ったらシンプルな太字が読みやすいわ

レッスン **27-1** 文字に太字と斜体を設定する

練習用
ファイル **27-1-健康診断のお知らせ.docx**

🖱️ **操作　太字や斜体を設定する**

文字を選択し、[太字] B をクリックすると太字に設定できます。[太字]をクリックするごとに設定と解除を切り替えられます。

同様に、[斜体] I をクリックすると斜体に設定でき、クリックするごとに設定と解除を切り替えられます。

⌨️ **ショートカットキー**

- 太字
  Ctrl + B
- 斜体
  Ctrl + I

1 太字にしたい文字を選択し、

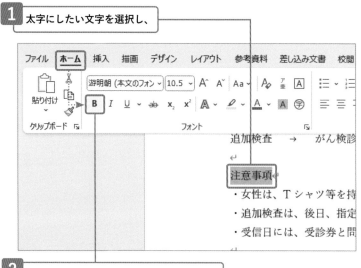

2 [ホーム] タブ→ [太字] をクリックすると、

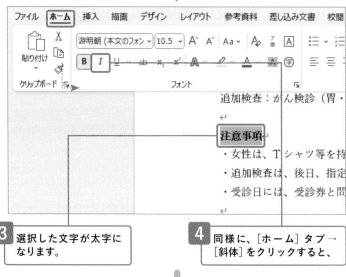

3 選択した文字が太字になります。

4 同様に、[ホーム] タブ→ [斜体] をクリックすると、

注意事項
　・女性は、Tシャツ等を持参してください。
　・追加検査は、後日、指定の医療機関での受検に
　・受診日には、受診券と問診票をお持ちください。

以上

5 選択した文字が斜体になります。

レッスン **27-2** 文字に下線を設定する

練習用ファイル **27-2-健康診断のお知らせ.docx**

操作　下線を設定する

文字を選択し、［下線］⬛の⌄をクリックして、表示される下線の種類を選択して設定します。［下線］をクリックするごとに設定と解除が切り替わります。
また、直接［下線］⬛をクリックすると、一重下線または、直前に設定した種類の下線が設定されます。

ショートカットキー

● 一重下線
　`Ctrl` + `U`
● 二重下線
　`Ctrl` + `Shift` + `D`

強調する
ところに
引いてね〜

1 下線を設定したい文字を選択します。

> **注意事項**
> ・女性は、Ｔシャツ等を持参してください。
> ・追加検査は、後日、指定の医療機関での受検に
> ・受診日には、受診券と問診票をお持ちください。

2 ［ホーム］タブ→［下線］の⌄をクリックし、

3 一覧から下線の種類を選択すると、

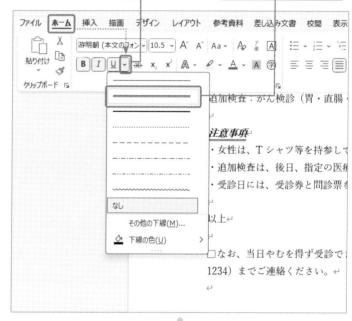

4 選択した種類の下線が設定されます。

> **注意事項**
> ・女性は、Ｔシャツ等を持参してください。
> ・追加検査は、後日、指定の医療機関での受検に
> ・受診日には、受診券と問診票をお持ちください。
>
> 以上

28 文字の書体やサイズを変更する

フォントとは、文字の書体のことです。使用するフォントによって、文章のイメージがガラリと変わります。また、タイトルや項目名のみを異なるフォントにすることでその文字だけを強調することもできます。

ここで学べること	習得スキル	操作ガイド	ページ
	▶ フォントの変更	レッスン 28-1	p.201
	▶ フォントサイズの変更	レッスン 28-2	p.202

 まずは パッと見るだけ！

文字の書体（フォント）とサイズ

　タイトルや項目名など、強調したい文字だけ異なる書体（フォント）にしたり、サイズを変更したりすれば、文書にメリハリがつき、読みやすくなります。文字の大きさを「フォントサイズ」といい、ポイント（pt）単位で指定します（1ポイント＝約0.35mm）。

● フォントを変更

\Before/
操作前

健康診断実施のお知らせ↵

游明朝

--->

\After/
操作後

健康診断実施のお知らせ↵

BIZ UDP ゴシック

● サイズを変更

\Before/
操作前

健康診断実施のお知らせ↵

10.5ポイント

--->

\After/
操作後

健康診断実施のお知らせ↵

16ポイント

フォントに迷ったらBIZ UDPゴシックがおすすめ！

 Memo　明朝体とゴシック体

明朝体は、筆で書いたような、とめ、はね、払いがあるフォントです。
ゴシック体は、マジックで書いたような、太く直線的なフォントです。

● 明朝体　　● ゴシック体

永　永

レッスン 28-1　文字のフォントを変更する

練習用ファイル　28-1-健康診断のお知らせ.docx

操作　フォント（書体）を変更する

Wordの既定のフォントは「游明朝」です。フォントは、文字単位で部分的に変えることもできますが、文書全体で使用するフォントを指定することもできます（p.203のコラム参照）。

Memo　「等倍フォント」と「プロポーショナルフォント」

「等倍フォント」は文字と文字が同じ間隔で並ぶフォントです。「プロポーショナルフォント」は文字の幅によって間隔が自動調整されるフォントです。プロポーショナルフォントにはフォント名に「P」が付加されています。

● 等倍フォント（例：MS明朝）

English

● プロポーショナルフォント
（例：MS P 明朝）

English

1 フォントを変更したい文字を選択し、

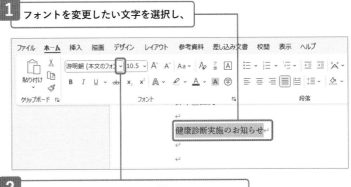

健康診断実施のお知らせ

2 ［ホーム］タブ→［フォント］の⌄をクリックして、

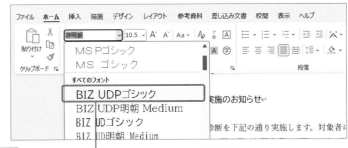

3 フォントの一覧からフォントをクリックします。

健康診断実施のお知らせ

4 文字が指定したフォントに変更されます。

コラム　設定できるフォントについて

フォントの一覧表示は、［テーマのフォント］［最近使用したフォント］［すべてのフォント］の3つに分かれています。［テーマのフォント］は初期設定のフォントで、フォントを変更しない場合に使われるフォントです。［最近使用したフォント］は使用したことのあるフォント、［すべてのフォント］は使用できるすべてのフォントです。

また、［テーマのフォント］の一覧には4つのフォントが表示されますが、上2つが半角英数字に設定される英数字用フォントで、下2つがひらがなや漢字などの全角文字に設定される日本語用フォントです。通常は右側に［本文］と表示されているフォントが自動的に設定されます。［見出し］は見出し用です（p.241のコラム参照）。なお、テーマについてはp.317を参照してください。

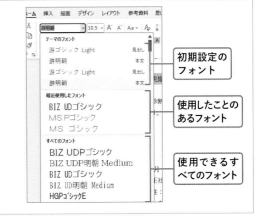

初期設定のフォント

使用したことのあるフォント

使用できるすべてのフォント

レッスン **28-2** 文字のフォントサイズを変更する

練習用ファイル **28-2-健康診断のお知らせ.docx**

操作 フォントサイズを変更する

初期設定のフォントサイズは「10.5 pt」です※。フォントサイズは、[ホーム]タブの[フォントサイズ]の▼をクリックして一覧から変更できます。また、直接[フォントサイズ]のボックスに数値を入力しても変更できます。

※ Wordのバージョンによっては11 ptの場合もあります。

1 サイズを変更したい文字を範囲選択し、

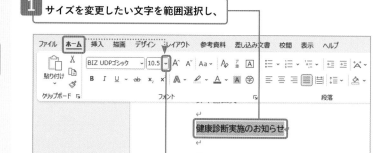

2 [ホーム]→[フォントサイズ]の▼をクリックします。

Memo フォントサイズの拡大／縮小ボタンで変更する

[ホーム]タブの[フォントサイズの拡大]、[フォントサイズの縮小]をクリックすると、クリックするごとに少しずつ拡大／縮小できます。

フォントサイズの拡大

フォントサイズの縮小

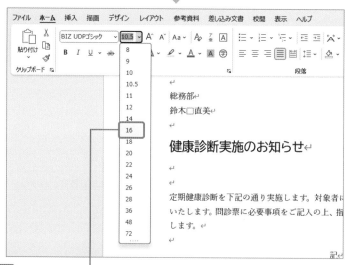

3 一覧からサイズを選択すると、

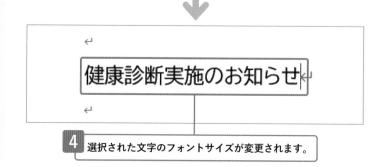

4 選択された文字のフォントサイズが変更されます。

コラム　文書全体の既定のフォントを変更する

文書の既定のフォントは、初期設定では「游明朝」ですが、文書全体で使用するフォントを別のものに変更するには、次の手順で既定のフォントを変更します。また［テーマのフォント］を使って変更することもできます（p.317参照）。

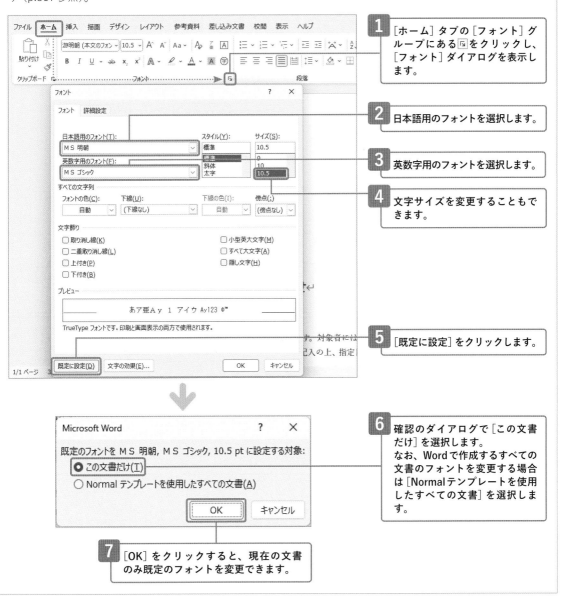

1 ［ホーム］タブの［フォント］グループにある⌐をクリックし、［フォント］ダイアログを表示します。

2 日本語用のフォントを選択します。

3 英数字用のフォントを選択します。

4 文字サイズを変更することもできます。

5 ［既定に設定］をクリックします。

6 確認のダイアログで［この文書だけ］を選択します。
なお、Wordで作成するすべての文書のフォントを変更する場合は［Normalテンプレートを使用したすべての文書］を選択します。

7 ［OK］をクリックすると、現在の文書のみ既定のフォントを変更できます。

一括で
変更できるよ〜

29 文字に色や効果を設定する

文字書式

文字や文字の背景に色を付けて目立たせたり、影や反射などの効果を付けたりして特定の文字を見栄えよくデザインすることができます。文字の色は［フォントの色］、文字に効果を設定するには、［文字の効果と体裁］を使います。

ここで学べること

習得スキル	操作ガイド	ページ
▶ 文字に色を付ける	レッスン29-1	p.205
▶ 文字に効果を付ける	レッスン29-2	p.205

まずは パッと見るだけ！

文字色と文字の効果の設定

［フォントの色］で色を付けると単色の色を設定できます。［文字の効果と体裁］を使うと文字色だけでなく、文字の輪郭に色を付けたり、影や反射、光彩を付けることもできます。

● **フォントの色**

文字の色を変更します。

\ Before / **操作前**　　　　　　　　　　　　　　　\ After / **操作後**

受診券と問診票　　　--->　　　受診券と問診票↵

● **文字の効果**

文字に枠線や影、反射、光彩などいろいろな効果を付けます。

\ Before / **操作前**　　　　　　　　　　　　　　　\ After / **操作後**

健康診断実施のお知らせ　--->　健康診断実施のお知らせ

📝 **Memo　カラーパレットの見た目**

Wordのバージョンによっては、みなさんがお使いのカラーパレットと、本書に掲載しているカラーパレットとで見た目が異なる場合があります。カラーパレットの見た目が異なる場合に、本書のカラーパレットと同じ見た目にするには、［デザイン］タブの［テーマ］をクリックして、［Office 2013 - 2022テーマ］を選択してください。

文字色と文字の効果は、使いすぎると乱雑な印象に。ポイントで使いましょう

4
文字や段落の書式設定

レッスン 29-1 文字に色を付ける

練習用ファイル 29-1-健康診断のお知らせ.docx

操作 文字に色を設定する

文字に色を付けるには［フォントの色］Ａで色を選択します。
［フォントの色］の☑をクリックし、カラーパレットから色を選択します。カラーパレットの色をポイントすると設定結果がプレビューで確認できます。色をクリックすると実際に色が設定されます。

Memo 同じ色を続けて設定する

フォントの色を一度設定した後、［フォントの色］Ａには前回選択した色が表示されます。続けて同じ色を設定したい場合は、直接［フォントの色］をクリックしてください。

Memo 元の色に戻すには

文字を選択し、フォントの色の一覧で［自動］をクリックします。

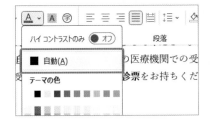

1 文字を選択し、

2 ［ホーム］タブ→［フォントの色］の☑をクリックして、

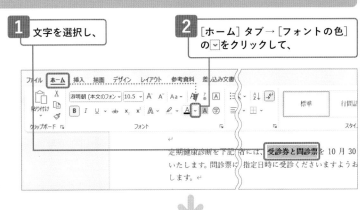

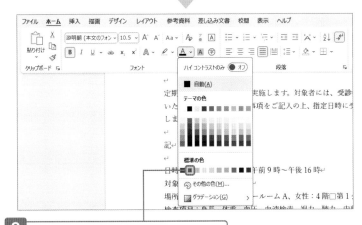

3 一覧から色（ここでは「赤」）を選択すると、

4 文字に色が設定されます。

定期健康診断を下記の通り実施します。対象者には、受診券と問診票を 10 月 30 日にいたします。問診票に必要事項をご記入の上、指定日時に受診くださいますようお願いします。

レッスン 29-2 文字に効果を付ける

練習用ファイル 29-2-健康診断のお知らせ.docx

操作 文字に効果を設定する

［文字の効果と体裁］Ａでは、選択した文字に影、反射、光彩などの効果を付けることができます。いくつかの効果が組み合わされてデザインされているものを選択する方法と、個別に効果を設定する方法があります。

デザインを選択して効果を付ける

1 文字を選択し、

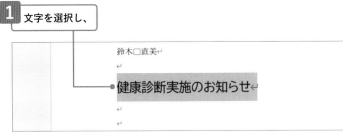

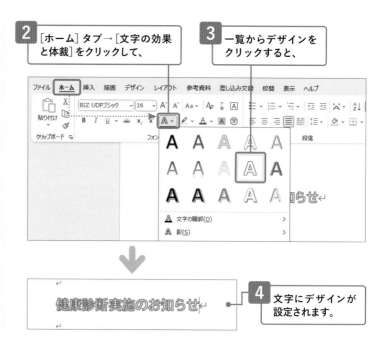

2 [ホーム] タブ→ [文字の効果と体裁] をクリックして、

3 一覧からデザインをクリックすると、

4 文字にデザインが設定されます。

Memo デザインの効果の組み合わせを確認する

デザインにマウスポインターを合わせるとポップヒントが表示され、設定されている効果を確認できます。

Memo 効果を解除するには

設定した効果を解除する場合は、各効果の一覧で [反射なし] など効果のないものを選択します。
なお、すべての書式設定をまとめて解除する場合は、[すべての書式をクリア] をクリックします (p.241参照)。

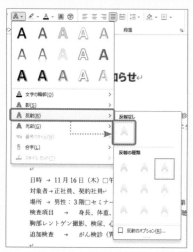

文字効果を効果別に選択する

1 文字を選択します。

2 [ホーム] タブ→ [文字の効果と体裁] をクリックし、

3 設定したい効果をクリックして、

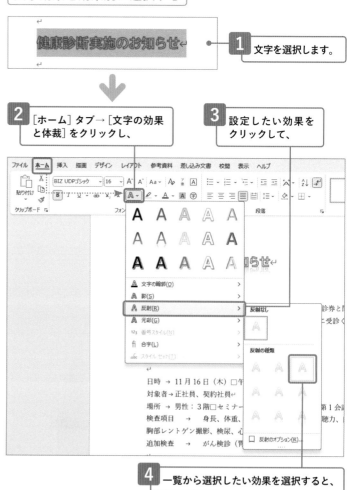

4 一覧から選択したい効果を選択すると、

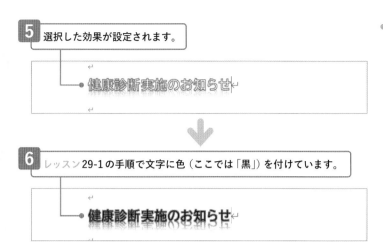

5 選択した効果が設定されます。

健康診断実施のお知らせ↵

6 レッスン29-1の手順で文字に色（ここでは「黒」）を付けています。

健康診断実施のお知らせ↵

🔗 コラム　文字の背景に色を付ける

文字の背景に色を付けて文字を強調するには、［蛍光ペン］または［網掛け］を設定します。

●蛍光ペン

［ホーム］タブの［蛍光ペンの色］🖊️を使うと、文字に蛍光ペンで色を付けたように明るい色を付けて目立たせることができます。先に蛍光ペンの色を選択し、マウスポインターの形状が🖊️になったら、文字をドラッグして色を付けます。なお、先に文字を選択してから蛍光ペンの色を選択して設定することもできます。

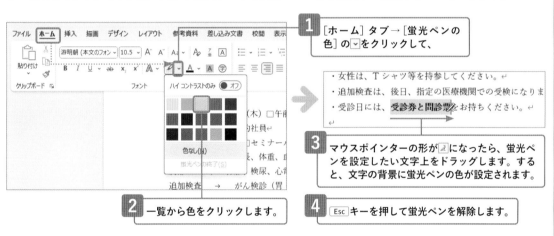

1 ［ホーム］タブ→［蛍光ペンの色］の∨をクリックして、

2 一覧から色をクリックします。

3 マウスポインターの形が🖊️になったら、蛍光ペンを設定したい文字上をドラッグします。すると、文字の背景に蛍光ペンの色が設定されます。

4 Esc キーを押して蛍光ペンを解除します。

●文字に網掛けを設定する

［ホーム］タブの［文字の網掛け］🅰️を使うと、薄い灰色の網かけを簡単に設定できます。［文字の網掛け］をクリックするごとに設定と解除が切り替わります。

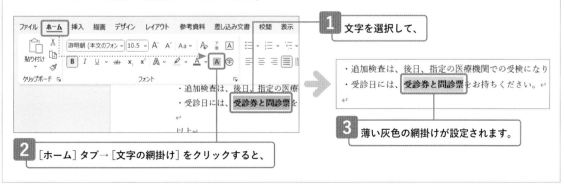

1 文字を選択して、

2 ［ホーム］タブ→［文字の網掛け］をクリックすると、

3 薄い灰色の網掛けが設定されます。

Section

30 文字にいろいろな書式を設定する

Wordでは、読みにくい文字にふりがなを付けたり、文字幅の大きさを変えたりして文書を読みやすくすることができます。他にも均等割り付けで文字を均等に配置したり、文字間隔を調整してバランスよく文字を配置することもできます。

ここで
学べること

習得スキル	操作ガイド	ページ
▶ ふりがなの設定	レッスン 30-1	p.209
▶ 文字の横幅の調整	レッスン 30-2	p.210
▶ 文字の均等割り付け	レッスン 30-3	p.210
▶ 文字間隔の調整	レッスン 30-4	p.211

まずは パッと見るだけ！

文字に設定するその他の書式

次のような文字書式を設定して、文書をより読みやすく調整できます。

● **ふりがな**
文字にふりがなを付けて読みやすくします。

\Before/ **操作前**   \After/ **操作後**

村主　--->　村主(すぐり)

● **均等割り付け**
文字の配置を指定した文字数の幅にします。

\Before/ **操作前**   \After/ **操作後**

日時		日　　時
対象者	--->	対　象　者
場所		場　　所

4文字の幅で整えた

● **文字幅**
文字の横幅を調整します。

\Before/ **操作前**

健康診断実施のお知らせ

\After/ **操作後**

↓

健康診断実施のお知らせ

● **文字間隔**
文字の間隔を調整します。

\Before/ **操作前**

総務部□村主(すぐり)（03-1234-1234）

--->

\After/ **操作後**

総務部□村主(すぐり)（03-1234-1234）

電話番号の間隔を狭めた

レッスン 30-1 文字にふりがなを表示する

練習用ファイル 30-1-健康診断のお知らせ.docx

操作 文字にふりがなを付ける

難しい漢字などの文字にふりがなを付けるには [ホーム] タブの [ルビ] を使用します。
[ルビ] ダイアログの [ルビ] 欄にはあらかじめ読みが表示されますが、間違っている場合は修正できます。
また、カタカナで表示したい場合は、[ルビ] 欄にカタカナを入力し直してください。

1 ふりがなを表示したい文字を選択し、

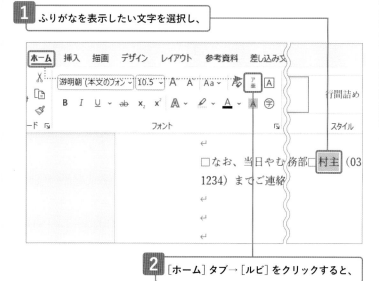

2 [ホーム] タブ→ [ルビ] をクリックすると、

Memo ふりがなを解除する

ふりがなが表示されている文字を選択し、[ルビ] ダイアログを表示して [ルビの解除] をクリックします。

3 [ルビ] ダイアログが表示されます。

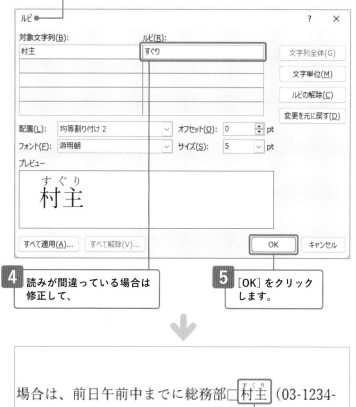

4 読みが間違っている場合は修正して、

5 [OK] をクリックします。

場合は、前日午前中までに総務部□村主 (03-1234-

6 選択した文字のふりがなが表示されます。

レッスン 30-2 文字幅を拡大／縮小する

練習用ファイル 30-2-健康診断のお知らせ.docx

操作 文字幅を拡大／縮小する

文字の横幅を変更するには、[ホーム] タブの [拡張書式] 🖾 にある [文字の拡大/縮小] をクリックして、倍率を選択します。

Memo 文字幅を2倍にしたり、半分にしたりする

右の手順 4 で [200%] で2倍、[50%] で半分にできます。ひらがなや漢字を半角で表示したい場合は、この方法で半角にします。

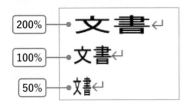

Memo 元の幅に戻す

手順 4 で [100%] を選択すれば、元の幅に戻せます。

1 文字を選択し、

2 [ホーム] タブ→ [拡張書式] をクリックし、

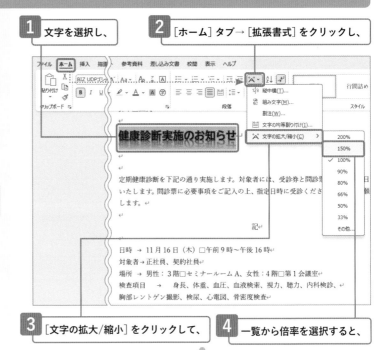

3 [文字の拡大/縮小] をクリックして、

4 一覧から倍率を選択すると、

5 選択した文字の横幅が指定した倍率に設定されます。

レッスン 30-3 文字を均等割り付けする

練習用ファイル 30-3-健康診断のお知らせ.docx

操作 文字に均等割り付けを設定する

文字列の幅を、指定した文字数の幅になるように均等に配置するには、[ホーム] タブの [拡張書式] にある [文字の均等割り付け] で設定します。

ここでは、選択した文字を4文字分の幅に割り付けます。

1 文字を選択し、

2 [ホーム] タブをクリックして、

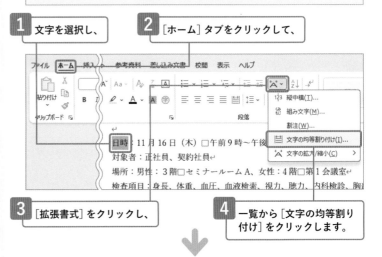

3 [拡張書式] をクリックし、

4 一覧から [文字の均等割り付け] をクリックします。

Point 水色の下線が表示される

均等割り付けした文字内でクリックすると、水色の下線が表示されます。これは、均等割り付けが設定されていることを表している記号です。印刷されません。

日　　時：11 月 16 日（木）[
対　象　者：正社員、契約社員←

Memo 均等割り付けを解除する

均等割り付けした文字を選択し、[文字の均等割り付け] ダイアログを表示して [解除] をクリックします。

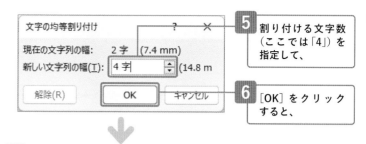

5 割り付ける文字数（ここでは「4」）を指定して、

文字の均等割り付け　　　　？　×
現在の文字列の幅：　　2 字　（7.4 mm）
新しい文字列の幅(I)： 4 字 （14.8 m
解除(R)　　　OK　　　キャンセル

6 [OK] をクリックすると、

7 指定した文字数の幅になるように文字間隔が調整されます。

日　　時：11 月 16 日（木）□午前 9 時〜午後 16 時←
対　象　者：正社員、契約社員←
場　　所：男性：3 階□セミナールーム A、女性：4 階□第 1 会議室←
検査項目：身長、体重、血圧、血液検索、視力、聴力、内科検診、胸部レン
尿、心電図、骨密度検査

8 他の文字も同様に同じ文字数で均等割り付けしておきます。

Memo 複数箇所にある文字をまとめて均等割り付けする

同じ幅で揃えたい文字を同時に選択してから、均等割り付けを設定できます。
離れた文字を同時に選択する方法（p.173）で対象の文字を選択し、手順 **2** 以降の操作をします。

日時：11 月 16 日（木）□午
対象者：正社員、契約社員←
場所：男性：3 階□セミナー

1 か所目はドラッグ、2 箇所目以降は Ctrl ＋ドラッグで同時に選択し、

日　　時：11 月 16 日（木）[
対　象　者：正社員、契約社員←
場　　所：男性：3 階□セミ

4 文字の幅で均等割り付けすると、項目の幅が揃います。

レッスン 30-4 文字間隔を調整する

練習用ファイル　30-4-健康診断のお知らせ.docx

操作 文字間隔を調整する

指定した文字間隔を広げたり、狭くしたりするには [フォント] ダイアログの [詳細設定] タブの [文字間隔] で設定します。[広く] で広く、[狭く] で狭くなります。また、[標準] を選択すると元の間隔に戻ります。

1 文字間隔を調整したい文字を選択し、

□なお、当日やむを得ず受診できない場合は、前日午前中までに総務部□村主（03-1234-
1234）までご連絡ください。←

2 [ホーム] タブ→[フォント] グループにある をクリックすると、

Memo 文字間隔を微調整する

文字間隔は、[間隔]で微調整が可能です。下表を参考に字間を調整してください。

文字間隔	間隔	例
広く	1.5pt	１ ２ ３ ４ ５ あ い う え お
広く	1pt	１ ２ ３ ４ ５ あ い う え お
広く	0.5pt	１２３４５ あいうえお
標準		１２３４５あいうえお
狭く	0.5pt	１２３４５あいうえお
狭く	1pt	１２３４５あいうえお
狭く	1.5pt	12345あいうえお

ショートカットキー

● [フォント]ダイアログ表示
　`Ctrl` + `D`

---

3 [フォント]ダイアログが表示されます。

4 [文字間隔]で文字間隔を選択し（ここでは「狭く」）、

5 [OK]をクリックします。

□なお、当日やむを得ず受診できない場合は、前日午前中までに総務部□村主 (03-1234-1234)
までご連絡ください。

6 指定した範囲の文字間が変更されます（ここでは、字間が狭くなり電話番号が1行に収まります）。

少しずつ設定してみよう〜

コラム　その他の主な文字書式

Wordには、これまでに説明した文字書式以外にも、さまざまな文字書式が用意されています。ここで、主なものをまとめておきます。

● ［フォント］グループ

文字書式		説明	例
取り消し線	ab	取り消し線を1本線で引く	変更 100 → 150
下付き	x_2	文字を縮小して下付きに変換する	H_2O
上付き	x^2	文字を縮小して上付きに変換する	10^3
囲い文字	字	全角1文字（半角2文字）を○、△、◇、□で囲む。	注、特、50
囲み線	A	指定した文字を□で囲む	特別講座
文字種の変換	Aa ∨	文字種（全角、半角、すべて大文字にする、等）を変換する	全角変換の場合 Abc → Ａｂｃ

● 拡張書式

文字書式	説明	例
縦中横	文字の方向が縦書きの場合に使用。縦書きの中で半角英数文字を横並びに横書きに変換する	徒歩10分
組み文字	最大6文字を組み合わせて1文字のように表示する	株式会社
割注	1行内に文字を2行で配置し、括弧で囲むなどして表示する	［先着順ではありません］

● ［フォント］ダイアログ

文字書式	説明	例
傍点	文字の上に「・」や「、」を表示する	締切日厳守
二重取り消し線	取り消し線を二重線で引く	定価 2500 円
隠し文字	画面では表示されるが、印刷されない。	（印刷されません）

31 段落の配置を変更する

段落ごとに配置を変更して見た目を整えると、読みやすさが増します。既定では、段落の配置は［両端揃え］で、文字が行の左端と右端に合わせて配置されるように設定されています。段落の配置は自由に変更できます。

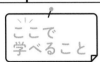

習得スキル	操作ガイド	ページ
▶中央揃えと右揃え	レッスン 31-1	p.215

まずは パッと見るだけ！

配置の変更

　タイトルにしたい段落を中央揃え、発信日や発信者の段落を右揃えにして、文書の体裁を整えられます。

● 中央揃え／右揃え

\ Before /
操作前

> 総務部↵
> 鈴木□直美↵
>
> 健康診断実施のお知らせ↵
> ↵
> ↵

↓

\ After /
操作後

右揃え

> ↵
> 　　　　　　　　　総務部↵
> 　　　　　　　　鈴木□直美↵
> ↵
> 　　健康診断実施のお知らせ↵

中央揃え

揃っていると整った文書に見えるわ

レッスン 31-1 文字を中央／右側に揃える

練習用ファイル　31-健康診断のお知らせ.docx

操作　段落の中央揃えと右揃え

段落を選択し、［ホーム］タブの［中央揃え］■をクリックしてオンにすると、段落全体が中央に配置されます。再度［中央揃え］をクリックしてオフにすると解除され、［両端揃え］■に戻ります。同様に、［右揃え］■も設定と解除ができます。

Memo　段落書式は継承される

段落書式を設定した段落の最後で Enter キーを押して改行すると、前の段落の段落書式が引き継がれます。引き継がれた段落書式を解除するには、改行してすぐに Back space キーを押します。

ショートカットキー

● 中央揃え
Ctrl + E

● 右揃え
Ctrl + R

Memo　段落内にカーソルがあるだけで設定できる

配置の変更は、その段落内にカーソルがあるだけでも設定されます。
手順 1 で、段落内でクリックしてカーソルを表示し、［ホーム］タブ→［中央揃え］をクリックしても段落が中央に配置されます。

1 中央揃えにしたい段落を選択し、

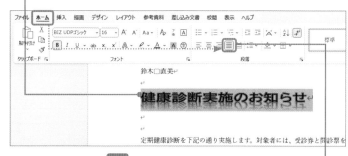

2 ［ホーム］タブ→［中央揃え］をクリックすると、

3 段落が中央に配置されます。

4 同様に右揃えにしたい段落を選択し、

5 ［ホーム］タブ→［右揃え］をクリックすると、

6 段落が右寄せされます。

1行目の発信日を右寄せし、14行目の「記」を中央揃え、28行目の「以上」を右寄せにしておきます。

32 段落に罫線や網掛けを設定する

段落書式

段落を対象に罫線や網掛けを設定すると、文字を段落の左端から右端まで幅いっぱいに罫線で囲んだり色を設定したりできます。罫線を引く位置や罫線の種類を指定するだけで、段落内の文字を目立たせることができます。このような段落を対象に設定する罫線のことを段落罫線といいます。

ここで学べること

習得スキル	操作ガイド	ページ
▶ 段落罫線の設定	レッスン 32-1	p.217
▶ 段落の網掛けの設定	レッスン 32-2	p.218

👀 まずは パッと見るだけ！

段落罫線と網掛けの設定

罫線や網掛けを段落単位で設定すると、段落の横幅全体に書式を設定できるので、タイトル行を目立たせて見栄えを整えるのに便利です。

4

文字や段落の書式設定

\Before/
操作前

総務部↵
鈴木□直美↵

健康診断実施のお知らせ↵

定期健康診断を下記の通り実施します。対象者には、受診券と問診票を 10 月 30 日に配布

\After/
操作後

総務部↵
鈴木□直美↵

健康診断実施のお知らせ↵

定期健康診断を下記の通り実施します。対象者には、受診券と問診票を 10 月 30 日に配布

段落罫線を付けて、水色の網掛けを設定した

タイトルをアピールしよう～

レッスン 32-1 タイトルの上と下に段落罫線を設定する

操作 タイトルに段落罫線を引く

段落罫線は、段落記号⏎も含むように段落を選択し、[線種とページ設定と網掛けの設定]ダイアログを表示して設定します。ダイアログの[設定対象]が[段落]になっていることを確認してください。

Memo メニューを選択して段落罫線を設定する

手順❸で表示される罫線のメニューで罫線を選択しても段落罫線を設定できます。例えば、[外枠]を選択すると、1本線で段落を囲むことができます。なお、線種は直前にダイアログで設定したものと同じになります。

Memo 罫線を解除するには

段落を選択し、手順❸で[枠なし]を選択します。

Memo 段落罫線の枠の幅を変更するには

段落罫線の枠の幅を変更したい場合は、段落の左インデント、右インデントを変更します（p.222～223参照）。

コラム 段落に対して位置を指定して罫線を設定する

[線種とページ罫線と網掛けの設定]ダイアログで[指定]を選択すると、段落の上下左右に任意の罫線を設定できます。例えば、下図のように左と下で太さや種類を変えて見栄えのいい飾り罫線を設定できます。

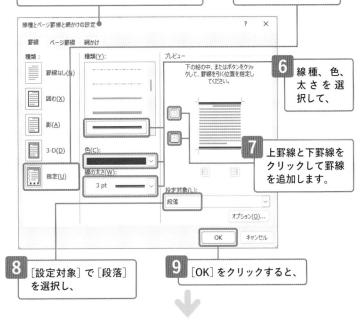

注意事項⏎
・女性は、Tシャツ等を持参し
・追加検査は、後日、指定の医

❶ 段落罫線を設定したい段落を選択し、

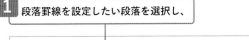

❷ [ホーム]タブ→[罫線]⊞の⌄をクリックし、

❸ [線種とページ罫線と網掛けの設定]をクリックすると、

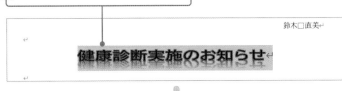

❹ [線種とページ罫線と網掛けの設定]ダイアログが表示されます。

❺ [種類]で[指定]を選択し、

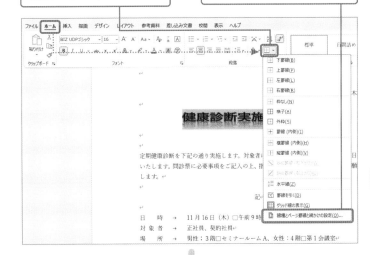

❻ 線種、色、太さを選択して、

❼ 上罫線と下罫線をクリックして罫線を追加します。

❽ [設定対象]で[段落]を選択し、

❾ [OK]をクリックすると、

10 段落の上と下に罫線が設定されます。

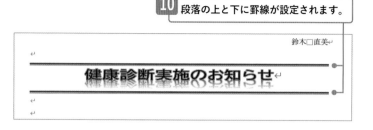

レッスン 32-2 段落に網掛けを設定する

練習用ファイル 32-2-健康診断のお知らせ.docx

1 網掛けを設定したい段落を選択し、

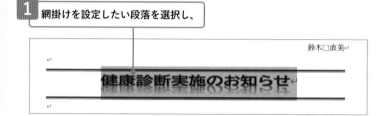

操作 段落全体に網掛けを設定する

[線種とページ罫線と網掛けの設定] ダイアログの [網かけ] タブで、段落全体に網掛けを設定し、色を付けられます。段落罫線を引くだけでなく、色を付けると、タイトルや見出しを見栄えよく、強調できます。

Memo 網掛けのパターンも付けられる

手順 **2** の画面で、[網かけ] で種類と色を選択すると、背景色の色に加えて網掛けのパターンを追加できます。

2 p.195の手順で [線種とページ罫線と網掛け] ダイアログを表示し、[網かけ] タブをクリックして、

3 [背景の色] の ☑ をクリックし

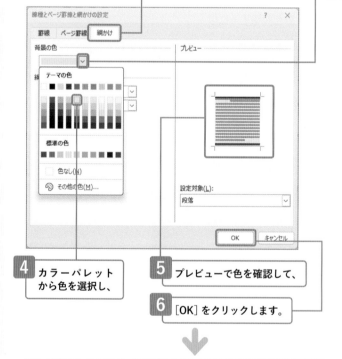

4 カラーパレットから色を選択し、

5 プレビューで色を確認して、

6 [OK] をクリックします。

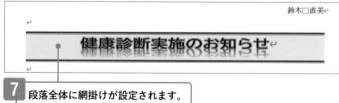

7 段落全体に網掛けが設定されます。

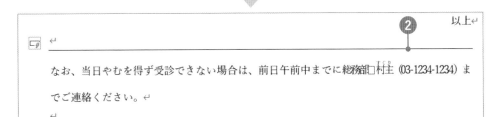

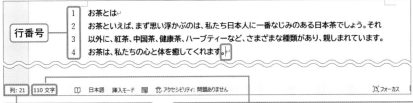

コラム　入力オートフォーマット機能を使って水平線を引く

入力オートフォーマット機能を使って簡単に水平線を引くことができます。水平線を設定したい段落の先頭行の行頭で「−」（ハイフン）を3つ以上入力して Enter キーを押すと❶、カーソルのある行の上に細実線で横幅全体に段落罫線が引かれます❷。他に「＝」で二重線、「＿」で太い点線、「＊」で太点線、「〜」で波線、「＃」で真ん中が太線の3重線を引くことができます。いずれも半角で入力してください。

なお、罫線を解除するには、水平線が設定された下の行の行頭で Back space キーを押します。設定された直後であれば、クイックアクセスツールバーの［元に戻す］をクリックするか、 Ctrl ＋ Z キーでも解除できます。

コラム　カーソルが何行、何列目にあるのかを確認するには

カーソルが何行目にあるのかを確認するには、ページに［行番号］を表示します。また、カーソルが何列目（行の何文字目）にあるかを確認するには、ステータスバーに［列］を表示します。それぞれ以下の手順で表示します。文字数を数えながら入力するときの目安になります。また、ステータスバーには、初期設定でページ内の［文字のカウント］が表示されています。文字列を選択すると、選択範囲の文字数が表示されるので、文字数を確認するのに便利です。

● 行番号を表示

［レイアウト］タブ→［行番号］→［連続番号］をクリックします

● 列（列内のカーソル位置）を表示

ステータスバーを右クリックし、［列］をクリックします。

● 行番号と列を表示した結果

列：カーソルが行の21列目にあるという意味になります。

文字のカウント：ページ内の文字数が表示されます。文字を選択すると「106/110」のように選択範囲内の文字数が表示されます。

33 文章の行頭や行末の位置を変更する

文章の左右の幅を段落単位で調整するには、「インデント」という機能を使用します。インデントは4種類あります。ここでは、それぞれの違いや設定方法を確認しましょう。また、インデントの状態を確認したり、変更したりするためにルーラーを表示する必要があります。

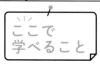

習得スキル	操作ガイド	ページ
▶ ルーラーの表示	レッスン 33-1	p.222
▶ インデントの設定	レッスン 33-2〜5	p.222〜p.225

まずは パッと見るだけ！

インデントとインデントマーカー

インデントには、[左インデント][1行目のインデント][ぶら下げインデント][右インデント]の4種類があります。現在カーソルのある段落のインデントの状態は、ルーラーに表示されるインデントマーカーで確認・変更できます。インデントの種類とインデントマーカーを確認しましょう。

❶左インデントマーカー　　❸ぶら下げインデントマーカー
❷1行目のインデントマーカー　　❹右インデントマーカー

「インデント」は位置をずらすという意味ですね！

文の開始、終了位置に注目よ

● 左インデント / 右インデント

左インデントは段落全体の行頭の位置、右インデントは段落全体の行末の位置を設定します。

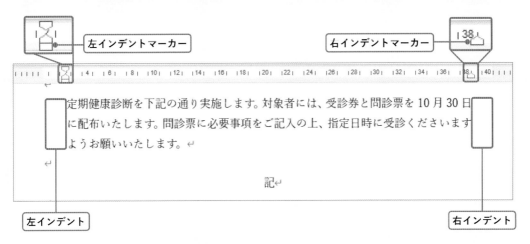

● 1行目のインデント

1行目のインデントは、段落の1行目の行頭の位置を設定します。

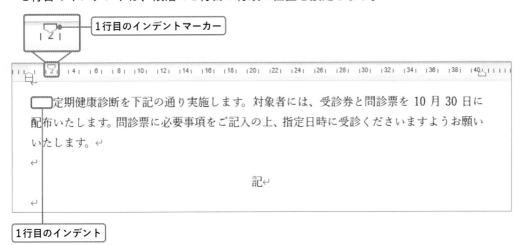

● ぶら下げインデント

ぶら下げインデントは、段落の2行目以降の行頭の位置を設定します。

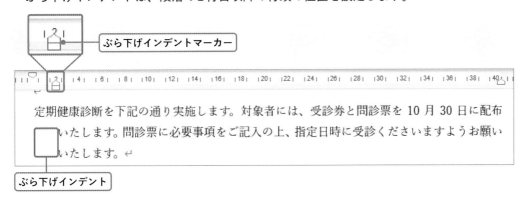

レッスン **33-1** ルーラーを表示する

🖱 **操作　ルーラーを表示する**

インデントを設定するときは、ルーラーを表示しておきます。ルーラー上で、インデントの設定や確認ができます。

また、p.226で解説するタブを設定するときもルーラーを使います。

1 ［表示］タブ→［ルーラー］のチェックボックスをオンにすると、

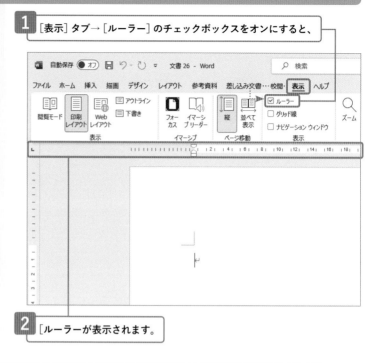

2 ルーラーが表示されます。

レッスン **33-2** 段落の行頭の位置を変更する

📄 **練習用ファイル**　33-2-健康診断のお知らせ.docx

💡 **Point　左インデントを変更する**

段落全体の行頭の位置を設定するには、左インデントを変更します。
［レイアウト］タブの［左インデント］で0.5文字単位で変更できます。数値で正確に変更できるので便利です。

📝 **Memo　左インデントを解除する**

［左インデント］の数値を「0」に設定します。

ここでは、行頭の位置を2文字分右にずらします。

1 行頭を変更したい段落を選択し、

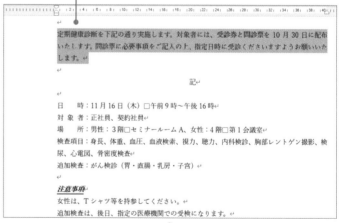

Memo [インデントを増やす]ボタンで 左インデントを変更する

[ホーム]タブにある[インデントを増やす]をクリックすると、約1文字分、行頭を右に移動できます。また、[インデントを減らす]をクリックするとインデントを左に戻します。

Memo 左インデントマーカーを ドラッグして変更する

段落選択後、左インデントマーカー□をドラッグしても段落の行頭位置を変更できます。左インデントマーカーをドラッグすると、1行目のインデントマーカーとぶら下げインデントマーカーも一緒に移動します。

2 [レイアウト]タブ→[左インデント]の ▲を「2字」になるまでクリックすると、

3 段落の行頭が2文字 分右にずれます。

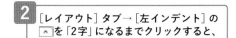
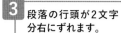
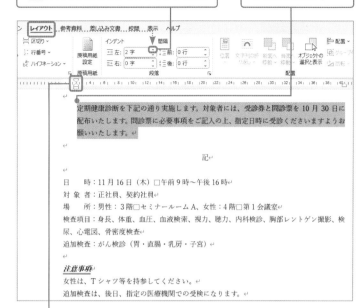

4 左インデントマーカーの位置も変更 されていることを確認します。

レッスン 33-3 段落の行末の位置を変更する

練習用ファイル 33-3-健康診断のお知らせ.docx

操作 右インデントを変更する

段落の行末の位置を変更するには、右インデントを変更します。
[インデント]タブの[右インデント]で0.5文字単位で変更できます。また、ルーラー上にある右インデントマーカーをドラッグしても変更できます。

Memo 右インデントを解除する

[右インデント]の数値を「0」に設定します。

ここでは、行末の位置を2文字分左にずらします

1 行末を変更したい段落を選択し、

2 [レイアウト]タブ→[右インデント]の▲を「2字」に なるまでクリックします。

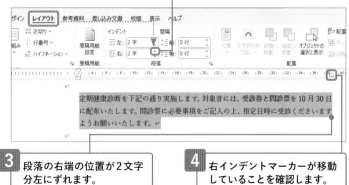

3 段落の右端の位置が2文字 分左にずれます。

4 右インデントマーカーが移動 していることを確認します。

223

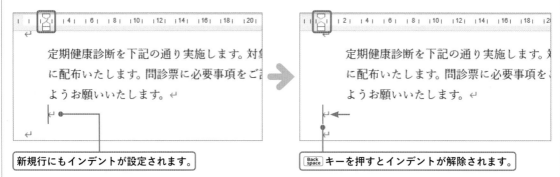

Memo　新規行でインデントが設定されてしまう

インデントが設定されている段落で、Enter キーを押して改行すると、新規行も自動的に同じインデントが設定されます。インデントが不要な場合は、Back space キーを押してください。

新規行にもインデントが設定されます。

Back space キーを押すとインデントが解除されます。

レッスン 33-4　1行目を字下げする

練習用ファイル　33-4-健康診断のお知らせ.docx

操作　段落の初めを字下げする

段落の1行目の行頭にカーソルを移動し Space キーを押すと、自動的に字下げされ、1行目のインデントが設定されます。
これは、入力オートフォーマットによる機能です。同様に Tab キーを押すと4文字分字下げされた1行目のインデントが設定されます。

Memo　インデントが設定されない場合

新規行の行頭で Space キーや Tab キーを押した場合は、入力オートフォーマット機能が働かず、そのまま空白1文字、タブが入力されます。

Memo　1行目の字下げを解除する

1行目の行頭にカーソルを移動し、Back space キーを押します。

1 字下げしたい段落の1行目の行頭にカーソルを移動し、

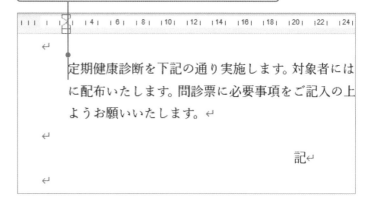

2 Space キーを1回押すと、

3 段落の1行目が1文字分字下げされます。

4 1行目インデントマーカー▽が1文字分右に移動していることを確認します。

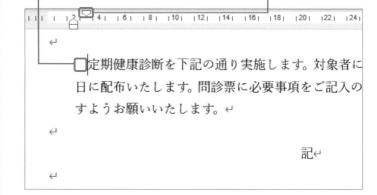

操作　２行目以降の開始位置を変更する

段落の２行目以降の開始位置を調整するには、２行目の行頭にカーソルを移動し、 Space キーを押すか Tab キーを押すと、自動的に２行目以降が字下げされます。これは入力オートフォーマットによる機能です。

Memo　ぶら下げインデントマーカーをドラッグして変更する

段落選択後、ぶら下げインデントマーカーをドラッグすると、段落の２行目以降の行頭位置が変更されます。このとき、 Alt キーを押しながらドラッグすると、下図のように数値で位置の確認をしながら微調整できます。目的の位置に移動できたら、先にマウスのボタンを放してから、 Alt キーを放します。

コラム　[段落] ダイアログで変更する

段落を選択し、p.196の手順で [段落] ダイアログを表示し、[インデントと行間隔] タブの [最初の行] で1行目のインデントと2行目以降のインデントが設定できます。[幅] で文字数を指定してインデントの幅を指定します。なお、[最初の行] で [(なし)] を選択すると解除できます。

字下げ：段落の１行目用

ぶら下げ：段落の２行目以降

1 段落の２行目の行頭にカーソルを移動し、

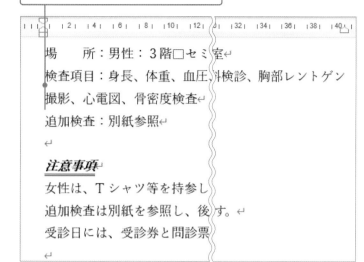

2 Space キーを４回押すと、

3 段落の２行目以降が４文字分字下げされます。

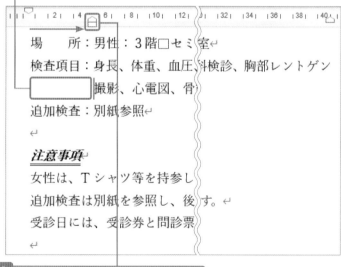

4 ぶら下げインデントマーカーが４文字分右に移動していることを確認します。

Section

34 文字の先頭位置を揃える

段落書式

タブは、行頭や行の途中にある文字の開始位置を揃えたい場合に使います。タブには、既定で用意されているものと、任意に追加できるものがあります。箇条書きの先頭位置を揃えたいとか、表組形式で一定間隔で文字を揃えたい場合に便利です。タブを挿入するには [Tab] キーを押します。

ここで学べること	習得スキル	操作ガイド	ページ
	▶ タブの設定	レッスン 34-1〜2	p.227〜p.228

 まずは パッと見るだけ！

タブを設定する

タブを挿入すると、文字の開始位置を揃えることができます。タブには、既定で用意されているタブと任意の位置に設定するタブがあります。

4

文字や段落の書式設定

● 既定のタブ

4文字間隔で配置されている既定のタブを使って文字位置を揃えます。

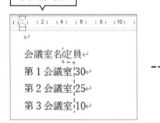

---→

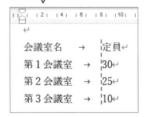

揃うと読みやすい！

● 任意の位置のタブ

任意の位置にタブを設定し、文字を自由な位置で揃えます。

---→

タブとは

Point　タブの概要

タブとは、行頭や行の途中で文字の開始位置を揃えるためのものです。[Tab]キーを押すとタブ位置にカーソルが移動します。箇条書きの文字をきれいに揃えて配置したいときに利用できます。タブは段落書式なので段落単位で設定されます。

Memo　ルーラーの表示

ルーラーが表示されていない場合は、[表示]タブの[ルーラー]にチェックを入れて表示してください（p.222参照）。

Memo　タブ記号の表示

[Tab]キーを押すと、[タブ記号]→が表示されます。表示されていない場合は、[ホーム]タブ→[編集記号の表示/非表示]をクリックしてオンにしてください。
なお、タブ記号は編集記号なので印刷されません。

既定のタブ

行の途中で[Tab]キーを押すと、既定のタブ位置に文字が揃います。既定のタブ位置は、行頭から4文字目、8文字目のように4文字間隔で設定されています。

任意のタブ

任意の位置に追加されたタブです。ルーラー上でクリックすると、タブマーカーが追加され、タブマーカーの位置にタブが設定され、その位置に文字が揃います。

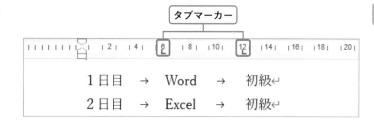

レッスン 34-1　既定の位置に文字を揃える

練習用ファイル　34-1-会議室利用予定.docx

操作　既定のタブを使用する

行の途中で[Tab]キーを押すと、既定のタブ位置に文字が揃います（上記「既定のタブ」の図を参照）。
開始位置を揃えたい文字の前にカーソルを移動し、[Tab]キーを押すと、一番近くにある次のタブ位置に文字が揃います。目的の位置になるまで[Tab]キーを数回押して位置を調整します。

1 位置を揃えたい文字の前にカーソルを移動し、

2 [Tab]キーを押すと、

3 既定のタブ位置（ここでは8文字目）に文字の先頭が移動します。

Memo タブを削除する

Tab キーを押して挿入されたタブは
文字と同様に削除できます。タブ記
号の後ろにカーソルを移動して Back space
キーを押します。

4 同様にして、他の項目の後ろで Tab キーを押すと、
文字の先頭が揃います。

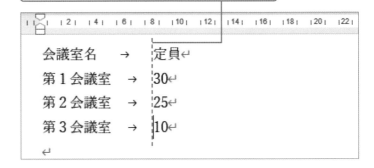

レッスン 34-2 任意の位置に文字を揃える

練習用
ファイル　34-2-会議室利用予定.docx

操作 任意のタブ位置に文字を揃える

任意の位置にタブを追加するには、
タブ位置を揃えたい段落を選択して
おき、ルーラー上のタブを追加した
い位置でクリックします。
初期設定では左揃えタブが追加され、
左揃えタブマーカー L が表示されま
す（次ページのコラム参照）。

1 タブが設定されている段落を選択し、

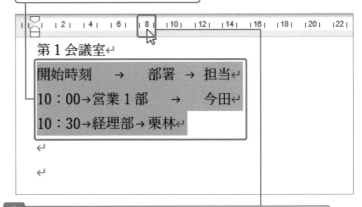

2 ルーラー上でタブ位置を設定したい位置（ここでは「8」あたり）を
クリックすると、

Memo タブ位置の継承

タブは段落書式なので、タブを追加
した段落で Enter キーを押して改行
すると、新しい段落にも同じタブが
設定されます。そのため、続けて同
じ位置に文字を揃えることができま
す。
タブが不要な場合は、次ページの
Memoの方法で削除してください。

3 クリックした位置にタブ
マーカーが追加され、

4 タブマーカーの位置に文字
が揃います。

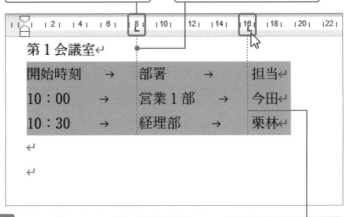

5 同様に、タブを設定したい位置（ここでは「16」あたり）をクリックする
と、タブマーカーが追加され、文字が揃います。

Memo 任意のタブの位置を変更するには

タブが設定されている段落を選択し、タブマーカーをルーラー上でドラッグします。

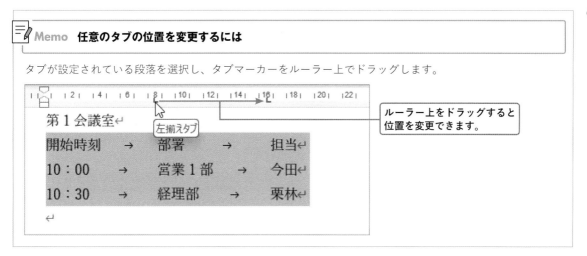

ルーラー上をドラッグすると
位置を変更できます。

Memo 任意のタブを削除するには

タブが設定されている段落を選択し、タブマーカーをルーラーの外にドラッグします。

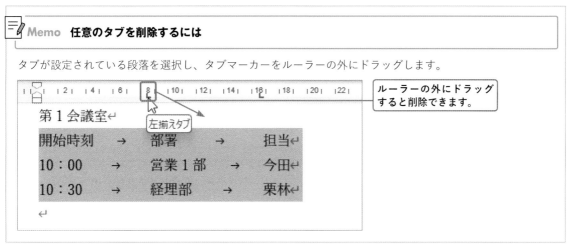

ルーラーの外にドラッグ
すると削除できます。

コラム タブの種類

初期設定は、任意の位置に追加されるタブは左揃えタブです。水平ルーラーの左端にある［タブ］をクリック
すると追加されるタブの種類を変更できます。種類を変更してから、ルーラーをクリックすると、選択した
種類のタブが追加されます。

❶ この「タブ」をクリックしてタブの種類を変更します。

❷ ルーラーをクリックしてタブを追加します。

35 箇条書きを設定する

段落
書式

箇条書きは、段落の先頭に「●」や「◇」などの記号（行頭文字）を付ける機能です。リスト形式で入力された段落の先頭に「●」などを付けると読みやすく、整理された文章になります。

ここで
学べること

習得スキル	操作ガイド	ページ
▶ 箇条書きの設定	レッスン 35-1	p.231
▶ 箇条書きのレベルの変更	レッスン 35-2	p.232

 まずは パッと見るだけ！

箇条書きの設定

　箇条書きを設定すると各段落の前に記号（行頭文字）が付きます。箇条書きのレベルを変更して階層構造にすることもできます。

4
文字や段落の書式設定

\Before/
操作前

注意事項↵
女性は、Tシャツ等を持参してください。↵
追加検査は、後日、指定の医療機関での受検になります。↵
受診日には、受診券と問診票をお持ちください。↵
受診券にある注意事項をご確認お願いします。↵
問診票に必要事項を記入しておいてください。↵

↵

\After/
操作後

注意事項↵
→ 女性は、Tシャツ等を持参してください。↵
●→ 追加検査は、後日、指定の医療機関での受検になります。↵
●→ 受診日には、受診券と問診票をお持ちください。↵
　　◉→ 受診券にある注意事項をご確認お願いします。↵
　　◉→ 問診票に必要事項を記入しておいてください。↵

↵

箇条書きの設定
をすると、1項
目ずつ区別され、
内容が伝わりや
すくなります

レッスン 35-1 段落に箇条書きを設定する

練習用ファイル 35-1-健康診断のお知らせ.docx

操作 箇条書きを設定する

段落にまとめて箇条書きを設定するには、段落を選択してから[ホーム]タブの[箇条書き]をクリックします。

Memo 箇条書きを解除する

段落を選択し、手順3で[なし]を選択します。

Memo 段落内で改行するには

箇条書きでは、段落の先頭に行頭文字が表示されます。行頭文字を表示ないで改行したい場合は、Shiftキーを押しながらEnterキーを押して段落内で改行します。このとき、行末には、改行記号↓が表示されます。

Shift + Enter キーを押して
段落内で改行できる

1 箇条書きに設定したい段落を選択し、

2 [ホーム]タブ→[箇条書き]の▾をクリックし、

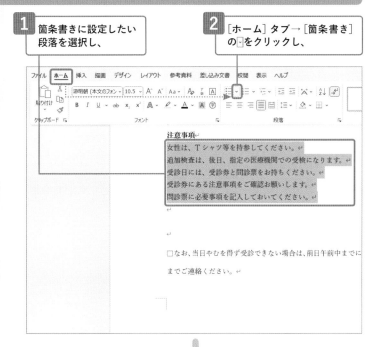

3 一覧から行頭に表示する記号を選択すると、

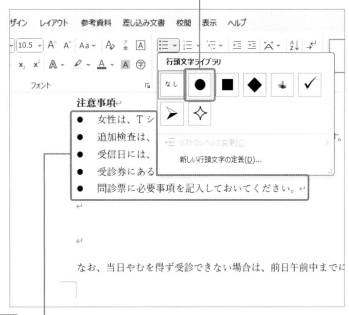

4 箇条書きが設定されます。

レッスン **35-2** 箇条書きのレベルを変更する

練習用ファイル　35-2-健康診断のお知らせ.docx

操作　箇条書きのレベルを変える

箇条書きが設定されている段落のレベルを変更すると、箇条書きを階層化できます。レベルが変更されると、自動的に異なる行頭文字が設定されます。箇条書きのレベルは Tab キーで変更できます。

Memo　変更したレベルを上げるには

段落を選択し、Shift キーを押しながら Tab キーを押すと、レベルが1つ上がります。

1 箇条書きのレベルを変更したい段落を選択し、

2 Tab キーを1回押すと、

注意事項↵
● → 女性は、T シャツ等を持参してください。↵
● → 追加検査は、後日、指定の医療機関での受検になります。↵
● → 受信日には、受診券と問診票をお持ちください。↵
● → 受診券にある注意事項をご確認お願いします。↵
● → 問診票に必要事項を記入しておいてください。↵
↵

● → 女性は、T シャツ等を持参してください。↵
● → 追加検査は、後日、指定の医療機関での受検になります。↵
● → 受信日には、受診券と問診票をお持ちください。↵
　　➢ → 受診券にある注意事項をご確認お願いします。↵
　　➢ → 問診票に必要事項を記入しておいてください。↵
↵

3 箇条書きのレベルが1つ下がり、異なる行頭記号が設定されます。

Memo　メニューでレベルを変更する

[ホーム] → [箇条書き] の をクリックし❶、[リストのレベルの変更] をクリックすると❷、9つのレベルが表示され、内容に応じて階層を選択することができます❸。

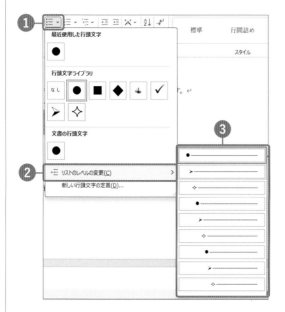

Section 36
段落番号を設定する

段落番号は、段落の先頭に「①②③」や「1. 2. 3.」などの連続番号を付ける機能です。「Ⅰ. Ⅱ. Ⅲ.」、「A)B)C)」、「(ア)(イ)(ウ)」といった連続した記号を表示することもできます。レベルを変更して階層化することもできます。

	習得スキル	操作ガイド	ページ
ここで学べること	▶ 段落番号の設定	レッスン 36-1	p.234
	▶ 段落番号のレベルの変更	レッスン 36-2	p.234

まずは パッと見るだけ！

段落番号の設定

各段落の先頭に連続した番号が設定され、レベルを変更して階層構造に設定できます。

\Before/
操作前

注意事項↵
女性は、Ｔシャツ等を持参してください。
追加検査は、後日、指定の医療機関での受
受信日には、受診券と問診票をお持ちくだ
受診券にある注意事項をご確認お願いしま
問診票に必要事項を記入しておいてくださ

\After/
操作後

注意事項↵
①→女性は、Ｔシャツ等を持参してくださ
②→追加検査は、後日、指定の医療機関で
③→受信日には、受診券と問診票をお持ち
　(ア)→受診券にある注意事項をご確認お
　(イ)→問診票に必要事項を記入しておい

番号があると
親切〜

レッスン **36-1** 段落に連続番号を付ける

練習用ファイル **36-1-健康診断のお知らせ.docx**

操作 段落番号を設定する

箇条書きと同様に、段落の先頭に連続する番号を表示します。段落を選択してから [ホーム] タブの [段落番号] 🔳 をクリックします。

段落番号の一覧では、数字だけでなく、ローマ数字やアルファベット、50音などから選択することができます。

Memo 段落番号を解除する

手順 **3** で [なし] を選択します。

1 段落を選択し、

2 [ホーム] タブ→ [段落番号] 🔳 の 🔽 をクリックし、

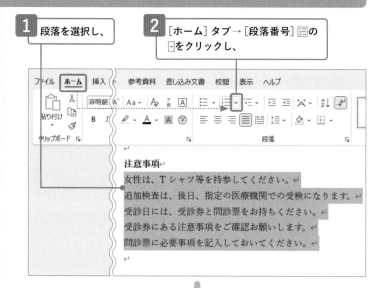

3 一覧から行頭に表示する番号を選択すると、

4 選択した段落の先頭から順番に段落番号が設定されます。

レッスン **36-2** 段落番号のレベルを変更する

練習用ファイル **36-2-健康診断のお知らせ.docx**

操作 段落番号のレベルを変える

段落番号も箇条書きと同様にレベルを変更することができます。段落番号のレベルを変更して階層化すると、自動的に異なる段落番号が設定されます。[Tab] キーを押すと1つずつレベルを変更できます。

1 段落番号のレベルを変更したい段落を選択し、

2 [Tab] キーを1回押すと、

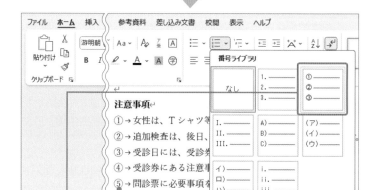

<table>
<tr><td>Memo</td><td>**変更したレベルを
上げるには**</td></tr>
</table>

段落を選択し、[Shift] キーを押しながら [Tab] キーを押すと、レベルが1つ上がります。

---

3 段落番号のレベルが1つ下がり、異なる番号書式が設定されます。

③→ 受信日には、受診券と問診票をお持ちください。 ↵
　　(ア)→受診券にある注意事項をご確認お願いします。 ↵
　　(イ)→問診票に必要事項を記入しておいてください。 ↵

↵

↵

コラム　入力しながら箇条書きや段落番号を設定する

「●」や「1.」のような記号や数字を入力し、文字を入力すると、自動的に箇条書きや段落番号が設定されることがあります。これは、入力オートフォーマットの機能によるものです。箇条書きや段落番号を設定したくない場合の対処方法も覚えておきましょう。

● **箇条書きの設定**

行頭の「●」「■」などの記号に続けて [Space] キーや [Tab] キーを押すと、自動的に箇条書きが設定されます❶。文字を入力し、[Enter] キーを押して改行すると、次の行に行頭文字が表示され、同じ箇条書きが設定されます❷。行頭文字だけが表示されている状態で [Enter] キーを押せば、箇条書きの設定が解除されます❸。

● **段落番号の設定**

行頭に「1.」「①」などの数字に続けて、文字を入力して [Enter] キーを押して改行すると、次の行に同じ形式の連番の数字が表示され❶、段落番号が設定されます❷。行頭の番号だけが表示されている状態で [Enter] を押せば、段落番号の設定が解除されます❸。

● **箇条書きや段落番号にするつもりがないのに設定されてしまった場合の解除方法**

自動的に箇条書きや段落番号が設定された直後に、[オートコレクトのオプション] 🖳 をクリックし、メニューを参考に設定を変更します（p.165のコラム参照）。または、[元に戻す] ボタンか、[Ctrl] + [Z] キーを押せば、直前の自動修正が解除されます。

あえて箇条書きや
段落番号にしない
ときもあるよね〜

37 行間や段落の間隔を設定する

段落
書式

行と行の間隔や段落と段落の間隔は、段落単位で変更できます。箇条書きの部分や文書内の一部の段落だけ行間を広げたり、段落と段落の間隔を広げたりして、ページ内の行や段落のバランスを整えることができます。

ここで
学べること

習得スキル	操作ガイド	ページ
▶ 行間の変更	レッスン37-1	p.237
▶ 段落間の変更	レッスン37-2	p.238

まずは パッと見るだけ！

行間と段落間の変更

行間は、行の上端から次の行の上端までの間隔です。**段落間**は、指定した段落の前後の間隔です。

● **行間の変更**

行と行の間隔を広げてゆとりを持たせることで読みやすさが向上します。

\Before/
操作前

人生100年といわれるこの時代に、老後の資金をどのように形成すればいいのか、漠然とした不安があるけれど、投資についての知識がないし、どうすればいいかわからない。↵

\After/
操作後　行間

人生100年といわれるこの時代に、老後の資金をどのように形成すればいいのか、漠然とした不安があるけれど、投資についての知識がないし、どうすればいいかわからない。↵

段落間は、指定した段落の前と後を別々に変更できます

● **段落間の変更**

段落間を変更すると、文のまとまりごとに間隔が変わるため、読みやすく、意味をとらえやすくなります。

\Before/
操作前

●講師プロフィール↵
金融・証券アドバイザー□山本□花子□氏↵
金融機関にて投資相談に従事後、○○証券の金融・証券アドバどで講義を多数実施↵
［保有資格］↵
・証券外務員資格↵

\After/
操作後　　段落前

●講師プロフィール↵
金融・証券アドバイザー□山本□花子□氏↵
金融機関にて投資相談に従事後、○○証券の金融・証券アドバどで講義を多数実施
［保有資格］

段落後

レッスン **37-1** 行間を変更する

操作　行間を変更する

行間は、[ホーム]タブの[行と段落の間隔]▤で変更できます。

Memo　行間を元に戻すには

手順❸で[1.0]を選択します。

コラム　行間のオプションで間隔を数値で変更する

手順❸で[行間のオプション]を選択すると、[段落]ダイアログが表示され、[インデントと行間隔]タブで、行間や段落間を数値で変更できます。行間は、[行間]と[間隔]で設定できます。それぞれの選択肢の違いを確認しておきましょう。

行間	内容
最小値	行間を[間隔]で指定したポイント以上に設定します。フォントサイズを大きくすればそれに応じて行間は広がります。
固定値	行間を[間隔]で指定したポイントに固定します。フォントサイズを大きくしても行間は広がりません。そのため、文字が重なり合ってしまう場合があります。
倍数	行間を標準の行間（1行）に対して、[間隔]で指定した倍数に設定します。

❶ 行間を広げたい段落を選択し、

> 人生 100 年といわれるこの時代に、老後の資金をどのように形成すればいいのか、漠然とした不安があるけれど、投資についての知識がないし、どうすればいいかわからない。
> 本セミナーでは、現在の収入や家計の状況を分析し、必要となる資金を試算して、今から無理なく用意するための投資のあれこれ、新 NISA のお話も併せて、資産形成と管理のノウハウをお話します。
>
> ●セミナー要項
> 開催日：2023 年 12 月 10 日（日）
> 時□間：14:00～16:00
> 会□場：SB○○ビル□5 階□大会議室
> 定□員：50 名（先着順）
> 対□象：投資未経験者、初心者向け

❷ [ホーム]タブ→[行と段落の間隔]をクリックして、

❸ 一覧から行間（ここでは「1.15」）を選択すると、

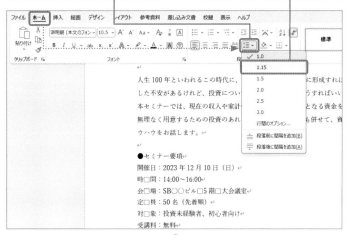

❹ 行間が広がります。

> 人生 100 年といわれるこの時代に、老後の資金をどのように形成すればいいのか、漠然とした不安があるけれど、投資についての知識がないし、どうすればいいかわからない。
> 本セミナーでは、現在の収入や家計の状況を分析し、必要となる資金を試算して、今から無理なく用意するための投資のあれこれ、新 NISA のお話も併せて、資産形成と管理のノウハウをお話します。
>
> ●セミナー要項
> 開催日：2023 年 12 月 10 日（日）
> 時□間：14:00～16:00
> 会□場：SB○○ビル□5 階□大会議室
> 定□員：50 名（先着順）
> 対□象：投資未経験者、初心者向け
> 受講料：無料
>
> ●講師プロフィール

レッスン **37-2** 段落と段落の間隔を変更する

練習用ファイル **37-2-**
資産形成入門セミナー.docx

操作 段落の間隔を変更する

段落の間隔は、段落ごとに設定できます。見出しと箇条書きの間隔や、強調したい段落の前後の間隔をあけると、文章が読みやすくなります。段落の間隔は、選択した段落の前と後で設定できます。［レイアウト］タブの［前の間隔］と［後の間隔］で変更できます。

※Wordのバージョンによっては、段落後の間隔の既定値が8ptに設定されている場合があります。

Memo 段落の間隔を数値で指定して変更する

［レイアウト］タブの［前の間隔］や［後の間隔］で段落の前後の間隔を「0.5行」のように行単位で指定する以外に、「6pt」のように「pt」を付けて入力すればポイント単位（1ポイント：約0.35mm）で指定できます。ここを「0」にすれば段落の間隔設定を解除できます。

Memo 段落間隔をメニューで変更する

［ホーム］タブの［行と段落の間隔］をクリックし、「段落前に間隔を追加］または［段落後に間隔を追加］をクリックして段落間の間隔を変更できます。この場合12pt分間隔が広がります。なお、解除するには、［段落前の間隔を削除］または［段落後の間隔を削除］をクリックします。

ここでは段落の前と後を0.5行分ずつ段落間隔を広げます。

1 段落を選択し、

●講師プロフィール↵
金融・証券アドバイザー□山本□花子□氏↵
金融機関にて投資相談に従事後、○○証券の金融・証券アドバイザーとして大学や企業などで講義を多数実施↵
［保有資格］↵
・証券外務員資格↵
・CFP（日本 FP 協会認定）↵

2 ［レイアウト］タブの［前の間隔］の⌃をクリックすると、

3 指定した段落の前の間隔が変更されます。

●講師プロフィール↵
金融・証券アドバイザー□山本□花子□氏↵

金融機関にて投資相談に従事後、○○証券の金融・証券アドバイどで講義を多数実施↵
［保有資格］↵
・証券外務員資格↵
・CFP（日本 FP 協会認定）↵
・DC プランナー↵

4 同様に［後の間隔］の⌃をクリックすると、

5 指定した段落の後ろの間隔が変更されます。

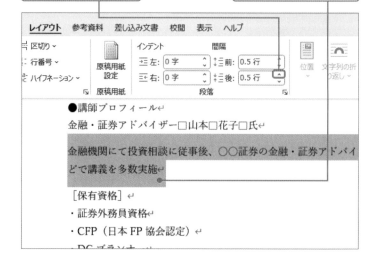

●講師プロフィール↵
金融・証券アドバイザー□山本□花子□氏↵

金融機関にて投資相談に従事後、○○証券の金融・証券アドバイどで講義を多数実施↵

［保有資格］↵
・証券外務員資格↵
・CFP（日本 FP 協会認定）↵

Section

38 書式のコピー／書式の解除

文字や段落に設定されている同じ書式を、別の文字や段落にも設定したい場合、書式のコピーと貼り付けを使って書式をコピーしましょう。また、設定した書式をまとめて解除する方法もここで紹介します。

ここで
学べること

習得スキル	操作ガイド	ページ
▶書式のコピー/貼り付け	レッスン38-1	p.240
▶書式の解除	レッスン38-2	p.241

まずは パッと見るだけ！

書式のコピーと解除

[書式のコピー/貼り付け]を使うと、文字や段落に設定されている書式と同じ書式を別の場所にコピーして利用できます。また[すべての書式をクリア]を使うと、文字や段落に設定されている書式を一気に解除できます。

●書式のコピー/貼り付け

\Before/
操作前

●セミナー要項↵

開催日：2023 年 12 月 10 日（日）↵
時□間：14:00～16:00↵
会□場：SB○○ビル□5 階□大会議室↵
定□員：50 名（先着順）↵
対□象：投資未経験者、初心者向け↵
受講料：無料↵

↵

●講師プロフィール↵
金融・証券アドバイザー□山本□花子□氏↵

\After/
操作後

●セミナー要項

開催日：2023 年 12 月 10 日（日）↵
時□間：14:00～16:00↵
会□場：SB○○ビル□5 階□大会議室↵
定□員：50 名（先着順）↵
対□象：投資未経験者、初心者向け↵
受講料：無料↵

●講師プロフィール↵
金融・証券アドバイザー□山本□花子□氏↵

> 太字の書式をコピーして貼り付けた

●書式の解除

\Before/
操作前

資産形成入門セミナー↵

参加費無料！先着 50 様↵

人生 100 年といわれるこの時代に、老後の資金をどのように形成すればいいのか、漠然とした不安があるけれど、投資についての知識がないし、どうすればいいかわからない。↵
本セミナーでは、現在の収入や家計の状況を分析し、必要となる資金を試算して、今から無理なく用意するための投資のあれこれ、新 NISA のお話も併せて、資産形成と管理のノウハウをお話します。↵

●セミナー要項↵

開催日：2023 年 12 月 10 日（日）↵

\After/
操作後

資産形成入門セミナー↵
参加費無料！先着 50 名様↵

人生 100 年といわれるこの時代に、老後の資金をどのように形成すればいいのか、漠然とした不安があるけれど、投資についての知識がないし、どうすればいいかわからない。↵
本セミナーでは、現在の収入や家計の状況を分析し、必要となる資金を試算して、今から無理なく用意するための投資のあれこれ、新 NISA のお話も併せて、資産形成と管理のノウハウをお話します。↵

●セミナー要項↵
開催日：2023 年 12 月 10 日（日）↵
時□間：14:00～16:00↵
会□場：SB○○ビル□5 階□大会議室↵
定□員：50 名（先着順）↵

> 書式をまとめて解除した

レッスン **38-1** 書式を他の文字や段落にコピーする

練習用ファイル　38-1-資産形成入門セミナー.docx

操作　書式をコピーする

コピーしたい書式が設定されている文字や段落を選択し、[書式のコピー/貼り付け] をクリックすると、マウスポインターの形状がになります。この状態でコピー先となる文字をドラッグすると書式をコピーできます。

Memo　段落書式のみコピーする

配置やタブなどの段落書式のみを別の段落にコピーしたい場合は、コピー元となる段落書式が設定されている段落の段落記号のみを選択し、[書式のコピー/貼り付け] をクリックして、コピー先の段落内でクリックします。

Memo　書式を連続してコピーする

書式を連続してコピーするには、手順 2 で [書式のコピー/貼り付け] をダブルクリックします。マウスポインターの形がの間は続けて書式コピーできます。[Esc] キーを押すと、書式コピーが解除され、マウスポインターが通常の形状に戻ります。

ショートカットキー

● 書式のコピー
[Ctrl] + [Shift] + [C]

● 書式の貼り付け
[Ctrl] + [Shift] + [V]

---

1 コピー元となる書式が設定されている文字を段落記号を含めて選択し、

2 [ホーム] タブ→ [書式のコピー/貼り付け] をクリックします。

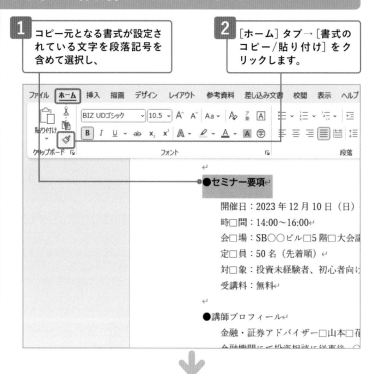

3 マウスポインターの形がになったら、書式のコピー先となる文字を段落記号を含めてドラッグすると、

4 文字書式と段落書式がコピーされます。

レッスン 38-2 設定した書式を解除する

練習用ファイル　38-2-資産形成入門セミナー.docx

操作　すべての書式を解除する

文字や段落に設定されている書式をまとめて解除したい場合は、[ホーム] タブの [すべての書式をクリア] を使います。選択範囲の文字書式、段落書式がまとめて解除されます。
ただし、蛍光ペンやルビなどの一部の書式は解除できないので、その場合は、個別に解除してください。

ショートカットキー

● 文字書式のみ削除
　[Ctrl] + [Space]

● 段落書式のみ削除
　[Ctrl] + [Q]

1 書式を解除したい部分（ここでは、全文書）を範囲選択し、

2 [ホーム] タブ→ [すべての書式をクリア] をクリックすると、

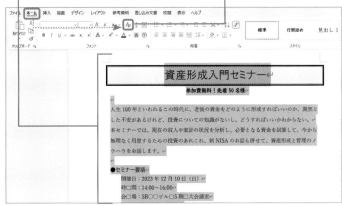

3 設定されていた書式がまとめて解除されます。

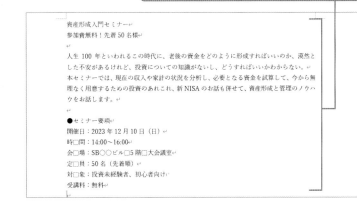

コラム　スタイルを設定する

スタイルとは、フォントやフォントサイズ、下線といった文字書式と、配置などの段落書式を組み合わせた書式のセットです。スタイルを使えば、素早く簡単に文書内の複数個所に同じ書式を設定できます。
初期設定のスタイルは「標準」ですが、目的に合わせて変更します。例えば、文字に見出しのスタイルを設定したい場合は、文字を選択し①、[ホーム] タブ→ [スタイル] の をクリックして②、一覧から [見出し 1] を選択すると③、[見出し 1] のスタイルが設定されます④。

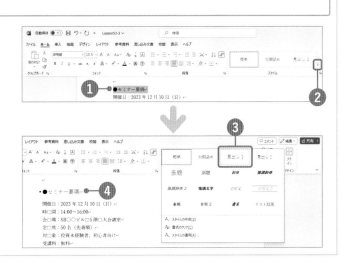

練習問題 文書に書式を設定しよう

社外文書「商品価格改定のお知らせ」に以下の指示通りの書式を設定してください。

1. 1行目の発信日、5～6行目の発信者、19行目の「敬具」、30行目の「以上」を右揃えにする
2. 8行目のタイトル「商品価格改定のお知らせ」に以下の書式を設定する
   文字サイズ：14pt、フォント：BIZ UDPゴシック
   中央揃え、段落罫線（囲みの2重線）、段落前/後の間隔各0.5行
3. 10～17行目の本文の行間隔を1.15行にする
4. 21行目の「記」を中央揃えにする
5. 23～26行目について以下の書式を設定する
   左インデント：10文字、左揃えタブ：18文字、24文字、行間隔：1.15行
6. 28行目に以下の書式を設定する
   文字サイズ：11pt、太字、フォント：BIZ UDPゴシック、中央揃え

▼完成見本

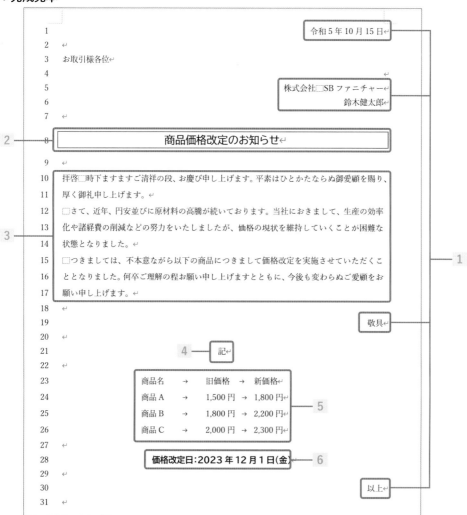

文字や段落の書式設定

第 **5** 章

きれいな表を
作成する

Wordで表を作成する場合は、行数や列数を指定して作成する以外に、すでに入力されている文字列を表に変換して作成する方法があります。ここでは、表の作成方法と編集方法を説明します。

表は意外と
簡単です

39 表を作成する

表の作成では基本的に、行数と列数を指定して作成します。あらかじめ作成する表の列数や行数がわかっている場合に便利です。なお、後から行や列を追加したり、削除したりすることもできます。

習得スキル	操作ガイド	ページ
▶ 表の作成	レッスン 39-1	p.245

 まずは パッと見るだけ！

行数と列数を指定した表の作成

　表を作成したい位置に、**行数**や**列数**を指定して作成できます。以下は、3行4列で指定して表を作成しています。

＼Before／
操作前

●新規募集講座

＼After／
操作後

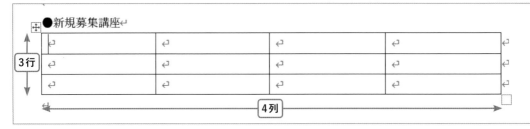

ほお～

レッスン **39-1** 行数と列数を指定して表を作成する

ここでは3行4列の表を作成します。

操作 表を挿入する

[挿入] タブの [表の追加] をクリックすると、マス目が表示されます。作成する表の列数と行数の位置にマウスポインターを合わせてクリックするだけで表が挿入されます。8行×10列までの表を作成できます。

1 表を挿入する位置にカーソルを移動し、

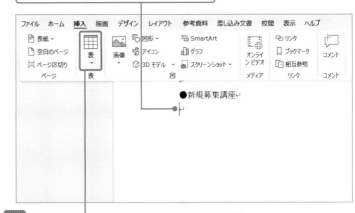

2 [挿入] タブ→ [表の追加] をクリックします。

Memo 行数と列数を指定して表作成する

手順**4**で [表の挿入] をクリックすると、[表の挿入] ダイアログが表示され、行数と列数を指定し、列幅の調節方法を選択できます**1**。8行×10列より大きな表を作成できます。

3 表の行数と列数が表示されます。

4 マス目が表示されたら、3行×4列目のマス目にマウスポインターを合わせてクリックすると、

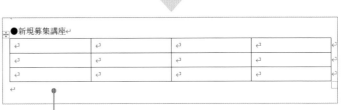

5 指定した表が作成されます。

40 文字を表に変換する

表作成

文字がタブやスペース、カンマなどの記号で区切られて入力されている場合、これらの記号を列の区切りに、段落記号を行の区切りにして表に変換できます。

ここで学べること

習得スキル	操作ガイド	ページ
▶ 文字を表に変換する	レッスン40-1	p.247

まずは パッと見るだけ！

タブやカンマの区切り文字を利用する

列の区切りにしたい位置に**タブ**や**カンマ**などの**区切り文字**にできる記号、行の区切りにしたい位置に段落記号が入力されている場合は、文字を表に変換できます。

＼Before／
操作前

タブ

タブで区切られた文字が入力されている

段落記号

＼After／
操作後

タブが列区切り、段落記号が行区切りとなって表に変換された

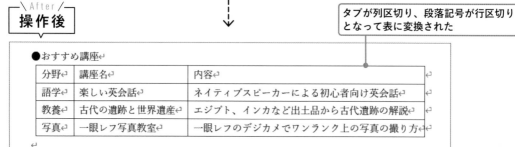

一瞬で表ができた！

レッスン **40-1** 文字を表に変換する

練習用
ファイル　40-ピックアップ講座.docx

操作　文字を表に変換する

タブやカンマで区切られている文字を選択し、[文字列を表にする] ダイアログを開くと、表の列数と行数、区切り記号を指定して文字を表に変換できます。

1 タブで区切られた段落を選択し、

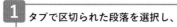

●おすすめ講座

分野 →	講座名 →	内容
語学 →	楽しい英会話 →	ネイティブスピーカーによる初心者向け英会話
教養 →	古代の遺跡と世界遺産 →	エジプト、インカなど出土品から古代遺跡の解説
写真 →	一眼レフ写真教室 →	一眼レフのデジカメでワンランク上の写真の撮り方

2 [挿入] タブ→[表の追加] をクリックして、

3 [文字列を表にする] をクリックします。

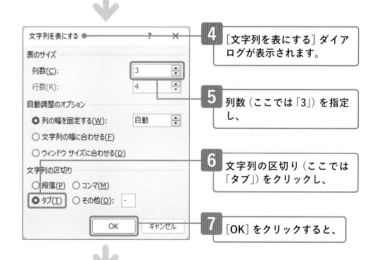

4 [文字列を表にする] ダイアログが表示されます。

5 列数（ここでは「3」）を指定し、

6 文字列の区切り（ここでは「タブ」）をクリックし、

7 [OK] をクリックすると、

8 タブを列の区切りにして表が作成されます。

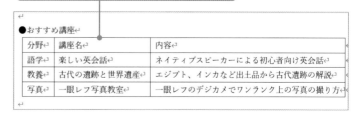

●おすすめ講座

分野	講座名	内容
語学	楽しい英会話	ネイティブスピーカーによる初心者向け英会話
教養	古代の遺跡と世界遺産	エジプト、インカなど出土品から古代遺跡の解説
写真	一眼レフ写真教室	一眼レフのデジカメでワンランク上の写真の撮り方

41 表内を移動して入力する

表を構成する一つ一つのマス目のことを「セル」といいます。表内に文字を入力するには、セルにカーソルを移動します。ここでは、カーソルの移動と表内で文字を入力する方法を確認しましょう。

ここで学べること	習得スキル	操作ガイド	ページ
	▶表内の移動と入力	レッスン41-1	p.249

🔭 まずは パッと見るだけ！

表内の移動と入力

　表内でクリックしてセル内にカーソルを移動したら、 Tab キーでセル間をカーソル移動しながら文字を入力します。

5 きれいな表を作成する

— \Before/ —
操作前

文字を入力するセルに
カーソルを表示

⊞ ●新規募集講座↵

↵	↵	↵	↵	↵
↵	↵	↵	↵	↵
↵	↵	↵	↵	↵

↵

— \After/ —
操作後

それぞれのセルに文字が入力された

●新規募集講座↵

分野↵	講座名↵	日時↵	月額↵	
語学↵	トラベル英会話↵	毎金曜日□13:00〜14：00↵	12,000 円↵	
教養↵	縄文時代と縄文土器↵	第 1 水曜日□14:00〜15：00↵	3,000 円↵	

表の入力は
ばっちり！

レッスン **41-1** 表内のカーソル移動と文字入力

練習用ファイル 41-ピックアップ講座.docx

操作 表内のカーソル移動と文字入力

キー操作で表内のカーソルを移動するには、[Tab] キーまたは→←↑↓キーを使います。
[Tab] キーを押すと、左から右へと表内を順番にカーソルが移動します。[Shift]+[Tab] キーで逆方向に移動します。目的のセルにカーソルが移動したら、文字を入力します。

Memo 右下角のセルで [Tab] キーを押すと行が追加される

表の右下角のセルで [Tab] キーを押すと表の下に行が自動的に追加されます。名簿などの表にデータを続けて追加する場合に便利です。
間違えて追加された場合は、直後に [Ctrl]+[Z] キーを押すか、p.260の手順で行を削除してください。

Memo 行の高さは自動で広がる

セル内で文字を入力し、確定した後に [Enter] キーを押すと改行され、行の高さが変わります。間違えて改行した場合は、[Back space] キーを押して段落記号を削除してください。
また、手順 **7** の3列2〜3行目のように、セル幅より長い文字を入力すると自動的に行の高さが広がります。1行に収めたい場合は、文字サイズを調整するか、p.255の手順で列幅を広げてください。

1 1行1列目のセルに「分野」と入力し、 **2** [Tab] キーを1回押すと、

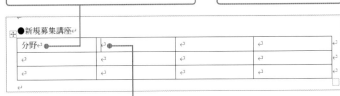

3 1つ右のセル（1行2列目）にカーソルが移動します。

4 同様に「講座名」「日時」「月額」と入力して、

5 [Tab] キーを押すと次の行の先頭のセル（2行1列目）にカーソルが移動します。

6 「語学」と入力し、 **7** 同様にして他のセルに文字を入力します。

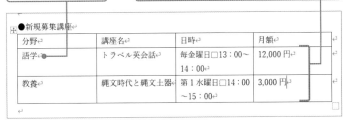

コラム 表の構成

表は、横方向の並びの「行」、縦方向の並びの「列」で構成されています。表の一つ一つのマス目のことを「セル」といいます。セルの位置は、「2行3列目のセル」というように行と列を組み合わせて表現します。表内にカーソルがある場合、表の左上角に [表の移動ハンドル] ⊞、右下角に [表のサイズ変更ハンドル] □が表示されます。

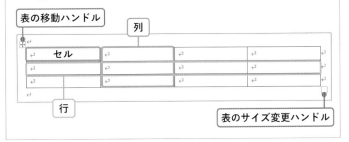

42 セル／行／列／表を選択する

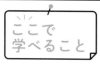
表作成

表内のセルや行、列に対して色を設定するなどの書式を設定するには、対象となるセルや行、列を選択します。表の構成を確認し、セル、行、列、表全体の選択方法を確認しましょう。

ここで学べること

習得スキル	操作ガイド	ページ
▶ セルの選択	レッスン 42-1	p.251
▶ 行の選択	レッスン 42-2	p.252
▶ 列の選択	レッスン 42-3	p.252
▶ 表の選択	レッスン 42-4	p.253

まずは パッと見るだけ！

セル／行／列／表の選択

表内のセルや行、列、表を選択するには、対象となるセルを選択します。マウスポインターの位置と形に注目してください。

5

きれいな表を作成する

Before／ 操作前

⊞ ●おすすめ講座↵			
分野↵	講座名↵	内容↵	↵
語学↵	楽しい英会話↵	ネイティブスピーカーによる初心者向け英会話↵	
教養↵	古代の遺跡と世界遺産↵	エジプト、インカなど出土品から古代遺跡の解説↵	
写真↵	一眼レフ写真教室↵	一眼レフのデジカメでワンランク上の写真の撮り方↵	
↵			

After／ 操作後

● **セルの選択：セルの左端に合わせ、➚の形でクリック**

⊞ ●おすすめ講座↵			
分野↵	講座名↵	内容↵	↵
語学↵	楽しい英会話↵	ネイティブスピーカーによる初心者向け英会話↵	
教養↵	古代の遺跡と世界遺産↵	エジプト、インカなど出土品から古代遺跡の解説↵	
写真↵	一眼レフ写真教室↵	一眼レフのデジカメでワンランク上の写真の撮り方↵	
↵			

● 行の選択：行の左余白に合わせ、⬈ の形でクリック

●おすすめ講座

分野	講座名	内容
語学	楽しい英会話	ネイティブスピーカーによる初心者向け英会話
教養	古代の遺跡と世界遺産	エジプト、インカなど出土品から古代遺跡の解説
写真	一眼レフ写真教室	一眼レフのデジカメでワンランク上の写真の撮り方

● 列の選択：列の上端に合わせ、⬇ の形でクリック

●おすすめ講座

分野	講座名	内容
語学	楽しい英会話	ネイティブスピーカーによる初心者向け英会話
教養	古代の遺跡と世界遺産	エジプト、インカなど出土品から古代遺跡の解説
写真	一眼レフ写真教室	一眼レフのデジカメでワンランク上の写真の撮り方

● 表の選択：表の左上の［表の移動ハンドル］に合わせ、⛶ の形でクリック

●おすすめ講座

分野	講座名	内容
語学	楽しい英会話	ネイティブスピーカーによる初心者向け英会話
教養	古代の遺跡と世界遺産	エジプト、インカなど出土品から古代遺跡の解説
写真	一眼レフ写真教室	一眼レフのデジカメでワンランク上の写真の撮り方

焦らずマウスポインターの形を見てね！

レッスン 42-1　セルを選択する

練習用ファイル　42-ピックアップ講座.docx

🖱 操作　**セルを選択する**

選択したいセルの左端にマウスポインターを合わせると、⬛ の形に変わります。クリックするとセルが選択されます。
なお、連続した複数のセルを選択する場合は、選択したいセル上をドラッグしてください。

📝 Memo　**離れた複数のセルを選択する**

1つ目のセルを選択した後、[Ctrl] キーを押しながら別のセルをクリックまたはドラッグすると、離れた場所にある複数のセルを選択できます。

📝 Memo　**選択を解除する**

文書内のいずれかの場所をクリックすると、選択が解除されます。

1 セル内の左端にマウスポインターを合わせて、⬛ の形に変わったら、

2 クリックすると、

●おすすめ講座

分野	講座名	内容
語学	楽しい英会話	ネイティブスピーカーによる初心者向け英
教養	古代の遺跡と世界遺産	エジプト、インカなど古代遺
写真	一眼レフ写真教室	一眼レフのデジカメでワンランク上の写

3 セルが選択されます。

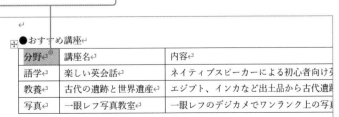

●おすすめ講座

分野	講座名	内容
語学	楽しい英会話	ネイティブスピーカーによる初心者向け英
教養	古代の遺跡と世界遺産	エジプト、インカなど古代遺
写真	一眼レフ写真教室	一眼レフのデジカメでワンランク上の写

レッスン **42-2** 行を選択する

練習用
ファイル 42-ピックアップ講座.docx

🖱 **操作　行を選択する**

選択したい行の左側にマウスポイン
ターを合わせると、🖈の形に変わり
ます。クリックすると行が選択され
ます。
なお、連続した複数の行を選択する
場合は、🖈の形で縦方向にドラッグ
します。

1 選択したい行の左側にマウスポインターを合わせ、
🖈の形に変わったときにクリックすると、

2 行が選択されます。

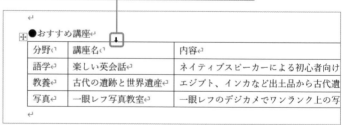

レッスン **42-3** 列を選択する

練習用
ファイル 42-ピックアップ講座.docx

🖱 **操作　列を選択する**

選択したい列の上側にマウスポイン
ターを合わせると、⬇の形に変わり
ます。クリックすると列が選択され
ます。
なお、連続した複数の列を選択する
場合は、⬇の形で横方向にドラッグ
します。

1 選択したい行の上側にマウスポインターを合わせ、
⬇の形に変わったときにクリックすると、

2 列が選択されます。

レッスン 42-4 表全体を選択する

練習用ファイル | 42-ピックアップ講座.docx

操作 表を選択する

表内でクリックし、表の左上角にある[表の移動ハンドル]にマウスポインターを合わせると、の形に変わります。クリックすると表全体が選択されます。

1 表内でクリックしてカーソルを移動し、

分野	講座名	内容
語学	楽しい英会話	ネイティブスピーカーによる初心者向け英会話
教養	古代の遺跡と世界遺産	エジプト、インカなど出土品から古代遺跡の解説
写真	一眼レフ写真教室	一眼レフのデジカメでワンランク上の写真の撮り方

●おすすめ講座

2 [表の移動ハンドル]⊞にマウスポインターを合わせ、

3 マウスポインターの形が⊞に変わったときにクリックすると、

●おすすめ講座

分野	講座名	内容
語学	楽しい英会話	ネイティブスピーカーによる初心者向け英会話
教養	古代の遺跡と世界遺産	エジプト、インカなど出土品から古代遺跡の解説
写真	一眼レフ写真教室	一眼レフのデジカメでワンランク上の写真の撮り方

4 表全体が選択されます。

Memo その他の選択方法

セル、行、列、表全体は、メニューを使用して選択することもできます。表の選択したい箇所にカーソルを移動し、コンテキストタブの[レイアウト]タブの[表の選択]をクリックして、表示されるメニューからそれぞれ選択します。

1 コンテキストタブの[レイアウト]タブ→[表の選択]をクリックすると、

2 メニューが表示されます。

43 列の幅や行の高さを調整する

表作成

列の幅や行の高さは、ドラッグで簡単に変更できます。また、列単位、行単位それぞれで変更するだけでなく、表全体をまとめてサイズを変更することもできます。また、複数の列の幅や行の高さを均等に揃えて見栄えを整えましょう。

ここで学べること

習得スキル	操作ガイド	ページ
▶列の幅と高さの変更	レッスン43-1	p.255
▶表のサイズ変更	レッスン43-2	p.256
▶列幅／行高を均等にする	レッスン43-3	p.257

まずは パッと見るだけ！

表のサイズを変更する

●列幅や行高の変更

●表全体のサイズ変更

●列幅や行高を均等にする

5

きれいな表を作成する

レッスン **43-1** 列の幅や行の高さを調整する

練習用ファイル　43-1-ピックアップ講座.docx

操作　列幅や行高を変更する

表の列幅を変更するには、列の右側の境界線をドラッグするかダブルクリックします。ドラッグした場合は、表全体の幅は変わりません。ダブルクリックした場合は、列内の最長の文字数に合わせて列幅が自動調整されます。このとき、表全体の幅も変更になります。
また、行の高さは、行の下側の境界線をドラッグします。行は文字長に合わせて高さが自動調整されます。

Memo　[Shift]キーを押しながらドラッグする

[Shift]キーを押しながら列の境界線をドラッグすると、右側の列の列幅を変更しないで列幅を調整できます。

Memo　セルの幅を変更する

セルが選択されている状態でドラッグすると、セル幅だけ変更することができます。

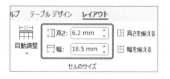

Memo　数値で列幅や行高を変更する

列幅や行高が決まっている場合は、数値で指定することもできます。変更したい列または行内にカーソルを移動し、コンテキストタブの［レイアウト］タブの［行の高さの設定］または［列の幅の設定］で指定します。

ドラッグして列幅を変更する

1 幅を変更する列の右側の境界線にマウスポインターを合わせ、⬌の形になったらドラッグすると、

2 列幅が変更されます。

3 右側の列幅が広くなり、表全体の幅は変わりません。

ダブルクリックで列幅を変更する

1 幅を変更する列の右側の境界線にマウスポインターを合わせ、⬌の形になったらダブルクリックすると、

2 列に入力されている文字長に合わせて列幅が自動調整されます。

3 表全体の幅が変わります。

Memo [表のプロパティ] ダイアログを使う

コンテキストタブの [レイアウト] タブにある [表のプロパティ] をクリックすると❶、表示される [表のプロパティ] ダイアログでも❷、列幅や行高の細かい調整ができます。

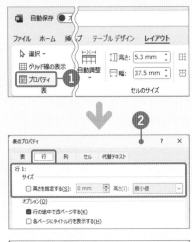

4 同様にして3列目をダブルクリックして列幅を自動調整し、

5 4列目をドラッグして列幅を調整します。

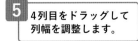

行の高さを変更する

1 高さを変更する行の下側の境界線にマウスポインターを合わせ、の形になったらドラッグすると、

2 行高が変更されます。

レッスン 43-2 表のサイズを変更する

練習用ファイル　43-2-ピックアップ講座.docx

操作　表のサイズを変更する

表全体のサイズを変更するには [表のサイズ変更ハンドル] □ をドラッグします。表内をクリックするか、マウスポインターを表内に移動すると表示されます。

Memo 細かい調整をする

[表のプロパティ] ダイアログを使用すると、表のサイズの細かい調整ができます。

1 表の右下にある [表のサイズ変更ハンドル] □ にマウスポインターを合わせの形になったらドラッグすると、

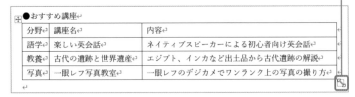

2 行の高さと列幅が均等な比率を保ったまま表全体のサイズが変更されます。

レッスン 43-3 複数の列の幅や行の高さを均等にする

練習用ファイル　43-3-ピックアップ講座.docx

操作　列幅や行高を均等に揃える

複数の列の幅や行の高さを揃えるには、揃えたい列または行を選択し、コンテキストタブの[レイアウト]タブの[幅を揃える]または[高さを揃える]を使います。

Memo [自動調整]で整える

コンテキストタブの[レイアウト]タブの[自動調整]を使うと、列の幅を自動的に調整できます。クリックすると、[文字列の幅に自動調整][ウィンドウの幅に自動調整][列の幅を固定する]のメニューが表示されます。このボタンを使用すると、各列の文字長に合わせて列幅を調節したり、1ページにきれいに収まるように調整したりできます。

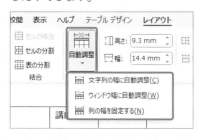

列の幅を揃える

1 幅を揃えたい列を選択し、

2 コンテキストタブの[レイアウト]タブ→[幅を揃える]をクリックすると、

3 列の幅が均等になります。

行の高さを揃える

1 高さを揃えたい行を選択し、

2 コンテキストタブの[レイアウト]タブ→[高さを揃える]をクリックすると、

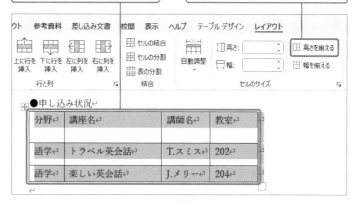

3 行の高さが均等になります。

Section

44 行や列を挿入／削除する

表作成

表を作成した後で、必要に応じて行や列を追加することができます。操作は簡単で、追加したい列や行の位置にある⊞をクリックするだけです。また、不要な行や列の削除も簡単で、削除したい行や列、表を選択したら Back space キーを押すだけです。

ここで学べること

習得スキル	操作ガイド	ページ
▶ 行や列の挿入	レッスン44-1	p.259
▶ 行や列や表の削除	レッスン44-2	p.260

🔭 まずは パッと見るだけ！

行や列の挿入と削除

簡単な操作で表に行や列を挿入したり、削除したりできます。

5
きれいな表を作成する

▼行や列の挿入

\ Before /
操作前

⊞ ●申し込み状況

分野	講座名	講師名	教室	
語学	トラベル英会話	T.スミス	202	
語学	楽しい英会話	J.メリー	204	

--→

\ After /
操作後

⊞ ●申し込み状況

分野	講座名	講師名	教室	
語学	トラベル英会話	T.スミス	202	
語学	楽しい英会話	J.メリー	204	

行の挿入

▼行や列の削除

\ Before /
操作前

⊞ ●申し込み状況

分野	講座名	講師名	教室	
語学	トラベル英会話	T.スミス	202	
語学	楽しい英会話	J.メリー	204	

--→

\ After /
操作後

⊞ ●申し込み状況

分野	講座名	講師名	教室	
語学	トラベル英会話	T.スミス	202	
語学	楽しい英会話	J.メリー	204	

行の削除

後から増やしたいときも大丈夫〜

レッスン **44-1** 行や列を挿入する

練習用
ファイル **44-1-ピックアップ講座.docx**

🖱 **操作　行や列を挿入する**

表を作成した後で行を追加するには、表の左側で行を追加したい位置にマウスポインターを合わせると表示される⊞をクリックします。
列を挿入する場合は、表の上側で列を追加したい位置に表示される⊞をクリックします。

行を挿入する

1 表の左側で行を挿入したい位置にマウスポインターを移動すると⊞が表示され、行間が二重線になったら、クリックすると、

2 行が挿入されます。

💡 Point **1行目の上に行、1列目の左に列を挿入するには**

1行目の上や1列目の左には⊞が表示されません。ここに行を挿入するには、1行目にカーソルを移動し、コンテキストタブの[レイアウト]タブをクリックし、[上に行を挿入]をクリックします❶。
同様に1列目の左に列を挿入するには、1列目にカーソルを移動し、❷[左に列を挿入]をクリックします。

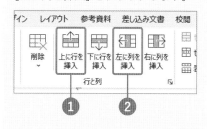

列を挿入する

1 表の上側で列を挿入したい位置にマウスポインターを移動すると⊞が表示され、列間が二重線になったら、クリックすると、

2 列が挿入されます。

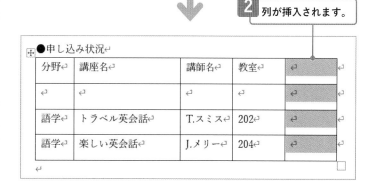

レッスン 44-2 行や列や表を削除する

練習用ファイル 44-2-ピックアップ講座.docx

操作 行や列、表を削除する

表を作成した後で行や列、表を削除するには、[Back space]キーを押します。
または、削除したい行、列、表を選択し、選択範囲内で右クリックして、それぞれ、[行の削除]、[列の削除]、[表の削除]をクリックしても削除できます。

Memo [Delete]キーだと文字列が削除される

行や列を選択し、[Delete]キーを押した場合は、選択範囲に入力されている文字列が削除されます。

Memo メニューを使って削除する

削除したいセル、行や列内にカーソルを移動し、コンテキストタブの[レイアウト]タブにある[削除]をクリックし❶、表示されるメニューからそれぞれ削除できます❷。メニューで[セルの削除]をクリックすると、[表の行/列/セルの削除]ダイアログが表示され❸、削除対象（セル、行全体、列全体）、および削除後に表を詰める方向を指定できます。

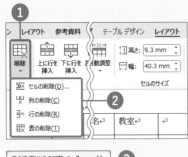

行を削除する

1 削除したい行を選択し、[Back space]キーを押すと、

2 削行が削除されます。

列を削除する

1 削除したい列を選択し、[Back space]キーを押すと、

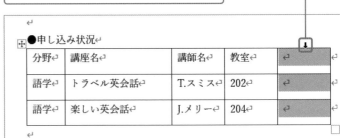

2 列が削除されます。

表を削除する

1 [表の移動ハンドル] ⊞ をクリックして
表を選択し、Back space キーを押すと、

表の作成の
基本は
ばっちり！

2 表が削除されます。

●申し込み状況

⊙ コラム　表を解除する

表を削除すると、表内に入力されていた文字列も含めてすべて削除されます。表だけ削除して文字列は残したい場合は、次の手順で表を解除します。表内でクリックし❶、コンテキストタブの [レイアウト] タブをクリックして❷、[表の解除] をクリックします❸。[表の解除] ダイアログで文字の区切り（ここでは [タブ]）を選択し❹、[OK] をクリックします❺。すると、表が解除され、列の区切りにタブが挿入され、文字だけが残ります❻。

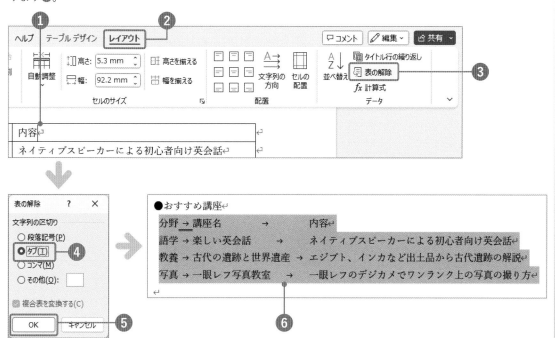

Section

45 セルを結合／分割する

表作成

2行分の高さを使って項目を入力したいとか、1つのセルを6つに仕切りたいといった場合、セルの結合やセルの分割の機能を使うと便利です。また、1つの表を分割して2つの表に分けることも可能です。

ここで
学べること

習得スキル	操作ガイド	ページ
▶ セルの結合	レッスン 45-1	p.263
▶ セルの分割	レッスン 45-2	p.263

 まずは パッと見るだけ！

セルの結合と分割

セルの結合と分割を確認しましょう。入力する項目毎にセルがあると、入力や、データの管理がしやすくなります。

╲Before╱
操作前

●申し込み状況

分野	講座名	講師名	教室	申込者／定員	
教養	縄文時代と縄文土器	本田孝志	203		
写真	一眼レフ写真教室	辻本博之	201		
語学	トラベル英会話	T.スミス	202		
語学	楽しい英会話	J.メリー	204		

╲After╱
操作後

●申し込み状況

分野	講座名	講師名	教室	申込者／定員	
教養	縄文時代と縄文土器	本田孝志	203		
写真	一眼レフ写真教室	辻本博之	201		
語学	トラベル英会話	T.スミス	202		
	楽しい英会話	J.メリー	204		

セルの結合　　　　　　　　セルの分割

語学のセルが2行分になっていますね。申し込者と定員を別のセルに分割すると入力しやすそう！

レッスン **45-1** セルを結合する

45-1-ピックアップ講座.docx

🖱️操作 **セルを結合する**

連続する複数のセルを1つにまとめるには、コンテキストタブの［レイアウト］タブの［セルの結合］をクリックします。

📝Memo **セルの結合後、不要な文字を削除しておく**

セルを結合した場合、それぞれのセルに入力されていた文字はそのまま残ります。使用例の場合は「語学」が2つ表示されるので、余分な文字を削除して整えておきます。

1 1つにまとめたい連続するセルを選択し、

2 コンテキストタブの［レイアウト］タブ→［セルの結合］をクリックすると、

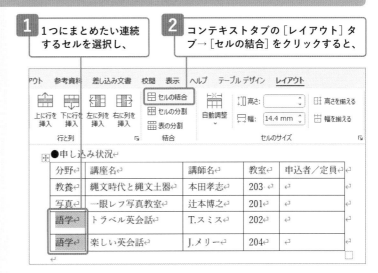

3 セルが結合されます。

4 セル内にある不要な文字を削除しておきます。

レッスン **45-2** セルを分割する

45-2-ピックアップ講座.docx

🖱️操作 **セルを分割する**

1つのセルまたは、連続する複数のセルを指定した行数、列数に分割できます。
分割したいセルを選択し、コンテキストタブの［レイアウト］タブの［セルの分割］をクリックし、［セルの分割］ダイアログボックスで、分割後の列数、行数を指定します。

ここでは、5列目の2行目～5行目を2列に分割します。

1 分割したいセルを選択し、

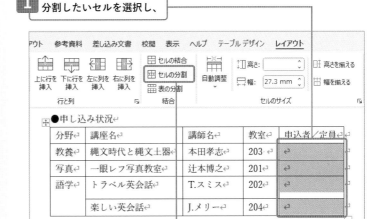

2 コンテキストタブの［レイアウト］タブ→［セルの分割］をクリックすると、

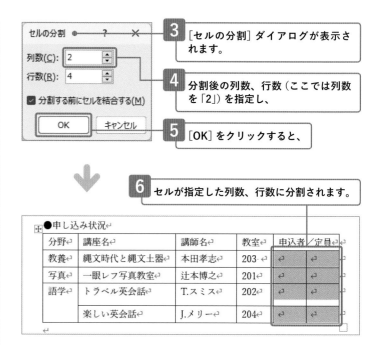

3 [セルの分割] ダイアログが表示されます。

4 分割後の列数、行数（ここでは列数を「2」）を指定し、

5 [OK] をクリックすると、

6 セルが指定した列数、行数に分割されます。

5

きれいな表を作成する

✎ Memo ドラッグで分割／結合する

ペンで線を引くようにセルを分割したり、消しゴムで線を消すようにセルを結合することができます。

● **セルの分割**

カーソルを表の中に移動し❶、コンテキストタブの [レイアウト] タブの [罫線を引く] をクリックすると❷、カーソルの形が鉛筆 🖉 になり、ドラッグで罫線が引けます❸。
解除するには、[罫線を引く] を再度クリックするか、Esc キーを押します。

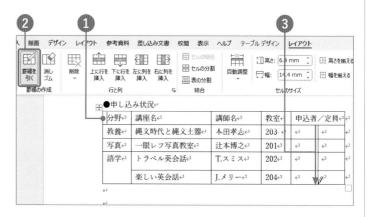

● **セルの結合**

カーソルを表の中に移動し❶、コンテキストタブの [レイアウト] タブの [消しゴム] をクリックすると❷、カーソルの形が消しゴム 🖉 になり、クリックで罫線を削除できます❸。
解除するには、[消しゴム] を再度クリックするか、Esc キーを押します。

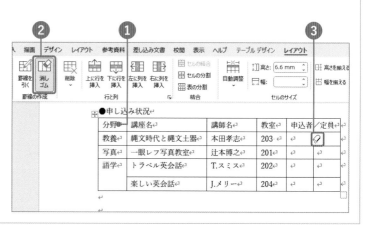

コラム　表を移動する

表全体の配置を変更するには、表全体を選択し、[ホーム] タブの [段落] グループにある配置ボタン 三三三 を
クリックします。または、移動ハンドル 田 をドラッグすると自由な位置に配置でき、自動的に文字が表の横
に回りこみます。

● ボタンを使って移動する

[表の移動ハンドル] 田 をクリックし
て表全体を選択し❶、[ホーム] タブ
→ [中央揃え] をクリックすると❷、
表全体の配置（ここでは中央揃え）が
設定されます❸。

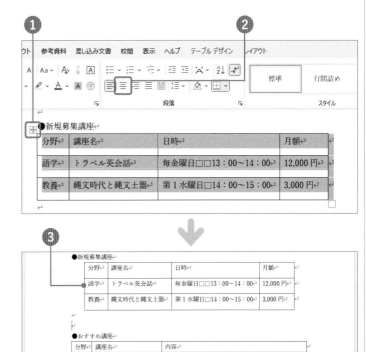

● ドラッグで移動する

[表の移動ハンドル] 田 にマウスポイ
ンターを合わせ、ドラッグすると❶、
ドラッグした位置に表が移動します
❷。文字が表の横に回り込みます❸。

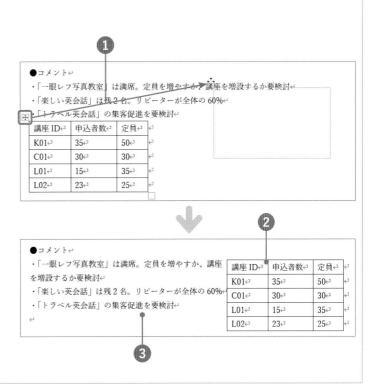

46 表の書式を変更する

表作成

表内に入力した文字の配置を変更したり、表の罫線の種類を変更したりして表を整えていきます。例えば表の周囲を太線、境界線を点線にして線の種類を変更したり、セルに色を付けたりして体裁を整えます。

ここで学べること

習得スキル	操作ガイド	ページ
▶ セル内の文字配置の変更	レッスン46-1	p.267
▶ セルの色の変更	レッスン46-2	p.268
▶ 線の種類／太さの変更	レッスン46-3	p.269

 まずは **パッと見るだけ！**

表の書式を変更する

文字の配置やセルの色、罫線の種類を変更して表を整える様子を確認しましょう。

\Before/
操作前

●新規募集講座

分野	講座名	日時	月額
語学	トラベル英会話	毎金曜日□□13：00〜14：00	12,000 円
教養	縄文時代と縄文土器	第 1 水曜日□14：00〜15：00	3,000 円

\After/
操作後

●新規募集講座

分野	講座名	日時	月額
語　学	トラベル英会話	毎金曜日□□13：00〜14：00	12,000 円
教　養	縄文時代と縄文土器	第 1 水曜日□14：00〜15：00	3,000 円

> タイトルは中央揃え、数値は右揃えが一般的です

見出しとデータが区別されて、見やすくなった

レッスン **46-1** セル内の文字配置を変更する

練習用
ファイル　**46-1-ピックアップ講座.docx**

🖱 **操作**　**セル内の文字配置を
変更する**

セル内の文字は、上下と左右で配置
を変更できます。初期設定では、[上
揃え（左）]に配置されています。配
置を変更したいセルを選択し、コン
テキストタブの[レイアウト]タブの
[配置]グループにあるボタンを使い
ます。

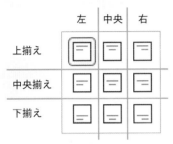

✍ **Memo**　**セル内で均等割り付け
するには**

セル内の文字をセル幅に均等に配置
したい場合は、[ホーム]タブ→[両
端揃え]をクリックします❶。セル
幅いっぱいに文字列が広がります❷。
[両端揃え]をクリックするごとに設
定と解除が切り替わります。

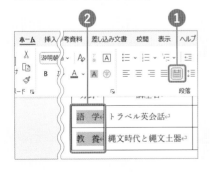

[中央揃え]に設定する

1 配置を揃えたいセル（こ
こでは1行目）を選択し、

2 コンテキストタブの[レイアウト]タ
ブ→[中央揃え]をクリックすると、

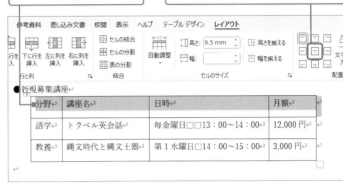

3 選択したセル内の文字が上下、
左右で中央に揃います。

4 同様に1列2～3行目（「語学」「教養」）のセルも上下、
左右で中央揃えにします。

[中央揃え（左）]、[中央揃え（右）]に設定する

1 上下中央揃えにしたいセル（こ
こでは、2～3行目の2列目～
3列目のセル）を選択し、

2 コンテキストタブの[レイアウ
ト]タブ→[中央揃え（左）]を
クリックすると、

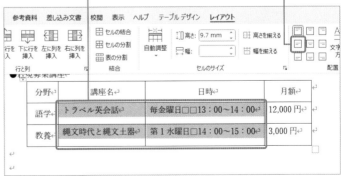

3 文字列がセルの上下で中央に設定されます。

4 同様にして月額列の2〜3行目のセルを選択し、コンテキストタブの[レイアウト]タブ→[中央揃え（右）]をクリックして、

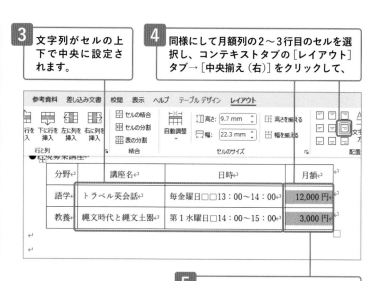

5 上下で中央、右揃えに設定します。

レッスン 46-2 セルの色を変更する

練習用ファイル 46-2-ピックアップ講座.docx

1 色を変更したいセルを選択し、

操作 セルの色を変更する

セルの色は、コンテキストタブの[テーブルデザイン]タブにある[塗りつぶし]で変更します。

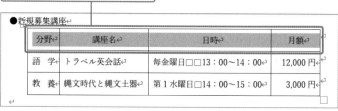

2 コンテキストタブの[テーブルデザイン]タブクリックし、

3 [塗りつぶし]の ∨ をクリックして、

Memo 続けて同じ色を設定する場合

手順 **4** で色をクリックすると、[塗りつぶし]に設定した色が表示されます。同じ色を続けて設定したい場合は、直接[塗りつぶし]をクリックするだけで設定できます。

直前に設定した色が表示され、ここをクリックするだけで設定できます。

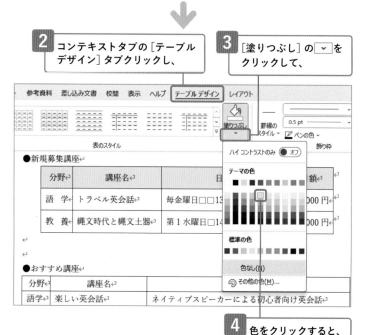

4 色をクリックすると、

5 セルに色が設定されます。

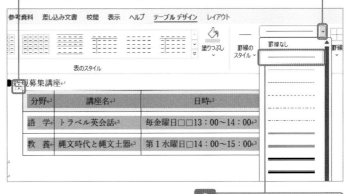

●新規募集講座

分野	講座名	日時	月額
語　学	トラベル英会話	毎金曜日□□13：00～14：00	12,000 円
教　養	縄文時代と縄文土器	第 1 水曜日□□14：00～15：00	3,000 円

レッスン 46-3 線の種類や太さを変更する

練習用ファイル　46-3-ピックアップ講座.docx

🖱 操 作　表の罫線を変更する

表の罫線を後から変更するには、コンテキストタブの［テーブルデザイン］タブにある［ペンのスタイル］で線の種類、［ペンの太さ］で太さ、［ペンの色］で色を選択して、変更後の罫線の種類を指定します。マウスポインターがペンの形✐に変更されるので、1 本ずつドラッグして変更できます。また、外枠を変更する場合は、［罫線］で［外枠］を選択すればすばやく変更できます。

外枠を太線に変更する

1 ［表の移動ハンドル］田をクリックして表全体を選択し、

2 コンテキストタブの［テーブルデザイン］タブ→［ペンのスタイル］の▼をクリックし

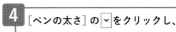

3 罫線の種類を選択します。

4 ［ペンの太さ］の▼をクリックし、

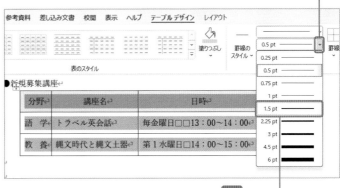

5 太さを選択します。

📝 Memo　罫線の変更を終了するには

ペンのスタイル、太さ、色を変更すると、マウスポインターの形が✐に変わり、ドラッグでなぞると罫線が変更されます。変更を終了するには Esc キーを押すか、コンテキストタブの［テーブルデザイン］タブの［罫線の書式設定］をクリックしてオフにします。

ここをクリックしてオフにすると終了します。

Memo 同じ設定で罫線を引く

罫線の変更は、直前に設定した罫線の設定のまま保持されます。
同じ罫線に変更したい場合は、コンテキストタブの［テーブルデザイン］タブの［罫線の書式設定］をクリックしてオンにし❶、罫線をなぞるようにドラッグしてください❷。

Memo ［罫線］を使って変更する

［罫線］をクリックして表示されるメニューを使うと、右の手順のように外枠の罫線を一気に変更することができる他に、セルすべてに同種の罫線を引くことのできる［格子］や、逆にすべての罫線を消去する［枠なし］を選択することで、表全体の罫線をすばやく変更できます。クリックするごとに設定と解除が切り替わります。

---

6 ［ペンの色］をクリックし、　**7** 色をクリックします。

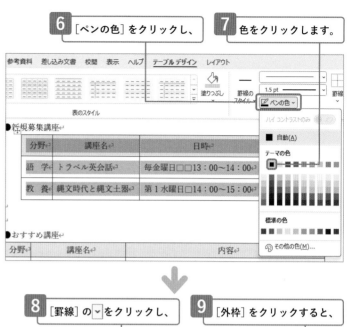

8 ［罫線］の v をクリックし、　**9** ［外枠］をクリックすると、

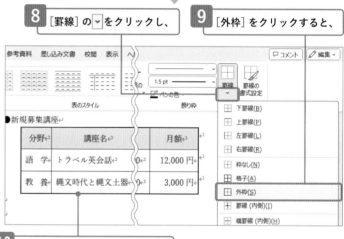

10 表の外枠の罫線が変更されます。

1本ずつ変更する

ここでは、1行目の下罫線の種類を「二重線」、太さを「0.5pt」、色を「黒」に設定します。

1 表内にカーソルを移動し、　**2** コンテキストタブの［テーブルデザイン］タブ→［ペンのスタイル］で二重線を選択します。

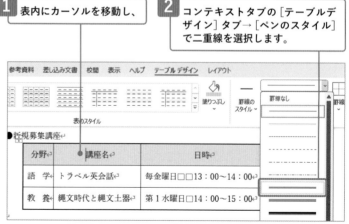

Memo 罫線のスタイルを使う

コンテキストタブの[テーブルデザイン]タブにある[罫線のスタイル]には、種類、太さ、色がセットになった罫線のスタイルが用意されています。
一覧からクリックするだけですぐに設定できます。また、一覧の最後に最近使った罫線のスタイルが履歴として残っているので、それをクリックすれば、再度設定し直す必要はありません。

3 [ペンの太さ]で「0.5pt」を選択し、

4 [ペンの色]で「黒」を選択します。

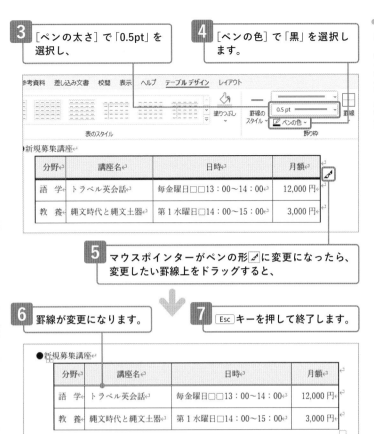

5 マウスポインターがペンの形 ✏ に変更になったら、変更したい罫線上をドラッグすると、

6 罫線が変更になります。

7 Esc キーを押して終了します。

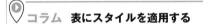

コラム 表にスタイルを適用する

表のスタイルは、罫線、塗りつぶしの色などの書式を表全体に組み合わせたものです。一覧からスタイルをクリックするだけで簡単に表の見栄えを整えられます。表内にカーソルを移動し**①**、コンテキストタブの[テーブルデザイン]タブの[表のスタイル]グループで[その他] ▽ をクリックして**②**、一覧からスタイルを選択すると**③**、表全体にスタイルが適用されます**④**。

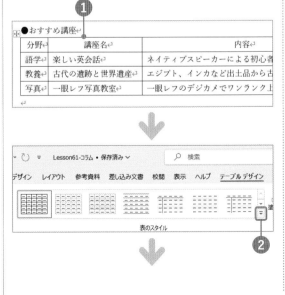

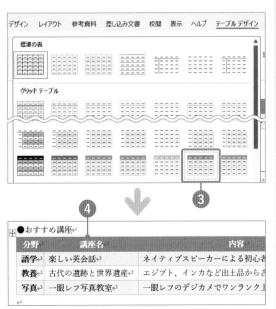

47 タイトル行を繰り返し表示する

表作成

複数ページにわたる表でページが変わるごとに項目名を作成するのは面倒です。Wordには表のタイトル行を各ページに表示する便利な機能が用意されています。ここでは、その方法を確認しましょう。

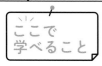
ここで
学べること

習得スキル	操作ガイド	ページ
▶ タイトル行を繰り返す	レッスン47-1	p.273

まずは パッと見るだけ！

タイトル行を繰り返す

商品リストや名簿のような行数の多い表の場合、複数ページに分かれても各ページに表の1行目にある項目名を自動的に表示するように設定できます。

\Before/
操作前

1ページ

NO	氏名	フリガナ	郵便番号	都道府県	住所
1	谷本□紀子	タニモト□ノリコ	670-0046	兵庫県	姫路市東雲町 2-X-X□
2	松本□雄介	マツモト□ユウスケ	739-1203	広島県	安芸高田市向原町長田 3-16-X□
3	佐々木□昭三	ササキ□ショウゾウ	314-0147	茨城県	神栖市鰐川 3-XX□○○グランド 101□

2ページ

39	柳沢□博	ヤナギサワ□ヒロシ	818-0022	福岡県	筑紫野市筑紫駅前通 2-10-X□
40	原田□久美子	ハラダ□クミコ	369-0215	埼玉県	深谷市今泉 4-X-X□□シーサイド 408□
41	高村□希美	タカムラ□ノゾミ	358-0007	埼玉県	入間市黒須 2-X□プラザ △317□
42	堀田□元太	ホッタ□ゲンタ	108-0073	東京都	港区 三田 1-XX□

\After/
操作後

1ページ

NO	氏名	フリガナ	郵便番号	都道府県	住所
1	谷本□紀子	タニモト□ノリコ	670-0046	兵庫県	姫路市東雲町 2-X-X□
2	松本□雄介	マツモト□ユウスケ	739-1203	広島県	安芸高田市向原町長田 3-16-X□
3	佐々木□昭三	ササキ□ショウゾウ	314-0147	茨城県	神栖市鰐川 3-XX□○○グランド 101□

2ページ

NO	氏名	フリガナ	郵便番号	都道府県	住所
39	柳沢□博	ヤナギサワ□ヒロシ	818-0022	福岡県	筑紫野市筑紫駅前通 2-10-X□
40	原田□久美子	ハラダ□クミコ	369-0215	埼玉県	深谷市今泉 4-X-X□□シーサイド 408□
41	高村□希美	タカムラ□ノゾミ	358-0007	埼玉県	入間市黒須 2-X□プラザ △317□

2ページ目にもタイトル行が表示された。

見出しが常に
表示されてい
るとわかりやすい！

5
きれいな表を作成する

レッスン 47-1　2ページ目以降も表のタイトルを表示する

練習用
ファイル　47-住所録.docx

操作　表のタイトルを自動表示する

2ページ目以降も表のタイトルを表示するには、表の1行目内にカーソルを移動し、コンテキストタブの[レイアウト]タブにある[タイトル行の繰り返し]をクリックしてオンにします。

Memo　2ページ目以降のタイトル行は編集できない

2ページ目以降に自動的に表示されたタイトル行を編集することはできません。タイトル行を編集したい場合は、1ページ目の表の1行目で操作します。

Memo　タイトル行の繰り返しをオフにするには

タイトル行の繰り返し表示をオフにするには、表の1行目にあるタイトル行内でクリックしてカーソルを表示し、コンテキストタブの[レイアウト]タブ→[タイトル行の繰り返し]をクリックしてオフにします。

1 表のタイトル行となる1行目内でクリックしてカーソルを表示し、

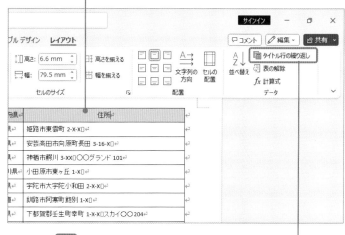

2 コンテキストタブの[レイアウト]タブ→[タイトル行の繰り返し]をクリックしてオンにすると、

3 スクロールバーのつまみを下方向にドラッグして2ページ目を表示すると、

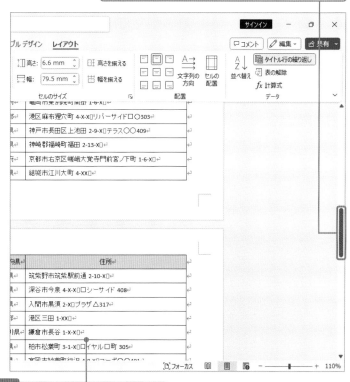

4 2ページ目の先頭に自動的にタイトル行が表示されます。

Section

48 Excelの表をWordに貼り付ける

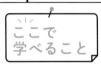

Excelで作成した表やグラフをWordの文書に貼り付けて利用することができます。Wordで作成する報告書の資料として文書内にExcelで集計した表を貼り付ければ、Wordで作り直す必要がなく、効率的に資料作成ができます。

ここで
学べること

習得スキル	操作ガイド	ページ
▶ Excelの表の貼り付け	レッスン48-1	p.275
▶ Excelのグラフの貼り付け	レッスン48-2	p.276

まずは パッと見るだけ!

Excelの表やグラフを文書に貼り付ける

以下は、Excelで作成した「売上集計.xlsx」の表とグラフを、Wordの「報告書.docx」に貼り付けた例です。

\ Before /
操作前

\ After /
操作後

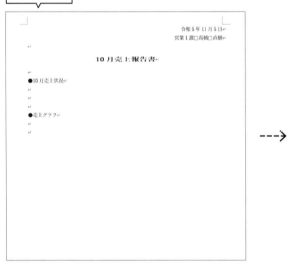

--->

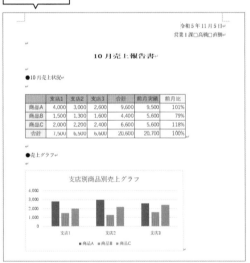

Excelは 表 や
グラフの作成
が得意なソフ
トです

レッスン 48-1 Excelの表をWordに貼り付ける

48-売上集計.xlsx
48-1-売上報告書.docx

Excelを起動して使用するファイルを開き、Wordの文書も開いておきます。

操作 Excelの表を文書に貼り付ける

Excelで作成した表をコピーして、Wordに貼り付けるだけで簡単に表を作成できます。
貼り付け後は、元のExcelのデータとは関係なく、Wordの表として編集できます。

Memo ExcelとWordを切り替えるには

起動中のExcelとWordを切り替えるには、タスクバーに表示されているExcelやWordのアイコンをクリックします。

Memo Excelの計算式は貼り付けられない

Excelの表で設定されていた計算式はコピーされず、計算結果の文字列が貼り付けられます。

ショートカットキー

● コピー
[Ctrl] + [C]
● 貼り付け
[Ctrl] + [V]

1 Excelのファイル（ここでは「65-売上集計.xlsx」）を開き、表を選択して、

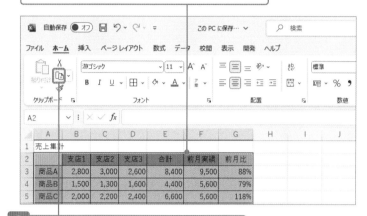

2 ［ホーム］タブ→［コピー］をクリックします。

3 Wordの文書で表を挿入する位置にカーソルを移動し、

4 ［ホーム］タブ→［貼り付け］をクリックすると、

5 Excelの表がWordの表として貼り付けられます。

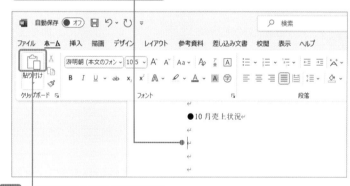

Excelの表を［貼り付けのオプション］で貼り付ける方法

［貼り付け］の⏷をクリックすると、貼り付け方法を選択できます。また、貼り付け直後に表の右下に表示される［貼り付けのオプション］🗐(Ctrl)·をクリックしても同じメニューが表示され、貼り付け方法を変更できます。なお、前ページの手順❹の［貼り付け］では、［元の書式を保持］で貼り付けられます。❸の「リンク（元の書式を保持）」と❹の「リンク（貼り付け先のスタイルを適用）」は、元のExcelデータと連携しています。

ボタン	名前	内容
❶ 🖌	元の書式を保持	Wordの表として貼り付けられ、Excelで設定した書式がそのまま残る
❷ 📋	貼り付け先のスタイルを使用	Wordの表として貼り付けられ、Wordの標準的な表のスタイルが適用される
❸ 🖌	リンク（元の書式を保持）	Excelのデータと連携された状態で貼り付けられ、Excelで設定した書式がそのまま残る
❹ 📋	リンク（貼り付け先のスタイルを適用）	Excelのデータと連携された状態で貼り付けられ、Wordの標準的な表のスタイルが適用される
❺ 🖼	図	Excelの表をそのまま図として貼り付ける。そのためデータの変更はできない
❻ 🅰	テキストのみ保持	データの区切りをタブにして、文字列だけを貼り付ける

5

きれいな表を作成する

レッスン 48-2 ExcelのグラフをWordに貼り付ける

練習用ファイル 48-売上集計.xlsx
48-2-売上報告書.docx

🖱 操作 **Excelのグラフを文書に貼り付ける**

Excelで作成したグラフをコピーし、Wordに貼り付けることができます。貼り付けたグラフは元のExcelのグラフとは関係なく、Wordのグラフとして編集できます。

ここでは「売上集計.xlsx」のグラフをWord文書に貼り付けます。Excelを起動して使用するファイルを開き、Wordの文書も開いておきます。

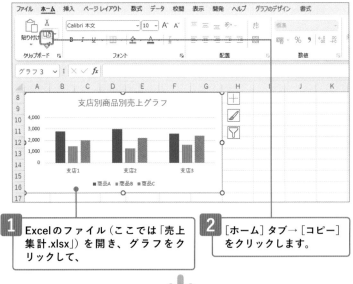

1 Excelのファイル（ここでは「売上集計.xlsx」）を開き、グラフをクリックして、

2 ［ホーム］タブ→［コピー］をクリックします。

3 Wordの文書でグラフを挿入する位置にカーソルを移動し、

●売上グラフ

Memo 埋め込みとは

埋め込みとは、作成元のデータと連携しないでデータを貼り付けることで、作成元のデータが変更されても、埋め込まれたデータは変更されません。Excelのグラフを埋め込むと元のExcelのデータとは関係なくWord文書内で自由に編集できます。

4 [ホーム] タブ→[貼り付け] の ⌄ をクリックし、

5 [貼り付け先のテーマを使用しブックを埋め込む]をクリックします。

6 Excelのグラフが文書に埋め込まれます。

7 グラフをクリックして選択すると

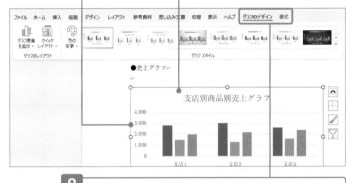

●売上グラフ

支店別商品別売上グラフ

8 コンテキストタブの[グラフのデザイン]タブと[書式]タブが表示され、Word内でグラフの編集ができます。

Memo グラフの貼り付け方法の選択肢

[貼り付け] の ⌄ をクリックしたときに表示される貼り付け方法は、下表のようなものがあります。

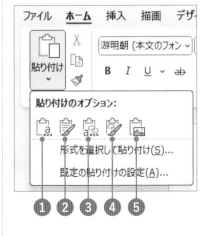

ボタン	名前	内容
❶	貼り付け先のテーマを使用しブックを埋め込む	Excelで設定した書式を削除し、Wordのテーマを適用してグラフが埋め込まれる
❷	元の書式を保持しブックを埋め込む	Excelで設定した書式がそのまま残り、Wordにグラフが埋め込まれる
❸	貼り付け先テーマを使用しデータをリンク	Excelで設定した書式を削除し、Wordのテーマを適用してグラフがExcelのデータと連携した状態で貼り付ける
❹	元の書式を保持しデータをリンク	Excelで設定した書式がそのまま残り、WordにグラフがExcelのデータと連携した状態で貼り付ける
❺	図	グラフをそのまま図として貼り付ける。そのためデータの変更はできない

練習問題 表作成の練習をしよう

練習用ファイル 演習5-注文書.docx

社外文書「注文書」の完成見本を参照し、以下の指示通り表を作成してください。

1 文書の末尾（10行目）に5行6列の表を挿入する

2 1行目に項目名を入力する

3 1行目のセルに薄い灰色を設定する

4 各セルにデータを入力する（5行目の「合計」は1列目に入力しておきます）

5 列の幅を各列で自動調整し、6列目のみ少し広め（約20mmぐらい）に設定する

　　　ヒント：コンテキストタブの［レイアウト］タブにある［列の幅の設定］で指定できます

6 5行目の1～5列をセル結合する

7 罫線の種類や太さを以下の通り変更する

　・外枠…線種：実線、太さ：1.5pt、ペンの色：黒

　・4行目の下横線…線種：二重線、太さ：0.5pt、ペンの色：黒

8 各セルの文字配置を以下の順序で変更する

　・1行目と1列目、5行目の「合計」のセル：中央揃え

　・2～3列の2～4行目（商品NOと商品名のセル）：中央揃え（左）

　・4～6列の2～4行目と5行目の金額のセル：中央揃え（右）

9 行の高さを以下のように変更する

　・1～4行目：8mm

　・5行目：13mm

　　　ヒント：コンテキストタブの［レイアウト］タブにある［行の高さの設定］で指定できます

10 表全体を中央揃えに設定する

　　　ヒント：p.265のコラムを確認してください

▼完成見本

ご注文ありがとうございます。

以下の通りご注文を承りました。

NO	商品NO	商品名	価格(税込)	数量	金額
1	R101	レーズンサンドセット	1,620	1	1,620
2	C203	レモンシフォンケーキ	1,080	2	2,160
3	C105	イチゴシフォンケーキ	1,296	4	5,184
合計					8,964

第 **6** 章

文書の中に
図形を作成する

ここでは、四角形や直線などの図形の作成と編集方法を説明します。複数の図形を配置した場合は、整列したり、グループ化したりしてレイアウトを整えることもできます。また、文字を任意の位置に表示できるテキストボックスの扱い方も紹介します。

図形は文書の
アクセント！

Section

49 図形を作成する

図形作成 文書中に、四角形や円、直線や矢印などの図形を描いて挿入することができます。四角形や直線といった基本的な図形から作成してみましょう。

ここで学べること

習得スキル	操作ガイド	ページ
▶ 図形の描画	レッスン 49-1	p.281
▶ 直線の描画	レッスン 49-2	p.282

まずは パッと見るだけ！

図形の作成

文書内の自由な位置に図形を作成できます。四角形、円、直線だけでなく、さまざまな形の図形を作成できます。

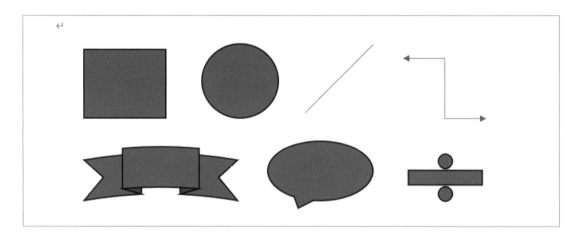

6

文書の中に図形を作成する

作成できる図形は
レッスン66-1で
チェック！

Memo オブジェクト

文書に作成された図形は、「オブジェクト」といいます。オブジェクトは、図形の他に、ワードアート、画像、アイコン、SmartArt、スクリーンショットなどがあります。

レッスン 49-1 図形を描画する

操作 図形を描画する

図形を描画するには、[挿入] タブの [図形の作成] をクリックし、一覧から作成したい図形をクリックして、ドラッグします。初期設定では、青色で塗りつぶされた図形が作成されます。作成後、色やサイズなどを変更して目的の図形に整えます。

Point 中心から描画するには

Ctrl キーを押しながらドラッグすると、図形が中心から描画されます。

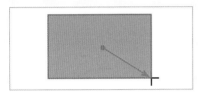

Memo レイアウトオプション

図形を作成後、図形の右上に [レイアウトオプション] ▲が表示されます。クリックすると、図形に対する文字列の折り返しや配置などメニューが表示されます。詳細は p.295 を参照してください。

Memo 図形を選択／解除する

図形の中または境界線でマウスポインターの形が 🖑 の状態でクリックすると図形が選択され、周囲に白いハンドル ◯ が表示されます。図形以外をクリックすると選択が解除されます。

Memo 図形を削除する

図形を選択し、Delete キーを押します。

1 [挿入] タブ→[図形の作成] をクリックして、

2 作成する図形（ここでは [正方形/長方形]）をクリックします。

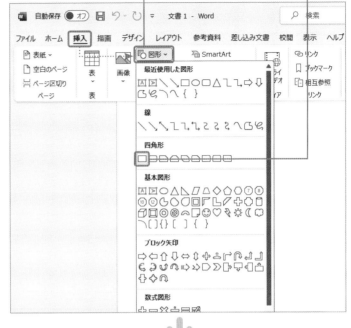

3 マウスポインターの形が ⊞ に変わり、開始位置から終了位置までドラッグすると、

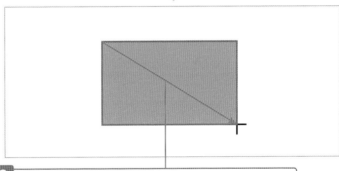

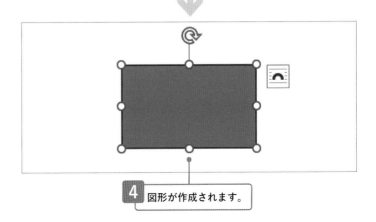

4 図形が作成されます。

レッスン 49-2 直線を引く

操作　直線を描画する

直線はドラッグした方向に自由な角度で引くことができます。線には、直線だけでなく、矢印の付いた直線や、コネクターなどさまざまな種類の線が用意されています。

Memo　正方形や水平線を描画する

Shift ＋ドラッグで正方形や正円など縦と横の比率が1対1の図形を描画できます。また、直線の場合は、水平線、垂直線、45度の斜線が描画できます。

1 ［挿入］タブ→［図形の作成］をクリックして、

2 作成する図形（ここでは［線］）をクリックします。

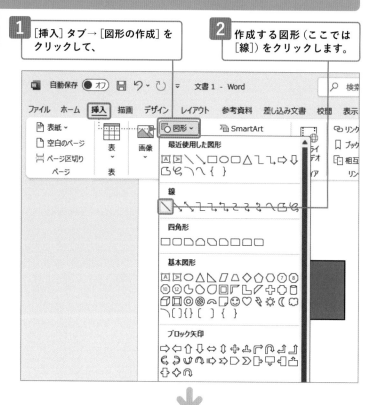

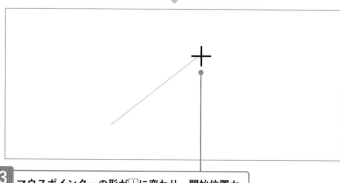

3 マウスポインターの形が田に変わり、開始位置から終了位置までドラッグすると、

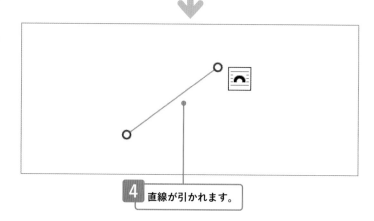

4 直線が引かれます。

作成した図形は、初期設定では青色で表示されます。作成後に目的の図形になるように編集します。大きさや色、回転、変形、影などの効果、文字の入力など、さまざまな設定が行えます。

ここで
学べること

習得スキル	操作ガイド	ページ
▶図形のサイズ変更	レッスン50-1	p.284
▶図形の回転と変形	レッスン50-2〜3	p.284〜p.285
▶図形の見た目の変更	レッスン50-4〜6	p.285〜p.288
▶図形内に文字入力	レッスン50-7	p.288

👀 まずは パッと見るだけ！

図形を編集して使う

作成した図形には、サイズ変更、回転、色や線の太さなどいろいろな編集を行うことができます。これらの編集を組み合わせることもできます。

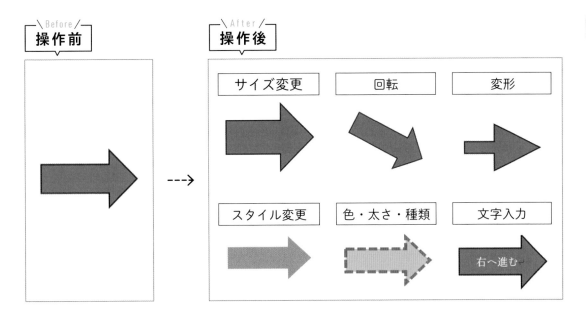

\Before/
操作前

\After/
操作後

| サイズ変更 | 回転 | 変形 |

| スタイル変更 | 色・太さ・種類 | 文字入力 |

右へ進む

レッスン **50-1** 図形のサイズを変更する

練習用ファイル **50-1-やじるしの図形.docx**

操作 **図形のサイズを変更する**

図形を選択すると周囲に白いハンドル□が表示されます。このハンドルにマウスポインターを合わせ、の形になったらドラッグします。 Shift キーを押しながら、角にあるハンドルをドラッグすると、縦横同じ比率を保ったままでサイズ変更できます。

Memo 数値で正確に変更する

図形を選択し、コンテキストタブの[図形の書式]タブの[図形の高さ]と[図形の幅]で数値を指定してサイズ変更できます。

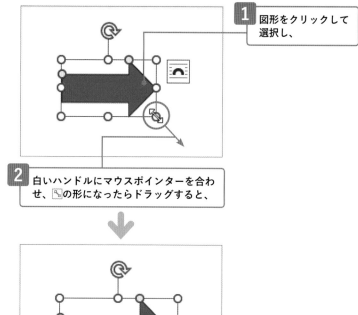

1 図形をクリックして選択し、

2 白いハンドルにマウスポインターを合わせ、の形になったらドラッグすると、

3 ドラッグの間は⊞の形になり、サイズが変わります。

レッスン **50-2** 図形を回転する

練習用ファイル **50-2-やじるしの図形.docx**

操作 **図形を回転する**

図形を選択すると、回転ハンドル⊚が表示されます。回転ハンドルにマウスポインターを合わせの形になったらドラッグすると、回転します。

Memo 上下／左右反転や90度回転させる

図形を上下や左右を反転したり、90度ごとに回転したりする場合は、コンテキストタブの[図形の書式]タブ→[オブジェクトの回転]をクリックしてメニューから[右へ90度回転][左へ90度回転][上下反転][左右反転]で設定できます。

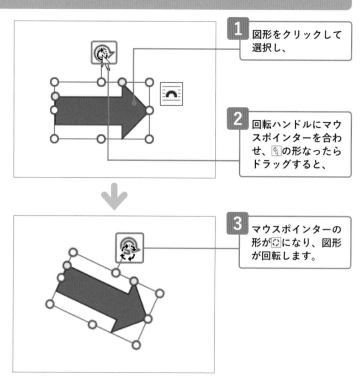

1 図形をクリックして選択し、

2 回転ハンドルにマウスポインターを合わせ、の形なったらドラッグすると、

3 マウスポインターの形が⊕になり、図形が回転します。

Memo 正確な角度で回転する

❶コンテキストタブの[図形の書式]タブの[サイズ]グループにある▣をクリックし、❷表示される[レイアウト]ダイアログの[回転角度]で数値を入力すると、指定した角度に回転します。

レッスン 50-3 図形を変形する

練習用ファイル　50-3-やじるしの図形.docx

🖱️操作　図形を変形する

図形の中には、選択すると、黄色い変形ハンドル◉が表示されるものがあります。変形ハンドルをドラッグすると、図形を変形できます。

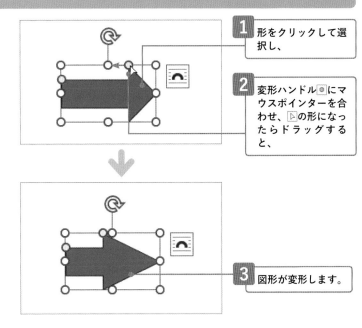

❶ 形をクリックして選択し、

❷ 変形ハンドル◉にマウスポインターを合わせ、▷の形になったらドラッグすると、

❸ 図形が変形します。

レッスン 50-4 図形にスタイルを設定する

練習用ファイル　50-4-やじるしの図形.docx

🖱️操作　図形にスタイルを設定する

図形のスタイルを使うと、図形の塗りつぶし、枠線、グラデーション、影などをまとめて設定できます。

❶ 図形をクリックして選択し、

❷ コンテキストタブの[図形の書式]タブ→[図形のスタイル]グループの▽をクリックし、

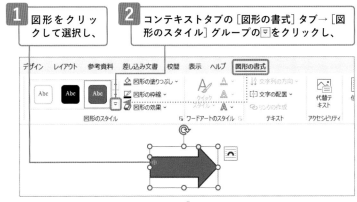

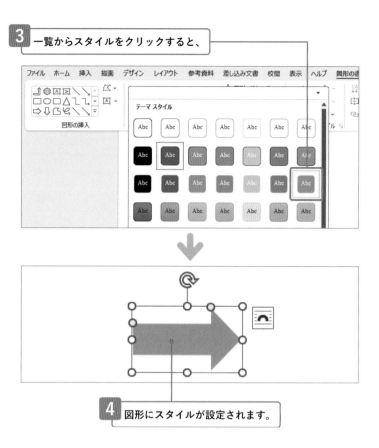

3 一覧からスタイルをクリックすると、

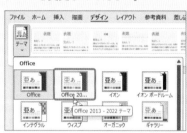

Memo テーマの配色の変更

Wordのバージョンによっては、既定のテーマが本書と異なる場合があり、そのため、スタイルの配色も本書と異なっている場合があります。テーマとは、配色やフォント、効果の組み合わせに名前を付けたものです（p.317）。

みなさんがお使いのWordのテーマと、本書の内容が異なる場合に、表示内容を本書のものと揃えたい場合は［デザイン］タブ→［テーマ］→［Office 2023 – 2022 テーマ］をクリックしてテーマを変更してください。

4 図形にスタイルが設定されます。

レッスン 50-5 図形の色を変更する

練習用ファイル　**50-5-やじるしの図形.docx**

🖱操作　**図形の塗りつぶしと枠線の色を変更する**

図形の内部の色は［図形の塗りつぶし］❶、枠線の色は［図形の枠線］❷でそれぞれ変更できます。一覧から選択した後、続けて同じ色を設定したい場合は、左側のアイコンを直接クリックします。

Memo 図形の塗りつぶしを透明にするには

手順 **3** で［塗りつぶしなし］をクリックすると、図形の内部が透明になります。

塗りつぶしの色を変える

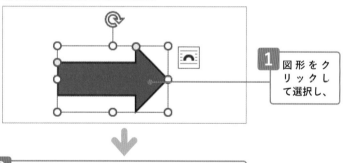

1 図形をクリックして選択し、

2 コンテキストタブの［図形の書式］タブ→［図形の塗りつぶし］をクリックして

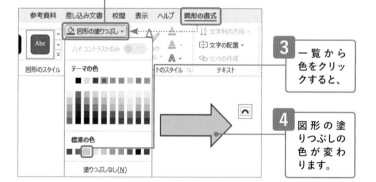

3 一覧から色をクリックすると、

4 図形の塗りつぶしの色が変わります。

Memo [図形の塗りつぶし] メニューの内容

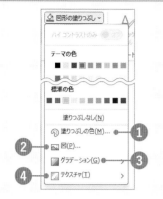

❶：カラーパレットを表示し、一覧
にない色を指定できる
❷：指定した画像を表示する
❸：グラデーションを指定する
❹：紙や布などの素材の画像を指定
する

枠線の色を変える

1 コンテキストタブの［図形の枠線］をクリックし、

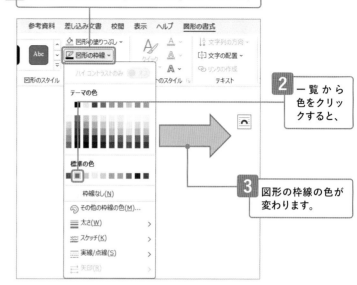

2 一覧から色をクリックすると、

3 図形の枠線の色が変わります。

レッスン 50-6 枠線の太さや種類を変更する

練習用ファイル 50-6-やじるしの図形.docx

操作 枠線の太さや種類を変更する

［図形の枠線］をクリックすると表示されるメニューの［太さ］で太さ、［実線/点線］で種類を変更できます。図形の枠線だけでなく、直線などの線もここで変更します。線の場合は、矢印の設定もできます。

Memo 図形の枠線を消すには

手順**3**で［枠線なし］をクリックすると、図形の枠線が消えます。

Memo 直線の矢印を変更する

手順**3**で［矢印］をクリックし、一覧から矢印の有無、方向、種類を選択できます。

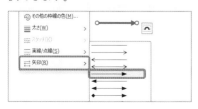

1 図形をクリックして選択し、

2 コンテキストタブの［図形の書式］タブ→［図形の枠線］をクリックして、

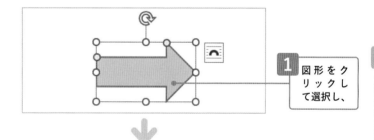

3 ［太さ］をクリックし、

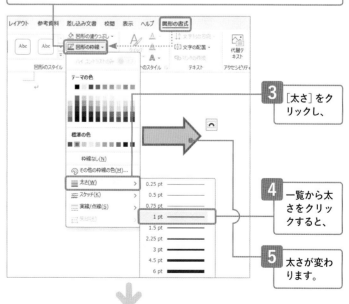

4 一覧から太さをクリックすると、

5 太さが変わります。

6 同様にして、[実線/点線]をクリックし、

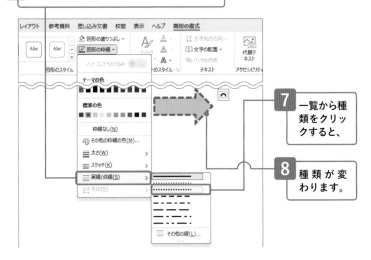

7 一覧から種類をクリックすると、

8 種 類 が 変わります。

レッスン 50-7 図形の中に文字を入力する

練習用ファイル 50-7-やじるしの図形.docx

操作 図形に文字を入力する

図形を選択し、そのまま文字入力を開始するだけで図形の中に入力されます。すでに文字が入力されている場合は、文字の上をクリックするとカーソルが表示されるので、そのまま文字入力できます。

Memo 図形に文字を入力するその他の方法

図形に文字が入力されていない場合、図形を右クリックし[テキストの追加]をクリックします。また、すでに図形に文字が入力されている場合は、[テキストの編集]をクリックします。

Memo 文字が見えない場合

図形に文字を入力しても見えなかったり、見えづらかったりした場合は、図形の境界線をクリックして図形を選択し、[ホーム]タブの[フォントの色]で文字の色を変更してください。

1 図形をクリックして選択し、

2 そのまま文字を入力します。

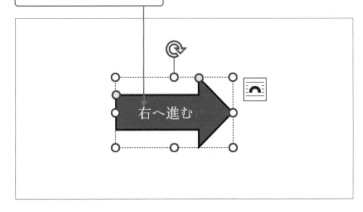

右へ進む

文書の中に図形を作成する

6

図形の配置を整える

図形の移動やコピーの方法、複数の図形を整列する方法や重なり順の変更方法を覚えておくと、図形の配置を整えるのに便利です。また、複数の図形をグループ化するとレイアウトを崩すことなく移動できます。図形に対する文字列の折り返し方法も併せて覚えておきましょう。

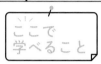

 まずは パッと見るだけ！

図形の配置を変更する

図形の色々な配置を確認しましょう。

● **図形の移動／コピー**
図形を移動したり、同じ図形をもう1つ作成したりできます。

操作前 \Before/

操作後 \After/

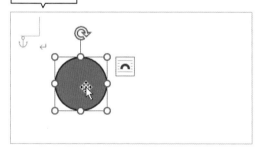

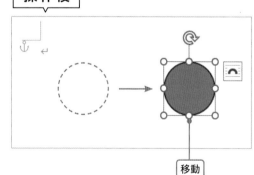

移動

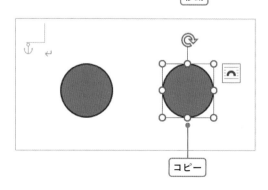

コピー

● 図形の配置／整列

ばらばらに配置されている複数の図形の位置を整えます。

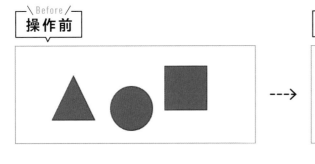
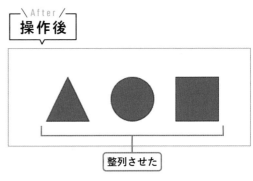

整列させた

● 図形のグループ化

複数の図形を1つの図形としてまとめます。

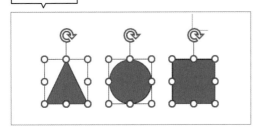

グループ化した

● 図形の重なり順

図形の重なり順を変更できます。

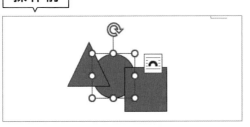
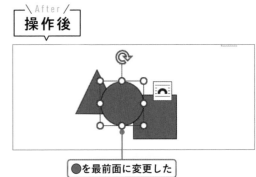

●を最前面に変更した

● 図形に対する文字の折り返し

図形の周りに文字が回り込むように設定を変更できます。

文字の折り返し

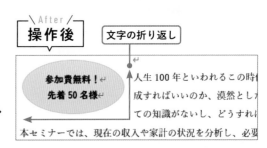

レッスン 51-1 図形を移動／コピーする

練習用ファイル 51-1-図形.docx

操作 図形を移動／コピーする

図形を移動する場合は、図形を選択し、図形の中または、境界線上にマウスポインターを合わせ、［十］の形のときにドラッグすると移動します。
コピーする場合は、同様にして Ctrl キーを押しながらドラッグし、コピー先でマウスボタンを離してから、Ctrl キーを放すと図形がコピーされます。

Memo 連続して同じ図形を作成する

連続して同じ図形を作成したい場合は、［挿入］タブ→［図形］をクリックし❶、一覧から作成する図形を右クリックして［描画モードのロック］をクリックすると❷、同じ図形を連続して描画できます。描画を終了するには、Esc キーを押します。

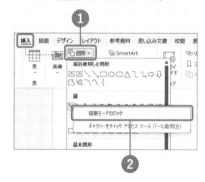

どんどんコピーできる！

図形を移動する

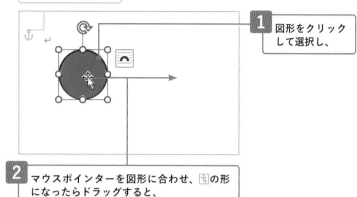

1 図形をクリックして選択し、

2 マウスポインターを図形に合わせ、［十］の形になったらドラッグすると、

3 図形が移動します。

図形をコピーする

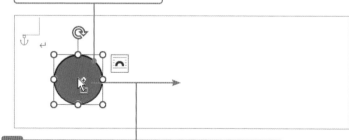

1 図形をクリックして選択し、

2 Ctrl キーを押しながらドラッグします。ドラッグ中は、マウスポインターが［十］の形になります。

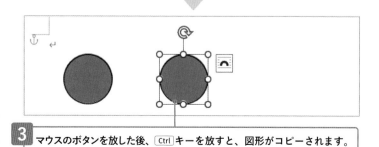

3 マウスのボタンを放した後、Ctrl キーを放すと、図形がコピーされます。

レッスン **51-2** 図形の配置を揃える

**操 作 複数の図形の配置を
揃える**

複数の図形を上端や左端など、指定した位置に配置を揃えるには、コンテキストタブの［図形の書式］タブの［オブジェクトの配置］🖹で揃える方法を選択します。

📝 Memo 複数の図形を選択する

1つ目の図形をクリックして選択し、2つ目以降の図形を Shift キーを押しながらクリックします。または、選択モードにして図形を選択する方法もあります（p.293参照）

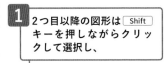
1 2つ目以降の図形は Shift キーを押しながらクリックして選択し、

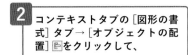
2 コンテキストタブの［図形の書式］タブ→［オブジェクトの配置］🖹をクリックして、

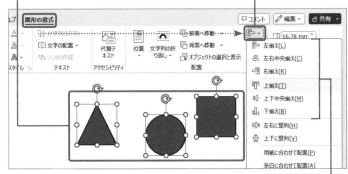

3 揃える方法（ここでは「上揃え」）をクリックすると、

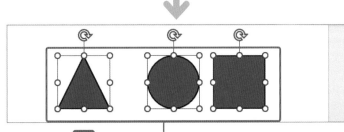

4 図形が指定した方法で揃います。

レッスン **51-3** 図形を整列する

操 作 図形を整列する

複数の図形の左右の間隔や上下の間隔を均等に配置するには、コンテキストタブの［図形の書式］タブの［オブジェクトの配置］🖹で整列方法を指定します。

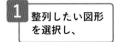
1 整列したい図形を選択し、

2 コンテキストタブの［図形の書式］→［オブジェクトの配置］🖹をクリックして、

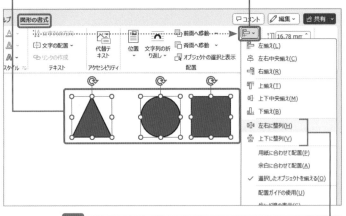

3 整列方法（ここでは［左右に整列］）をクリックすると、

Memo 整列の基準

初期設定では、[オブジェクトの配置]のメニューの[選択したオブジェクトを揃える]にチェックが付いており、選択した図形を基準に位置を揃えたり、整列したりします。[用紙に合わせて配置]をクリックしてチェックを付けてから整列すると、用紙サイズを基準に図形が揃います。

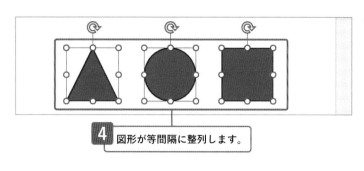

4 図形が等間隔に整列します。

レッスン 51-4 図形をグループ化する

練習用ファイル 51-4-図形.docx

🖱 **操 作 図形をグループ化する**

図形をグループ化すると、複数の図形をまとめて1つの図形として扱えるようになります。コンテキストタブの[図形の書式]タブの[オブジェクトのグループ化]🔲で[グループ化]を選択します。

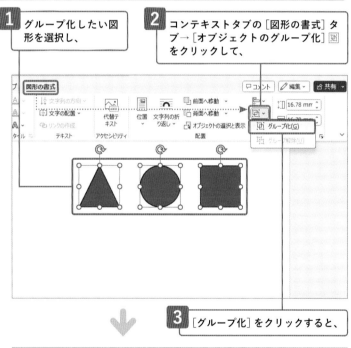

1 グループ化したい図形を選択し、

2 コンテキストタブの[図形の書式]タブ→[オブジェクトのグループ化]🔲をクリックして、

 Memo グループを解除する

グループ化されている図形を選択し、手順**3**で[グループ解除]をクリックします。

 Memo 選択モードで複数の図形を選択する

[ホーム]タブの[選択]をクリックし**1**、[オブジェクトの選択]をクリックすると**2**、オブジェクト選択モードになります。選択したい図形を囲むようにドラッグすると、囲まれた図形が選択されます。選択モードを解除するには [Esc] キーを押します。

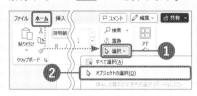

3 [グループ化]をクリックすると、

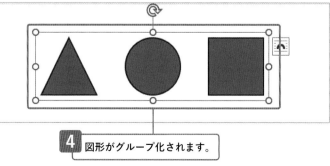

4 図形がグループ化されます。

レッスン **51-5** 図形の重なり順を変更する

練習用ファイル **51-5-図形.docx**

操作 図形の重なり順を変更する

複数の図形が重なり合っている場合、重なり順を変更するには、コンテキストタブの［図形の書式］タブにある［前面へ移動］または［背面へ移動］を使います。

ここでは、選択した図形の表示順序を最前面に変更します。

1 図形（ここでは丸の図形）を選択し、

2 コンテキストタブの［図形の書式］タブ→［前面へ移動］の⌄をクリックし、

3 ［最前面へ移動］をクリックすると、

4 最前面に移動します。

✍ Memo 背面に隠れて見えない図形を選択する

図形の背面に隠れて見えない図形を選択するには、コンテキストタブの［図形の書式］タブにある［オブジェクトの選択と表示］をクリックすると**1**、［選択］作業ウィンドウが表示され、文書内の図形などのオブジェクトの一覧が表示されます。一覧にあるオブジェクトをクリックすると**2**、文書内のオブジェクトが選択されます**3**。ここで背景に隠れている見えない図形も選択できます。
なお、ここでは∧∨をクリックして重なり順を変更したり、👁をクリックして表示／非表示を切り替えたりできます。

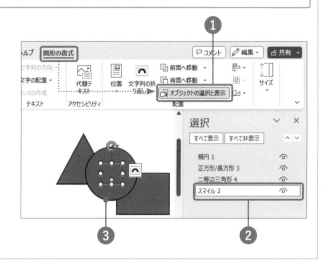

レッスン 51-6 図形に対する文字列の折り返しを設定する

練習用ファイル **51-6-資産形成入門セミナー.docx**

操作 図形に対して文字列を折り返す

文書内に作成した図形は、初期設定で、文字の上に重ねて配置されます。文字を回り込ませるには、図形の右上に表示される[レイアウトオプション]をクリックして、文字列の折り返しを設定します。

Memo アンカー

図形が選択されているときに、文字の行頭に錨の形が表示されます。これは、[アンカー]といって、図形がどこの段落に結合しているか示しています。
図形は作成されると、一番近くの段落に結合されます。図形を移動すると、一番近くの段落に再結合されます。段落を移動すると図形もに移動し、削除すると一緒に削除されます。

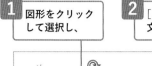

1 図形をクリックして選択し、

2 [レイアウトオプション]をクリックして、文字列の折り返し方法をクリックすると、

3 選択した方法で文字列が折り返されます。

コラム 文字列の折り返しの設定

図形、図、写真などのオブジェクトが選択されているときに表示される[レイアウトオプション]では、文字列の折り返しの設定を変更できます。

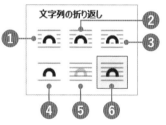

❶	四角形	文字列が図の四角い枠に合わせて回り込む		❷ 狭く	文字列が図の縁に合わせて回り込む	
❸	内部	文字列が図内部の透明な部分にも流れ込む		❹ 上下	文字列が行単位で図を避けて配置される	
❺	背面	図を文字列の背面に配置		❻ 前面	図を文字列の前面に配置	

52 自由な位置に文字を挿入する

テキスト
ボックス

チラシなど、自由な位置に文字列を配置したい場合は、テキストボックスを使います。テキストボックスは図形と同じように作成し、編集することができますが、余白の設定や、枠線などのより詳細な設定は［図形の書式設定］作業ウィンドウで行います。

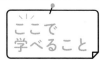
ここで
学べること

習得スキル	操作ガイド	ページ
▶テキストボックスの作成／編集	レッスン52-1	p.297

 まずは パッと見るだけ！

テキストボックスを使う

テキストボックスを配置すると、文書内の文字とは別に独立した文字を配置できるため、レイアウトを工夫した文書が作成できます。

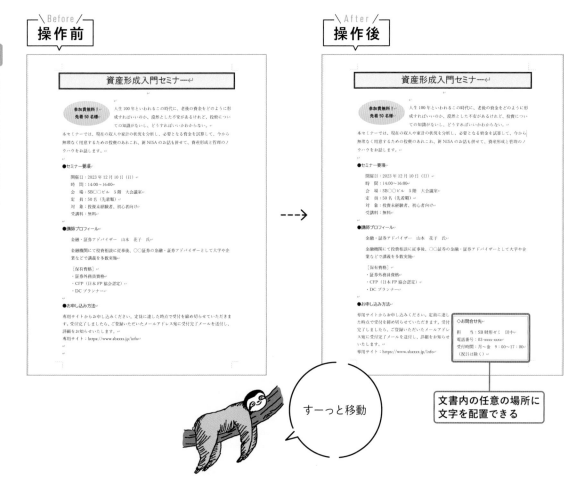

\Before/
操作前

\After/
操作後

すーっと移動

文書内の任意の場所に
文字を配置できる

練習用
ファイル 52-
資産形成入門セミナー .docx

ここでは、ページの下部にテキストボックスを配置します。

操作 **テキストボックスを挿入する**

テキストボックスを作成すると、文書中の任意の場所に文字列を配置できます。

[挿入] メニューの [図形の作成] をクリックし、[テキストボックス] または [縦書きテキストボックス] をクリックし、ドラッグで作成します。図形と同様に移動 (p.291) やサイズ変更 (p.284)、文字列の折り返し (p.295) ができます。

1 [挿入] タブ→[図形の作成] をクリックし、

2 [テキストボックス] をクリックして、

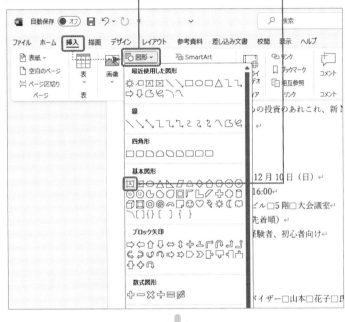

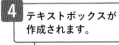

3 マウスポインターの形が ⊞ になったらドラッグします。

4 テキストボックスが作成されます。

5 カーソルが表示されるので、右図のように文字を入力します。

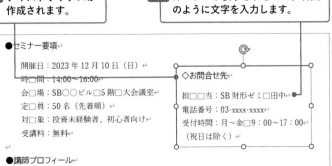

Memo **テキストボックスの移動とサイズ変更**

図形と同様に枠線にマウスポインターを合わせてドラッグして移動、白いハンドル ⬜ をドラッグしてサイズ変更できます。

6

文書の中に図形を作成する

練習問題 図形を作成する練習をしよう

社内掲示「健康診断実施のお知らせ」の完成見本を参照して、以下の指示通り図形を作成してください。

1 楕円を以下の設定で作成する

- ・サイズ…高さ：約30mm、幅：約50mm
- ・スタイル…パステル - 青、アクセント1
- ・完成図と同じ文字を入力
- ・文字列の折り返し…四角形

2 **1** と同じ図形を2つコピーし以下の設定をする

- ・スタイル…「パステル - オレンジ、アクセント2」、「パステル - ゴールド、アクセント4」
- ・完成図と同じ文字を入力

3 図形を以下の設定で整列する

- ・配置：左右中央揃え
- ・整列：上下に整列
- ・グループ化：3つの図形を選択し、グループ化

▼完成見本

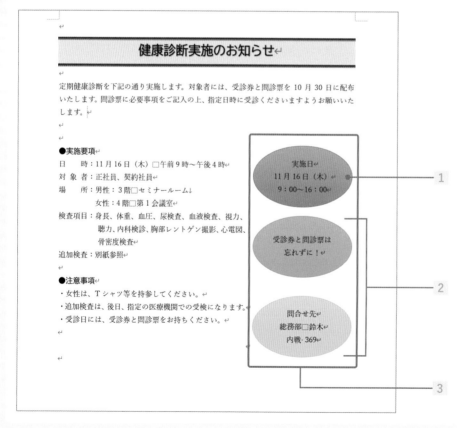

第 **7** 章

文書に表現力を
付ける機能

ここでは、デザインされた文字や図表、写真、イラストなどを文書に挿入する方法を紹介します。また、文書全体のデザインの変更方法や透かし文字を表示する方法も紹介します。これらの機能を使うことで、より表現力豊かな文書を作成できます。

デザイン要素が
入ると素敵よ

53 ワードアートを挿入する

ワードアート
の挿入

ワードアートとは、文字の色や影、反射などの効果を付けてデザインされたオブジェクトです。タイトルなど、強調したい文字に対してワードアートを使うと便利です。用意されているスタイルを選択するだけで作成できますが、効果を追加、変更して独自にデザインすることもできます。

ここで
学べること

習得スキル	操作ガイド	ページ
▶ ワードアートの挿入	レッスン53-1	p.301
▶ ワードアートの編集	レッスン53-2	p.301
▶ ワードアートに効果を付ける	レッスン53-3	p.303

まずは パッと見るだけ！

ワードアートの挿入

文字を**ワードアート**に変更すると、タイトルなどの文字がデザインされ、人の目を引き、効果的になります。

\ Before /
操作前

↵

資産形成入門セミナー↵

↵

単調で目立たない

↓

\ After /
操作後

↵

資産形成入門セミナー↵

↵

文字がデザインされ、見栄えがよくなった

やってみたい！

レッスン **53-1** ワードアートを挿入する

練習用
ファイル 53-1-
資産形成入門セミナー.docx

🖱 操作 ワードアートを挿入する

文字列を選択してから[ワードアートの挿入]をクリックすると、その文字列がワードアートに変換され、本文とは別のオブジェクトになります。図形と同様にサイズ変更、移動、回転などの操作ができます。

📝 Memo 先にワードアートを挿入する

文字列を選択せずに[ワードアートの挿入]をクリックすると、以下のように「ここに文字を入力」と仮の文字列が表示されるので、文字列を入力します。

1 ワードアートに変換する文字列を選択し、

2 [挿入]タブ→[ワードアートの挿入]をクリックして、

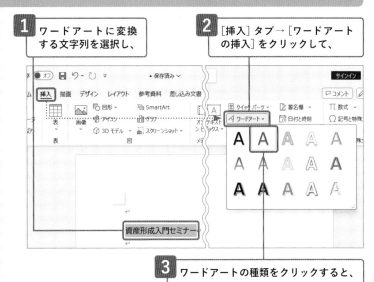

3 ワードアートの種類をクリックすると、

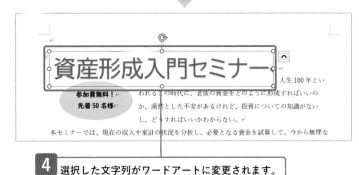

4 選択した文字列がワードアートに変更されます。

レッスン **53-2** ワードアートを編集する

練習用
ファイル 53-2-
資産形成入門セミナー.docx

🖱 操作 ワードアートを編集する

ワードアートは、図形と同様にサイズ変更や移動が行えます。ワードアートの文字は文字内部の塗りつぶしと輪郭の2つの色を指定できます。それぞれ、色の変更や、線の太さ、種類などの変更ができます。文字の塗りつぶしは、コンテキストタブの[図形の書式]タブで[文字の塗りつぶし] 🄰、輪郭は同様に[文字の輪郭] 🄰 をクリックします。

サイズを変更する

1 ワードアートをクリックして選択し、

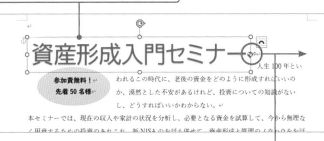

2 ワードアートの右の辺上にある白いハンドルにマウスポインターを合わせ、横幅いっぱいまでドラッグします。

Memo ワードアートのフォントや文字サイズを変更する

ワードアートの境界をクリックして選択してからフォントや文字サイズを変更すると、ワードアート内の文字列全体を変更できます。部分的に変更したい場合は、文字列を選択後、変更します。

Memo ワードアートの文字列の折り返し設定

ワードアートは、オブジェクトとして扱われます。初期設定では、文字列の折り返しは［四角］に設定されており、オブジェクトの周囲に文字が回り込みます。ここでは、領域を横に広げて回り込まないようにしています。

なお、文字の折り返しは右上に表示される［レイアウトオプション］をクリックして変更できます（p.295参照）。

数ステップで
ちょっと
気の利いた
文書になるわ

---

3 ワードアートの領域が広がります。

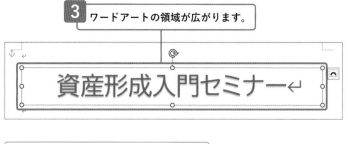

文字の塗りつぶしの色を変更する

1 コンテキストタブの［図形の書式］タブ→［文字の塗りつぶし］Ａのをクリックして、

2 一覧から色をクリックすると、

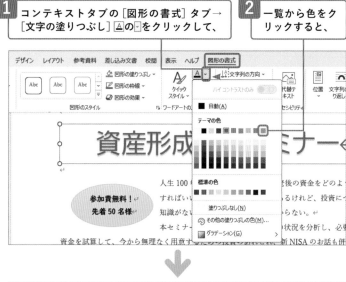

3 塗りつぶしの色が変更されます。

文字の輪郭の色を変更する

1 コンテキストタブの［図形の書式］タブ→［文字の輪郭］Ａのをクリックして、

2 一覧から色をクリックすると、

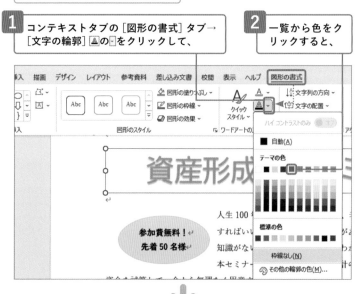

資産形成入門セミナー↵

3 輪郭の色が変更されました。

レッスン 53-3 ワードアートに効果を付ける

練習用
ファイル 53-3-
資産形成入門セミナー.docx

操作 **ワードアートに効果を付ける**

ワードアートには、影、反射、光彩、面取り、3D、変形の効果を付けられます。また、それぞれの効果を組み合わせられます。

効果を付けるには、コンテキストタブの［図形の書式］のタブで［文字の効果］🅰をクリックします。

Memo **ワードアートを縦書きに変更する**

ワードアートを縦書きにするには、コンテキストタブの［図形の書式］タブにある［文字列の方向］をクリックして、［縦書き］を選択します。

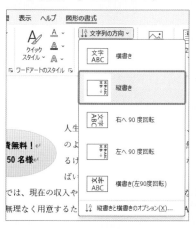

1 ワードアートをクリックして選択し、

2 コンテキストタブの［図形の書式］タブ→［文字の効果］🅰をクリックし、

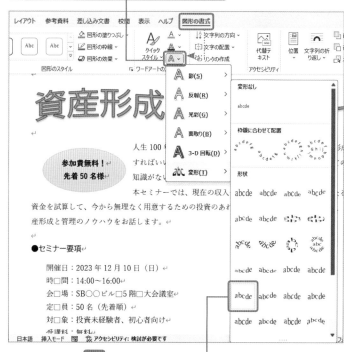

3 効果の種類（ここでは［変形］）をクリックして、形状をクリックすると、

4 ワードアートに効果が追加されます。

Section

54 いろいろな図を挿入する

Web上にあるイラストや画像を文書に取り込むことができます。アイコンや3Dモデルといった特殊な画像も用意されています。また、パソコンで開いている地図などの画面を切り取り、文書に挿入することもできます。

ここで学べること

習得スキル	操作ガイド	ページ
▶ アイコンの挿入	レッスン54-1	p.305
▶ 3Dモデルの挿入	レッスン54-2	p.306
▶ スクリーンショットの挿入	レッスン54-3	p.308

まずは パッと見るだけ！

いろいろな図の挿入

写真などの画像や、ワードアート、SmartArtのほかに、Wordには、単純化されたイラストのアイコンや、3Dのイラスト、表示画面をキャプチャしたスクリーンショットを文書に貼り付けて利用することができます。

Before
操作前

After
操作後

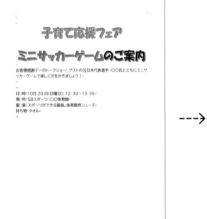

アイコン

3Dモデル

スクリーンショット

スクリーンショットは万能〜

練習用
ファイル　54-1-子育て応援フェア.docx

Point　アイコンを挿入する

アイコンは、事象や物などをシンプルに表すイラストです。文書内のアクセントにしたり、絵文字の代わりにしたりして使用することができます。挿入後、サイズ、色などの変更もできます。

Memo　別の分類を表示するには

［ストック］ダイアログで別の分類を表示するには、分類名の右端にある ＞ をクリックします。
また、検索ボックスにキーワードを入力し、 Enter キーを押すと、キーワードに関連した画像に絞り込むことができます。

> ここをクリックして分類を移動します

Memo　ストック画像とは

ストック画像は、マイクロソフト社が提供しているロイヤリティフリー（無料）で使用できる画像で、アイコンなどさまざまな画像が提供されています（p.309参照）。

Memo　アイコンは行内に追加される

アイコンを挿入すると、文字と同じ位置関係の［行内］で追加されます。文字列の折り返しを［四角形］や［前面］に変更すると、任意の位置に自由に移動できます（p.295）。

1 アイコンを挿入する位置にカーソルを移動し、

2 ［挿入］タブ→［アイコン］をクリックすると、

3 ［ストック画像］ダイアログが表示されます。

4 分類（ここでは［スポーツ］）をクリックし、

5 アイコンをクリックして、

6 ［挿入］をクリックすると、

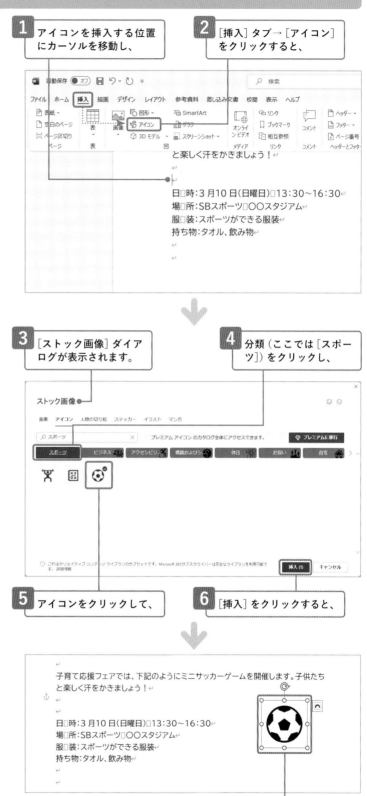

7 アイコンが挿入されます。サイズ、文字列の折り返し、位置を調整します。

7

文書に表現力を付ける機能

レッスン 54-2 3Dモデルを挿入する

練習用ファイル 54-2-子育て応援フェア.docx

操作　3Dモデルを挿入する

3Dモデルは、3次元の立体型イラストです。挿入すると、ドラッグだけで見る角度を変えることができます。[挿入] タブ→ [3Dモデル] をクリックして挿入します。

Memo　パンとズームで拡大/縮小する

コンテキストタブの [3Dモデル] タブの [パンとズーム] をクリックすると①、3Dモデルの右辺に虫眼鏡が表示されます。ここをドラッグすると領域内で3Dモデルが拡大・縮小できます②。

1 3Dモデルを挿入する位置にカーソルを移動し、

2 [挿入] タブ→ [3Dモデル] をクリックすると、

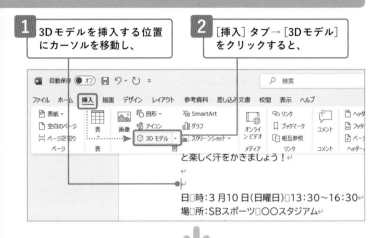

3 [オンライン3Dモデル] ダイアログが表示されます。

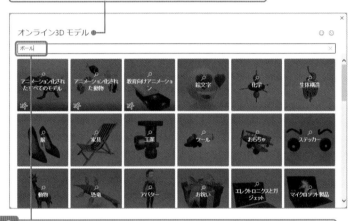

4 キーワード（ここでは「ボール」）を入力して、Enter キーを押すと、

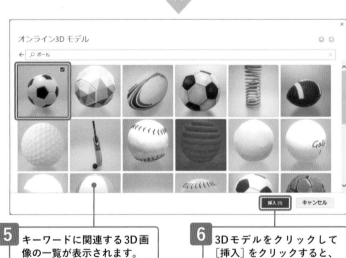

5 キーワードに関連する3D画像の一覧が表示されます。

6 3Dモデルをクリックして [挿入] をクリックすると、

コラム　SmartArtを使って図表を作成する

SmartArtとは、複数の図形を組み合わせて、組織図や流れ図などを説明する図表のことです。用意されている図を選んで、文字の入力や図表パーツの追加、デザイン変更ができます。SmartArtを挿入する位置にカーソルを移動し❶、[挿入]タブ→[SmartArt]をクリックすると❷、[SmartArtグラフィックの選択]ダイアログが表示されます❸。カテゴリーからデザインをクリックし❹、[OK]をクリックすると文書に挿入できます❺。

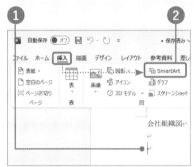

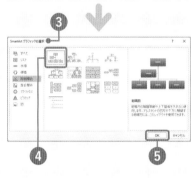

文書に関連する図が入るといい感じ！

7 文書に挿入されます。

8 中央に表示されている3Dコントロールにマウスポインターを合わせてドラッグすると、

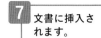
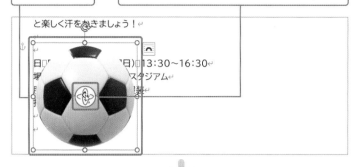

9 3Dモデルの角度が変わります。

10 サイズと文字列の折り返し（ここでは「四角形」）を変更して、

11 移動してレイアウトを調整します。

レッスン **54-3** スクリーンショットを挿入する

練習用ファイル 54-3-子育て応援フェア.docx

Point スクリーンショットを挿入する

スクリーンショットとは、ディスプレイに表示されている全体または一部分を写した画像のことです。文書にスクリーンショットを取り込むことができます。例えば、インターネットで調べた地図の画面を文書に取り込みたいときに使えます。

Memo Windows11の機能を使ってスクリーンショットを作成する

ディスプレイに画像として使用したい画面を表示しておき、⊞＋Shift＋Sキーまたは Print Screen キーを押すと、スクリーンショット用の画面に切り替わります❶。使用する領域をドラッグすると❷、クリップボードに保存されるので、貼り付けたい位置にカーソルを移動して[ホーム]タブの[貼り付け]をクリックして貼り付けます。

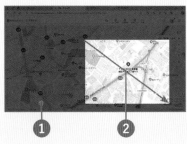

なお、作成したスクリーンショットは、ユーザーの[ピクチャ]フォルダ内の[スクリーンショット]フォルダに[スクリーンショット-(現在の日付と時刻)]という形式の名前で自動的に画像ファイルとして保存されるので、画像ファイルを後から挿入することもできます。

1 文書に取り込みたいウィンドウを開いておきます（ここでは、Microsoft Edgeで地図を開いています）。

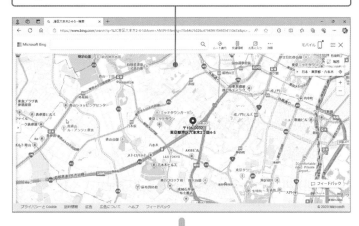

2 取り込み位置にカーソルを移動し、

3 [挿入]タブ→[スクリーンショット]をクリックして、

4 [画面の領域]をクリックすると、

5 画面が切り替わります。

6 使用する領域をドラッグすると、

●案内図

7 文書内に貼り付けられます。

⊙ **コラム　イラストや画像の利用は著作権や使用条件に注意しましょう**

［挿入］タブの［画像］をクリックすると表示されるメニューで［ストック画像］と［オンライン画像］で表示される画像を使用する場合は注意が必要です。

● **ストック画像**

ストック画像は、マイクロソフト社が提供している写真やアイコンなどの画像データです。これらの画像は、Office製品内で使用する場合、ロイヤリティフリー（無料）で使用することができます。

● **オンライン画像**

オンライン画像は、Bing検索によってインターネット上にある画像が表示されます。そのため、これらの画像には著作権により保護されているものや、使用に際して制限のあるものも含まれます。すべてが自由に使えるわけではないことを覚えておきましょう。特に、一般に公開するWebページや、社外向けの資料を作成するような場合は、注意が必要です。その場合は、自分で作成するか、業者に発注、または、商用利用フリーの画像を検索し、問題ないものをダウンロードして使用することを検討してください。

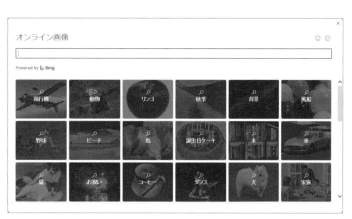

Section

55 画像を挿入する

画像の挿入

パソコンに保存した写真やイラストなどの画像を文書に挿入できます。挿入した画像のサイズを変更したり、切り抜いたり、ぼかしなどの効果を付けたりして、文書の中で効果的に見せるように加工する機能も多数用意されています。

ここで
学べること

習得スキル	操作ガイド	ページ
▶ 画像の挿入	レッスン55-1	p.311
▶ 画像のトリミング	レッスン55-2	p.312
▶ 画像の効果	レッスン55-3	p.313
▶ 画像のスタイル	レッスン55-4	p.314

 まずは パッと見るだけ！

画像の挿入

　画像を挿入し、白い枠を足すなどいくつかの効果を加えると以下のようになります。写真を文書で使用することで内容がより伝わりやすくなります。

\Before/
操作前

● → 優秀賞：6名。賞金□5万円↵

--→

\After/
操作後

● → 優秀賞：6名。賞金□5万円↵

カード風に挿入できた

写真が入ると、内容がよく伝わるわ

レッスン 55-1 画像を挿入する

55-1-写真コンテスト.docx
55-1-kyoto2.JPG

ここでは、保存されている写真を文書に挿入します。

操作 画像を挿入する

保存されている写真などの画像を文書に取り込むには、[挿入] タブの [画像] をクリックします。画像の横幅が文書の横幅より長い場合は、自動的にサイズ調整されて挿入されます。

Memo サイズ変更や移動は図形と同じ

挿入された画像は、図として扱われます。画像をクリックして選択すると、白いハンドルや回転ハンドルが表示されます。図形と同じ操作でサイズ変更、回転 (p.284)、移動 (p.291) ができます。

Memo 画像の挿入元の種類

画像の挿入元には次の3種類があります。

このデバイス	PCに保存されている画像ファイル
ストック画像	マイクロソフト社が提供しているロイヤリティフリーの画像 (p.309)
オンライン画像	Bing検索によって集められたインターネット上の画像。使用時は、著作権などの確認が必要 (p.309)

1 画像を挿入する位置にカーソルを移動し、

2 [挿入] タブ→[画像]→[このデバイス] をクリックします。

3 [図の挿入] ダイアログが表示されます。

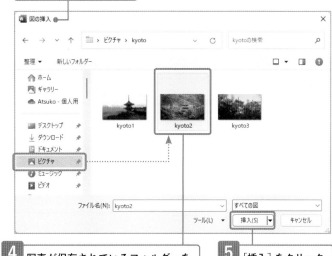

4 写真が保存されているフォルダーを選択して、写真をクリックし、

5 [挿入] をクリックすると、

6 写真が挿入されます。

レッスン **55-2** 画像を切り抜く

練習用
ファイル　55-2-写真コンテスト.docx

Point　画像をトリミングする

画像を文書に取り込んだ後、トリミング機能を使えば、必要な部分だけを残すことができます。トリミングとは、写真などの画像で必要な部分だけ残して切り抜くことをいいます。

Memo　図形に合わせてトリミングする

［トリミング］の▼をクリックして①、［図形に合わせてトリミング］をクリックし②、図形をクリックすると③、図形の形に写真を切り抜くことができます④。

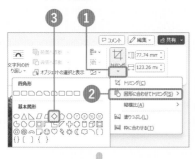

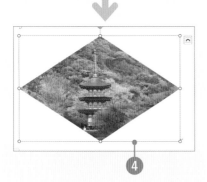

1 写真をクリックして選択し、

2 コンテキストタブの［図の形式］タブ→［トリミング］をクリックします。

3 写真の周囲に黒いマークが表示されます。

4 ここでは左下角の黒いマークにマウスポインターを合わせ└の形になったらドラッグすると、

5 写真の左と下がトリミングされ、表示されない部分がグレーになります。

6 写真以外の場所をクリックするとトリミングが確定します。

レッスン 55-3 画像に効果を設定する

練習用
ファイル 55-3-写真コンテスト.docx

操作 画像に効果を設定する

写真などの画像の明るさを調整したり、ぼかしなどの効果をつけたりなど効果を付けるには、コンテキストタブの[図の形式]タブにある[修正][色][アート効果][透明度]を使います。これらの効果を組み合わせることもできます。

Memo 明るさ/コントラストを
リセットするには

明るさ/コントラストの一覧で[明るさ：0%（標準）コントラスト：0%（標準）]をクリックします。

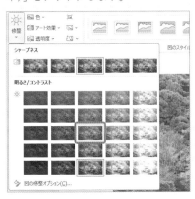

明るさとコントラストを調整する

1 写真をクリックして選択し、

2 コンテキストタブの[図の形式]タブ→[修整]をクリックして、

3 一覧から目的の明るさ/コントラストをクリックすると、

4 写真の明るさとコントラストが変更されます。

Memo 効果をリセットするには

アート効果の一覧で［なし］をクリックします。

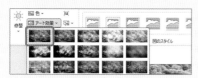

Memo 画像に設定したすべての効果をリセットするには

画像を選択し、コンテキストタブの［図の形式］タブにある［図のリセット］⬛をクリックします。

アート効果を設定する

1 続けて［アート効果］をクリックし、

2 一覧から目的の効果をクリックすると、

3 写真に効果が追加されます。

レッスン 55-4 画像にスタイルを設定する

練習用ファイル 55-4-写真コンテスト.docx

あらかじめ挿入されている写真にスタイルを変更していきます。

操作 図のスタイルを適用する

図のスタイルを使うと、画像にスナップ写真や額縁のような効果を付けることができます。コンテキストタブの［図の形式］タブの［図のスタイル］グループにあります。

Memo 設定されたスタイルを解除する

写真を選択し、コンテキストタブの［図の形式］タブをクリックし、［図のリセット］⬛をクリックします（前レッスンのMemo参照）。

Memo 写真のレイアウトを前面にする

写真を移動しても文字列などのレイアウトが崩れないようにするには、文字列の折り返しを［前面］にすると便利です（p.295参照）。

1 写真をクリックして選択し、

2 コンテキストタブの［図の形式］タブをクリックし、

3 ［図のスタイル］グループの［その他］⬇をクリックして、

4 一覧からスタイルをクリックすると、

5 写真にスタイルが適用されます。

文書全体のデザインを変更する

ページの
デザイン

文書内に「社外秘」のような透かしを表示することができます。さらに、配色、フォント、図形の効果のスタイルを組み合わせたテーマが用意されており、テーマを変更するだけで、文書全体のデザインを一括で変更できます。

ここで学べること	習得スキル	操作ガイド	ページ
	▶ 透かし文字の設定	レッスン56-1	p.316
	▶ テーマの変更	レッスン56-2	p.317

まずは パッと見るだけ！

文書全体のデザイン変更

　ここで紹介する機能を使用すると、ページ全体の見た目を一気に変更できます。[透かし]で透かし文字を表示したり、[テーマ]で文書全体のフォントや色合い、効果が変わります。

\Before/
操作前

\After/
操作後

透かし

--→

テーマ

レッスン **56-1** 「社外秘」などの透かしを入れる

練習用ファイル 56-1-写真コンテスト.docx

Point 透かしを挿入する

透かし文字は、文書の背面に表示する文字で、「社外秘」や「下書き」など取扱いに注意が必要な文書に設定します。あらかじめ用意されている文字列を使用できますが、オリジナルの文字列にしたり、図形を挿入したりできます。

Memo オリジナルの文字列を透かしにする

手順 **2** で［ユーザー設定の透かし］をクリックすると、［透かし］ダイアログが表示され、図または、テキストを選択できます。［テキスト］にはリストから選択することも任意の文字列を入力することもできます。

Memo 透かしを削除する

手順 **2** で［透かしの削除］をクリックします。

1 ［デザイン］タブ→［透かし］をクリックして

2 一覧から透かし（ここでは「社外秘2」）をクリックします。

3 文書の背面に透かし文字が表示されます。

レッスン 56-2 テーマを変更する

練習用ファイル 56-2-写真コンテスト.docx

💡 **Point テーマの変更**

テーマとは、配色やフォント、効果の組み合わせに名前を付けたものです。テーマを変更すると、文書全体のフォントや色合いなどが一気に変わります。初期設定では[Office]が適用されています。
なお、テーマによって変更になるのはカラーパレットの[テーマの色]の中にある色です。同様に、フォントは[テーマのフォント]が設定されている文字です。個別にテーマ以外の色やフォントなどが設定されている箇所は変更されません。

📝 **Memo テーマを初期設定に戻す**

手順 **2** で、初期設定のテーマである[Office]をクリックします。

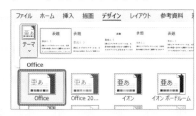

📝 **Memo フォント、配色、効果のテーマを個別に変更する**

テーマを選択すると、配色、フォント、効果がまとめて変更されますが、[デザイン]タブの[テーマの配色]**❶**、[テーマのフォント]**❷**、[テーマの効果]**❸**で個別にテーマを変更することができます**❹**。

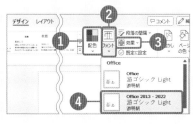

1 [デザイン]タブ→[テーマ]をクリックし、

2 一覧からテーマをクリックすると、

3 文書全体のフォント、色合いが変更になります。

練習問題 文書に図や写真を挿入する練習をしよう

練習用ファイル

演習7-写真コンテスト.docx
演習7-Photo1.jpeg
演習7-Photo2.jpeg

レッスン**56-1**で使用しているサンプル「写真コンテスト」とほぼ同じ状態になるように、3Dモデル、画像を文書に追加し、編集する練習をしてみましょう。

1 3Dモデルを追加し、以下のように設定する

・検索キーワード…カメラ

・サイズ、回転、位置…完成図を参照に変更

・文字の折り返し…四角

2 2つの画像を追加し、以下のように設定する

・画像…ファイル名「演習7-Photo1」、「演習7-Photo2」

・サイズ…縦：約53mm、横：約39mm　　　・図のスタイル…回転 白

・文字列の折り返し…前面　　　　　　　　・重なり…最背面に移動

・配置…完成図を参考に、3つの画像を移動し、回転させる

　※全体のバランスや重なり具合をみてサイズを微調整します。

▼**完成見本**

第 **1** 章

表作成の手順を
マスターする

ここでは、ビジネスで必要とされる表の例を紹介します。Excelでどのような表を作成できるか確認してください。次に、表をイチから作成していきます。ここで基本的な表作成の手順を習得しましょう。

手順を押さえて
スムーズに
作業しましょう

Section

01 ビジネスで求められる表を知ろう

Excel
の基礎

ビジネスでは、目的や内容によっていろいろな表が必要になります。ここでは、よく作成される表をいくつか紹介します。Excelの機能を使うことで、目的の表を効率的に作成できます。

ここで
学べること

習得スキル	操作ガイド	ページ
▶ ビジネスで求められる表の種類	なし	p.320

まずは パッと見るだけ！

ビジネスで求められる表

　ビジネスでは、多数のデータを表にして管理します。表でどんなデータが管理され、計算されるのか見てみましょう。関数や数式は、5章で丁寧に解説します。

● 名簿

顧客名簿や生徒名簿のようなデータを管理する表です。都道府県別に抽出して必要なデータのみを表示したり、50音順で並べ替えてデータを整理したりして利用します。

NO	氏名	フリガナ	郵便番号	都道府県	住所1	住所2
1	鈴木　敦美	スズキ　アツミ	285-0806	千葉県	佐倉市大篠塚4-X	△△ガーデン111
2	木下　良助	キノシタ　リョウスケ	300-4111	茨城県	土浦市大畑3-3-X X	
3	川崎　太郎	カワサキ　タロウ	561-0851	大阪府	豊中市服部元町4-8-X	
4	斉藤　真一	サイトウ　シンイチ	112-0012	東京都	文京区大塚5-1-X X	○△マンション801
5	松本　朋美	マツモト　トモミ	192-0011	東京都	八王子市滝山町2-2-X	
6	遠藤　義美	エンドウ　ヨシミ	105-0021	東京都	港区東新橋14-8-X	SSビル4階
7	小宮　和子	コミヤ　カズコ	252-0142	神奈川県	相模原市緑区元橋本町8-X	ハイツ青森205
8	近藤　晴美	コンドウ　ハルミ	103-0022	東京都	中央区日本橋室町3-X	MMビル1階
9	原田　雄二	ハラダ　ユウジ	330-0046	埼玉県	さいたま市浦和区大原1-1-X	
10	佐々木　信行	ササキ　ノブユキ	154-0001	東京都	世田谷区池尻5-1-X	TTビル5階
11	山崎　栄太郎	ヤマサキ　エイタロウ	299-2502	千葉県	南房総市石堂原2-X-X	
12	森下　浩二	モリシタ　コウジ	272-0134	千葉県	市川市入船1-2-X	ABハイツ102号
13	野口　伸介	ノグチ　シンスケ	210-0808	神奈川県	川崎市川崎区旭町XXX	
14	井出　正樹	イデ　マサキ	215-0012	神奈川県	川崎市麻生区東百合丘3-15-X	レジデンス○○202

● 納品書（p.393）

納品書の明細行で商品名や税込み金額のセルに関数を設定することで、商品NOを入力すると、それに対応する商品名や税込み金額を、別表を参照して表示します。

納品書

受注NO	1001
受注日	2024年02月10日

山本　花子　様

株式会社　SB製菓
〒106-0032　東京都港区六本木 x−x−x
TEL：03-x x x-x x x x

NO	商品NO	商品名	税込価格	数量	税込金額
1	A1001	リンゴジュース	1,080	2	¥2,160
2	B2002	バームクーヘン	1,512	1	¥1,512
3	C3001	紅茶セット	1,404	1	¥1,404
4					
5					
				合計	¥5,076

商品NO	商品	分類	単価	税込み金額
A1001	リンゴジュース	飲料	1,000	1,080
A1002	白桃ジュース	飲料	1,200	1,296
B2001	クッキー詰合せ	菓子	1,200	1,296
B2002	バームクーヘン	菓子	1,400	1,512
C3001	紅茶セット	セット	1,300	1,404
C3002	飲茶セット	セット	1,500	1,620

参照して表示

● 成績表（p.339）

テストの点数をもとに、関数や数式を使って、合計点、平均点、最高点、最低点や、順位、偏差値を表示した表を作成し、テスト結果を分析します。

	A	B	C	D	E	F	G	H	I
1	テスト結果成績表					標準偏差		38.23101	
2									
3	NO	学生名	英語	数学	国語	合計	順位	偏差値	
4	1	山本　慎二	82	73	88	243	5	52.17	
5	2	大野　朋美	91	86	73	250	4	54.00	
6	3	田辺　久美	100	96	93	289	1	64.20	
7	4	近藤　健治	52	63	51	166	10	32.03	
8	5	藤田　凛子	68	63	54	185	9	37.00	
9	6	吉田　桃子	74	79	61	214	8	44.59	
10	7	飯田　明美	69	83	71	223	7	46.94	
11	8	坂下　裕子	96	92	88	276	3	60.80	
12	9	斉藤　剛	88	96	93	277	2	61.06	
13	10	新庄　努	70	74	80	224	6	47.20	
14		平均点	79	80.5	75.2	234.7			
15		最高点	100	96	93	289			
16		最低点	52	63	51	166			
17									

● シフト表（p.356）

日付で土日のセルだけ自動で色を付ける機能を利用したり、関数を使って「出」の漢字の数を出勤人数として表示したりします。

	A	B	C	D	E	F
1	シフト表					
2						
3	日付	鈴木	田中	高橋	出勤人数	
4	3月1日(金)	出	休	出	2	
5	3月2日(土)	出	出	出	3	
6	3月3日(日)	休	出	出	2	
7	3月4日(月)	出	出	出	3	
8	3月5日(火)	出	出	休	2	
9	3月6日(水)	有給休暇	出	出	2	
10	3月7日(木)	出	出	出	3	
11	3月8日(金)	出	休	出	2	
12	3月9日(土)	休	出	出	2	
13	3月10日(日)	出	休	出	2	
14	3月11日(月)	出	出	出	3	
15	3月12日(火)	出	出	休	2	
16	3月13日(水)	出	有給休暇	出	2	
17	3月14日(木)	出	出	出	3	

● 売上表

毎日の売上データを一覧にした表です。1行目に項目名、2行目以降にデータを入力した表を作成すると、Excelの機能を使って分析できます。

データ分析は主に7章で解説します

	A	B	C	D	E	F	G	H	I
1	売上表								
2									
3	No	日付	商品NO	分類	商品	単価	数量	金額	
4	1	6月1日	A1002	飲料	白桃ジュース	1,200	4	4,800	
5	2	6月2日	C3001	セット	紅茶セット	1,300	1	1,300	
6	3	6月3日	A1002	飲料	白桃ジュース	1,200	3	3,600	
7	4	6月4日	B2001	菓子	クッキー詰合せ	1,200	2	2,400	
8	5	6月5日	A1002	飲料	白桃ジュース	1,200	1	1,200	
9	6	6月6日	B2002	菓子	バームクーヘン	1,400	5	7,000	
10	7	6月7日	B2001	菓子	クッキー詰合せ	1,200	2	2,400	
11	8	6月8日	A1001	飲料	リンゴジュース	1,000	5	5,000	
12	9	6月9日	A1002	飲料	白桃ジュース	1,200	3	3,600	
13	10	6月10日	B2001	菓子	クッキー詰合せ	1,200	2	2,400	
14	11	6月11日	B2002	菓子	バームクーヘン	1,400	4	5,600	
15	12	6月12日	C3002	セット	飲茶セット	1,500	3	4,500	
16	13	6月13日	B2001	菓子	クッキー詰合せ	1,200	5	6,000	
17	14	6月14日	A1001	飲料	リンゴジュース	1,000	2	2,000	

● 売上集計表（p.413）

データを集計して表にする機能を使って、月別商品別の売上集計表を作り、データの分析に利用します。

	A	B	C	D	E	F	G
1	売上集計						
2							
3			月 ▼				
4	分類 ↓	商品 ▼	6月	7月	8月	総計	
5	セット	紅茶セット	5,200	28,600	28,600	62,400	
6		飲茶セット	24,000	31,500	24,000	79,500	
7	セット 集計		29,200	60,100	52,600	141,900	
8	飲料	リンゴジュース	20,000	15,000	17,000	52,000	
9		白桃ジュース	19,200	2,400	1,200	22,800	
10	飲料 集計		39,200	17,400	18,200	74,800	
11	菓子	バームクーヘン	21,000	19,600	21,000	61,600	
12		クッキー詰合せ	25,200	13,200	13,200	51,600	
13	菓子 集計		46,200	32,800	34,200	113,200	
14	総計		114,600	110,300	105,000	329,900	
15							

Section

02 表作成の流れを確認する

表作成

Excelで表を作成する手順を紹介します。実際に表を作成する前に作業の流れを確認しておきましょう。

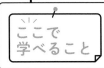
ここで
学べること

習得スキル	操作ガイド	ページ
▶ 表作成の手順を理解する	なし	p.323

まずは パッと見るだけ！

表作成の流れ

　ここでは売上表を例に、表作成の流れを紹介します。基本的な手順なので、Step4の書式設定の後で数式を入力することもできますし、保存はどのタイミングでも行えます。

● Step1　新規ブック作成
新規ブックを作成します。

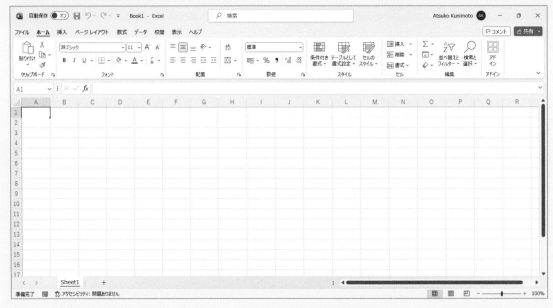

● **Step2　データ入力**

文字や数値、日付などのデータを入力します。

	A	B	C	D	E
1	売上表			12月23日	
2					
3		前期	後期	合計	
4	コーヒー	1500	2000		
5	紅茶	1000	1600		
6	ジュース	1800	2200		
7					

● **Step3　数式入力**

数式を入力して、合計を求めます。

	A	B	C	D	E
1	売上表			12月23日	
2					
3		前期	後期	合計	
4	コーヒー	1500	2000	3500	
5	紅茶	1000	1600	2600	
6	ジュース	1800	2200	4000	
7					

● **Step4　書式設定**

文字書式、色、罫線を設定するなどして表を
完成させます。

	A	B	C	D	E
1	**売上表**			12月23日	
2					
3		前期	後期	合計	
4	コーヒー	1,500	2,000	3,500	
5	紅茶	1,000	1,600	2,600	
6	ジュース	1,800	2,200	4,000	
7					
8					
9					

● **Step5　保存**

ブックをファイルとして保存します。

● **Step6　印刷**

作成した表を印刷します。印刷プレビューを確認し、印刷枚数などを指定して印刷を実行します。

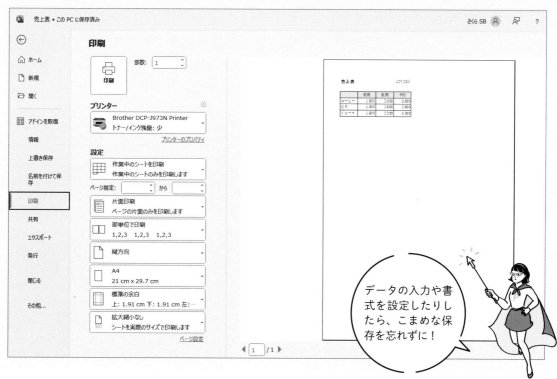

データの入力や書
式を設定したりし
たら、こまめな保
存を忘れずに！

Section

03 文字や数字や日付を入力する

データ
入力

表を作成するにあたり、文字や数字、日付などのデータを入力します。ここでは、日本語や数字、日付の入力方法の基礎を確認しながら入力していきましょう。なお、入力についての詳細は4章で説明しています。

ここで学べること

習得スキル	操作ガイド	ページ
▶文字の入力	レッスン03-1	p.325
▶数値の入力	レッスン03-2	p.327
▶日付の入力	レッスン03-3	p.327

 まずは パッと見るだけ！

データの入力

データを入力するには、空白のブックの「入力先のセル」をクリックして選択し、文字を入力します。

\ Before /
操作前

	A	B	C	D	E	F
1						
2						
3						
4						
5						
6						
7						
8						

↓

\ After /
操作後

	A	B	C	D	E	F
1	売上表			12月23日		
2						
3		前期	後期	合計		
4	コーヒー	1500	2000			
5	紅茶	1000	1600			
6	ジュース	1800	2200			
7						
8						

データを入力して、表のだいたいのレイアウトを決めましょう

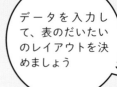

1
表作成の手順をマスターする

レッスン **03-1** 文字を入力する

操作　日本語を入力する

日本語を入力するには、日本語入力モードを[ひらがな]あにします。Excel起動直後は、日本語入力モードが[半角英数字]Aになっているので、[半角/全角]キーを押して[ひらがな]あに切り替えます。日本語入力モードの状態はタスクバーで確認できます。

[ひらがな]　　　　[半角英数字]
モード　　　　　　モード

Memo　セルを選択する

セルを選択するには、マウスポインターを選択したいセルに移動し、マウスポインターの形が⇧のときにクリックします。

時短ワザ　[予測入力]機能を利用する

日本語の読みを数文字入力すると、Spaceキーを押さなくても、[予測入力]という機能が働き変換候補が表示されます。候補の中に目的の漢字が表示されたら、Tabキーまたは↓キーを押して選択し、Enterキーで確定できます。

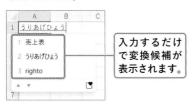

入力するだけで変換候補が表示されます。

Memo　セルの文字を削除する

入力を確定したセルの文字を削除するには、セルを選択しDeleteキーを押します。

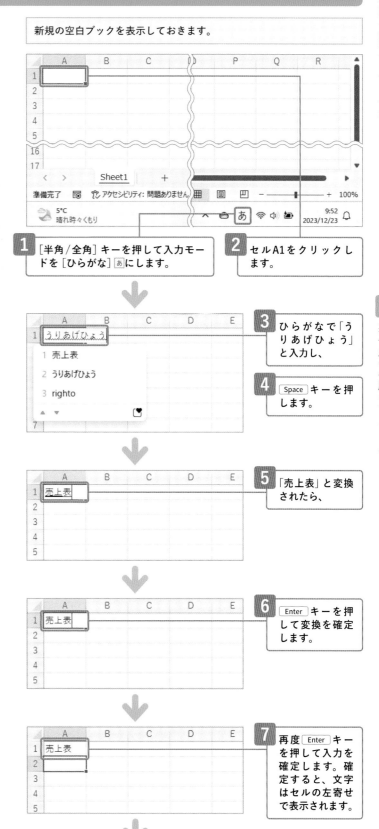

新規の空白ブックを表示しておきます。

1 [半角/全角]キーを押して入力モードを[ひらがな]あにします。

2 セルA1をクリックします。

3 ひらがなで「うりあげひょう」と入力し、

4 Spaceキーを押します。

5 「売上表」と変換されたら、

6 Enterキーを押して変換を確定します。

7 再度Enterキーを押して入力を確定します。確定すると、文字はセルの左寄せで表示されます。

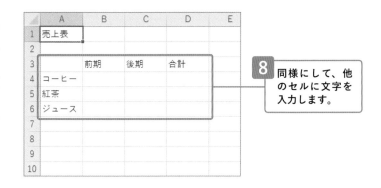

Memo 入力確定後のセル移動

手順**7**のように、文字確定後 Enter キーを押すと、入力が確定され、アクティブセルが1つ下に移動します。Tab キーを押すと、1つ右にアクティブセルが移動します。
なお、Ctrl + Enter キーを押すと、アクティブセルを移動せずに入力を確定できます。

8 同様にして、他のセルに文字を入力します。

コラム 文字変換のまとめ

Excelでセルに文字を入力して、変換する方法をまとめます。なお、文字確定後の修正方法については、レッスン**18-1**を参照してください。

●漢字変換する

読みを入力したら Space キーを押して変換します**①**。正しく変換できたら Enter キーで確定しますが、正しい漢字に変換されなかった場合は再度 Space キーを押して変換候補を表示し**②**、↓↑キーを押して目的の変換候補を選択して**③**、Enter キーを押して確定します**④**。

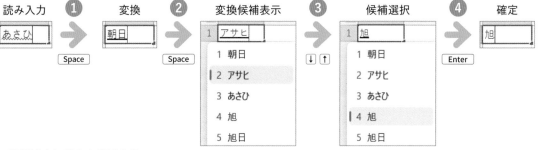

●変換途中に読みを修正する

手順**5**のように、変換途中は下線が表示されます。このとき、Esc キーを押すと読みに戻ります**①**。読みに戻したら、読みを修正して**②**、Space キーで変換し直したら**③**、Enter キーで確定します**④**。なお、読みに戻したら、←または→キーでカーソルを移動して、文字を追加します。不要な文字は、Back space キーでカーソルの前の文字、Delete キーでカーソルの後ろの文字を削除します。

●ファンクションキーで変換する

変換途中で、ファンクションキーの F6 ～ F10 を使ってひらがな、カタカナ、英数字に変換できます。ファンクションキーを続けて押すと、右表のようにカタカナやひらがなが混在、大文字、小文字が混在して変換されます。

キー	変換	例（読み：あさひ）
F6	ひらがな	あさひ→アさひ→アサひ→あさひ
F7	全角カタカナ	アサヒ→アサひ→アさひ→アサヒ
F8	半角カタカナ	ｱｻﾋ→ｱｻひ→ｱさひ→ｱｻﾋ
F9	全角英数字	ａｓａｈｉ→ＡＳＡＨＩ→Ａｓａｈｉ→ａｓａｈｉ
F10	半角英数字	asahi→ASAHI→Asahi→asahi

レッスン 03-2 数値を入力する

🖱 操作　数値を入力する

セルに数値を入力すると、半角文字で右寄せで表示されます。Excel起動直後は、日本語入力モードが［半角英数字］Ａになっているのでそのまま入力します。［ひらがな］あになっている場合は、［半角/全角］キーを押して［半角英数字］Ａに切り替えます。

💡 Point　全角で数値を入力した場合

全角で数値を入力しても、入力確定時に自動で数値と判断され、半角に変換されて、右寄せで表示されます。

［半角/全角］キーを押して入力モードを［半角英数］Ａに変更しておきます。

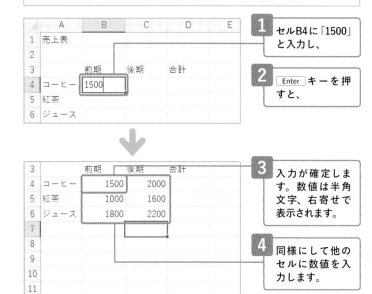

1 セルB4に「1500」と入力し、

2 Enter キーを押すと、

3 入力が確定します。数値は半角文字、右寄せで表示されます。

4 同様にして他のセルに数値を入力します。

レッスン 03-3 日付を入力する

🖱 操作　日付を入力する

セルに日付を入力するには、「12/23」のように「/」または「-」で区切って入力します。日付と認識されると、自動的に日付データに変換され、日付の表示形式が設定されます。「月/日」の形式で月日だけを入力すると今年の日付に認識されます。日本語入力モードは［半角英数字］Ａにして入力しましょう。

💡 Point　入力された日付を確認する

日付が入力されたセルには、「12月23日」のように表示されますが、実際には今年の年（2024）が補われて「2024/12/23」が入力されています。セルD1をクリックしてアクティブセルを移動し、数式バーを見ると、D1に入力されている実際の日付データが確認できます。

［半角/全角］キーを押して入力モードを［半角英数］Ａに変更しておきます。

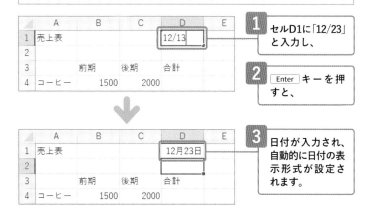

1 セルD1に「12/23」と入力し、

2 Enter キーを押すと、

3 日付が入力され、自動的に日付の表示形式が設定されます。

📝 Memo　年を指定して入力する

年を指定して入力する場合は、「2024/12/23」のように「年/月/日」の形式で入力します。年を指定すると、去年以前や来年以降の日付を入力できます。年を含めて入力すると、セルには「2024/12/23」とそのまま表示されますが、実際には［西暦4桁/月/日］の表示形式が設定されています。
なお、表示形式については**レッスン30-1**を参照してください。

04 数値を計算する

数値の計算

セルに入力された数値を計算するには、セルに数式を入力します。ここでは、足し算をして合計を求める数式を入力してみましょう。数式を簡単にコピーする方法もあわせて紹介します。

ここで学べること	習得スキル	操作ガイド	ページ
	▶ 数式の入力	レッスン 04-1	p.329
	▶ 数式のコピー	レッスン 04-2	p.329

まずは パッと見るだけ！

数式の入力

　セルに入力された数値を使って計算するには、**数式**を利用します。数式は半角の「=」ではじまり、「+」や「-」のような**算術演算子**と**セル番地**（数字の行数とアルファベットの列でセルを指定したもの）を組み合わせて作成します。以下は、前期と後期の合計を求めています。

\ Before /
操作前

D4		A	B	C	D	E	F
1		売上表			12月23日		
2							
3			前期	後期	合計		
4		コーヒー	1500	2000			
5		紅茶	1000	1600			
6		ジュース	1800	2200			

↓

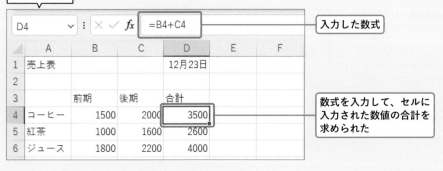

\ After /
操作後

D4　fx　=B4+C4　──→ 入力した数式

	A	B	C	D	E	F
1	売上表			12月23日		
2						
3		前期	後期	合計		
4	コーヒー	1500	2000	3500		
5	紅茶	1000	1600	2600		
6	ジュース	1800	2200	4000		

数式を入力して、セルに入力された数値の合計を求められた

レッスン **04-1** 数式を入力する

練習用ファイル 04-1-売上表.xlsx

操作 数式を入力する

前期と後期の売上合計を求める数式を入力してみましょう。売上合計は、「前期＋後期」で求められます。コーヒーの前期の金額はセルB4、後期の金額はセルC4なのでセル番地を使うと「B4+C4」となります。数式は、半角の「＝」（イコール）を入力してから式を入力するので、合計のセルD4に「＝B4+C4」と入力します。

なお、数式についてはSection35で詳細を説明します。

Point 数式を確認する

計算結果が表示されたセルをクリックして、数式バーを見ると、数式が入力されていることが確認できます。

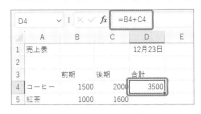

入力モードを［半角英数字］にしておきます。

1 合計を表示するセル（ここではセルD4）をクリックし、「＝」と入力して、

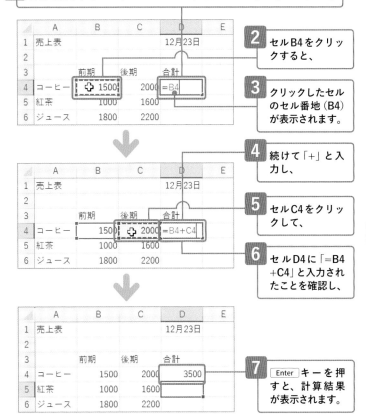

2 セルB4をクリックすると、

3 クリックしたセルのセル番地（B4）が表示されます。

4 続けて「＋」と入力し、

5 セルC4をクリックして、

6 セルD4に「＝B4+C4」と入力されたことを確認し、

7 Enter キーを押すと、計算結果が表示されます。

レッスン **04-2** 数式をコピーする

練習用ファイル 04-2-売上表.xlsx

操作 数式をコピーする

セルD4には、コーヒーの合計を求める数式を入力しました。同様にして紅茶とジュースの合計を求めるのに、セルD4の数式をセルD5～D6にコピーして求めましょう。ここでは、「オートフィル」という機能を使用して数式をコピーし、紅茶とジュースの合計を求めます。

なお、オートフィルについてはSection 19で詳細を説明します。

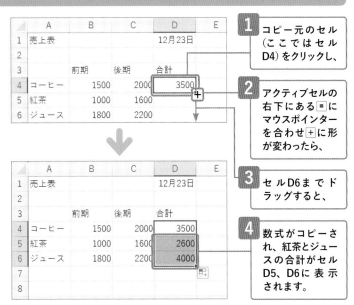

1 コピー元のセル（ここではセルD4）をクリックし、

2 アクティブセルの右下にある■にマウスポインターを合わせ＋に形が変わったら、

3 セルD6までドラッグすると、

4 数式がコピーされ、紅茶とジュースの合計がセルD5、D6に表示されます。

05 表の見た目を整える

表作成

表のタイトルを強調したり、罫線を設定したりして表の見た目を整えて表を仕上げます。文字サイズや太字の変更、格子状の罫線を設定し、セルに色を付けてみましょう。

ここで学べること

1 表作成の手順をマスターする

まずは パッと見るだけ！

表の編集

「❶タイトル文字の強調」「❷文字の配置の整理」「❸数値の桁区切り」「❹罫線の設定」「❺見出しセルに色付け」を行い、表の見た目を整えます。

\Before/
操作前

	A	B	C	D	E	F
1	売上表			12月23日		
2						
3		前期	後期	合計		
4	コーヒー	1500	2000	3500		
5	紅茶	1000	1600	2600		
6	ジュース	1800	2200	4000		
7						

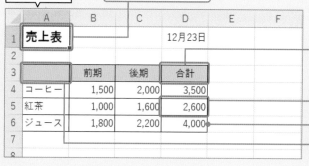

\After/
操作後

❶タイトル文字の強調

	A	B	C	D	E	F
1	売上表			12月23日		
2						
3		前期	後期	合計		
4	コーヒー	1,500	2,000	3,500		
5	紅茶	1,000	1,600	2,600		
6	ジュース	1,800	2,200	4,000		
7						

❷文字の配置の整理（セルの中央に揃えた）

❸数字の桁区切り（カンマで区切った）

❹罫線の設定

❺見出しセルに色付け

レッスン 05-1　タイトルを強調する

💡 Point　タイトルの強調

表のタイトルになる文字を強調する
ために、ここでは文字サイズを大き
くし、太字を設定してみましょう。
このような文字を修飾するものを
「書式」といいます。書式設定の詳細
はSection24を参照してください。

🖱 操作　フォントサイズを変更する

文字の大きさを変更するには、フォ
ントサイズを変更します。フォント
サイズは、ポイント単位で設定され、
1ポイントは約0.35mmです。

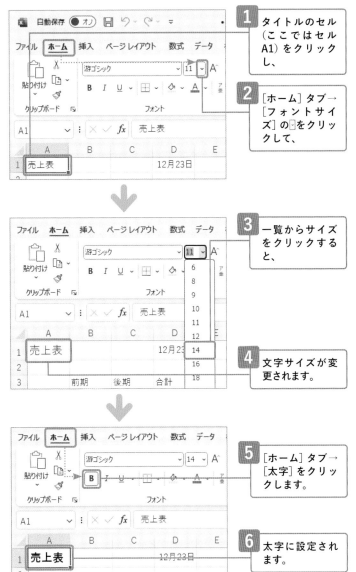

1 タイトルのセル（ここではセルA1）をクリックし、

2 ［ホーム］タブ→［フォントサイズ］の␣をクリックして、

3 一覧からサイズをクリックすると、

4 文字サイズが変更されます。

5 ［ホーム］タブ→［太字］をクリックします。

6 太字に設定されます。

レッスン 05-2　文字をセルの中央に揃える

💡 Point　文字の中央揃え

表の見出しとなる文字をセルの中央に
揃えて配置を整えます。ここでは、セ
ル範囲B3～D3の文字を中央に揃えて
みましょう。配置の詳細はSection28
を参照してください。

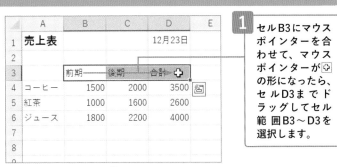

1 セルB3にマウスポインターを合わせて、マウスポインターが⊞の形になったら、セルD3までドラッグしてセル範囲B3～D3を選択します。

操作　セル範囲を選択する

セル範囲を選択するには、マウスポインターを選択したいセルに移動し、マウスポインターの形が⊞のときにドラッグします（Section09参照）。

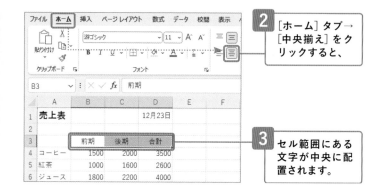

2 ［ホーム］タブ→［中央揃え］をクリックすると、

3 セル範囲にある文字が中央に配置されます。

レッスン 05-3　桁区切りカンマを付ける

練習用ファイル　05-3-売上表.xlsx

操作　桁区切りカンマを付ける

数値に3桁ごとの桁区切りカンマを付けると、数値が見やすくなります。ここでは、セル範囲B4〜D6の数値に桁区切りカンマを設定してみましょう。数値の表示形式の詳細はSection30を参照してください。

Point　数値の表示形式

数値に桁区切りカンマを付けたり、通貨記号「¥」を付けたりして、表示形式を変更することができます。表示形式はセルに表示するための書式で、実際の数値は数式バーで確認できます。

実際の数値は数式バーで確認できます。

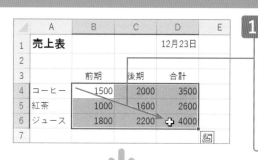

1 セルB4にマウスポインターを合わせて、マウスポインターが⊞の形になったら、セルD6までドラッグしてセル範囲B4〜D6を選択します。

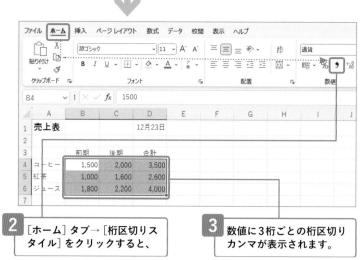

2 ［ホーム］タブ→［桁区切りスタイル］をクリックすると、

3 数値に3桁ごとの桁区切りカンマが表示されます。

レッスン 05-4　表に格子状の罫線を設定する

練習用ファイル　05-4-売上表.xlsx

操作　格子状の罫線を引く

セル範囲に格子状の罫線を引くと、一気に表組みに整えられます。ここではセル範囲A3〜D6に格子状の罫線を引いてみましょう。罫線設定の詳細はSection27を参照してください。

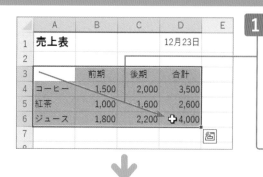

1 セルA3にマウスポインターを合わせて、マウスポインターが⊞の形になったら、セルD6までドラッグしてセル範囲A3〜D6を選択します。

Memo 罫線の設定

[ホーム] タブ→ [罫線] の⁚をクリックすると、選択範囲に対して設定できる罫線のパターンが表示されます。[格子] ⊞をクリックするとセル範囲に格子状の罫線を設定できます。[枠なし] ⊞をクリックすると、セル範囲の罫線を削除できます（レッスン27-1参照）。

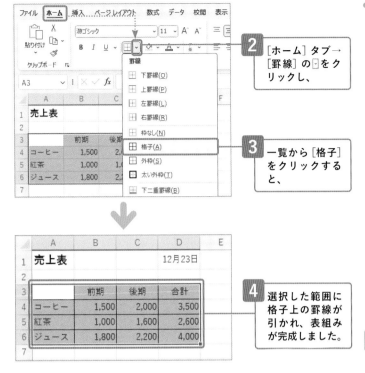

2 [ホーム] タブ→ [罫線] の⁚をクリックし、

3 一覧から [格子] をクリックすると、

4 選択した範囲に格子上の罫線が引かれ、表組みが完成しました。

レッスン 05-5 セルに色を設定する

練習用ファイル　05-5-売上表.xlsx

操作　セルに色を付ける

表の見出しになるセルに色を付けると、見出しが強調され、見栄えが良くなります。セルに色を付けるには、[ホーム] タブの [塗りつぶしの色] ⬧で色を指定します。ここでは、表の見出し行となるセル範囲A3〜D3に色を付けてみましょう。塗りつぶしの詳細は Section25 を参照してください。

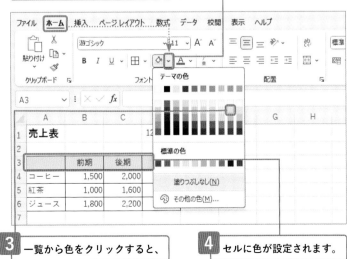

1 セルA3にマウスポインターを合わせて、マウスポインターが⊕の形になったら、セルD3までドラッグしてセル範囲A3〜D3を選択します。

2 [ホーム] タブ→ [塗りつぶしの色] ⬧の⁚をクリックし、

3 一覧から色をクリックすると、

4 セルに色が設定されます。

06 ブックを保存する

表を作成したブックをファイルとして保存しておくと、Excelを終了した後に再度開いて編集することができます。新規ブックを保存する方法や、既存のブックを別の名前を付けて保存する方法、ブックの内容を更新する方法を覚えましょう。

習得スキル	操作ガイド	ページ
▶ 名前を付けて保存	レッスン06-1	p.335
▶ 上書き保存	レッスン06-2	p.336

まずは パッと見るだけ！

1 表作成の手順をマスターする

ブックの保存

保存方法には、名前を付けて保存と上書き保存の2種類があります。新規ブックを保存する場合と、すでに保存されているブックを保存する場合の違いもあわせて確認してください。

● 新規ブック
新規ブックを作成すると、「Book1」のような名前がタイトルバーに表示されます。これは、仮の名前として表示されているだけでまだファイルとしては存在していません。ファイルとして残したい場合は、名前を付けて保存します。

● 保存済みのブック
一度ファイルとして保存したブックは、上書き保存と名前を付けて保存の使い分けが必要です。上書き保存は、同じ名前で保存するためデータが更新され、元ファイルの変更前のデータは残りません。
一方、名前を付けて保存は、元ファイルで編集した内容を別の名前を付けて保存するため、元ファイルは変更前の状態で残ります。

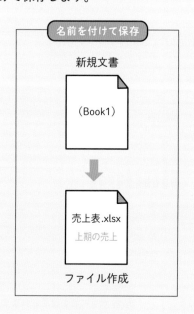

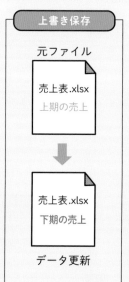

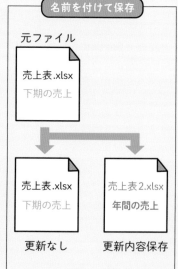

レッスン 06-1 保存場所と名前を指定して保存する

練習用ファイル **06-売上表.xlsx**

🖱 **操作　名前を付けて保存する**

新規のブックを保存する場合は、[名前を付けて保存]ダイアログを表示し、保存場所と名前を指定してファイルとして保存します。保存済みのブックの場合、同じ操作で別のファイルとして保存できます。ここでは、**レッスン05-5**で作成したブックを[ドキュメント]フォルダに「売上表」という名前で保存してみましょう。

📝 **Memo　OneDriveに保存する**

保存場所でOneDriveを選択すると、ブックをネットワーク上に保存できます。OneDriveに保存すれば、わざわざファイルを持ち運ぶことなく、別のパソコンからブックを開くことができます。この場合、Microsoftアカウントでサインインしている必要があります。詳細はp.587を参照してください。

⌨ **ショートカットキー**

● [名前を付けて保存]ダイアログ表示
  F12

「残したいデータ」がないか考えて保存しましょ

ここではサインインしていない状態で[ドキュメント]フォルダに保存します。

1 [ファイル]タブ→[名前を付けて保存]をクリックし、

2 [参照]をクリックします。

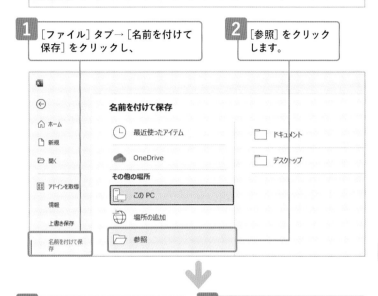

3 [名前を付けて保存]ダイアログが表示されます。

4 保存先のフォルダを選択(ここでは「ドキュメント」)し、

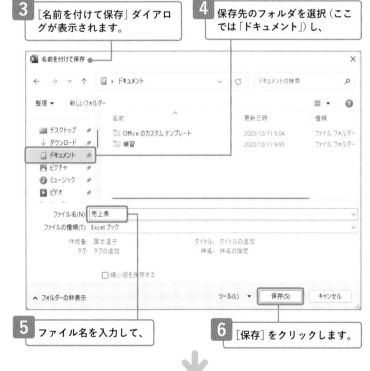

5 ファイル名を入力して、

6 [保存]をクリックします。

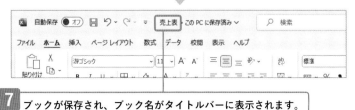

7 ブックが保存され、ブック名がタイトルバーに表示されます。

レッスン 06-2 上書き保存する

🖱️ 操作　上書き保存する

一度保存したことのあるブックは、上書き保存をして変更内容を更新して保存します。クイックアクセスツールバーの[上書き保存]をクリックします。データが更新されるので、ブックを開いたときの内容は残りません。

⌨️ ショートカットキー

● 上書き保存
　[Ctrl] + [S]

1 クイックアクセスツールバーの[上書き保存]をクリックします。

1 表作成の手順をマスターする

▶ コラム　自動保存を理解しましょう

タイトルバーの左端に表示されている自動保存は、MicrosoftアカウントでサインインしているときにブックをOneDriveに保存すると有効になります。Microsoftアカウントでサインインしている場合に、ブックをOneDriveに保存すると、[自動保存]がオンになり、ブックに変更があると自動で上書き保存されます。

● Microsoftアカウントでサインインしていない場合

ブックを保存しても[自動保存]はオンになりません。保存後、ブックに変更を加えた場合は、自分で上書き保存をしてブックを更新してください。このとき[自動保存]をクリックしてオンにしようとするとサインインを要求する画面が表示されます。

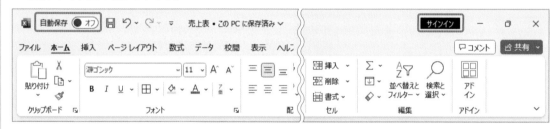

● Microsoftアカウントでサインインしている場合

ブックをOneDriveに保存すると[自動保存]はオンになり、ブックに変更があると、自動的に上書き保存が実行され、データが更新されます。ブックの[自動保存]のオンとオフの設定は、ブックごとに保存されます。次にブックを開いたときは、前回と同じ設定で開きます。また、[上書き保存]のアイコンが🔄になり、クリックすると自分が行った変更が保存されると同時に、文書が共有されている場合は、他のユーザーによる変更も反映されます。なお、サインインしていても、文書をパソコン上のドライブに保存している場合は、[自動保存]はオフのままです。

07 ブックを開く

ファイルとして保存したブックは、Excel画面から開くだけでなく、エクスプローラーから開くこともできます。また、Excelでは複数のブックを同時に開いて編集することもできます。

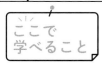 ここで学べること

習得スキル	操作ガイド	ページ
▶ ブックを開く	レッスン07-1	p.338
▶ エクスプローラーから開く	レッスン07-2	p.339

まずは パッと見るだけ！

 文書の開き方を確認する

Excelのブックは、［ファイルを開く］ダイアログから開くのが基本ですが、エクスプローラーから直接ブックをダブルクリックして開くことも可能です。

\Before/
操作前

● ［ファイルを開く］ダイアログ

● エクスプローラー

\After/
操作後

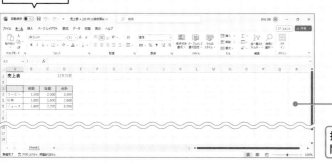

エクスプローラーのダブルクリックがおすすめ

指定したブックが開いた

レッスン **07-1** 保存場所を選択して開く

練習用ファイル **07-売上表.xlsx**

操作 ［ファイルを開く］ダイアログから開く

Excelのブックを開くには、［ファイルを開く］ダイアログを表示して、保存場所と開くファイルを指定します。Excelでは複数ファイルを同時に開いて編集することができます。手順 **5** で、1つ目のファイルを選択したのち、2つ目以降のファイルを Ctrl キーを押しながらクリックすると複数ファイルを選択できます。複数選択した状態で［開く］をクリックすると複数ファイルをまとめて開けます。

Memo 複数のブックを切り替えるには

［表示］タブ→［ウィンドウの切り替え］をクリックして**1**、一覧から切り替えたい文書をクリックします**2**。または、タスクバーのExcelのアイコンにマウスポインターを合わせ、表示されるブックのサムネイル（縮小表示）で、編集したいブックをクリックしても切り替えられます。

ショートカットキー

● ［開く］画面表示
Ctrl + O

● ［ファイルを開く］ダイアログ表示
Ctrl + F12

ドキュメントフォルダに、07-売上表.xlsxをコピーしておくと以下の画面と同じになります。ファイルのコピー方法は、p.45参照

1 ［ファイル］タブ→［開く］をクリックし、

2 ［参照］をクリックします。

3 ［ファイルを開く］ダイアログが表示されます。

4 ファイルの保存先を選択し、

5 対象のファイルをクリックします。

6 ［開く］をクリックすると、

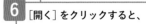

7 選択したファイルが開きます。

レッスン 07-2 エクスプローラーから開く

練習用ファイル **07-売上表.xlsx**

ドキュメントフォルダに、07-売上表.xlsxをコピーしておくと以下の画面と同じになります。ファイルのコピー方法は、p.45参照

操作 エクスプローラーから開く

エクスプローラーを開き、開きたいブックをダブルクリックすると、ブックが開きます。

Memo Enter キーでブックを開く

エクスプローラーで開きたいブックを選択し、Enter キーを押しても同様にブックを開くことができます。

コラム Excelも自動的に起動する

エクスプローラーでファイルをダブルクリックしたときにExcelが起動していない場合は、Excelが起動すると同時にブックが開きます。

1 エクスプローラーで保存場所のフォルダを開き、

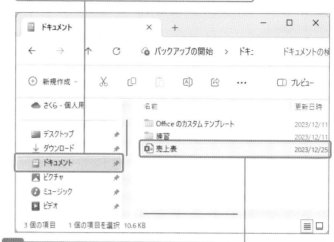

2 開きたいブックをダブルクリックすると、ファイルが開きます。

コラム Section01の[成績表]の解説

Section01の成績表では、本書では解説していない関数を使っています。詳細は解説しませんが、どのような数式や関数が設定されているかを紹介します。興味があれば、ご活用ください。

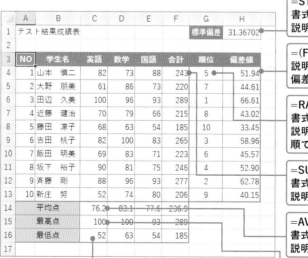

=STDEV.P(F4:F13)
書式：=STDEV.P(セル範囲)
説明：セル範囲の数値をもとに標準偏差を求める

=(F4-$F$14)/$H$1*10+50
説明：偏差値を求める数式
偏差値＝（個人の得点−平均点）÷標準偏差×10+50

=RANK.EQ(F4,$F$4:$F$13,0)]
書式：=RANK.EQ(数値,範囲,[降順/昇順])
説明：範囲内で指定した数値が大きい順または小さい順で何番目にあるか順位を求める

=SUM(C4:E4)
書式：=SUM(セル範囲)
説明：範囲内の数値の合計を返す（Section56参照）

=AVERAGE(C4:C13)
書式：=AVERAGE(セル範囲)
説明：範囲内の数値の平均値を返す（Section57参照）

=MIN(C4:C13)
書式：=MIN(セル範囲)
説明：範囲内の数値の中で最小値を返す（Section58参照）

=MAX(C4:C13)
書式：=MAX(セル範囲)
説明：範囲内の数値の中で最大値を返す（Section58参照）

Section 08 印刷する

印刷

作成した表を印刷するには、［印刷］画面を表示します。［印刷］プレビュー画面で印刷イメージを確認し、印刷部数や印刷ページなどの設定をして印刷を実行します。

ここで学べること

習得スキル	操作ガイド	ページ
▶印刷	レッスン08-1	p.341

まずは パッと見るだけ！

表の印刷

表を印刷するには、［印刷］画面で印刷プレビューを確認し、印刷を実行します。

● ［印刷］画面

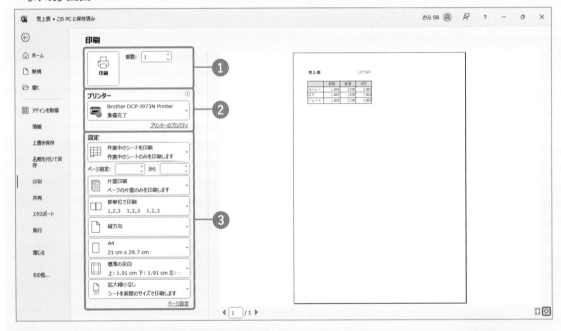

①	印刷	印刷部数の指定と印刷を実行する
②	プリンター	印刷するプリンターの選択と詳細設定の確認と変更をする
③	設定	印刷範囲や用紙のサイズ、用紙の向きなど印刷設定をする。詳細はp.567を参照

印刷プレビューと
同じものが紙に
印刷されるよ〜

レッスン 08-1 印刷イメージを確認し、印刷を実行する

練習用
ファイル 08-売上表.xlsx

🖱 操作 **印刷イメージの確認と印刷の実行**

表を印刷するには、[印刷]画面で印刷プレビューを確認し、部数を指定して、[印刷]をクリックします。印刷する前に、プリンターを接続し、用紙をセットしておきましょう。

⌨ ショートカットキー

● [印刷]画面を表示する
[Ctrl] + [P]

📝 Memo **印刷プレビューが表示されない場合**

ワークシートに何も入力されていない場合は、印刷プレビューは表示されません。

💡 Point **1ページに収まらない場合**

印刷プレビューで確認したときに1ページに収まらない場合は、余白を狭くしたり、印刷の倍率を変更したりして1ページに収まるように調整できます (p.574参照)。

📝 Memo **プリンターについて**

プリンターの▾をクリックすると、プリンターの一覧が表示されます。印刷に使用するプリンターには、緑のチェックマークが付いています。[プリンターのプロパティ]をクリックすると使用するプリンターの設定画面が表示されますが、プリンターによって設定内容が異なるため、本書ではプリンターの設定については解説していません。

---

1 [ファイル]タブ→[印刷]をクリックすると、

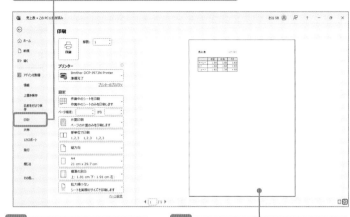

2 [印刷]画面が表示され、

3 印刷プレビューが表示されます。

4 [ページに合わせる]▣をクリックして印刷イメージサイズを縮小／拡大して確認します。

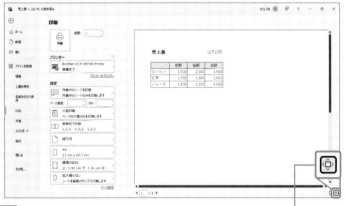

5 プリンターを確認して、

6 部数を指定し、

7 [印刷]をクリックします。

コラム　印刷プレビューで余白を表示するには

印刷プレビューの右下にある［余白の表示］⬚をクリックすると❶、余白のラインが表示されます❷。クリックするごとに表示／非表示が切り替わります。表示された余白のラインにマウスポインターを合わせて⊞の形になったらドラッグすると❸、余白を変更できます。なお、上下に横のラインが2本ありますが、内側のラインが余白ライン、外側のラインがヘッダー、フッター領域のラインです（**Section80**）。また、上端に表示される▪は列の境界でドラッグすると列幅を変更することができます。

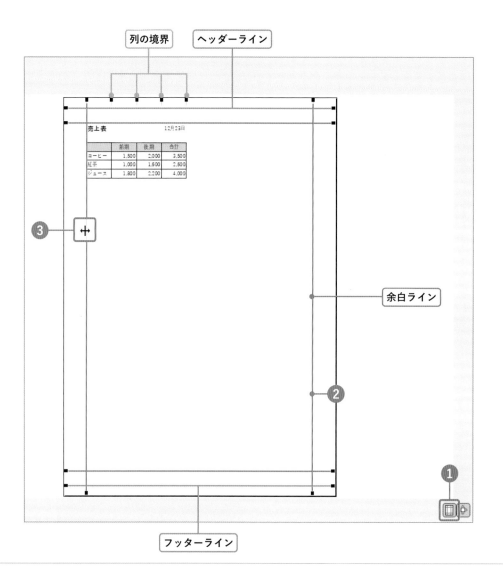

列の境界　ヘッダーライン

余白ライン

フッターライン

完成見本を参考に、以下の手順で表を作成してみましょう。

1 セルA1に「商品在庫」、セルA4〜A6にそれぞれ「緑茶」「紅茶」「烏龍茶」(うーろんちゃ)、セ
   ルB3〜D3にそれぞれ「店舗A」「店舗B」「合計数」と入力する

2 セルB4〜C6に完成図を参照して数値を入力する

3 セルD1に日付「2024/3/5」を入力する

4 セルA1の文字のサイズを「12pt」、太字を設定する

5 セル範囲B3〜D3を中央揃えにする

6 セル範囲D4〜D6に桁区切りカンマを設定する

7 セル範囲A3〜D6に格子の罫線を設定する

8 セル範囲A3〜D4にセルの色を任意の色に設定する

9 [ドキュメント]フォルダに「商品在庫」と名前を付けて保存する

▼ **完成見本**

	A	B	C	D	E	F
1	**商品在庫**			2024/3/5		
2						
3		店舗A	店舗B	合計数		
4	緑茶	450	550	1,000		
5	紅茶	600	450	1,050		
6	烏龍茶	550	600	1,150		
7						
8						

合計を求める
関数はp.448
で紹介します

ひと
やすみ

操作がわからなくても大丈夫

Excel操作に慣れていないと、操作やボタンの場所がわからないことがあります。「困ったな」と思ったら、Microsoft Searchやヘルプ機能を使ってみましょう。やりたいことや機能名を入力するだけで、目的の操作や内容を表示できます。

● Microsoft Search

タイトルバーの中央にある入力欄がMicrosoft Searchです。やりたいことや機能のキーワードを入力するだけで関連する機能や検索結果を表示できます。
入力欄にやりたいことのキーワードを入力すると❶、キーワードに関連する機能や文書内でキーワードを検索した結果が表示されます❷。一覧から目的の機能をクリックすると、その機能をすぐに実行できます❸。

● ヘルプ

[ヘルプ]作業ウィンドウの検索欄に
用語や機能などを入力すると、関連する内容の解説をオンラインで調べられます。ヘルプを使う場合は、インターネットに接続している必要があります。
[ヘルプ]タブの[ヘルプ]をクリックすると❶、[ヘルプ]作業ウィンドウが表示されます❷。検索ボックスに調べたい内容を入力して Enter キーを押すと❸、関連する内容の解説が一覧表示されるので、目的の解説をクリックして内容を確認します❹。

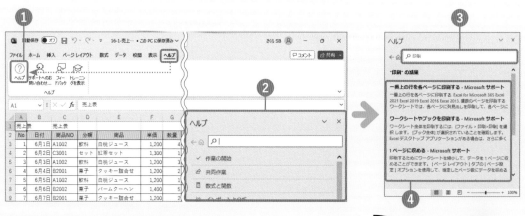

Point 落ち着いて調べてみよう

手順の暗記より、調べもの上手でラクしましょ♪

第 **2** 章

セル／行／列を自在に操作する

Excelで表を作成する際に、対象となるセルやセル範囲を選択したり、列の幅や行の高さを調整したりすることがよくあります。そのため、セル／行／列の操作は必須です。ここでは、基本操作をマスターしましょう。

自在に操作できれば仕事もスムーズ！

09 セル範囲を選択する

Excelでは、表を作成する際はまず対象となるセルやセル範囲を選択してから文字を入力したり、機能を実行したりします。ここでは、基本的なセル選択の方法に加えて、便利な選択方法をあわせて紹介します。

習得スキル	操作ガイド	ページ
▶ 連続するセル範囲の選択	レッスン09-1	p.347
▶ 離れたセル範囲の選択	レッスン09-2	p.348
▶ 行や列の選択	レッスン09-3	p.348

まずは パッと見るだけ！

セル範囲の選択

セル範囲を選択する場合は、マウスポインターの形に注目してください。選択したいセル上にマウスポインターを合わせて、⟱のときにセル範囲を選択できます。また、行番号上で➡、列番号上で⬇のときに行や列を選択できます。

● 連続範囲の選択

操作前

---→

操作後

セル上をドラッグして連続した範囲を選択します。

マウスポインターの形が⟱のとき、

● 離れた範囲の選択

1つ目のセル範囲を選択後、Ctrl キーを押しながらドラッグすると、続けて別のセル範囲を選択できます。

操作前

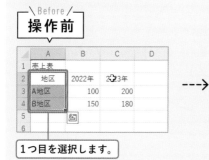

---→

操作後

2つ目以降は、Ctrl キーを押しながらドラッグすると、離れたセル範囲を選択できます。

1つ目を選択します。

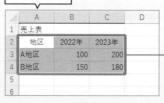

セル／行／列を自在に操作する

2

● 行の選択

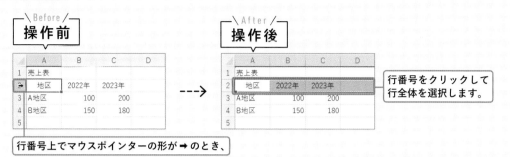

行番号上でマウスポインターの形が ➡ のとき、

行番号をクリックして
行全体を選択します。

● 列の選択

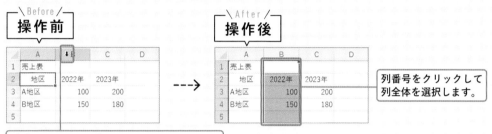

列番号上でマウスポインターの形が ↓ のとき、

列番号をクリックして
列全体を選択します。

レッスン 09-1 　連続するセル範囲を選択する

練習用ファイル　**09-売上表.xlsx**

🖱 操作 　**連続するセル範囲を選択する**

セルを選択する場合、ワークシート上でマウスポインターの形が ⊕ になったらクリックします。連続するセル範囲を選択するには、⊕ の形でドラッグします。

📝 Memo 　**クリックで範囲を選択する**

選択したいセル範囲の始点のセルをクリックし❶、終点のセルを Shift キーを押しながらクリックします❷。

1 選択したい先頭のセルにマウスポインターを合わせて、⊕ の形になったら、ドラッグします。

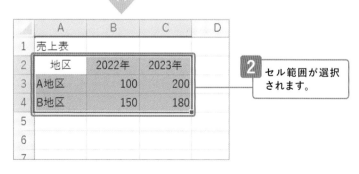

2 セル範囲が選択されます。

⏱ 時短ワザ 　**キーボードでセル範囲を拡大／縮小する**

現在選択しているセル範囲を拡大／縮小するには、 Shift キーを押しながら、↓→↑← キーを押します。

09 セル範囲を選択する

2 セル／行／列を自在に操作する

レッスン **09-2** 離れたセル範囲を選択する

練習用ファイル 09-売上表.xlsx

🖱 **操作** 離れたセル範囲を選択する

離れた位置にあるセルを同時に選択したい場合、2つ目以降のセル範囲を選択するときに [Ctrl] キーを押しながらドラッグします。

💡 **Point** 選択した範囲を解除する

選択範囲外のセルをクリックすると、選択した範囲を解除できます。
また、選択されたセル範囲内で [Ctrl] キーを押しながらドラッグすると、その部分だけ解除できます。

1 1つ目のセル範囲はドラッグして選択します。

2 2つ目のセル範囲を [Ctrl] キーを押しながらドラッグすると、離れたセル範囲が選択されます。

レッスン **09-3** 行や列を選択する

練習用ファイル 09-売上表.xlsx

🖱 **操作** 行や列を選択する

行を選択する場合は、行番号上にマウスポインターを合わせ、➡の形になったらクリックします。同様に列を選択する場合は、列番号上にマウスポインターを合わせ、⬇の形になったらクリックします。なお、行番号上や列番号上をドラッグすると複数行、複数列を選択できます。

📝 **Memo** 全セルを選択する

ワークシート全体を選択したい場合、行番号と列番号が交差する位置にある [全セル選択] ボタンをクリックします。

[全セル選択] ボタン

	A	B	C	D
1	売上表			
2	地区	2022年	2023年	
3	A地区	100	200	
4	B地区	150	180	
5				

行選択

1 選択したい行の行番号にマウスポインターを合わせて、➡の形になったらクリックすると、

2 行が選択されます。

行番号上をドラッグすると複数行が選択されます。

列選択

1 選択したい列の列番号にマウスポインターを合わせて、⬇の形になったらクリックすると、

2 列が選択されます。

列番号上をドラッグすると複数列が選択されます。

Section

10 セルを移動／コピーする

セルの操作

表を少し横にずらしたいとか、同じ表をもう1つ作りたいといった場合、表のセル範囲を移動したり、コピーしたりします。セルやセル範囲の移動、コピーの仕方を覚えましょう。

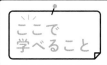
ここで学べること

習得スキル	操作ガイド	ページ
▶ セルの移動	レッスン10-1	p.350
▶ セルのコピー	レッスン10-2	p.351

まずは パッと見るだけ！

セルの移動とコピー

表の位置を移動したり、同じ表を作成したりしたいときに、セルの移動やセルのコピーの機能を使います。移動する場合は［切り取り］と［貼り付け］、コピーする場合は［コピー］と［貼り付け］の操作をします。

● セルの移動

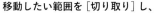

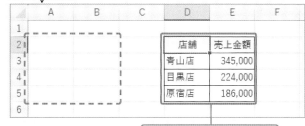

移動したい範囲を［切り取り］し、　移動先で［貼り付け］します。

● セルのコピー

コピーしたい範囲を［コピー］し、　コピー先で［貼り付け］します。

レッスン 10-1 セルを移動する

練習用ファイル 10-1-セルの移動.xlsx

操作 セルを移動する

セルを移動するには、移動したいセル範囲を選択し、［ホーム］タブの［切り取り］Xをクリックし、移動先の先頭セルをクリックして［ホーム］タブの［貼り付け］を使います。

ショートカットキー

- 切り取り
  Ctrl + X
- 貼り付け
  Ctrl + V

Memo ドラッグで移動する

移動したいセル範囲を選択し❶、境界線にマウスポインターを合わせてドラッグすると❷、選択した範囲が移動します❸。近い位置に移動する場合に便利です。

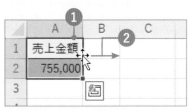

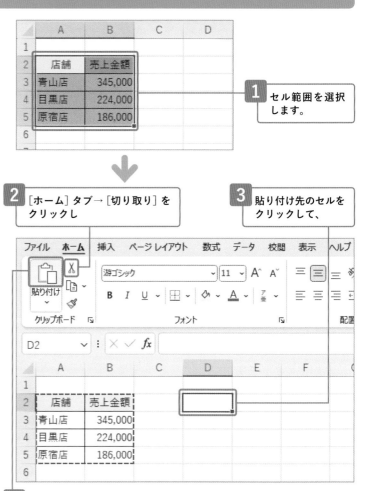

1 セル範囲を選択します。

2 ［ホーム］タブ→［切り取り］をクリックし

3 貼り付け先のセルをクリックして、

4 ［ホーム］タブ→［貼り付け］をクリックすると、

5 セル範囲が移動します。

レッスン **10-2** セルをコピーする

練習用ファイル **10-2-セルのコピー.xlsx**

操作 セルをコピーする

セルをコピーするには、[ホーム] タブの [コピー] 📋と [貼り付け] 📋を使います。コピー元のセル範囲の周囲が点滅している間は、[貼り付け] で何回でも貼り付けられます。

Point セル範囲の点滅って何？

[切り取り] や [コピー] をクリックしたときにセル範囲の周囲に表示される点滅は、[クリップボード] というデータ保管場所にそのセル範囲が保管されている状態を表しています。そのときに [貼り付け] をクリックすると、コピー先にそのセル範囲が貼り付けられます。点滅している間は何回でも貼り付けることができます。[esc] キーを押すと解除されます。

ショートカットキー

- コピー
  [Ctrl] + [C]
- 貼り付け
  [Ctrl] + [V]

Memo ドラッグでコピーする

コピーしたいセル範囲を選択し❶、境界線にマウスポインターを合わせて、[Ctrl] キーを押しながらドラッグすると❷、選択した範囲がコピーされます❸。近い位置にコピーする場合に便利です。

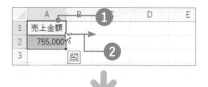

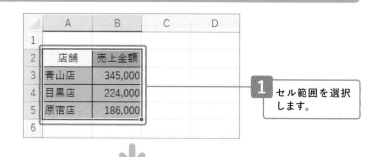

1 セル範囲を選択します。

2 [ホーム] タブ→ [コピー] 📋をクリックし

3 貼り付け先のセルをクリックして、

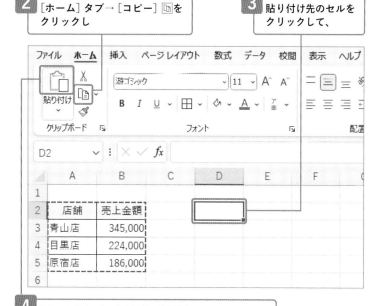

4 [ホーム] タブ→ [貼り付け] 📋をクリックすると、

5 セル範囲がコピーされます。

6 点滅が表示されている間は、繰り返し貼り付けられます。終了する場合は [esc] キーを押します。

11 セルの列幅だけをコピーする

横に並ぶ表の列幅を揃えたい場合、列幅だけをコピーします。列幅だけのコピーは、[形式を選択して貼り付け] ダイアログを使います。[形式を選択して貼り付け] ダイアログでは、より詳細な貼り付け方法を選択することができます。

ここで学べること	習得スキル	操作ガイド	ページ
	▶列幅のみ貼り付け	レッスン11-1	p.353

👓 まずは パッと見るだけ！

列幅のみコピー

異なる表で列幅だけを揃えたいときは、列幅のみコピーして揃えます。簡単に揃えられるので覚えておくと便利です。

\Before/
操作前

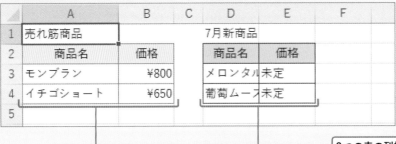

2つの表の列幅が異なっているので揃えたい

\After/
操作後

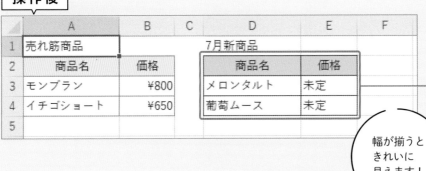

列幅のみコピーして揃えられた

幅が揃うときれいに見えます！

レッスン 11-1 表の列幅のみをコピーする

練習用ファイル **11-列幅のみコピー.xlsx**

操作 列幅のみをコピーする

表の列幅を隣の表の列幅と揃えたい場合、[形式を選択して貼り付け]ダイアログを表示して、[列幅]を選択します。

Memo [形式を選択して貼り付け]ダイアログ

[形式を選択して貼り付け]ダイアログでは、貼り付けのオプションのメニュー（p.355）にはない、より詳細な貼り付け方を選択できます。

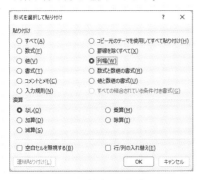

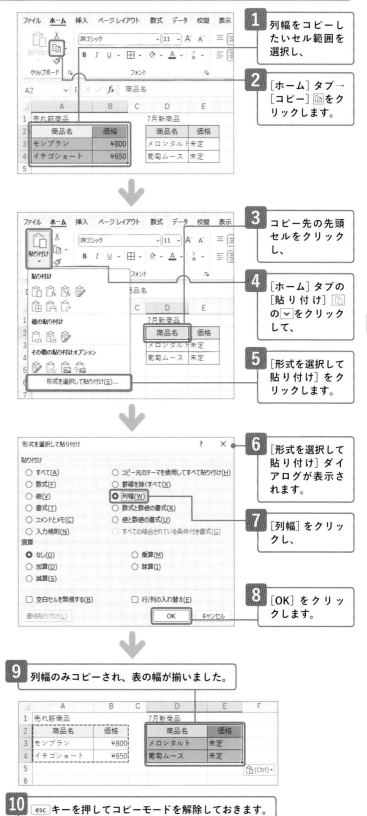

1. 列幅をコピーしたいセル範囲を選択し、

2. [ホーム]タブ→[コピー]をクリックします。

3. コピー先の先頭セルをクリックし、

4. [ホーム]タブの[貼り付け]の✓をクリックして、

5. [形式を選択して貼り付け]をクリックします。

6. [形式を選択して貼り付け]ダイアログが表示されます。

7. [列幅]をクリックし、

8. [OK]をクリックします。

9. 列幅のみコピーされ、表の幅が揃いました。

10. esc キーを押してコピーモードを解除しておきます。

Section

12 セルの値だけをコピーする

セルの操作

［貼り付け］をクリックすると、セル内の文字や数値、数式、罫線、色などの書式すべてが貼り付けられますが、［貼り付けのオプション］を使うと貼り付ける内容を選択できます。例えば、書式を除いてセルに表示されている値だけをコピーしたいときに便利です。

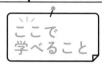
ここで学べること

習得スキル	操作ガイド	ページ
▶値のみコピー	レッスン12-1	p.355

まずは パッと見るだけ！

値のみコピー

貼り付け先の書式をそのままにして、値だけを貼り付けたい場合は、貼り付け方法を「値のみ」にします。

\Before/
操作前

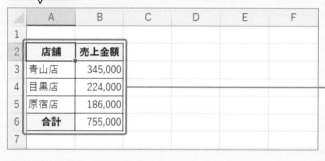

	A	B	C	D	E	F
1						
2	店舗	売上金額				
3	青山店	345,000				
4	目黒店	224,000				
5	原宿店	186,000				
6	合計	755,000				
7						

表の値だけをコピーしたい

積極的にコピーして、入力を減らしましょう

\After/
操作後

	A	B	C	D	E	F
1						
2	店舗	売上金額		店舗	売上金額	
3	青山店	345,000		青山店	345000	
4	目黒店	224,000		目黒店	224000	
5	原宿店	186,000		原宿店	186000	
6	合計	755,000		合計	755000	
7						

貼り付けのオプションを使用して値のみコピーできた

レッスン 12-1 値のみを貼り付ける

練習用ファイル 12-値のみコピー.xlsx

操作 値のみを貼り付ける

セルに表示されている値だけを貼り付けるには、コピーの後、[ホーム] タブの [貼り付け] の ▼ をクリックし、[貼り付けのオプション] のメニューで [値] をクリックします。

Memo 貼り付けの後で貼り付け方法を変更する

[貼り付け] をクリックしてコピーした直後は、貼り付け先のセル範囲の右下に [貼り付けのオプション] (Ctrl)▼ が表示されます。クリックすると、貼り付けのオプションのメニューが表示され、後から貼り付け方法を変更することができます。

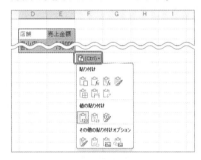

Memo 数式の結果だけがコピーされる

値のみ貼り付けると、コピー元のセルに入力されていた数式はコピーされず、数式の結果だけがコピーされます。

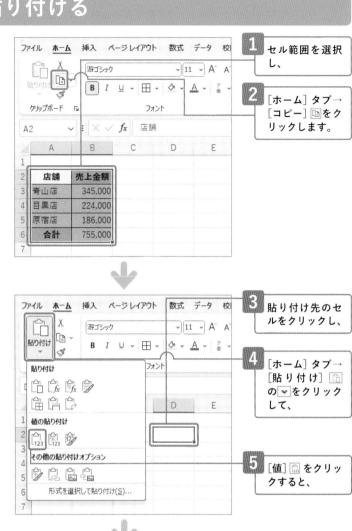

1 セル範囲を選択し、

2 [ホーム] タブ→ [コピー] をクリックします。

3 貼り付け先のセルをクリックし、

4 [ホーム] タブ→ [貼り付け] の ▼ をクリックして、

5 [値] をクリックすると、

6 値だけが貼り付けられます。

コラム　貼り付けのオプションで選択できる貼り付け方法

［ホーム］タブの［貼り付け］の▾をクリックしたときや貼り付け後に表示される［貼り付けのオプション］の
メニューは、以下の通りです。

貼り付け

	貼り付け	
①		貼り付け
②		数式
③		数式と数値の書式
④		元の書式を保持
⑤		罫線なし
⑥		元の列幅を保持
⑦		行/列の入れ替え

	値の貼り付け	
⑧		値
⑨		値と数値の書式
⑩		値と元の書式

	その他の貼り付けオプション	
⑪		書式設定
⑫		リンク貼り付け
⑬		図
⑭		リンクされた図

貼り付け

値の貼り付け

その他の貼り付けオプション

形式を選択して貼り付け(S)...

コラム　Section01の［シフト表］の解説

Section01のシフト表では、本書では解説していない関数を使っています。詳細は解説しませんが、どのよう
な数式や関数が設定されているかを紹介します。興味があれば、ご活用ください。

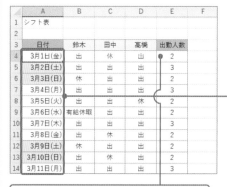

=COUNTIF(B4:D4,"出")
書式：=COUNTIF(セル範囲, 検索条件)
説明：指定したセル範囲の中から、検索条
　　　件に一致するデータの個数を返す

●条件付き書式（Section32）

手順：日付のセル範囲を選択し、［ホーム］タブ→［条件付き書式］
→［セルの強調表示ルール］→［その他のルール］をクリックし
て、［新しい書式ルール］ダイアログを表示し上図のように設定

=WEEKDAY(A4,2)>=6
書式：=WEEKDAY(日付,[週の基準])
説明：指定した日付に対応する日付番号を返す。週の基準が2の
　　　場合、曜日番号は1(月)～7(日)となる。上記の式は6以
　　　上なので、6(土)、7(日)の場合という意味になる

Section

13 セルを挿入／削除する

セルの操作

表の列や行を増やして拡張したり、削除して縮小したい場合、表の列や行の部分だけにセルを挿入したり、削除したりします。ここでは、セルの挿入と削除の方法を確認しましょう。

ここで学べること

習得スキル	操作ガイド	ページ
▶ セルの挿入	レッスン13-1	p.358
▶ セルの削除	レッスン13-2	p.359

まずは パッと見るだけ！

セルの挿入と削除

セルを挿入、削除すると、隣の表に影響を与えることなく表の拡張や縮小ができます。

● セルの挿入

\ Before /
操作前

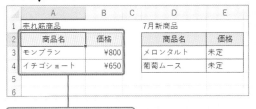

---→

\ After /
操作後

左の表だけ行を増やしたい

セルを挿入して表の行が増えた

● セルの削除

\ Before /
操作前

---→

\ After /
操作後

左の表だけ行を削除したい

セルを削除して表の行が減った

レッスン **13-1** セルを挿入して表を拡張する

練習用ファイル **13-1-セルの挿入.xlsx**

操作 セルを挿入する

セルを挿入するには、セル範囲を選択し、[挿入]ダイアログを表示して、挿入後の現在のセルのシフト方向を指定します。

Memo [挿入オプション]でセルの書式を指定する

挿入されたセルの右下に[挿入オプション] 📝▾ が表示されます。クリックしてメニューを表示すると、挿入したセルの上または下(あるいは右側または左側)と同じ書式を適用するか、書式をクリアするかを選択できます。

ショートカットキー

● セルの挿入
[Ctrl] + [+]

テンキーがない場合は
[Ctrl] + [Shift] + [;] です

1 セル範囲を選択し、

2 [ホーム]タブ→[挿入]の ⌄ をクリックして、

3 [セルの挿入]をクリックします。

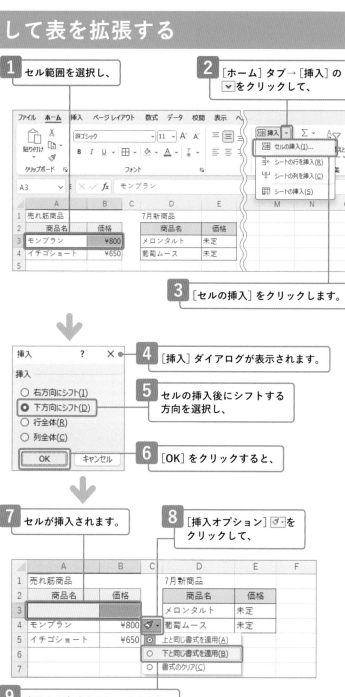

4 [挿入]ダイアログが表示されます。

5 セルの挿入後にシフトする方向を選択し、

6 [OK]をクリックすると、

7 セルが挿入されます。

8 [挿入オプション] 📝▾ をクリックして、

9 適用する書式をクリックすると、

10 指定した書式が設定されます。

レッスン 13-2 セルを削除して表を縮小する

練習用
ファイル　13-2-セルの削除.xlsx

操作　**セルを削除する**

セルを削除するには、削除したいセル範囲を選択し、[削除] ダイアログを表示して削除後のセルのシフト方向を指定します。

ショートカットキー

● セルの削除
  [Ctrl] + [ー]

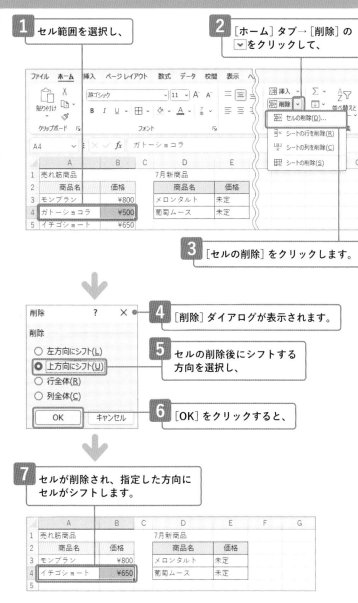

1 セル範囲を選択し、

2 [ホーム] タブ→[削除] の
  ⌄ をクリックして、

3 [セルの削除] をクリックします。

4 [削除] ダイアログが表示されます。

5 セルの削除後にシフトする
  方向を選択し、

6 [OK] をクリックすると、

7 セルが削除され、指定した方向に
  セルがシフトします。

必要なセルを
消さないよう
にね〜

14 複数のセルを1つにまとめる

セルの操作

連続する複数のセルを結合して1つにまとめることができます。タイトルを表の横幅の中央に配置したり、表内で同じ値のセルを1つにまとめたりと、複雑な表を作成するときに便利です。

ここで学べること

習得スキル	操作ガイド	ページ
▶ セルの結合	レッスン14-1	p.361
▶ 横方向の結合	レッスン14-2	p.361

まずは パッと見るだけ！

セルの結合

連続する複数のセルを結合して1つのセルにして、文字を中央に配置したり、行単位で連結したりして、表のレイアウトを整えることができます。

2 セル／行／列を自在に操作する

Before
操作前

営業と経理でそれぞれ2つのセルにまとめたい

セルから文字があふれているので整えたい

After
操作後

セルを結合してきれいに調整された

セルを結合すると文字がきちんと収まるよ～

レッスン 14-1　セルを結合する

練習用ファイル　14-1-新入社員.xlsx

操作　セルを結合する

連続するセルを結合して1つにまとめて、文字を中央に表示するには、[ホーム] タブの [セルを結合して中央揃え] 国をクリックします。
なお、セルを結合すると、左上のセルの文字だけ残り、他のセルの文字は削除されます。

Memo　複数のセル範囲でまとめてセル連結する

例えば、手順 3 ～ 4 のように、セル A3 ～ A4、A5 ～ A6 の2か所をそれぞれセル結合する場合、1か所目を選択し、続けて2か所目を [Ctrl] キーを押しながらドラッグして、複数範囲の選択をした後、[ホーム] タブの [セルを結合して中央揃え] 国をクリックすると、2か所を一気にセル結合できます。

1 結合するセル範囲を選択し、

2 [ホーム] タブ→[セルを結合して中央揃え] 国をクリックすると、

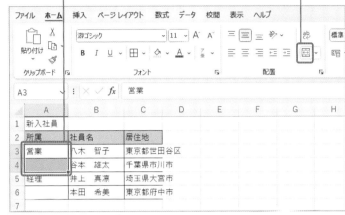

3 セルが結合され、文字が中央に配置されます。

4 その他のセルも同様に結合しておきます。

レッスン 14-2　セルを横方向に結合する

練習用ファイル　14-2-新入社員.xlsx

操作　セルを横方向に結合する

[横方向に結合] を実行すると、横方向に連続するセルを1行ずつ別々に結合します。複数行のセル範囲に対して行えば、各行ごとに一気に結合できます。[ホーム] タブ→[セルを結合して中央揃え] 国の ▼ をクリックし、メニューから [横方向に結合] をクリックします。

Point　結合を解除する

結合したセルを解除するには、結合を解除したいセルを選択し、[ホーム] タブ→[セルを結合して中央揃え] 国を再度クリックしてボタンをオフにします。

1 結合するセル範囲を選択し、

2 [ホーム] タブ→[セルを結合して中央揃え] 国の ▼ をクリックして、

3 [横方向に結合] をクリックすると、

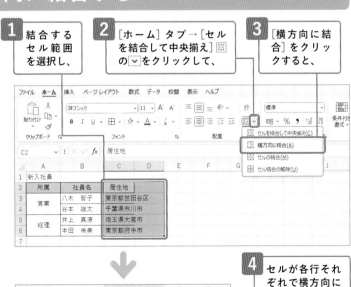

4 セルが各行それぞれで横方向に結合します。

5 p.401を参考に格子状の罫線を引いて表を整えます。

Section

15 列の幅や行の高さを変更する

セルの操作

列幅を広げたり、狭くしたりして任意の幅に変更することができます。行の高さは、文字サイズを変更すると自動調整されますが、任意の高さに変更することもできます。

ここで学べること

習得スキル	操作ガイド	ページ
▶列の幅の変更	レッスン15-1	p.363
▶行の高さの変更	レッスン15-1	p.363

🔍 まずは パッと見るだけ！

列幅や行高の変更

セル幅に対して、文字数が長すぎたりした場合、列幅を広げてすべての文字を表示できます。また、行の高さを変更して、行の間隔を広げて行間にゆとりを持たせることができます。

2 セル／行／列を自在に操作する

●列の幅を変更

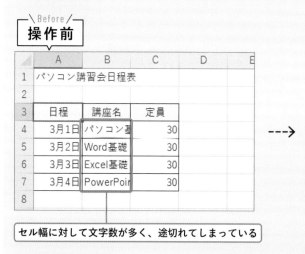

Before 操作前 → After 操作後

セル幅に対して文字数が多く、途切れてしまっている

列幅を広げてきれいに収まった

●行の高さを変更

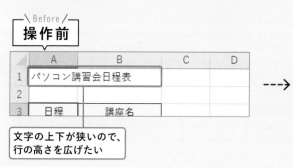

Before 操作前 → After 操作後

文字の上下が狭いので、行の高さを広げたい

行の高さを広げてゆとりができた

レッスン 15-1 列の幅や行の高さを変更する

練習用ファイル 15-パソコン講習会日程表.xlsx

🖱 **操作** 列の幅や行の高さを変更する

列幅は、変更したい列の列番号の右境界線にマウスポインターを合わせ、✛の形になったらドラッグします。
行の高さは、文字サイズに合わせて自動調整されますが、変更したい行番号の下境界線にマウスポインターを合わせ、✛の形になったらドラッグすると任意の高さに変更できます。
なお、複数列や複数行を選択してドラッグすると、選択した列や行が同じサイズに変更されます。
また、マウスポインターの形が✛や✛のときにダブルクリックすると、列の場合は列内に入力された一番長い文字長に合わせて自動調整されます。

💡 **Point** 数値、日付や文字がセルより長い場合

セルに入力した文字がセル幅より長いと、右のセルが空の場合は表示されますが、入力されていると途中までしか表示されません。
また、日付、数字、数式の場合は「####」や「1.23E+10」のような記号が表示されますが、列幅を変更することで解決できます。

📝 **Memo** 列の幅や行の高さを数値で正確に指定する

列を選択し、列内で右クリックして[列の幅]をクリックすると表示される[セルの幅]ダイアログで半角文字の文字数を指定して列幅を調整できます。同様に、行を選択し、行内で右クリックして[行の高さ]をクリックすると表示される[セルの高さ]ダイアログでポイント（1ポイント：約0.35mm）を指定して行の高さを調整できます。

半角の文字数　　ポイント数

列幅の変更

1 列番号の右境界線にマウスポインターを合わせ、✛の形になったらドラッグすると、

2 列の幅が変更されます。

行の高さを変更

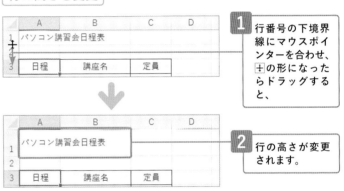

1 行番号の下境界線にマウスポインターを合わせ、✛の形になったらドラッグすると、

2 行の高さが変更されます。

▶ **コラム** 表内の文字長に合わせて列幅を調整する

列幅を調整したい表を選択し❶、[ホーム]タブの[書式]をクリックし、[列の幅の自動調整]をクリックすると❷、表に入力されている文字長に合わせて列幅が調整されます。

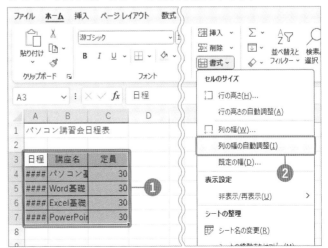

Section

16 列や行を非表示にする

セルの操作

列や行を一時的に表示したくない場合は、列や行を非表示にします。例えば、印刷する必要のない行や列を一時的に非表示にしたいといった場合に使えます。

ここで学べること

習得スキル	操作ガイド	ページ
▶ 列や行の非表示	レッスン 16-1	p.365
▶ 列や行の再表示	レッスン 16-2	p.365

👀 まずは パッと見るだけ！

列や行の非表示

見せたくない列や行を削除するのではなく、非表示にして一時的に見えなくすれば、後で再表示して使用することができます。

\Before/
操作前

	A	B	C	D	E
1	売上表				
2				単位：千円	
3	商品名	上期	下期	年間合計	
4	商品A	245,000	268,000	513,000	
5	商品B	189,000	213,000	402,000	
6					

— 一時的に列を表示したくない

↓

\After/
操作後

	A	D	E	F	G
1	売上表				
2		単位：千円			
3	商品名	年間合計			
4	商品A	513,000			
5	商品B	402,000			
6					

列を非表示にすれば、あとで再表示できる

必要なデータだけ見せて説明したいときに便利よ

2 セル／行／列を自在に操作する

レッスン 16-1 列や行を非表示にする

練習用ファイル 16-1-売上表.xlsx

操作 列や行を非表示にする

非表示にしたい列または行を選択し、選択範囲内で右クリックして［非表示］をクリックします。

Memo ドラッグで非表示にする

非表示にしたい列の右境界線、行の下境界線にマウスポインターを合わせ、列や行が見えなくなるまで左または上にドラッグします。

1 非表示にしたい列（ここではB〜C列）を選択し、

2 選択範囲内で右クリックして［非表示］をクリックすると、

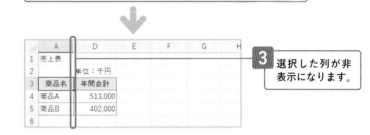

3 選択した列が非表示になります。

レッスン 16-2 列や行を再表示する

練習用ファイル 16-2-売上表.xlsx

操作 列や行を再表示する

非表示の列や行を挟むように列番号や行番号上をドラッグして選択し、選択範囲内を右クリックして［再表示］をクリックします。

Point 非表示のA列や1行を再表示するには

A列を再表示するには、B列の列番号から全セル選択ボタンまでドラッグして選択します。1行目を再表示するには、2行目の行番号から全セル選択ボタンまでドラッグして選択します。その後、選択範囲内で右クリックし［再表示］をクリックします。

1 非表示になっている列を挟むように列を選択し（ここではA〜D列）

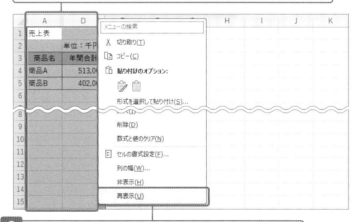

2 選択範囲内で右クリックして、［再表示］をクリックすると、

3 非表示になっていた列が再表示されます。

Section

17 列や行を挿入／削除する

セルの
操作

表と表の間に行を挿入して間隔をあけたり、余分な列や行を削除したりして調整することができます。列単位、行単位で行うので、ワークシート全体で調整されます。表単位で調整したい場合は、Section13を参照してください。

ここで
学べること

習得スキル	操作ガイド	ページ
▶列や行の挿入	レッスン17-1	p.367
▶列や行の削除	レッスン17-1	p.367

 まずは パッと見るだけ！

列や行の挿入と削除

表とタイトルの間に行を挿入して間隔をあけたり、不要な列を削除したりしてレイアウトを調整することができます。

\Before/
操作前

	A	B	C	D	E
1	パソコン講習会日程表				
2	日程	ID	講座名		
3	3月1日	P01	パソコン基礎		
4	3月2日	P02	Word基礎		
5	3月3日	P03	Excel基礎		
6	3月4日	P04	PowerPoint基礎		
7					

表とタイトルの間が詰まりすぎている。不要な列がある

↓

\After/
操作後

	A	B	C	D	E
1	パソコン講習会日程表				
2					
3	日程	講座名			
4	3月1日	パソコン基礎			
5	3月2日	Word基礎			
6	3月3日	Excel基礎			
7	3月4日	PowerPoint基礎			
8					

表とタイトルの間に行を挿入し、不要な列を削除して調整できた

レッスン 17-1 列や行を挿入／削除する

練習用
ファイル 17-パソコン講習会日程表.xlsx

操作 列や行を挿入／削除する

列または行を選択し、選択範囲内で
右クリックして［削除］をクリックす
ると削除し、［挿入］をクリックする
と挿入されます。

コラム 列や行を入れ替える

列や行の順番を入れ替えたい場合
は、移動したい列または行を選択し
❶、境界線にマウスポインターを合
わせて🖑の形になったら、Shift
キーを押しながらドラッグします❷。
移動先に緑のラインが表示されたと
きにドラッグを終了すると❸、列ま
たは行が移動します❹。Shift キー
を押しながらドラッグすることで、
挿入しながら移動します。Shift
キーを押さずに、単にドラッグする
だけの場合は、移動先の列または行
を上書きして移動します。

行の挿入

ここでは2行目に行を挿入します。

1 挿入したい行を
選択し、

2 選択範囲内で右
クリックして
［挿入］をクリッ
クすると、

3 行が挿入されま
す。

列の削除

ここではB列を削除します。

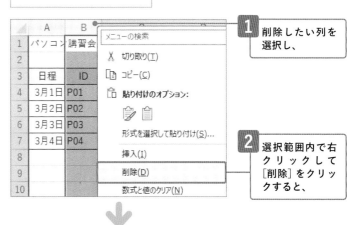

1 削除したい列を
選択し、

2 選択範囲内で右
クリックして
［削除］をクリッ
クすると、

3 列が削除されます。

練習問題 セルの操作を練習してみよう

練習用ファイル 演習2-売上表.xlsx

完成見本を参考に、以下の手順でセルを操作してください。

1 セル範囲A3〜A5をコピーし、セル範囲A8〜A10に値のみ貼り付ける

2 A列の列幅を文字長に合わせて自動調整する

3 E列を削除する

4 セル範囲A7〜D10を、セルF2を先頭に移動する

5 A列の列幅をF列にコピーする

6 2行目に空白行を1行挿入する

7 1行目の行の高さを「25ポイント」に変更する

▼元の表

	A	B	C	D	E	F	G	H	I
1	売上表								
2	第1四半	1月	2月	3月	4月				
3	関東営業	65,000	89,000	98,000	100,000				
4	中部営業	53,000	82,000	88,000	80,000				
5	関西営業	85,000	96,000	75,000	75,000				
6									
7	第2四半	4月	5月	6月	7月				
8		100,000	150,000	85,000	45,000				
9		80,000	38,000	55,000	76,000				
10		75,000	90,000	70,000	120,000				
11									

▼完成見本

	A	B	C	D	E	F	G	H	I
1	売上表								
2									
3	第1四半期	1月	2月	3月		第2四半期	4月	5月	6月
4	関東営業所	65,000	89,000	98,000		関東営業所	100,000	150,000	85,000
5	中部営業所	53,000	82,000	88,000		中部営業所	80,000	38,000	55,000
6	関西営業所	85,000	96,000	75,000		関西営業所	75,000	90,000	70,000
7									

第 **3** 章

データを速く、正確に入力する

セルにデータを入力する際、データ件数が多いと入力ミスがあったり、時間がかかったりします。Excelには、データを正確に、すばやく、効率的に入力する機能が用意されています。ここでは、正確性と時短につながる便利な入力機能を紹介します。

速く正確な
入力で
効率アップ！

Section

18 データの修正／削除の仕方を確認する

データ入力

データ入力の作業には、入力ミスなど修正作業は必ず起こります。ここでは、セルに入力したデータを修正したり、削除したりする方法をまとめて紹介します。

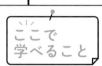
ここで学べること

習得スキル	操作ガイド	ページ
▶ データの修正と削除	レッスン18-1	p.371

まずは パッと見るだけ！

データの修正と削除

データを修正／削除する方法は、以下の3通りあります。

●データの削除

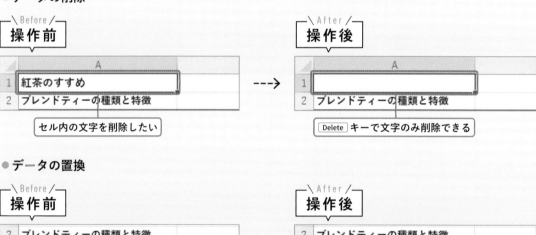

操作前 \Before/

	A
1	紅茶のすすめ
2	ブレンドティーの種類と特徴

セル内の文字を削除したい

--->

操作後 \After/

	A
1	
2	ブレンドティーの種類と特徴

Delete キーで文字のみ削除できる

●データの置換

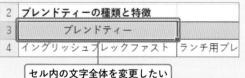

操作前 \Before/

2	ブレンドティーの種類と特徴	
3	ブレンドティー	
4	イングリッシュブレックファスト	ランチ用ブレ

セル内の文字全体を変更したい

--->

操作後 \After/

2	ブレンドティーの種類と特徴	
3	種類	
4	イングリッシュブレックファスト	ランチ用ブレ

そのまま入力すれば、データが置き換えられる

●データの部分修正

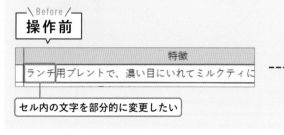

操作前 \Before/

特徴
ランチ用ブレントで、濃い目にいれてミルクティに

セル内の文字を部分的に変更したい

--->

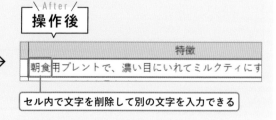

操作後 \After/

特徴
朝食用ブレントで、濃い目にいれてミルクティにす

セル内で文字を削除して別の文字を入力できる

3

データを速く、正確に入力する

レッスン 18-1 データを修正／削除する

練習用ファイル 18-文字の修正削除.xlsx

🖰 操作 **データを修正／削除する**

セルに入力された文字を別の文字に置き換えるには、セルを選択し、修正する文字を入力すれば置き換わります。セル内の文字を部分的に修正するには、セルをダブルクリックしてカーソルを表示し、不要な文字を削除後、修正する文字を入力します。

📝 Memo **データだけでなく書式も削除する**

データだけでなく書式も含めてすべて削除するには、[ホーム]タブ→[クリア] ◇・ →[すべてクリア]をクリックします。

💡 Point **Back space と Delete キーの使い分け**

カーソルより前（左）の文字を削除する場合は Back space キーを押し、カーソルより後ろ（右）の文字を削除する場合は Delete キーを押します。

🕐 時短ワザ **F2 キーを押して編集する**

修正したいセルを選択し、F2 キーを押すとセルが編集状態になり、カーソルが表示されます。マウスを持つことなくキーボードだけで編集できるので覚えておくと便利です。

📝 Memo **数式バーで編集する**

修正したいセルを選択すると、セルの内容が数式バーに表示されます。数式バーをクリックするとカーソルが表示されるので、必要な修正をしたら、Enter キーで確定します。

データの削除

ここでは、セルA1の「紅茶のすすめ」を削除します。

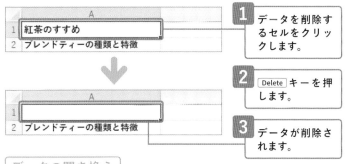

1 データを削除するセルをクリックします。

2 Delete キーを押します。

3 データが削除されます。

データの置き換え

ここでは、セルA3の「ブレンドティー」を「種類」に変更します。

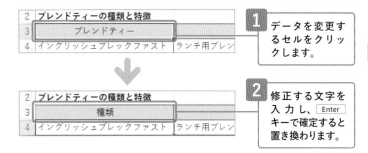

1 データを変更するセルをクリックします。

2 修正する文字を入力し、Enter キーで確定すると置き換わります。

データの部分修正

ここでは、セルB4の「ランチ」を「朝食」に修正します。

1 修正したいセルをダブルクリックしてカーソルを表示し、← または → キーを押して修正したい文字の後ろにカーソルを移動します。

特徴
ランチ用ブレントで、濃い目にいれてミルクティにすることが多い

2 Back space キーを押して文字を削除し、

特徴
用ブレントで、濃い目にいれてミルクティにすることが多い

3 修正する文字を入力したら、Enter キーを押して確定します。

特徴
朝食用ブレントで、濃い目にいれてミルクティにすることが多い

Section

19 連続するセルにデータを入力する

データ
入力

アクティブセルや選択範囲の右下に表示される「■」（フィルハンドル）を使って連続するセルにデータを自動入力する機能を［オートフィル］といいます。オートフィルでは、データのコピーや連続データの入力が簡単にできます。

ここで
学べること

習得スキル	操作ガイド	ページ
▶オートフィルでコピー	レッスン19-1	p.373
▶オートフィルで連続データ入力	レッスン19-2	p.374
▶オートフィルオプション	レッスン19-3	p.375

まずは パッと見るだけ！

オートフィルで連続データを入力する

オートフィルの機能を使うと、連続するセルにデータのコピー、連続データの入力ができます。

●オートフィルでデータのコピー

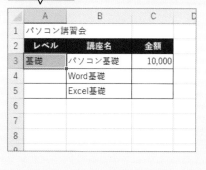

操作前 \ Before /

操作後 \ After /

連続したセルにデータをコピーできる

●オートフィルで連続データの入力

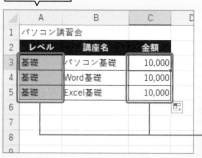

操作前 \ Before /

操作後 \ After /

連続したセルに連続データを入力できる

レッスン **19-1** オートフィルでコピーする

練習用
ファイル　**19-1- パソコン講習会.xlsx**

🖱 操作　**オートフィルで
コピーする**

オートフィルを使うと、同じ文字列
や数値をコピーしたり、数式をコ
ピーしたりできます。
コピーしたいセルを選択し、[■]
（フィルハンドル）にマウスポイン
ターを合わせ➕の形になったらド
ラッグします。ドラッグした方向に
同じ値がコピーされます。セルに罫
線などの書式が設定されている場合
は、書式もコピーされます。

🕐 時短
ワザ　**ダブルクリックで
オートフィルを実行する**

手順**4**のように、フィルハンドルを
ダブルクリックすると、表内のデー
タが入力されている最終行まで自動
的にオートフィルが実行されます。

📝 Memo　**オートフィルで数式を
コピーする**

数式もオートフィルでコピーするこ
とができます。詳細はレッスン**04-2**
を参照してください。

⚡ 上級
テクニック　**オートフィルで
データを削除する**

データが入力されているセル範囲を
選択し、フィルハンドルを上または
左方向にドラッグすると**❶**、データ
を削除できます**❷**。この場合は、
データのみ削除され書式は残ります。

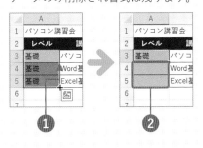

1 コピーするセルをクリックし、[■]（フィルハンドル）にマウスポイ
ンターを合わせ、➕の形になったら、

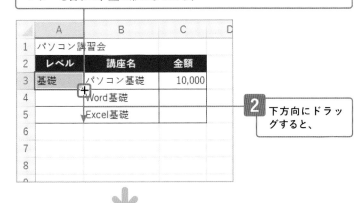

2 下方向にドラッ
グすると、

3 文字がコピーさ
れます。セルに
設定されている
書式もコピーさ
れます。

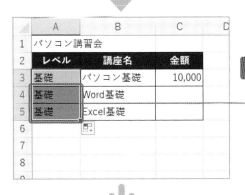

4 同様に、数値の
セルをクリック
し、[■]（フィ
ルハンドル）に
マウスポイン
ターを合わせ、
➕の形になった
らダブルクリッ
クすると、

5 表内のデータの
最終行まで自動
的にオートフィ
ルが実行され、
数値がコピーさ
れます。

レッスン **19-2** オートフィルで連続データを入力する

練習用ファイル　19-2-集客人数.xlsx

操作　オートフィルで連続データを入力する

「3月1日」のような日付や、「第1位」「1組」のような算術数字を含む文字列は、オートフィルをすると連続データとして入力されます。漢数字の場合は、連続データにはなりません。

Point　Ctrl キーを押しながらオートフィルを実行した場合

日付の場合は、フィルハンドルをドラッグすると連続データが入力されますが、Ctrl キーを押しながらドラッグするとコピーになります。
また「100」のような数値は、普通にフィルハンドルをドラッグするコピーになりますが、Ctrl キーを押しながらドラッグすると「101」「102」のように連続データが入力できます。

コラム　増減値を指定して連続データを入力する

数値を2つのセルに入力して範囲選択し、オートフィルを実行すると❶、2つの数値の差分をもとに連続データが入力されます❷。

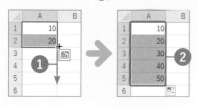

1 日付が入力されたセルを選択し、[■]（フィルハンドル）にマウスポインターを合わせ、＋の形になったら下方向にドラッグすると、

	A	B	C	D	E	F	G
1	集客人数						
2	日付	支店1					
3	3月1日						
4							
5							
6							
7							
8							

2 連続した日付が入力されます。

	A	B	C	D	E	F	G
1	集客人数						
2	日付	支店1					
3	3月1日						
4	3月2日						
5	3月3日						
6	3月4日						
7							
8							

3 算術数字と文字を組み合わせた文字が入力されたセルを選択し、[■]（フィルハンドル）にマウスポインターを合わせ、＋の形になったら右方向にドラッグすると、

	A	B	C	D	E	F	G
1	集客人数						
2	日付	支店1					
3	3月1日						
4	3月2日						
5	3月3日						
6	3月4日						
7							
8							

4 数値が1ずつ増加する連続データが入力されます。

	A	B	C	D	E	F	G
1	集客人数						
2	日付	支店1	支店2	支店3			
3	3月1日						
4	3月2日						
5	3月3日						
6	3月4日						
7							

レッスン **19-3** オートフィルオプションで入力方法を選択する

練習用ファイル **19-3-売上集計.xlsx**

操作 **オートフィルオプションで入力方法を選択する**

オートフィル実行後にセル範囲の右下に表示される［オートフィルオプション］をクリックして表示されるメニューで入力方法を変更できます。

Memo **月単位でオートフィルする**

コピー元が日付の場合は、月単位で連続データを入力できます。日付のセルでオートフィルを実行後❶、［オートフィルオプション］をクリックし、［連続データ（月単位）］をクリックします❷。

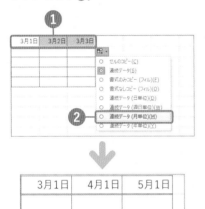

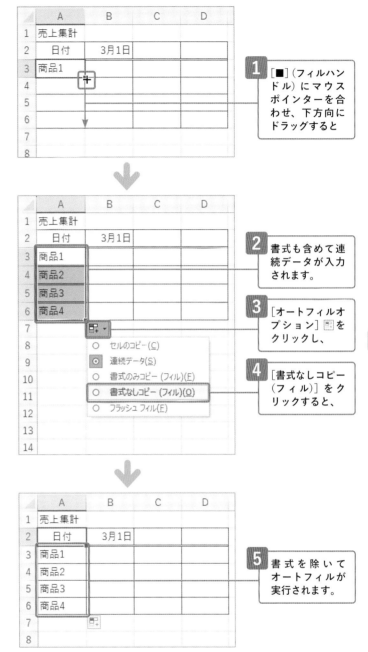

1 ［■］（フィルハンドル）にマウスポインターを合わせ、下方向にドラッグすると

2 書式も含めて連続データが入力されます。

3 ［オートフィルオプション］をクリックし、

4 ［書式なしコピー（フィル）］をクリックすると、

5 書式を除いてオートフィルが実行されます。

3

データを速く、正確に入力する

コラム **オリジナルの順番で連続データを入力する**

［ユーザー設定リスト］ダイアログ（p.517）にオートフィルで連続データを入力したい内容を登録することで会社の部署順や支店順などオリジナルの順番でオートフィルを実行して連続データを入力できます。登録した内容は、Excelの他のブックでも使えます。

Section

20 同じ文字を簡単に入力する

表の中に、同じデータを繰り返し入力する場合に、1つ1つ入力するのは手間がかかります。ここでは、同じデータを簡単に入力する方法として、入力済みのデータをそのまま利用して入力する方法と、複数のセルに同じデータを一気に入力する方法を紹介します。

習得スキル	操作ガイド	ページ
▶オートコンプリートで入力	レッスン20-1	p.377
▶選択肢を表示して入力	レッスン20-2	p.377
▶複数セルにまとめて入力	レッスン20-3	p.378

 まずは パッと見るだけ！

3 データを速く、正確に入力する

> 同じデータを簡単に入力する

　同じデータを簡単に入力する方法として、**オートコンプリート**を使って自動入力する方法、選択肢を表示して入力する方法があります。また、複数のセルを選択し、選択したセルに一気に同じデータを入力する方法もあります。

●オートコンプリートで入力

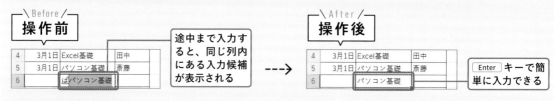

●選択肢を使って入力

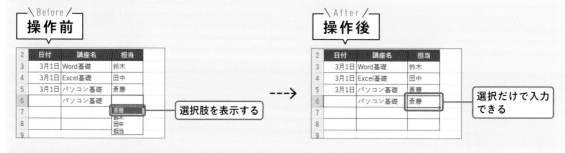

●複数セルにまとめて入力

レッスン 20-1 オートコンプリートで入力する

練習用ファイル　20-1-パソコン講習会.xlsx

操作　**オートコンプリートで入力する**

オートコンプリートとは、セルに先頭の数文字を入力したときに、同じ列内に入力されている同じ読みの文字列が表示される機能です。入力したい文字が自動で表示されたら、Enterキーを押すだけで入力できます。

Memo　**自動で表示された文字を削除する**

オートコンプリートにより自動で表示された文字を削除するには、入力した文字が変換前（下に波線が表示されている状態）のときに❶、Deleteキーを押すと削除できます❷。

❶ 文字を入力し、同じ列内にある同じ読みの文字列が自動で表示されたら、

❷ Enterキーを押すと、表示された文字列が入力されます。

コラム　**オートコンプリートを使いたくない場合**

オートコンプリートで自動入力したくない場合は、p.77の手順で［Excelのオプション］ダイアログを表示し❶、［詳細設定］にある［オートコンプリートを使用する］をクリックしてチェックを外し❷、［OK］をクリックします。

レッスン 20-2 選択肢を使って入力する

練習用ファイル　20-2-パソコン講習会.xlsx

操作　**ドロップダウンリストから入力する**

セルを選択し、Alt+↓キーを押すと、同じ列内にあるデータを一覧で表示し、選択するだけで入力できます。

❶ データを入力したいセルを選択し、Alt+↓キーを押すと、

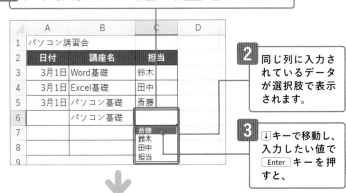

❷ 同じ列に入力されているデータが選択肢で表示されます。

❸ ↓キーで移動し、入力したい値でEnterキーを押すと、

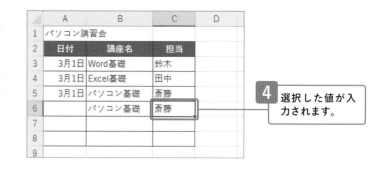

Memo 数値や日付は選択できない

一覧で選択できるのは、文字のみで、数値、数式、日付は選択できません。

4 選択した値が入力されます。

レッスン 20-3 複数セルにまとめて入力する

練習用ファイル 20-3-パソコン講習会.xlsx

ここではセル範囲A6～A8に「3/2 (3月2日)」をまとめて入力します。

操作 複数セルにまとめて入力する

同じデータを複数のセルに入力する場合、先に同じデータを入力するセルをまとめて選択しておき、データを入力して、確定するときにキーを押すと、選択されたすべてのセルに同じデータが入力されます。

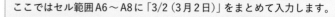

1 セル範囲を選択し、

2 データを入力して、Ctrl＋Enter キーを押すと、

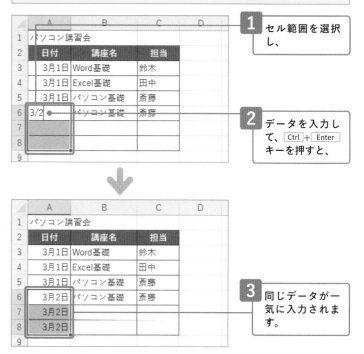

3 同じデータが一気に入力されます。

時短ワザ 表に効率的に入力する方法

セル範囲を選択している場合、Enter キーを押すとアクティブセルは下方向に順番に移動します。また、Tab キーを押すと右方向に順番に移動します。これを利用し、入力するセル範囲を先に選択し、Enter キーまたは、Tab キーを使って順番にセル移動しながらデータを入力できます。

Enter キーで上下に列単位でセル移動しながら入力できます。

Tab キーで左右に行単位でセル移動しながら入力できます。

Section 21 入力のパターンを使って自動入力する

入力済みのデータから入力パターンを分析し、残りのセルに自動的にデータを入力する機能を［フラッシュフィル］といいます。フラッシュフィルの機能を使うと、2つの列のデータを連結したり、セル内のデータの一部分を取り出したりできます。

習得スキル	操作ガイド	ページ
▶ 2つの列を連結する	レッスン21-1	p.380
▶ データの一部分を取り出す	レッスン21-2	p.381

ここで学べること

まずは パッと見るだけ！

フラッシュフィルで自動入力する

　フラッシュフィルを使うと、表内の列の値を連結したり、一部分を取り出したりすることができます。例えば、［姓］と［名］を連結して［氏名］列を作成したり、日付から月のデータだけを取り出したりできます。

● フラッシュフィルで2つの列を連結する

\Before/ 操作前

姓と名を入力したデータ

\After/ 操作後

［姓］列と［名］列の値を結合した値が自動で入力できる

● フラッシュフィルでデータの一部分を取り出す

\Before/ 操作前

生年月日を入力したデータ

\After/ 操作後

［生年月日］列の月数だけを取り出して誕生月を入力できる

レッスン 21-1 ［姓］と［名］を連結して［氏名］列を作成する

練習用ファイル **21-1-申込者.xlsx**

操作 ［姓］と［名］を連結した ［氏名］列を作成する

先頭のセルに「姓」と「名」を組み合わせた値を入力し、フラッシュフィルを実行すると、同じ入力パターンで残りのセルに自動的に入力され、その結果、氏名の列を作成できます。フラッシュフィルは［データ］タブの［フラッシュフィル］🔲をクリックします。

1 1つ目のセルに［姓］の値、スペース、［名］の値を入力します。

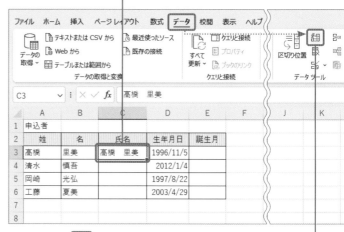

2 ［データ］タブ→［フラッシュフィル］をクリックすると、

3 残りのセルに同じ規則でデータが自動で入力されます。

コラム　セルのデータと別の文字列を組み合わせる

フラッシュフィルでは、セルのデータと別の文字を組み合わせて別の文字列を作成できます。以下のように、ハイフンなしの携帯電話番号の列の隣のセルの先頭にハイフンを付けた携帯電話番号を入力し❶、［データ］タブ→［フラッシュフィル］をクリックすると❷、残りのセルに同じ規則でデータが自動入力されます。

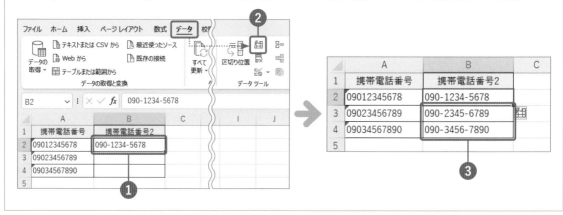

レッスン 21-2 日付から月のみを取り出す

練習用ファイル 21-2-申込者.xlsx

操作　日付から月のみを取り出す

フラッシュフィルを使って、セル内のデータの一部分を取り出すこともできます。ここでは、[生年月日]列の先頭にある日付から月の部分「11」を取り出し、文字「月」と連結して誕生月の列にデータを自動入力してみましょう。

Memo　月データの取り出され方

ここでは、[生年月日]列の先頭のセルの「11」の位置が月の位置にあるため、同じ位置にある数値が取り出され、「月」と組み合わせ、同じ規則で「1月」「8月」「4月」と入力されます。

Point　[氏名]を[姓]列と[名]列に分割する

セル内のデータの一部分を取り出すことができるため、[氏名]列から「姓」のみ、「名」のみをそれぞれ取り出して、[姓]列と[名]列に分割することが可能です。

1 1つ目のセルに[日付]の月の部分、「月」を入力します。

2 [データ]タブ→[フラッシュフィル]をクリックすると、

3 残りのセルに同じ規則でデータが自動で入力されます。

コラム　データ入力時の困ったことに対処する①

Q セル内で改行して2行で表示したい

A Alt + Enter キーを押します。

セル内の文字列の任意の位置で改行して2行にしたい場合は、Alt + Enter キーを押します。改行すると行の高さは自動調整されて広がります。

	A	B	C
1	商品	単価	
2	リンゴジュース	1,000	
3	白桃ジュース	1,200	
4			
5			

改行位置にカーソルを表示し、Alt + Enter キーを押します。

	A	B	C
1	商品	単価	
2	リンゴジュース（限定100本）	1,000	
3	白桃ジュース	1,200	
4			

改行され、2行目に文字を入力できます。

Section

22 文字種を指定したり、選択肢から入力したりする

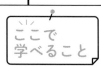

Excelで作った表に、いろいろな人にデータを入力してもらう場合、このセルには日付、このセルには数字を入力してもらうなど、入力できるデータを制限できます。これを［データの入力規則］といいます。ここではデータの入力規則の設定方法を学びましょう。

ここで
学べること

習得スキル	操作ガイド	ページ
▶ 入力する選択肢を表示する	レッスン 22-1	p.383
▶ 入力できるデータを指定する	レッスン 22-2	p.384

まずは パッと見るだけ！

データの入力規則を設定する

データの入力規則では、セルに入力するデータを選択肢にして表示したり、入力できるデータの種類や範囲を制限したりできます。

3

データを速く、正確に入力する

● 入力データを選択肢にして表示する

Before
操作前

セルに商品名を間違いなく入力させたい

--->

After
操作後

セル範囲の値を選択肢に設定できる

● 入力する値の範囲を指定する

Before
操作前

After
操作後

--->

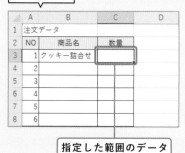

指定した範囲のデータのみ入力させたい

入力できる値を制限し、入力時のヒントも表示できる

レッスン 22-1 セルに入力するデータを選択肢にする

練習用ファイル
22-1-注文データ.xlsx

ここでは、商品名にセル範囲E3〜E8の一覧が選択肢になるように設定します。

操作 入力データを選択肢にする

入力するデータを選択肢から選択して入力できるようにするには、[データの入力規則] ダイアログの [入力値の種類] を [リスト] にします。[元の値] に選択肢となる項目をセル範囲で指定することができます。

Point [元の値] で選択肢を直接指定する

[元の値] に直接選択肢を登録することもできます。例えば、選択肢を「ジュース」「クッキー」にしたい場合は、「ジュース,クッキー」のように半角の「,」(カンマ) で区切って指定します。

コラム 入力値の種類

[入力値の種類] で選択できる種類は以下の通りです。

入力値の種類	内容
すべての値	制限なし
整数	指定範囲の整数
小数点数	指定範囲の小数点数
リスト	指定した選択肢
日付	指定範囲の日付
時刻	指定範囲の時刻
文字列 (長さ指定)	指定の長さの文字列
ユーザー設定	指定した数式に合致する値

1 入力規則を設定するセル範囲を選択し、

2 [データ] タブ→[データの入力規則] をクリックします。

3 [入力値の種類] で [リスト] を選択し、

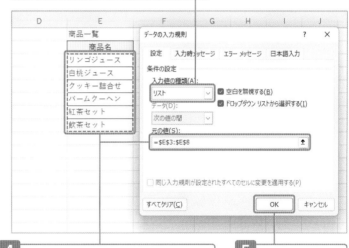

4 [元の値] をクリックし、選択肢が入力されているセル範囲をドラッグします。

5 [OK] をクリックします。

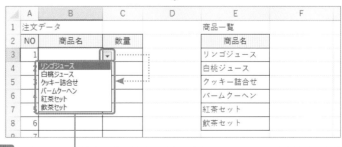

6 セルに表示される ▾ をクリックすると、指定した選択肢が表示されます。

レッスン 22-2 セルに入力できるデータを指定する

練習用ファイル **22-2-注文データ.xlsx**

ここでは、指定した範囲の整数（1〜100）が入力されるように設定します。

操作 セルに入力できるデータを指定する

データの入力規則では、リストを表示する以外に、入力するデータの種類や範囲を指定することができます。[データの入力規則]ダイアログの[入力値の種類]でデータの種類を選択し、データの範囲を指定します。

Memo 設定した入力規則を削除する

入力規則が設定されているセル範囲を選択し、[データ]タブ→[データの入力規則] をクリックして[データの入力規則]ダイアログを表示し、[すべてクリア]をクリックします。

Memo 独自のエラーメッセージを表示する

設定した入力規則に反するデータを入力すると、手順 ⑨ のようにExcelのエラーメッセージが表示されます。[データの入力規則]ダイアログの[エラーメッセージ]タブでは、エラー内容をより分かりやすく伝えるためのエラーメッセージを指定することができます。

1 入力規則を設定するセル範囲を選択し、

2 [データ]タブ→[データの入力規則] をクリックします。

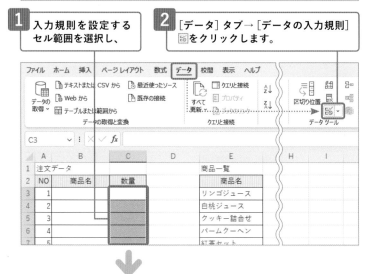

3 [データの入力規則]ダイアログで[設定]タブをクリックし、

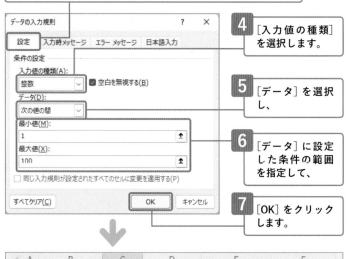

4 [入力値の種類] を選択します。

5 [データ]を選択し、

6 [データ]に設定した条件の範囲を指定して、

7 [OK]をクリックします。

8 設定した入力規則に反するデータを入力しようとすると、

9 エラーメッセージが表示されます。

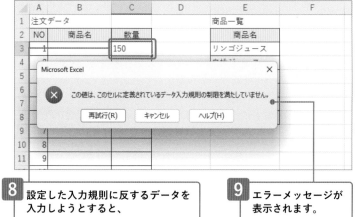

コラム　入力時に注意点をヒントとしてメッセージで表示する

入力規則が設定されているセルにデータを入力する際に、入力する際の注意点を示すメッセージを設定できます。手順❻のあと、[データの入力規則]ダイアログの[入力時メッセージ]タブを表示し❶、タイトルとメッセージを指定します❷。入力規則を設定したセルを選択すると、設定したメッセージが表示されます❸。
なお、表示されたメッセージは Esc キーを押して非表示にできます。

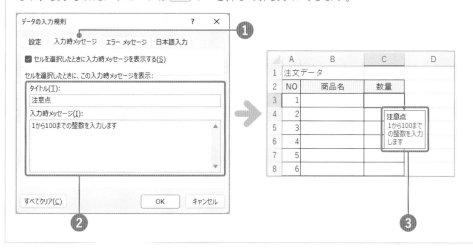

コラム　データ入力時の困ったことに対処する②

Q 「2/5」を分数として表示したい

A 「0 2/5」と入力します。

「2/5」と入力すると、日付と判断されて「2月5日」と表示されてしまいます。「2/5」を分数として表示したいときは「0 2/5」のように「0 分子/分母」の形式で入力すると、分数として認識され、表示形式が[分数]に設定されます。入力された値は数値として扱われます。

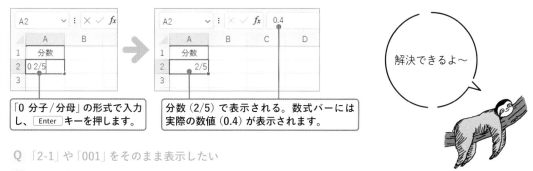

「0 分子/分母」の形式で入力し、Enter キーを押します。

分数（2/5）で表示される。数式バーには実際の数値（0.4）が表示されます。

解決できるよ～

Q 「2-1」や「001」をそのまま表示したい

A 先頭に「'」を入力します。

「2-1」と入力すると日付と判断し「2月1日」と表示されます。また、「001」と入力すると、数値と判断し「1」が入力されます。入力した通りの文字列として表示したい場合は、先頭に半角の「'」（アポストロフィー）を入力してから文字を入力します。あるいは、表示形式を[文字列]にする方法もあります（p.416参照）。

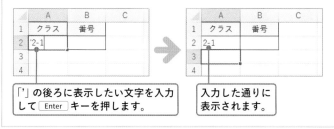

「'」の後ろに表示したい文字を入力して Enter キーを押します。

入力した通りに表示されます。

練習問題 いろいろな入力方法を練習してみよう　［練習用ファイル］ **演習3-担当表.xlsx**

完成見本を参考に、以下の手順でデータを入力してください。

1 セルA1の「受付スケジュール」を「受付担当スケジュール」に修正する

2 セル範囲A4～A9、セルA4の日付を元にオートフィルを使って連続データを入力する

3 セルG4の値を元に、担当氏名の姓のみをフラッシュフィルを使ってセルG6まで取り出す

4 セル範囲B4～B9に入力するデータを、データの入力規則を使ってセル範囲G4～G6を選択肢として設定する

5 セルC7に「はじめての投資」、セルC8に「NISAで資産形成」、セルC9に「株式投資入門」を、オートコンプリートを使って入力する

6 セル範囲D4～D9に「50」を一気に入力する

▼元の表

	A	B	C	D	E	F	G	H
1	受付スケジュール							
2								
3	日付	担当	セミナー名	定員		担当氏名	担当	
4	4月1日		はじめての投資			鈴木　早苗	鈴木	
5			NISAで資産形成			田村　真凛		
6			株式投資入門			吉川　聖子		
7								
8								
9								

▼完成見本

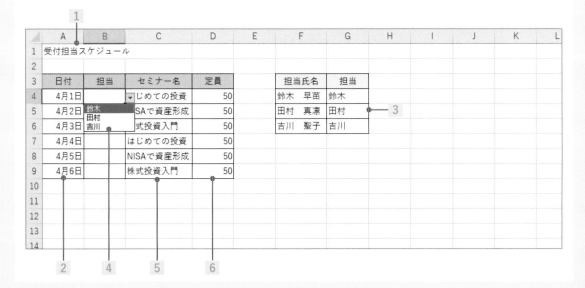

第 **4** 章

表のレイアウトを
きれいに整える

本章では、文字に太字を設定したり、サイズを変更したりして文字に飾りを付けたり、罫線を引いて表にしたりします。さらに、セルの値によって自動的に書式を設定する「条件付き書式」の設定方法も紹介します。セルに入力した文字やセルを修飾し、表を見栄えよくきれいに整える方法をマスターしましょう。

きれいな
表に仕上げ
ましょう

23 見た目が整っている表の条件を知ろう

書式設定

見た目が整っている表とは、タイトルを大きくしたり、表に罫線を引いたり、項目名に色を付けたりと、見栄えよくしたものです。ただ見やすいだけでなく、見た目を整えることによって、情報を相手に正確に伝えることができます。

ここで学べること	習得スキル	操作ガイド	ページ
	▶整った表を知る	なし	p.389

まずは パッと見るだけ！

文字やセルに書式を設定する

書式とは、文字に対して太字、サイズ、配置などを変更したり、セルに対して罫線を引いたり色を付けたりして、表の見栄えを整えるものです。

4

表のレイアウトをきれいに整える

\Before/
操作前

	A	B	C
1	生活家電商品（2024年春）		エスビー家電
2			2024/3/1
3	商品NO	商品名	価格
4	2023年製		
5	H1001	空気清浄機	35000
6	H1002	サーキュレーター	25000
7	H1003	掃除機	30000
8	2024年製		
9	H1004	洗濯機	55000
10	H1005	冷蔵庫	40000
11	H1006	布団乾燥機	15000
12	H1007	マッサージ器	25000
13			
14			
15			

セルにデータを入力しただけの状態

--->

\After/
操作後

	A	B	C
1	生活家電商品（2024年春）		エスビー家電
2			令和6年3月1日
3	商品NO	商品名	価格
4		2023年製	
5	H1001	空気清浄機	¥35,000
6	H1002	サーキュレーター	¥25,000
7	H1003	掃除機	¥30,000
8		2024年製	
9	H1004	洗濯機	¥55,000
10	H1005	冷蔵庫	¥40,000
11	H1006	布団乾燥機	¥15,000
12	H1007	マッサージ器	¥25,000
13			
14			
15			

文字のサイズ、色、配置、罫線などを設定して表を整えると見やすく、伝わりやすい

書式を設定するリボンとダイアログ

**Point 書式を設定する
リボンとダイアログ**

書式は、主に［ホーム］タブの［フォント］、［配置］、［数値］、［スタイル］グループに機能ごとにボタンがまとめられています。グループの右端にある⬚をクリックして、［セルの書式設定］ダイアログを表示し、より詳細な書式設定を行うことができます。

ショートカットキー

- ［セルの書式設定］ダイアログの表示
  `Ctrl` + `1`

意外といろいろな書式があるのね！

書式を設定するリボン

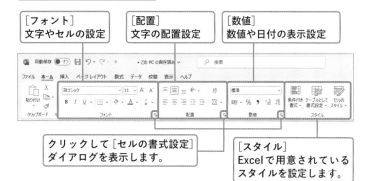

［フォント］
文字やセルの設定

［配置］
文字の配置設定

［数値］
数値や日付の表示設定

クリックして［セルの書式設定］
ダイアログを表示します。

［スタイル］
Excelで用意されている
スタイルを設定します。

［セルの書式設定］ダイアログ

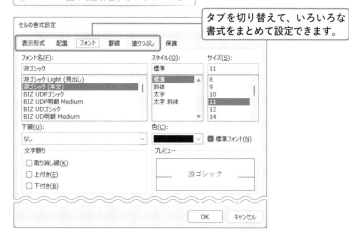

タブを切り替えて、いろいろな
書式をまとめて設定できます。

書式の設定例

さまざまな書式を組み合わせて表の見栄えを整えます。

フォント／フォントサイズ

ふりがな

太字

配置

文字色
セル色

表示形式

罫線

Section

文字にいろいろな書式を設定する

書式
設定

文字サイズを大きくしたり、太字にしたりと、文字に対して書式を設定して見た目を変更することで、強調し、読みやすくすることができます。文字に設定する書式について覚えましょう。

ここで
学べること

習得スキル	操作ガイド	ページ
▶文字サイズ／書体の変更	レッスン24-1	p.391

 まずは パッと見るだけ！

文字に書式を設定する

　表のタイトルは、サイズや書体（フォント）を変更して強調して目立たせると、表の内容を一瞬で伝えられます。また、表の項目名にデータと異なる書式を設定するとメリハリがつき、見やすくなります。

4
表のレイアウトをきれいに整える

\Before/
操作前

	A	B	C	D
1	生活家電商品（2024年春）		エスビー家電	
2			2024/3/1	
3	商品NO	商品名	価格	
4	2023年製			
5	H1001	空気清浄機	35000	

タイトルや表の項目を強調したい

\After/
操作後

	A	B	C	D
1	生活家電商品(2024年春)		エスビー家電	
2			2024/3/1	
3	**商品NO**	**商品名**	**価格**	
4	2023年製			
5	H1001	空気清浄機	35000	

タイトルの文字サイズやフォントを変更し、
項目を太字にして見やすくなった

表では「タイトル」
「見出しの項目」を
優先して書式を設
定しましょう

レッスン **24-1** フォント、フォントサイズなどの書式を変更する

練習用ファイル **24-生活家電商品.xlsx**

🖰 操作　文字に書式を設定する

セルに入力された文字の書体は
[ホーム]タブの[フォント]で設定
し、文字サイズは[フォントサイズ]
で設定します。また太字、斜体、下
線は、[太字] B、[斜体] I、[下線]
U をクリックして設定します。先に
設定するセルを選択してから、それ
ぞれのボタンをクリックしましょう。

📝 Memo　フォント

フォントとは、書体のことです。Excel
では、「游ゴシック」が既定のフォント
として設定されています。

💡 Point　フォントサイズについて

フォントサイズはポイント単位で変
更します。1ポイントは、約0.35mm
です。
既定のフォントサイズは、「11ポイン
ト」です。フォントサイズの一覧にな
いサイズにしたい場合は、フォント
サイズのボックスに直接数値を入力
して Enter キーを押してください。
また、[ホーム]タブの[フォントサ
イズの拡大] A、[フォントサイズの
縮小] A をクリックすると、少しず
つ大きくしたり、小さくしたりでき
ます。

フォントとフォントサイズの変更

ここでは、セルA1のフォントを「HGPゴシックM」、文字サイズを「14
ポイント」、セル範囲A3～C3を「太字」に設定します。

1 セルをクリックします。

2 [ホーム]タブ→[フォント]の⌄をクリックし、一覧からフォントをクリックすると、

3 フォントが変更されます。

4 続けて、[ホーム]タブ→[フォントサイズ]の⌄をクリックし、

5 サイズをクリックすると、

6 文字サイズが変更されます。

操作 太字／斜体／下線を設定する

セルを選択し、B で太字、I で斜体、[下線] U で下線を設定できます。いずれもクリックするごとに設定と解除を切り替えられます。また、同じ文字に重ねて設定することもできます。また、[下線] U の ▾ をクリックし、一覧から設定する下線の種類を指定できます。

Memo セル内の文字列の一部分だけ変更する

セルをダブルクリックして、カーソルを表示し、変更したい文字列を選択してから❶、書式を変更します❷。

太字の設定

1 セル範囲を選択します。

2 [ホーム] タブ→[太字] B をクリックすると、

3 太字に設定されます。

コラム 上付き文字／下付き文字／取り消し線を設定する

[ホーム] タブの [フォント] グループにある ▱ をクリックすると表示される [セルの書式設定] ダイアログの [フォント] タブにある [文字飾り] で、[取り消し線]、[上付き]、[下付き] の設定ができます。

取り消し線	~~1000~~
上付き	10^2
下付き	H_2O

コラム　Section01の［納品書］の解説

Section01の納品書では、本書では解説していない関数を使っています。詳細は解説しませんが、どのような数式や関数が設定されているかを紹介します。興味があれば、ご活用ください。

=VLOOKUP($B11,$H$2:$L$7,2,FALSE)
意味：セルB11の値をセル範囲H2〜L7の1列目で完全一致（FALSE）で検索し、見つかった行の2列目の値を表示する
書式：=VLOOKUP(検索値,範囲,列番号,[検索の型])
説明：検索値を範囲の1列目で検索し、見つかった行の指定した列にある値を返す。検索の型をFALSEにすると完全一致で検索する

=IF(B11="","",D11*E11)
意味：セルB11の値が空白の場合は何も表示しない、そうでない場合は「D11×E11」の結果を表示する
書式：IF(論理式,真の場合,[偽の場合])
説明：論理式で指定した条件が成立する場合は真の場合、成立しない場合は偽の場合を返す（Section42参照）

	A	B	C	D	E	F	G	H	I	J	K	L
1			納品書					商品NO	商品	分類	単価	税込価格
2								A1001	リンゴジュース	飲料	1,000	1,080
3					受注NO	1001		A1002	白桃ジュース	飲料	1,200	1,296
4					受注日	2024年02月10日		B2001	クッキー詰合せ	菓子	1,200	1,296
5		山本　花子		様				B2002	バームクーヘン	菓子	1,400	1,512
6						株式会社　SB製菓		C3001	紅茶セット	セット	1,300	1,404
7				〒106-0032	東京都港区六本木×－×－×			C3002	飲茶セット	セット	1,500	1,620
8					TEL：03-×××-××××							
9												
10	NO	商品NO	商品名	税込価格	数量	税込金額						
11	1	A1001	リンゴジュース	1,080	2	¥2,160						
12	2	B2002	バームクーヘン	1,512	1	¥1,512						
13	3	C3001	紅茶セット	1,404	1	¥1,404						
14	4											
15	5											
16					合計	¥5,076						
17												
18												

=VLOOKUP($B11,$H$2:$L$7,5,FALSE)
意味：セルB11の値をセル範囲H2〜L7の1列目で完全一致（FALSE）で検索し、見つかった行の5列目の値を表示する

=SUM(F11:F15)
意味：セル範囲F11〜F15を合計する
書式：=SUM(セル範囲)
説明：セル範囲内の数値の合計を返す（Section38参照）

納品書を作るときに読んでみてね〜

25 文字とセルに色を付ける

書式設定

文字やセルに色を付けると、表をよりきれいに見栄えよくすることができます。文字とセルの両方に色を付ける場合は、文字が読みづらくならないように色の選択に注意しましょう。

ここで学べること

習得スキル	操作ガイド	ページ
▶ 文字とセルに色を付ける	レッスン25-1	p.395
▶ セルにスタイルを適用する	レッスン25-2	p.397

 ## まずは パッと見るだけ！

文字とセルの色を設定する

表の見出しなど、他のセルと区別したい行や列の文字／セルに色を設定すると、表が華やぎ、注目度を上げることができます。

● 文字とセルに色を付ける

操作前 \Before/

2			2024/3/1
3	商品NO	商品名	価格
4	2023年製		

表の項目名を強調したい

`--->`

操作後 \After/

2			2024/3/1
3	商品NO	商品名	価格
4	2023年製		

文字とセルに色を付けたため、表の区切りが明確になり、項目が見やすくなった

● スタイルを使って複数の書式をまとめて設定する

操作前 \Before/

	A	B	C
1	生活家電商品（2024年春）		エスビー家電
2			2024/3/1
3	商品NO	商品名	価格
4	2023年製		
5	H1001	空気清浄機	35000
6	H1002	サーキュレーター	25000
7	H1003	掃除機	30000
8	2024年製		
9	H1004	洗濯機	55000
10	H1005	冷蔵庫	40000

同じ書式が続いて読みづらい

`--->`

操作後 \After/

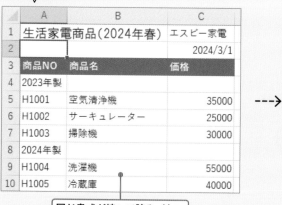

	A	B	C
1	生活家電商品（2024年春）		エスビー家電
2			2024/3/1
3	商品NO	商品名	価格
4	2023年製		
5	H1001	空気清浄機	35000
6	H1002	サーキュレーター	25000
7	H1003	掃除機	30000
8	2024年製		
9	H1004	洗濯機	55000
10	H1005	冷蔵庫	40000

スタイルを使うと文字とセルの色の組み合わせで一気に書式が設定できる

4 表のレイアウトをきれいに整える

レッスン 25-1 文字とセルに色を設定する

練習用
ファイル 25-1- 生活家電商品 .xlsx

セルに色を設定する

ここでは、セル範囲A3〜C3のセルを濃い緑、文字を白に設定します。

🖰 操作 **文字とセルに色を
設定する**

文字に色を設定するには、[ホーム] タブの [フォントの色] A▾ を使います。
セルに色を設定するには、[ホーム] タブの [塗りつぶしの色] ◇▾ を使います。
どちらも ▾ をクリックしてカラーパレットを表示し、設定したい色をクリックします。

1 セル範囲を選択します。

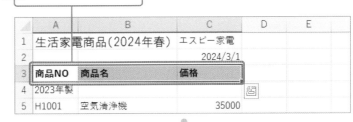

💡 Point **直前に設定した同じ色を
設定する**

セルや文字の色を変えると、[塗りつぶしの色] ◇ や [フォントの色] A には、◇ や A のように、直前に設定した色が表示されます。
手順の後に続けて同じ色を設定したい場合は、直接 ◇ や A をクリックして設定できます。

2 [ホーム] タブ→ [塗りつぶしの色] ◇ の
▾ をクリックし、

3 カラーパレットで色
をクリックすると、

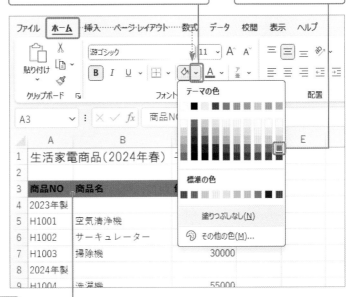

📝 Memo **色の設定を解除するには**

文字の色を解除するには、カラーパレットで [自動] を選択します。
セルの色を解除するには、カラーパレットで [塗りつぶしなし] を選択します。

4 セルに色が設定されます。

📝 Memo **カラーパレットの色を
確認するには**

カラーパレットの色にマウスポインターを合わせると、色の名前や内容がポップヒントで表示されます。

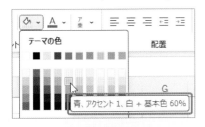

文字に色を設定する

1 セル範囲が選択されていることを確認し、

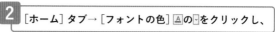

2 ［ホーム］タブ→ ［フォントの色］ △ の ▾ をクリックし、

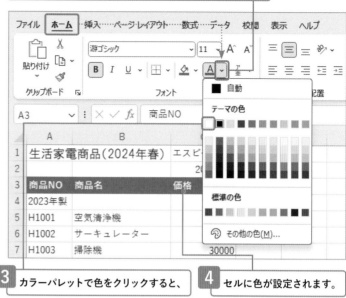

3 カラーパレットで色をクリックすると、

4 セルに色が設定されます。

コラム　カラーパレットについて

セルの色や文字の色を設定するときに表示されるカラーパレット
には以下のように色の一覧が表示されます。
［テーマの色］には、現在ブックに適用されているテーマの色が
表示されています。テーマとは、ブック全体に適用されるフォン
ト、配色、効果の組み合わせです（**Section33**参照）。テーマを変
えると、［テーマの色］にある配色が変更されます。［標準の色］
には、テーマに関わらず常に設定できる色が配置されています。
また、［その他の色］をクリックすると、［色の設定］ダイアログ
が表示されます。［標準］タブでは、色見本をクリックして設定
でき、［ユーザー設定］タブでは、色と明度を指定して独自の色
を設定できます。

● その他の色（［色の設定］ダイアログ）

色見本をクリックして設定できる

● セルの色（塗りつぶしの色）　　● 文字の色（フォントの色）

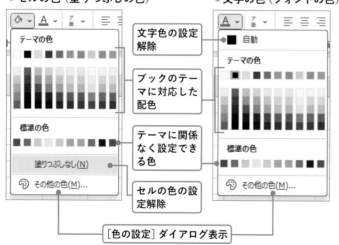

文字色の設定
解除

ブックのテー
マに対応した
配色

テーマに関係
なく設定でき
る色

セルの色の設
定解除

［色の設定］ダイアログ表示

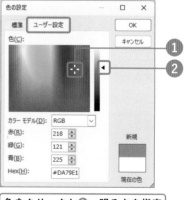

色をクリックし❶、明るさを指定
して❷、独自の色を作成できる

レッスン **25-2** スタイルを適用して文字やセルに色や書式を設定する

練習用ファイル **25-2-生活家電商品.xlsx**

ここでは、セル範囲A4〜C4とA8〜C8にスタイル [良い] を設定します。

操作　スタイルを適用する

スタイルとは、文字やセルにいろいろな書式を組み合わせて登録したものです。スタイルを使うとセルにすばやく複数の書式を設定することができます。
スタイルは、[ホーム] タブの [セルのスタイル] で選択できます。

Memo　スタイルを解除する

スタイルを解除するには、手順 **2** で [標準] をクリックします。

1 セル範囲（ここではセルA4〜C4とA8〜C8）を選択します。

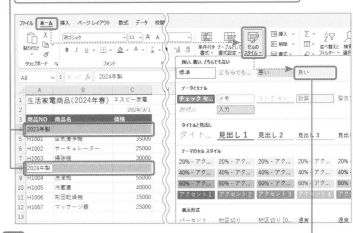

2 [ホーム] タブ→ [セルのスタイル] → [良い] をクリックすると、

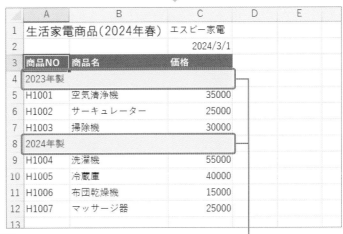

3 選択したセル範囲に [良い] のスタイルが設定されます。

色を付けると
行で区切って
見やすいですね！

26 ふりがなを表示する

書式設定

セルに入力した漢字には、ブック内に漢字の読みがふりがな情報として保存されています。そのふりがな情報を、漢字の上部にふりがなとして表示することができます。

ここで学べること

習得スキル	操作ガイド	ページ
▶ ふりがなの表示	レッスン26-1	p.399

👓 まずは パッと見るだけ！

ふりがなの表示

セルに入力された漢字の読みをふりがなとして表示します。

Before 操作前

	A	B	C	D
1	生活家電商品（2024年春）		エスビー家電	
2			2024/3/1	
3	商品NO	商品名	価格	
4	2023年製			
5	H1001	空気清浄機	35000	
6	H1002	サーキュレーター	25000	

ふりがなを表示したい

↓

After 操作後

	A	B	C	D
1	セイカツカデン ショウヒン ネン ハル 生活家電商品（2024年春）		エスビー家電	
2			2024/3/1	
3	商品NO	商品名	価格	
4	2023年製			
5	H1001	空気清浄機	35000	
6	H1002	サーキュレーター	25000	

漢字の上部にふりがなが表示された

難しい読み方の地名や苗字で使えそう！

練習用ファイル **26-生活家電商品の表示.xlsx**

ここでは、セルA1のタイトルにふりがなを表示します。

操作 ふりがなを表示する

ふりがなを表示するには、[ホーム]タブ→[ふりがなの表示/非表示] をクリックします。クリックするごとに表示/非表示が切り替わります。

Memo ふりがなが表示されない場合

他アプリのデータをコピーしたり、読み込んだりした場合は、漢字に読みの情報が含まれていないため、ふりがなは表示されません。
なお、下のMemoの「ふりがなを修正する」の手順でふりがなを編集状態にすると、自動的にふりがなが作成されます。

Memo ふりがなを修正する

ふりがなを修正するには、セルを選択し、ふりがなが表示されている状態で、 Shift + Alt + ↑ キーを押します。ふりがなが編集状態になりカーソルが表示されます。
ふりがなを修正したら、 Enter キーを押して確定します。
なお、[ホーム]タブの[ふりがなの表示/非表示] の をクリックし、[ふりがなの編集]をクリックしても同様に編集状態にすることができます。

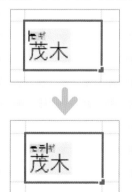

1 セルを選択します。

2 [ホーム]タブ→[ふりがなの表示/非表示] をクリックすると、

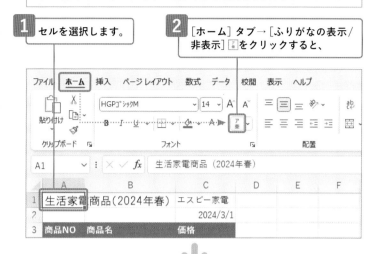

3 漢字の上部にふりがなが表示されます。

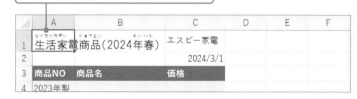

コラム ふりがなの設定を変更する

既定では、カタカナのふりがなが表示されます。ひらがなで表示したいとか、フォントを変えるとか、文字サイズを少し大きくしたいなどの変更を加えたい場合は、[ホーム]タブの[ふりがなの表示/非表示] の をクリックし、[ふりがなの設定]をクリックし、表示される[ふりがなの設定]ダイアログの[ふりがな]タブでふりがなの種類や配置、[フォント]タブでふりがなのフォントやサイズなどの書式が設定できます。

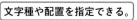

文字種や配置を指定できる。

フォントやサイズなどの書式を設定できる。

Section

27 セルに罫線を引く

書式
設定

セルに罫線を引くと、指定したセル範囲を表組みに整えることができます。線の太さや、種類、色、位置など細かく設定できるので、単純な表から、複雑な表まで作成できます。

ここで
学べること

習得スキル	操作ガイド	ページ
▶ すばやく表組みに整える	レッスン27-1	p.401
▶ 線種などを指定して罫線を引く	レッスン27-2	p.403

まずは パッと見るだけ！

罫線を設定する

　セルに文字やデータが表形式で入力された状態でも、罫線を引くことで表として完成します。印刷が必要な場合でも、罫線が引かれていれば見やすい表になります。

4

表のレイアウトをきれいに整える

\Before/
操作前

	A	B	C
1	セイカツカデン 生活家電商品（2024年春）	ショウヒン	キン ハル エスビー家電
2			2024/3/1
3	商品NO	商品名	価格
4	2023年製		
5	H1001	空気清浄機	35000
6	H1002	サーキュレーター	25000
7	H1003	掃除機	30000
8	2024年製		
9	H1004	洗濯機	55000
10	H1005	冷蔵庫	40000
11	H1006	布団乾燥機	15000
12	H1007	マッサージ器	25000
13			
14			

--->

\After/
操作後

	A	B	C
1	セイカツカデン 生活家電商品（2024年春）	ショウヒン	キン ハル エスビー家電
2			2024/3/1
3	商品NO	商品名	価格
4	2023年製		
5	H1001	空気清浄機	35000
6	H1002	サーキュレーター	25000
7	H1003	掃除機	30000
8	2024年製		
9	H1004	洗濯機	55000
10	H1005	冷蔵庫	40000
11	H1006	布団乾燥機	15000
12	H1007	マッサージ器	25000
13			
14			

罫線を引いて表組みが完成した

データの行は、
点線の罫線だと
圧迫感がなくて
見やすいわね

レッスン **27-1** すばやく表組みに整える

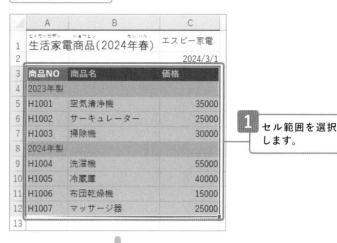

練習用ファイル 27-1-生活家電商品.xlsx

罫線を設定する

🖐 操作 [罫線]メニューから罫線を引く

表全体を選択し、[ホーム]タブの[罫線]の▾をクリックして、一覧から[格子]をクリックすると、選択したセル範囲の上下左右に罫線が引かれ、短時間で簡単に表組みに整えられます。
また、不要な部分の罫線を削除するには、[罫線の削除]をクリックして、マウスポインターが✐の形になったら、削除したい罫線をドラッグすると簡単です。

1 セル範囲を選択します。

2 [ホーム]タブ→[罫線]の▾をクリックし、

3 設定したい罫線（ここでは[格子]）をクリックします。

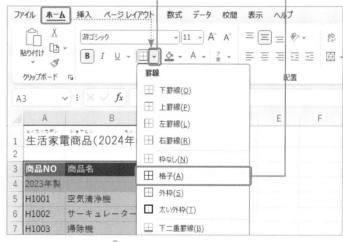

4 セル範囲に罫線が設定されます。

不要な罫線を削除する

1 [ホーム] タブ→[罫線] の を
クリックし、

2 [罫線の削除] をクリック
します。

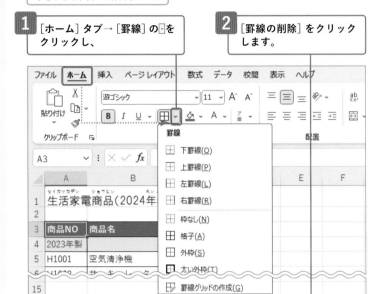

4

表のレイアウトをきれいに整える

💡 **Point** 間違えて削除した場合

ドラッグする位置を間違えて削除した場合は、直後であればクイックアクセスツールバーの [元に戻す] をクリックするか、Ctrl + Z キーを押して、直前の操作を取り消します。

🕐 **時短ワザ** 罫線をまとめて削除する

セルに設定した罫線をまとめてすべて削除するには、手順**3**で [枠なし] をクリックします。

3 マウスポインターの形が になったら、削除したい罫線上をクリック
またはドラッグすると、

	A	B	C	D	E	F
1	生活家電商品(2024年春)		エスビー家電			
2			2024/3/1			
3	商品NO	商品名	価格			
4	2023年製					
5	H1001	空気清浄機	35000			
6	H1002	サーキュレーター	25000			

4 罫線が削除されます。

5 他の罫線も同様に削除します。

	A	B	C	D	E	F
1	生活家電商品(2024年春)		エスビー家電			
2			2024/3/1			
3	商品NO	商品名	価格			
4	2023年製					
5	H1001	空気清浄機	35000			
6	H1002	サーキュレーター	25000			
7	H1003	掃除機	30000			
8	2024年製					
9	H1004	洗濯機	55000			
10	H1005	冷蔵庫	40000			
11	H1006	布団乾燥機	15000			
12	H1007	マッサージ器	25000			

6 esc キーを押して罫線削除のモードを解除します。

コラム　ドラッグで罫線をすばやく設定する

［ホーム］タブの［罫線］の⬛をクリックし、［罫線グリッドの作成］をクリックすると❶、マウスポインターの形が⬛になり❷、ドラッグで格子罫線を引くことができます❸。また、［罫線の作成］をクリックするとマウスポインターの形が⬛になり、ドラッグで外枠、垂直、水平線を引くことができます。
いずれも罫線モードを解除するには、[esc]キーを押します。また、［線の色］で色、［線のスタイル］で線種を選ぶこともできます。この場合、先に色や線種を選択してから罫線を引きます。

レッスン 27-2　線種／色／位置を指定して罫線を引く

練習用ファイル　**27-2-生活家電商品.xlsx**

> ここでは選択範囲の内側の横線を点線に変更します。

操作　**［セルの書式設定］ダイアログから罫線を引く**

［セルの書式設定］ダイアログの［罫線］タブでは、選択しているセル範囲に対して、線種、色、位置を指定して罫線を設定できます。

1 セル範囲を選択します。

	A	B	C	D	E	F
1	生活家電商品（2024年春）		エスビー家電			
2			2024/3/1			
3	商品NO	商品名	価格			
4	2023年製					
5	H1001	空気清浄機	35000			
6	H1002	サーキュレーター	25000			
7	H1003	掃除機	30000			
8	2024年製					
9	H1004	洗濯機	55000			
10	H1005	冷蔵庫	40000			
11	H1006	布団乾燥機	15000			
12	H1007	マッサージ器	25000			
13						
14						
15						

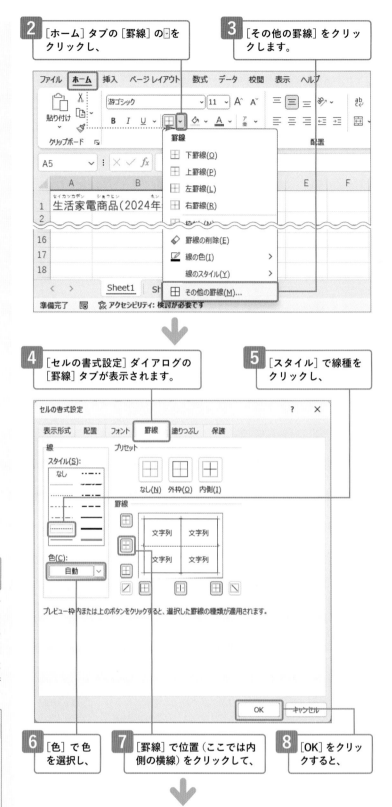

2 [ホーム］タブの［罫線］の▾を
クリックし、

3 ［その他の罫線］をクリッ
クします。

4 ［セルの書式設定］ダイアログの
［罫線］タブが表示されます。

5 ［スタイル］で線種を
クリックし、

6 ［色］で色
を選択し、

7 ［罫線］で位置（ここでは内
側の横線）をクリックして、

8 ［OK］をクリッ
クすると、

Memo セルに斜線を引く

手順 **7** で、下図の位置をクリックす
ると、斜めの線を引くことができま
す。ただし、セル単位に引かれるの
で、セル範囲全体で1本の斜線を引
きたい場合は、図形で直線を引いた
方がよいでしょう（p.405のコラム参
照）。

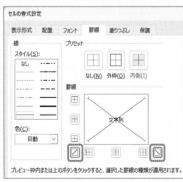

9 選択範囲の内側の横線が点線に変更されます。

	A	B	C	D	E
1	生活家電商品(2024年春)		エスビー家電		
2			2024/3/1		
3	商品NO	商品名	価格		
4	2023年製				
5	H1001	空気清浄機	35000		
6	H1002	サーキュレーター	25000		
7	H1003	掃除機	30000		
8	2024年製				
9	H1004	洗濯機	55000		
10	H1005	冷蔵庫	40000		
11	H1006	布団乾燥機	15000		
12	H1007	マッサージ器	25000		
13					

時短ワザ **F4** キーで直前の設定を繰り返す

F4 キーを押すと、直前に行った同じ設定を実行することができます。例えば、手順 **10** で範囲選択したら、**F4** キーを押すだけで内側の横線に点線を引くことができます。効率的に操作できるので覚えておきましょう。

10 セル範囲A9～C12も同様に内側の横線を点線に変更しておきます。

コラム　表に直線を引く

表内に斜めに直線を引いたり、表の中に矢印を引いたりしたい場合は、図形の直線を引きます。
図形の直線は [挿入] タブの [図] をクリックし、[図形] をクリックして引きたい直線の種類を選択し**①**、マウスポインターが [＋] の形になったらドラッグします**②**。斜め線を引いたり、矢印を引いたり、いろいろな線を引くことができます。水平、垂直に引きたい場合は、**Shift** キーを押しながらドラッグします。
線の色や太さなどを変更するには、直線上をクリックして選択し**③**、コンテキストタブの [図形の書式] タブの [図形の枠線] をクリックして表示されるメニューを使います**④**。

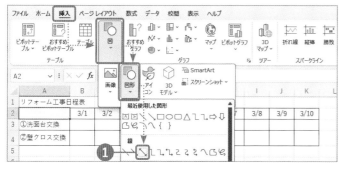

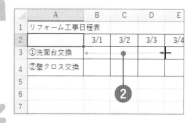

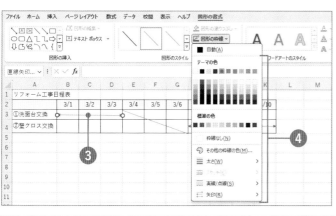

28 文字の配置を変更する

書式
設定

セル内では、文字は左寄せ、数値や日付は右寄せで表示されますが、任意の位置に配置を変更することができます。例えば、項目名を中央揃えにするなど、文字の配置を変更することで、表として見栄えがより整います。

ここで
学べること

習得スキル	操作ガイド	ページ
▶ 文字の配置変更	レッスン28-1	p.407

まずは パッと見るだけ！

セル内の文字の配置を変える

表内の文字の配置は重要です。特に、見出しとなる行や列内にあるデータは、中央揃えにするときれいに整います。

4

表のレイアウトをきれいに整える

Before
操作前

	A	B	C
1	セイカツカデン ショウヒン センハル 生活家電商品（2024年春）		エスビー家電
2			2024/3/1
3	商品NO	商品名	価格
4	2023年製		
5	H1001	空気清浄機	35000
6	H1002	サーキュレーター	25000
7	H1003	掃除機	30000
8	2024年製		
9	H1004	洗濯機	55000
10	H1005	冷蔵庫	40000
11	H1006	布団乾燥機	15000
12	H1007	マッサージ器	25000
13			

文字の配置が既定の状態で
左に揃っている

After
操作後

	A	B	C
1	セイカツカデン ショウヒン センハル 生活家電商品（2024年春）		エスビー家電
2			2024/3/1
3	商品NO	商品名	価格
4		2023年製	
5	H1001	空気清浄機	35000
6	H1002	サーキュレーター	25000
7	H1003	掃除機	30000
8		2024年製	
9	H1004	洗濯機	55000
10	H1005	冷蔵庫	40000
11	H1006	布団乾燥機	15000
12	H1007	マッサージ器	25000
13			

セルやセル範囲内で文字を中央に配置したら
バランスがよくなった

レッスン 28-1 文字の配置を変更する

練習用ファイル 28-生活家電商品.xlsx

🖱 操作 文字の配置を変更する

文字の配置を変更するには、[ホーム] タブの [配置] グループにあるボタンを使います。

垂直方向は [上揃え] 三、[上下中央揃え] 三、[下揃え] 三の3種類があり、水平方向は [左揃え] 三、[中央揃え] 三、[右揃え] 三の3種類があります。

また、[方向] ᯾▾ では、斜めにしたり、縦書きにしたりできます。

セル内で中央に揃える

ここでは、表の1行目の項目名を水平方向に中央揃えに設定します。

1 セル範囲を選択し、

2 [ホーム] タブ→ [中央揃え] 三をクリックすると、

3 文字が中央に揃います。

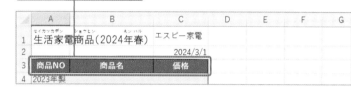

セル範囲内で中央に揃える

ここでは、セル範囲A4〜C4の範囲内で文字を中央に配置します。

1 セル範囲を選択し、

2 [ホーム] タブの [配置] グループにある �☑ をクリックします。

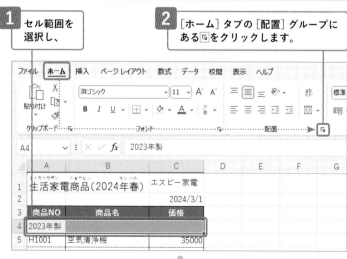

見比べると見やすさが違うのがわかるかしら

Memo 範囲内で中央揃えについて

[横位置]の[選択範囲で中央]は、横方向に選択された複数のセル内で文字を中央に揃えます。セルを結合することなく配置することができます。

なお、[縦位置]には同じ選択肢は用意されていません。縦方向に選択した複数のセル内で文字を中央に配置したい場合は、[ホーム]タブの[セルを結合して中央揃え]圏をクリックしてセルを結合してください。

3 [セルの書式設定]ダイアログの[配置]タブが表示されます。

4 [横位置]で[選択範囲内で中央]を選択し、

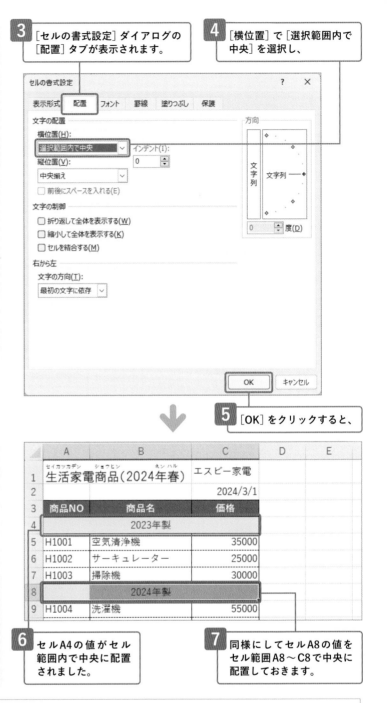

5 [OK]をクリックすると、

6 セルA4の値がセル範囲内で中央に配置されました。

7 同様にしてセルA8の値をセル範囲A8〜C8で中央に配置しておきます。

Memo インデントを設定する

インデントとは、字下げのことで、セルと文字との間隔を広げます。
セルを選択し❶、[ホーム]タブの[インデントを増やす]圉をクリックするとセルと文字の間隔が広がり❷、[インデントを減らす]圉をクリックするとセルと文字の間隔が狭まります。

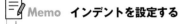

コラム 文字を縦書きにする

セルを選択し❶、[ホーム] タブの [方向] を クリックし、[縦書き] をクリックすると❷、 縦書きになります❸。

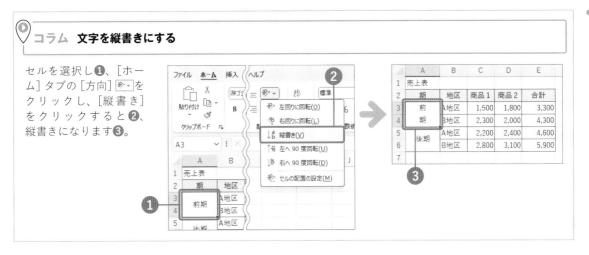

コラム [セルの書式設定] ダイアログで配置を指定する

セル範囲を選択し、[ホーム] タブの [配置] グループの右端にある をクリックして表示される [セルの書式設定] ダイアログの [配置] タブで、文字の配置や方向を詳細に設定できます。

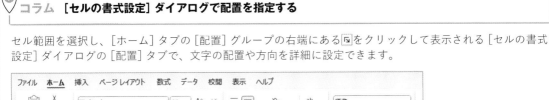

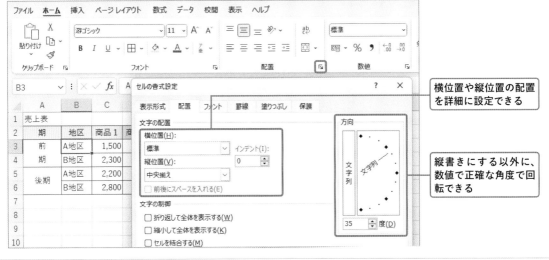

横位置や縦位置の配置を詳細に設定できる

縦書きにする以外に、数値で正確な角度で回転できる

Excelは
意外と融通が
利きます

Section

29 セルに文字を収めて表示する

書式設定

セルの幅に対して文字数が多く、セル内に収まらない場合、列幅を広げて調整する以外に、文字がセル内の収まるように縮小したり、自動的に改行して複数行にして表示させたりすることができます。ここでは、セル内にある文字の収め方を確認しましょう。

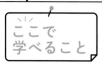
ここで学べること

習得スキル	操作ガイド	ページ
▶ セル内で折り返して表示する	レッスン29-1	p.411
▶ 文字を縮小して表示する	レッスン29-2	p.411

まずは パッと見るだけ！

セル内に文字を収めて表示

　列幅を広げることなく、セル内に文字を収める方法は、セル内で文字を折り返して表示する方法とセル内の文字を縮小して1行で収める方法があります。

Before
操作前

	A	B	C	D	E	F	G	H
1	ブレンドティーの種類と特徴							
2	種類	特徴						
3	イングリッシュブレックファ	朝食用ブレントで、濃い目にいれてミルクティにすることが多い						
4	ロイヤルブレンド	コクのあるインド茶とキレのあるスリランカ茶を混ぜ、バランスよく上品な味わいが特徴						
5	アフタヌーンティー	香り豊かなものが多く、午後の紅茶として楽しむのに最適						
6								

文字が見切れている

文字がセルからはみだしている

After
操作後

文字を縮小　　文字を折り返し

	A	B	C	D	E	F	G	H
1	ブレンドティーの種類と特徴							
2	種類	特徴						
3	イングリッシュブレックファスト	朝食用ブレントで、濃い目にいれてミルクティにすることが多い						
4	ロイヤルブレンド	コクのあるインド茶とキレのあるスリランカ茶を混ぜ、バランスよく上品な味わいが特徴						
5	アフタヌーンティー	香り豊かなものが多く、午後の紅茶として楽しむのに最適						
6								

文字を縮小したり、折り返したりすることで、セル内に文字列が収まった

レッスン 29-1 セル内で折り返して表示する

練習用ファイル 29-1-紅茶の種類と特徴.xlsx

操作 折り返して全体を表示する

[ホーム] タブの [折り返して全体を表示する] を使うと、セルに入力された文字列がセル幅より長い場合、自動的に折り返して複数行にして表示することができます。文字が折り返されると、行の高さは自動的に広がります。

Memo 任意の位置で改行する

セル内の任意の位置で改行するには、改行したい位置で Alt + Enter キーを押します。

1 セル範囲を選択し、

2 [ホーム] タブ→ [折り返して全体を表示する] をクリックすると、

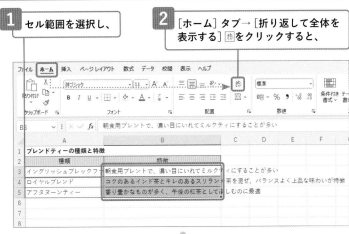

3 文字がセル内で折り返され、複数行で表示されます。

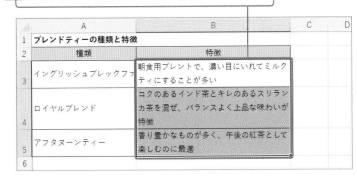

レッスン 29-2 文字を縮小して表示する

練習用ファイル 29-2-紅茶の種類と特徴.xlsx

操作 縮小して全体を表示する

セルに入力された文字列がセル幅より長い場合、セル内に文字が収まるように自動的に文字サイズを縮小することができます。セル幅より若干長いぐらいの文字を収めたいときに便利です。
[セルの書式設定] ダイアログの [配置] タブを開いて設定します。

1 セルを選択します。

2 [ホーム] タブの [配置] グループにある をクリックます。

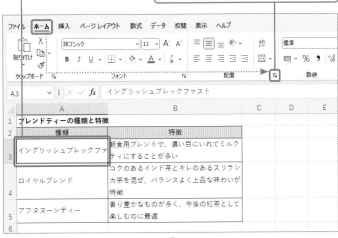

ショートカットキー

● [セルの書式設定] ダイアログ表示
  Ctrl + **1** キー

3 [セルの書式設定] ダイア
ログの [配置] タブが表示
されます。

4 [縮小して全体を表示
する] をクリックして
チェックを付けて、

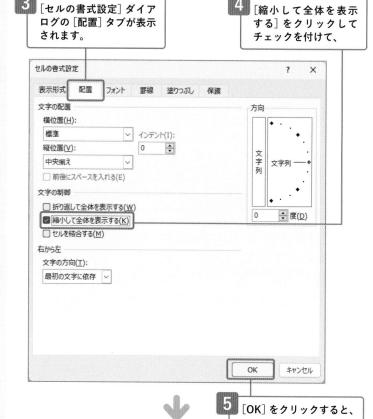

5 [OK] をクリックすると、

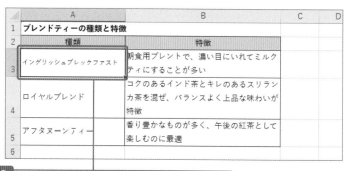

6 セルに収まるように文字が縮小表示されます。

文字の見切れは
避けましょう！

コラム Section01の[売上集計表]の解説

Section01の売上集計表では、本書では解説していないピボットテーブルを作成しています。詳細は解説しませんが、ピボットテーブルがどのようなものかを紹介します。

ピボットテーブルは、データベース形式の表(p.510)を元に集計表を作成する機能です。例えば、表の[日付]列や[商品]列などのデータを行や列に配置し、[金額]列のデータを集計した表を自動で作成します。計算式を設定することなく、売上表のデータを簡単に集計することができます。集計する列は自由に変更することができるという点も特徴の一つです。

● データベース形式の表(売上表)

	A	B	C	D	E	F	G	H	I
3	No	日付	商品NO	商品	分類	単価	数量	金額	
4	1	6月1日	A1002	白桃ジュース	飲料	1,200	4	4,800	
5	2	6月2日	C3001	紅茶セット	セット	1,300	1	1,300	
6	3	6月3日	A1002	白桃ジュース	飲料	1,200	3	3,600	
7	4	6月4日	B2001	クッキー詰合せ	菓子	1,200	2	2,400	
8	5	6月5日	A1002	白桃ジュース	飲料	1,200	1	1,200	
9	6	6月6日	B2002	バームクーヘン	菓子	1,400	5	7,000	
10	7	6月7日	B2001	クッキー詰合せ	菓子	1,200	2	2,400	
11	8	6月8日	A1001	リンゴジュース	飲料	1,000	5	5,000	
12	9	6月9日	A1002	白桃ジュース	飲料	1,200	3	3,600	
13	10	6月10日	B2001	クッキー詰合せ	菓子	1,200	2	2,400	

● ピボットテーブル(売上集計表)

	A	B	C	D	E	F
1	売上集計					
2						
3			月 ▼			
4	分類 ↓	商品 ▼	6月	7月	8月	総計
5	セット	紅茶セット	5,200	28,600	28,600	62,400
6		飲茶セット	24,000	31,500	24,000	79,500
7	セット 集計		29,200	60,100	52,600	141,900
8	飲料	リンゴジュース	20,000	15,000	17,000	52,000
9		白桃ジュース	19,200	2,400	1,200	22,800
10	飲料 集計		39,200	17,400	18,200	74,800
11	菓子	バームクーヘン	21,000	19,600	21,000	61,600
12		クッキー詰合せ	25,200	13,200	13,200	51,600
13	菓子 集計		46,200	32,800	34,200	113,200
14	総計		114,600	110,300	105,000	329,900
15						

ここでは、[分類]と[商品]を行方向、[日付]を月でまとめて列方向に配置し、分類別、商品別の月別売上金額の集計表を作成しています。

Section

30 セルの値の表示形式を設定する

書式
設定

表示形式とは、セルに入力された値の見た目を変更する書式です。セルのデータそのものは変更しないで、セルに表示される形式を変更し、データを読みやすくすることができます。

ここで
学べること

習得スキル	操作ガイド	ページ
数値や日付の表示形式の変更	レッスン 30-1～2	p.415～p.418
オリジナルの表示形式の設定	レッスン 30-3～4	p.419～p.421

 まずは パッと見るだけ！

セルに表示形式を設定する

以下の例は、データの表示形式を設定して整えたものです。読みやすい資料は、自分だけでなく相手も短時間で理解しやすく、業務がスムーズになります。

\ Before /
操作前

	A	B	C	D	E	F	G
1	売上表					3月5日	
2	日付	来客数	売上金額	売上目標	達成率	実績-目標	
3	3月1日	1280	4200000	3500000	1.2	700000	
4	3月2日	865	4350000	5000000	0.87	-650000	
5	3月3日	1860	4800000	4500000	1.066667	300000	
6							

データが単調に入力されていて理解しにくい

\ After /
操作後

	A	B	C	D	E	F
1	売上表					令和6年3月5日
2	日付	来客数	売上金額	売上目標	達成率	実績-目標
3	3月1日(金)	1,280	¥4,200,000	¥3,500,000	120.0%	700,000
4	3月2日(土)	865	¥4,350,000	¥5,000,000	87.0%	▲650,000
5	3月3日(日)	1,860	¥4,800,000	¥4,500,000	106.7%	300,000
6						

和暦を表示

負の数を赤字で表示

曜日を表示

カンマで桁を区切り、単位を表示

パーセントで表示

形式を整えたらデータが理解しやすくなった

レッスン 30-1 数値や日付の表示形式を設定する

練習用ファイル 30-1-売上表.xlsx

🖰 操作　数値や日付の表示形式を設定する

数値や日付の表示形式を設定するには、[ホーム]タブの[数値]グループにあるボタンを使います。数字を適切な表示形式に設定することは、数値を正確に読むのに重要です。
また、割合を表す小数点以下の値はパーセント表示にしてわかりやすく表示を整えます。

💡 Point　小数点以下の桁について

[小数点以下の表示桁数を増やす]や[小数点以下の表示桁数を減らす]では、セル上での小数点以下の桁数を四捨五入して表示します。実際のデータは変わらないことに注意してください。

数値の表示形式を変更する

ここでは、[来客数]列を[桁区切りスタイル]、[売上金額]列と[売上目標]列を[通貨表示形式]、[達成率]列を[パーセントスタイル]で、小数点以下1位まで表示します。

1 [来客数]列（セルB3〜B5）を選択し、

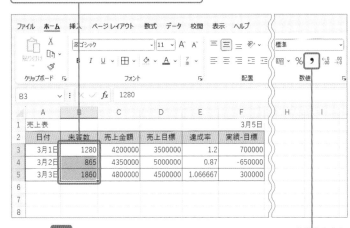

2 [ホーム]タブ→[桁区切りスタイル]をクリックすると、

3 [来客数]列に3桁ごとに桁区切りカンマの表示形式が設定されます。

4 同様にして、[売上金額]列と[売上目標]列で[通貨表示形式]をクリックして通貨の表示形式を設定し、

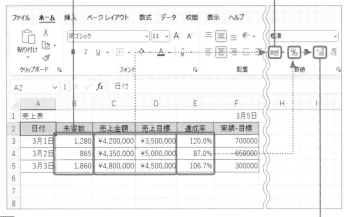

5 [達成率]列で、[パーセントスタイル]をクリックしてパーセント表示にし、[小数点以下の表示桁数を増やす]を1回クリックして、小数点以下第1位まで表示します。

Memo 表示形式を解除する

設定した表示形式を解除するには、[ホーム] タブ→ [数値の書式] の⌄をクリックし、[標準] を選択します。なお、日付に [標準] を設定すると、数字が表示されてしまいます。Excelでは、日付時刻はシリアル値という数字で管理しているためです (p.422参照)。日付のセルが数値になった場合は、再度日付の表示形式を設定し直してください。

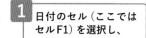
日付の表示形式を変更する

ここでは、日付を西暦もつけて表示されるようにしてみましょう。

1 日付のセル (ここではセルF1) を選択し、

2 [ホーム] タブ→ [数値の書式] の⌄をクリックして、

3 [長い日付形式] をクリックすると、

	A	B	C	D	E	F	G
1	売上表					2024年3月5日	
2	日付	来客数	売上金額	売上目標	達成率	実績-目標	
3	3月1日	1,280	¥4,200,000	¥3,500,000	120.0%	700000	

4 長い形式の日付の表示形式が設定され、西暦の年が表示されます。

コラム [ホーム] タブの [数値] グループで選択できる表示形式

[ホーム] タブの [数値] グループに数値や日付の表示形式を設定する主な形式が用意されています。どれもよく使うので、一通り確認しておきましょう。

▼ [数値] グループのボタン

ボタン	名称	内容
標準⌄	数値の書式	標準、通貨、日付、分数など数値の表示形式を設定 (下表参照)
🖾⌄	通貨表示形式	通貨記号と3桁ごとの桁区切りカンマを付ける
%	パーセントスタイル	パーセント表示
,	桁区切りスタイル	3桁ごとの桁区切りカンマ表示
←.0/.00	小数点以下の表示桁数を増やす	小数点以下の桁数を1桁ずつ増やす
.00/→	小数点以下の表示桁数を減らす	小数点以下の桁数を1桁ずつ減らす

▼ [数値の書式] で選択できる表示形式

表示形式	内容	表示形式	内容
標準	表示形式なし	長い日付形式	「2024年3月1日」の形式で表示
数値	入力された数値をそのまま表示	時刻	「13:25:40」の形式で表示
通貨	「¥12,345」の形式で表示	パーセンテージ	「0.25」を「25%」の形式で表示
会計	「¥」をセルの左端に揃えて「¥12,345」の形式で表示	分数	「0.5」を「1/2」の形式で表示
		指数	10の4乗を「1.E+0.4」の形式で表示
短い日付形式	「2024/3/1」の形式で表示	文字列	数値を文字列として表示

レッスン **30-2** ［セルの書式設定］ダイアログで表示形式を設定する

練習用ファイル **30-2-売上表.xlsx**

🖱 **操作** ［セルの書式設定］ダイアログ
で表示形式を設定する

［ホーム］タブの［数値］グループに
ない表示形式で表示したい場合は、
［セルの書式設定］ダイアログの［表
示形式］タブにある［分類］から種類
を選択し、用意されている表示形式
を一覧から選択できます。

負の数値の表示形式を指定する

ここでは［実績-目標］列の負の数の表示を赤字で「(1,234)」の形式に
設定します。

1 ［実績-目標］列を
選択し、

2 ［ホーム］タブ→［数値］グループの 🔲 を
クリックします。

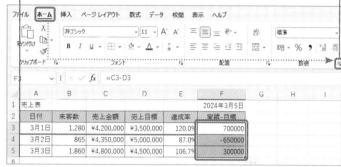

3 ［セルの書式設定］ダイアログの
［表示形式］タブが表示されます。

4 ［分類］で［数値］を
選択し、

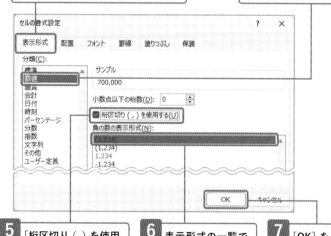

5 ［桁区切り (,) を使用
する］をクリックし
てチェックを付け、

6 表示形式の一覧で
赤字の［(1,234)］
をクリックして、

7 ［OK］をク
リックす
ると、

💡 **Point** セルの表示が「####」に
なった場合

数値や日付が入力されているセルの
表示が「####」と表示された場合は、
セル幅に対してデータが収まらない
ためです。データを表示するには、
列幅を広げてください。
または、文字を縮小してセル内に収
めてもよいでしょう（レッスン**29-2**）。

	A	B	C	D	E	F
1	売上表					2024年3月5日
2	日付	来客数	売上金額	売上目標	達成率	実績-目標
3	3月1日	1,280	¥4,200,000	¥3,500,000	120.0%	700,000
4	3月2日	865	¥4,350,000	¥5,000,000	87.0%	(650,000)
5	3月3日	1,860	¥4,800,000	¥4,500,000	106.7%	300,000
6						

8 数値の表示形式が変更されます。

Memo 日付を和暦で表示する

日付を和暦で表示するには、[カレンダーの種類]で[和暦]を選択します。[和暦]を選択すると、[種類]の一覧が和暦に変更されます。西暦に戻したい場合は、[カレンダーの種類]で[グレゴリオ暦]を選択します。

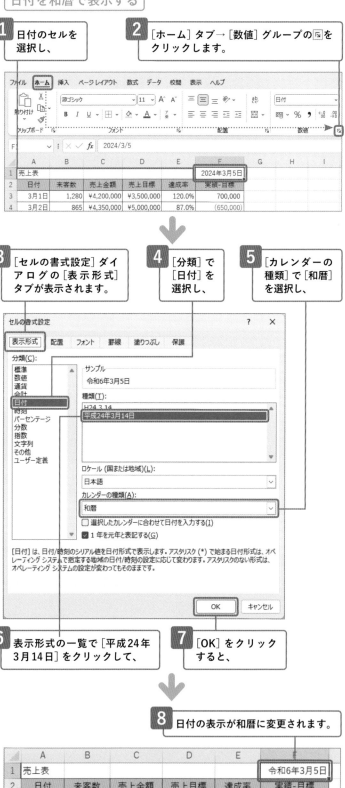

日付を和暦で表示する

1 日付のセルを選択し、

2 [ホーム]タブ→[数値]グループの □ をクリックします。

3 [セルの書式設定]ダイアログの[表示形式]タブが表示されます。

4 [分類]で[日付]を選択し、

5 [カレンダーの種類]で[和暦]を選択し、

6 表示形式の一覧で[平成24年3月14日]をクリックして、

7 [OK]をクリックすると、

8 日付の表示が和暦に変更されます。

レッスン 30-3 数値にオリジナルの表示形式を設定する

練習用ファイル **30-3-売上表.xlsx**

ここでは、負の数を赤字で「▲1,000」と表示されるように変更してみましょう。

操作 数値にユーザー定義の表示形式を設定する

[セルの書式設定]ダイアログの一覧にないオリジナルの形式で表示したい場合は、[ユーザー定義]を選択し、[種類]の入力欄に書式記号を使って設定します。

Memo ここで設定する表示形式

数値の表示形式は、「#」や「0」のような書式記号を使って指定します（p.184のコラム参照）。

正の数と負の数で表示形式を分ける場合は「正の数と0の表示形式;負の数の表示形式」のように「;」（セミコロン）で区切って指定します。

また、色は「[赤]」のように色を角カッコ「[]」で囲んで指定します。3桁ごとの桁区切りカンマを付けて、正と負で表示形式を分けているので、ここでは「#,##0;[赤]▲#,##0」と指定します（詳細はp.420の上級テクニック参照）。

1 セル範囲を選択し、

2 [ホーム]タブ→[数値]グループの ⑤ をクリックします。

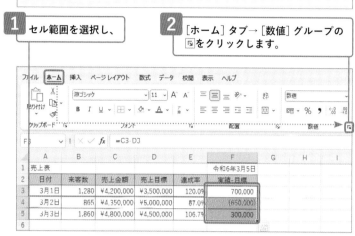

3 [セルの書式設定]ダイアログの[表示形式]タブが表示されます。

4 [分類]で[ユーザー定義]を選択し、

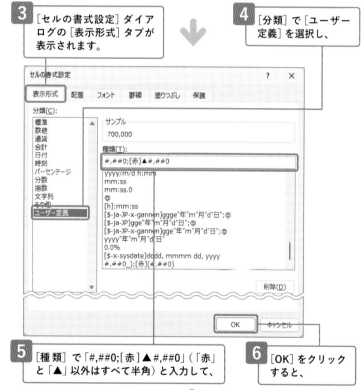

5 [種類]で「#,##0;[赤]▲#,##0」（「赤」と「▲」以外はすべて半角）と入力して、

6 [OK]をクリックすると、

	A	B	C	D	E	F
1	売上表					令和6年3月5日
2	日付	来客数	売上金額	売上目標	達成率	実績-目標
3	3月1日	1,280	¥4,200,000	¥3,500,000	120.0%	700,000
4	3月2日	865	¥4,350,000	¥5,000,000	87.0%	▲650,000
5	3月3日	1,860	¥4,800,000	¥4,500,000	106.7%	300,000

7 負の数値が赤字で「▲」が表示されます。

◉ コラム　数値の主な書式記号

数値の表示形式で使用する書式記号には、下表のようなものがあります。

▼数値の主な書式記号

0	数値の1桁を表す。数値の桁数が表示形式の桁数より少ない場合は、表示形式の桁まで0を補う
#	数値の1桁を表す。数値の桁数が表示形式の桁数にかかわらずそのまま表示する。1の位に「#」を指定した場合、値が「0」だと何も表示されない
?	数値の1桁を表す。数値の桁数が、表示形式の桁数より少ない場合は、表示形式の桁までスペースを補う。小数点位置や分数の位置を揃えたいときに使用
.	小数点を表示
,	3桁ごとの桁区切りを表示。千単位、百万円位の数値を表示したいときにも利用する
%	パーセント表示

▼設定例

表示形式	入力値	表示結果
000	1	001
	10	010
#,##0	0	0
	1000	1,000
#,###	0	
	1000	1,000
#,###,	150000	150
000-0000	1060032	106-0032
#,##0"円"	1000	1,000円
0.??	1.25	1.25
	0.1	0.1

⚡ 上級テクニック　ユーザー定義の表示形式の指定方法

ユーザー定義で表示形式を設定する場合は、右図のように半角の「;」（セミコロン）で最大4つの区分に分けて指定できます。

なお、1つだけ指定した場合は、すべての数値に同じ表示形式が適用されます。2つ指定した場合は、「正の数値と0の表示形式；負の数値の表示形式」になります。

また、文字色を指定する場合は、「[赤]」のように色を角カッコで囲んで指定します。文字色は、黒、白、赤、緑、青、黄、紫、水色の8色が指定できます。

書式	正の場合　；　負の場合　；　0の場合　；　文字列
指定例	△0.0　；　▲0.0　；　－　；　@

- 正の数のとき「△」を付け、小数点第1位まで表示
- 負の数のとき「▲」を付け、小数点第1位まで表示
- 0のとき「－」を表示
- 文字列のときそのまま表示

	A	B	C
1	前月比較		
2	A地区	100	
3	B地区	-50	
4	C地区	0	
5	D地区	未集計	
6			
7			

	A	B	C
1	前月比較		
2	A地区	△100.0	
3	B地区	▲50.0	
4	C地区	－	
5	D地区	未集計	
6			
7			

📝 Memo　ユーザー定義の表示形式の保存状態

ユーザー定義で作成した表示形式は、ブックに保存されます。同じブック内で、他のセルに追加したユーザー定義の表示形式を設定したい場合は、[ユーザー定義]の一覧から指定したい表示形式を選択してください。また、間違えて設定した場合など、追加した表示形式を削除したい場合は、一覧から削除したい表示形式を選択し、[削除]ボタンをクリックします。表示形式を削除すると、セルに設定されていた表示形式は削除されます。

レッスン 30-4 日付にオリジナルの表示形式を設定する

練習用ファイル **30-4-売上表.xlsx**

ここでは、「3月1日（金）」のように曜日まで表示されるように変更してみましょう。

操作 日付にユーザー定義の表示形式を設定する

日付を［セルの書式設定］ダイアログの一覧にないオリジナルの形式で表示したい場合は、数値の場合と同様に［ユーザー定義］を選択し、［種類］の入力欄に書式記号を使って設定します。

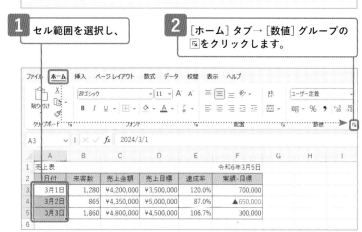

1 セル範囲を選択し、

2 ［ホーム］タブ→［数値］グループの⛶をクリックします。

Point ここでの表示形式

日付の表示形式は、月は「m」、日は「d」、曜日は「aaa」のような書式記号を使って指定します。
また、「月」のような文字列をそのまま表示する場合、正確には「"月"」のように半角の「"」（ダブルクォーテーション）で囲みます。右の使用例の場合、元の表示形式が「m"月"d"日"」であり、それに「(aaa)」を追加しています。
なお、「"」を省略してもExcelが自動的に補いますので、「m月d日(aaa)」のように指定しても問題ありません（詳細は次ページのコラム参照）。

3 ［セルの書式設定］ダイアログの［表示形式］タブが表示されます。

4 ［分類］で［ユーザー定義］を選択し、

5 ［種類］で「m"月"d"日"(aaa)」として、

6 ［OK］をクリックすると、

7 日付が曜日付きで表示されます。

Memo 曜日の表示形式

曜日を「火」のように漢字1文字で表示する場合は、「aaa」とします。
「Mon」のように短縮形の英語で表示する場合は、「ddd」とします（次ページのコラム参照）。

	A	B	C	D	E	F	G
1	売上表					令和6年3月5日	
2	日付	来客数	売上金額	売上目標	達成率	実績-目標	
3	3月1日(金)	1,280	¥4,200,000	¥3,500,000	120.0%	700,000	
4	3月2日(土)	865	¥4,350,000	¥5,000,000	87.0%	▲650,000	
5	3月3日(日)	1,860	¥4,800,000	¥4,500,000	106.7%	300,000	
6							

コラム 日付と時刻の主な書式記号

日付や時刻の表示形式で使用する書式記号には、下表のようなものがあります。

▼日付の書式記号

書式記号	内容
yy、yyyy	西暦の年を2桁、4桁で表示
e、ee	和暦の年を表示。eeは2桁で表示
g	元号を「S」「H」「R」の形式で表示
gg	元号を「昭」「平」「令」の形式で表示
ggg	元号を「昭和」「平成」「令和」の形式で表示
m、mm	月を表示。mmは2桁で表示
mmm	月を「Jan」「Feb」の形式で表示
mmmm	月を「January」「February」の形式で表示
d、dd	日を表示。ddは2桁で表示
ddd	曜日を「Sun」「Mon」の形式で表示
dddd	曜日を「Sunday」「Monday」の形式で表示
aaa	曜日を「日」「月」の形式で表示
aaaa	曜日を「日曜日」「月曜日」の形式で表示

▼時刻の書式記号

書式記号	内容
h、hh	時を表示。hhは2桁で表示
m、mm	分を表示。mmは2桁で表示
s、ss	秒を表示。ssは2桁で表示
[h]	時を経過時間で表示
[m]	分を経過時間で表示
[s]	秒を経過時間で表示
AM/PM	12時間表示を使用して時を表示
am/pm	
A/P	
a/p	

▼日付の設定例（入力値：2024/3/20）

表示形式	表示結果
m/d	3/20
yy/mm/dd	24/03/20
mm/dd(aaa)	03/20(水)
yyyy年mm月	2024年03月
gee.m.d(ddd)	R06.3.20(Wed)
ggge年mm月dd日	令和6年03月20日

▼時刻の設定例（入力値：19:05:30）

表示形式	表示結果
hh:mm	19:05
h:mm AM/PM	7:05 PM
h時mm分ss秒	19時05分30秒

コラム 日付や時刻を管理するシリアル値を知ろう

Excelでは、日付と時刻をシリアル値という連続した数値で管理しています。セルに日付や時刻が入力されると、自動的にシリアル値に変換し、表示形式を日付や時刻に設定します。表示形式を「標準」にすると日付や時刻の表示形式が解除されシリアル値が表示されます。

日付のシリアル値は、既定で1900年1月1日を「1」とし、1日経過するごとに1加算される整数です。2024年2月14日は、1900年1月1日から45336日経過しているので、シリアル値は45336になります。

時刻のシリアル値は、0時を「0」、24時を「1」として、24時間を0から1の間の小数で管理します。12時は「0.5」、18時は「0.75」になります。24時になると「1」となり1日繰り上がって0に戻ります。

日時　**2024/2/14　18:00:00**

シリアル値　**45336.75**

整数部：日付のシリアル値　　小数部：時刻のシリアル値

Section

31 書式をコピー／削除する

書式
設定

セルやセル範囲に設定した文字サイズやフォント、セルの色や罫線などの書式のみを別のセルやセル範囲にコピーできます。また、設定した書式のみをまとめて削除（クリア）することもできます。ここでは、書式のコピーと削除の方法を覚えましょう。

ここで
学べること

習得スキル	操作ガイド	ページ
▶ セルの書式をコピー	レッスン 31-1	p.424
▶ 書式のクリア	レッスン 31-2	p.425

まずは パッと見るだけ！

書式のコピーと貼り付け／書式のクリア

1つの表に設定した書式と同じ形式で表を作りたい場合など、セルに設定した同じ書式を別のセルで設定したいときは、書式だけをコピーすると効率的です。

● 書式のコピーと貼り付け

\Before/
操作前

	A	B	C	D	E	F	G	H	I
1	売上表								
2	支店1	前期	後期	合計		支店2	前期	後期	合計
3	商品A	1,200	1,500	2,700		商品A	1800	2500	4300
4	商品B	1,800	2,100	3,900		商品B	2200	1800	4000
5	商品C	1,600	1,800	3,400		商品C	2400	2500	4900
6	合計	4,600	5,400	10,000		合計	6400	6800	13200
7									

\After/
操作後

	A	B	C	D	E	F	G	H	I
1	売上表								
2	支店1	前期	後期	合計		支店2	前期	後期	合計
3	商品A	1,200	1,500	2,700		商品A	1,800	2,500	4,300
4	商品B	1,800	2,100	3,900		商品B	2,200	1,800	4,000
5	商品C	1,600	1,800	3,400		商品C	2,400	2,500	4,900
6	合計	4,600	5,400	10,000		合計	6,400	6,800	13,200
7									

見出しのセルの書式をコピーした

左の表全体の書式をコピーした

● 書式のクリア

\Before/
操作前

	A	B	C	D
1	売上表			
2	支店1	前期	後期	合計
3	商品A	1,200	1,500	2,700
4	商品B	1,800	2,100	3,900
5	商品C	1,600	1,800	3,400
6	合計	4,600	5,400	10,000
7				

\After/
操作後

	A	B	C	D
1	売上表			
2	支店1	前期	後期	合計
3	商品A	1200	1500	2700
4	商品B	1800	2100	3900
5	商品C	1600	1800	3400
6	合計	4600	5400	10000
7				

書式だけを削除した

レッスン **31-1** セルの書式をコピーする

練習用
ファイル 31-1-売上表.xlsx

操作　書式をコピーする

セルの書式をコピーするには、書式をコピーしたいセルまたはセル範囲を選択し、[ホーム] タブの [書式のコピー/貼り付け] をクリックします。マウスポインターの形が ✛▣ になったら、コピー先のセルをクリックします。

Point　書式を連続してコピーする

セルの書式を複数の箇所に連続してコピーしたい場合は、[ホーム] タブの [書式のコピー/貼り付け] をダブルクリックします。書式のコピーが固定されるので、貼り付け先を必要なだけクリックします。Esc キーを押したら解除します。

単一のセルの書式をコピーする

ここでは、セルA2の書式をセルA6にコピーします。

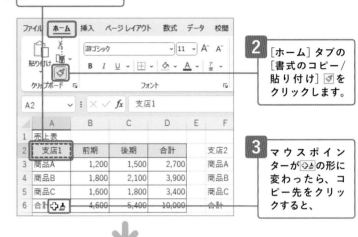

1 セルを選択します。

2 [ホーム] タブの [書式のコピー/貼り付け] をクリックします。

3 マウスポインターが ✛▣ の形に変わったら、コピー先をクリックすると、

4 書式がコピーされます。

セル範囲の書式をコピーする

ここでは、セル範囲A2〜D6の表の書式をセル範囲F2〜I6にコピーします。

1 表のセル範囲を選択します。

2 [ホーム] タブの [書式のコピー/貼り付け] をクリックします。

3 マウスポインターが ✛▣ の形に変わったら、コピー先の左上角のセルをクリックすると、

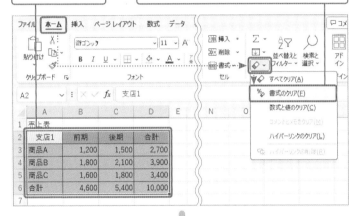

	A	B	C	D	E		F	G	H	I
1	売上表									
2	支店1	前期	後期	合計			支店2	前期	後期	合計
3	商品A	1,200	1,500	2,700			商品A	1,800	2,500	4,300
4	商品B	1,800	2,100	3,900			商品B	2,200	1,800	4,000
5	商品C	1,600	1,800	3,400			商品C	2,400	2,500	4,900
6	合計	4,600	5,400	10,000			合計	6,400	6,800	13,200
7										
8										

4 指定した表の書式がコピーされます。

レッスン **31-2** 書式をクリアする

練習用ファイル **31-2-売上表.xlsx**

🖰 **操作 書式をクリアする**

セルに設定した書式をまとめて削除するには、[ホーム] タブの [クリア] ◇ ・ の [書式のクリア] をクリックします。

📝 Memo **セル内のすべてを削除する**

[ホーム] タブの [クリア] で、[すべてクリア] をクリックすると、セル内のデータと書式のすべてを削除できます。また、[数式と値のクリア] をクリックすると、セル内に入力されたデータのみ削除できます。これは、Delete キーを押すのと同じ動作になります。

1 セル範囲を選択します。

2 [ホーム] タブ→ [クリア] ◇ ・ → [書式のクリア] をクリックすると、

3 選択したセル範囲に設定されていたすべての書式が削除されます。

セルの書式の基本はばっちりね♪

Section

32

セルの値によって自動で書式を設定する

書式設定

条件付き書式を設定すると、セルに表示する書式を自動的に切り替えることができます。例えば、条件を満たすセルに色を付けることで必要とするデータを見つけられます。また、数値の大きさを横棒の長さや色の濃淡で表現できるため、データの比較や分析に役立ちます。

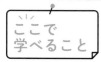
ここで学べること

習得スキル	操作ガイド	ページ
▶ 条件付き書式の設定	レッスン 32-1〜5	p.427〜p.431
▶ 条件付き書式の編集／削除	レッスン 32-6	p.431

まずは パッと見るだけ！

条件付き書式を設定する

条件付き書式は、セルの値によって自動で書式を表示する機能です。そのため、データが変更されると、書式もそれに対応して自動で変更されます。数値、日付、文字列で、特定の値が含まれるセルを自動で強調できるので、重要なデータを見落とすことがなくなります。

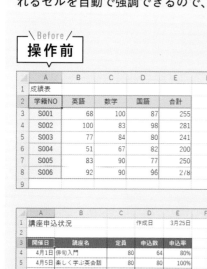
\Before/
操作前

\After/
操作後

値が「90」よりも大きいセルに色を設定

最高点／最低点のセルに色を設定

「入門」を含むセルに色を設定

パーセントによって表示するアイコンを変更

数値の大きさによって色の濃淡を変更

数値の大きさを横棒で表示する

レッスン 32-1 指定した数値より大きいセルに色を付ける

練習用ファイル 32-1-成績表.xlsx

操作 セルの強調表示ルールを設定する

条件付き書式の［セルの強調表示ルール］では、セルの数値や日付、文字の値によってセルやセルの文字に自動で書式を設定することができます。

Memo ［セルの強調表示ルール］の内容

［セルの強調表示ルール］では、指定した条件に一致するセルに書式を設定します。以下のような選択肢が用意されています。

指定の値より大きい	指定した数値より大きいセルに書式設定
指定の値より小さい	指定した数値より小さいセルに書式設定
指定の範囲内	指定した範囲内の数値のセルに書式設定
指定の値に等しい	指定した数値と一致するセルに書式設定
文字列	指定した文字列を含むセルに書式設定
日付	指定した期間内の日付を含むセルに書式設定
重複する値	選択範囲内で重複または重複しないセルに書式設定
その他のルール	［新しい書式ルール］ダイアログを表示して独自の条件を設定

ここでは、3科目のテストの点数が90より大きいセルに色を設定します。

1 セル範囲を選択します。

2 ［ホーム］タブ→［条件付き書式］をクリックし、

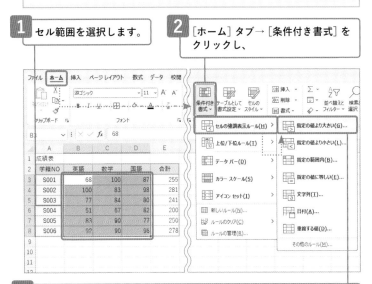

3 ［セルの強調表示ルール］→［指定の値より大きい］をクリックします。

4 数値（ここでは「90」）を入力し、

5 書式を選択して、

指定の値より大きい

次の値より大きいセルを書式設定:

90　　　　　　　　　　書式: 濃い赤の文字、明るい赤の背景

OK　　キャンセル

6 ［OK］をクリックすると、

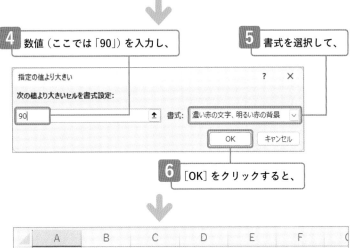

	A	B	C	D	E	F	G
1	成績表						
2	学籍NO	英語	数学	国語	合計		
3	S001	68	100	87	255		
4	S002	100	83	98	281		
5	S003	77	84	80	241		
6	S004	51	67	82	200		
7	S005	83	90	77	250		
8	S006	92	90	96	278		
9							

7 指定した数値（90）より大きいセルに書式が設定されます。

レッスン 32-2 最高点と最低点に色を設定する

練習用ファイル 32-2-成績表.xlsx

ここでは、合計点が最高のセルと最低のセルにそれぞれ異なる色を設定します。

操作 上位/下位ルールを設定する

条件付き書式の[上位/下位ルール]では、指定したセル範囲の数値で大きい数（上位）または小さい数（下位）から指定した数またはパーセントに含まれるセルに書式を設定します。最高点や最低点のセルに自動で色を付けたり、平均より上のセルに色を付けたりできます。

Memo 条件付き書式の複数設定

条件付き書式は同じセル範囲に複数設定することができます。使用例では、最高点に色を付けるルールと最低点に色を付けるルールの2つの条件を設定しています。

Memo [上位/下位ルール]の内容

[上位/下位ルール]では、上位や下位のセルに書式を設定します。以下のような選択肢が用意されています。

上位10項目	大きい順で指定した数のセルに書式設定
上位10%	大きい順で指定したパーセント内のセルに書式設定
下位10項目	小さい順で指定した数のセルに書式設定
下位10%	小さい順で指定したパーセント内のセルに書式設定
平均より上	平均値より上のセルに書式設定
平均より下	平均値より下のセルに書式設定
その他のルール	[新しい書式ルール]ダイアログを表示して独自の条件を設定

1 セル範囲を選択します。

2 [ホーム]タブ→[条件付き書式]をクリックし、

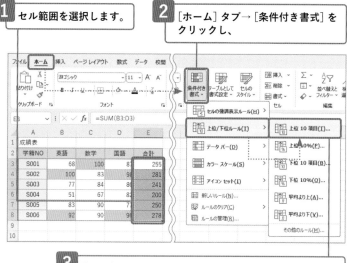

3 [上位/下位ルール]→[上位10項目]をクリックします。

4 上位何項目までにするかの数値（ここでは「1」）を入力し、

5 書式を選択して、

6 [OK]をクリックすると、

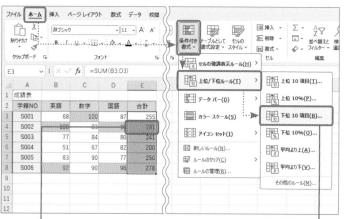

7 上位1位（最高点）のセルに書式が設定されます。

8 続けて、[ホーム]タブ→[条件付き書式]→[上位/下位ルール]→[下位10項目]をクリックし、

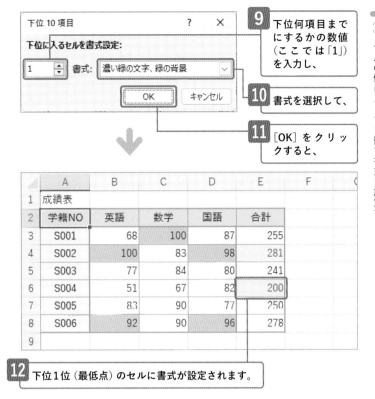

9 下位何項目までにするかの数値（ここでは「1」）を入力し、

10 書式を選択して、

11 ［OK］をクリックすると、

12 下位1位（最低点）のセルに書式が設定されます。

レッスン 32-3 指定した文字を含むセルの色を変更する

練習用ファイル **32-3-講座申込状況.xlsx**

ここでは、講座名に「入門」を含むセルに色を付けます。

操作 文字列を条件に強調表示する

条件付き書式の［セルの強調表示ルール］で［文字列］を選択すると、指定した文字を含むセルに色を付けることができます。大量のデータの中から特定の値を持つセルを特定したいときに使えます。

1 セル範囲を選択し、

2 ［ホーム］タブ→［条件付き書式］をクリックし、

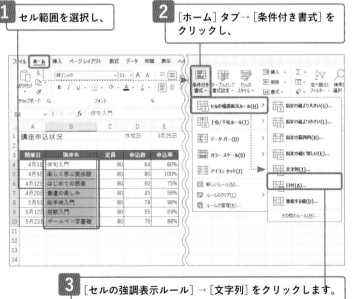

3 ［セルの強調表示ルール］→［文字列］をクリックします。

Memo　日付のセルに条件付き書式を設定する

[セルの強調表示ルール] の [日付] をクリックすると、[日付] ダイアログが表示されます。ここには、[今日] や [来週] などの選択肢があり、セルの日付が選択した内容に該当する場合にセルに書式が設定されます。なお日付は、使用しているパソコンのシステム日付が基準になります。

4 検索対象とする文字列（ここでは「入門」）を入力し、

5 書式を選択して、

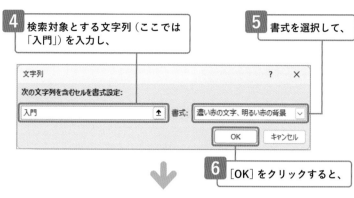

6 [OK] をクリックすると、

7 指定した文字列を含むセルに書式が設定されます。

レッスン 32-4　数値の大小を横棒で表示する

練習用ファイル　32-4-月別商品別売上集計.xlsx

ここでは、合計のセルの数値を横棒で比較するデータバーを表示します。

操作　データバーを設定する

条件付き書式の [データバー] を使うと、数値の大小を横棒で表示することができます。一目で数値の大小がわかるというメリットがあります。

Memo　数値の大小を色の濃淡で表示する

手順 **2** で [カラースケール] をクリックし、カラーパターンを選択すると、セル範囲内にある数値の大小に応じてセルの濃淡を段階的に変更されます。数値の分布を視覚的に把握することができます。

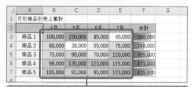

数値が大きいほど濃く、小さいほど薄く色が設定される

1 セル範囲を選択します。

2 [ホーム] タブ→ [条件付き書式] → [データバー] をクリックし、

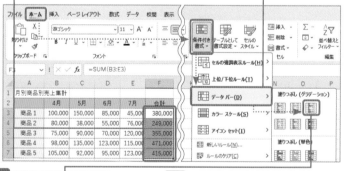

3 データバーの種類をクリックすると、

4 セルの中に数値の大きさを比較するデータバーが表示されます。

レッスン 32-5 数値の大きさによってアイコンを変更する

練習用ファイル 32-5-講座申込状況.xlsx

ここでは、[申込率] 列でパーセントによってアイコンを変えて表示します。

操作 アイコンセットを設定する

条件付き書式の [アイコンセット] を使うと、セル範囲内にある数値の大きさの範囲に合わせて、表示するアイコンの種類を変更することができます。数値を3〜5つの範囲でグループ分けして、表示するアイコンの種類を変更できるので、どのグループに属すのか一目で確認できます。

1 セル範囲を選択します。

2 [ホーム] タブ→ [条件付き書式] → [アイコンセット] をクリックし、

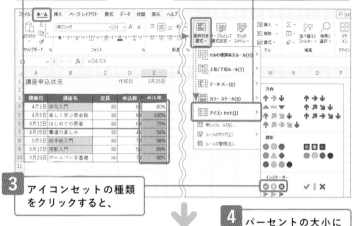

3 アイコンセットの種類をクリックすると、

4 パーセントの大小によって、異なるアイコンが表示されます。

Memo [アイコンセット] の種類

アイコンセットには、[方向]、[図形]、[インジケーター]、[評価] の4つの分類に分かれて用意されています。使用するデータの内容やグループ分けしたい数によって自由に選択してください。

	A	B	C	D	E
1	講座申込状況			作成日	3
3	開催日	講座名	定員	申込数	申込率
4	4月1日	俳句入門	80	64	80%
5	4月5日	楽しく学ぶ英会話	80	80	100%
6	4月12日	はじめての囲碁	80	60	75%
7	4月20日	書道の楽しみ	80	45	56%
8	5月5日	絵手紙入門	80	78	98%
9	5月12日	短歌入門	80	55	69%
10	5月23日	ボールペン字基礎	80	70	88%

レッスン 32-6 条件付き書式を編集／削除する

練習用ファイル 32-6-成績表.xlsx

ここでは、[合計] 列に設定されている2つの条件付き書式で、下位1位のルールを削除し、上位1位のルールを上位3位までに変更します。

操作 条件付き書式を編集／削除する

[条件付き書式のルールの管理] ダイアログを表示すると、ルールを編集したり、不要なルールを削除したりできます。
また、メニューを使ってセルやワークシートに設定されている条件付き書式を一気に削除することができます。

1 セル範囲を選択し、

2 [ホーム] タブ→ [条件付き書式] → [ルールの管理] をクリックします

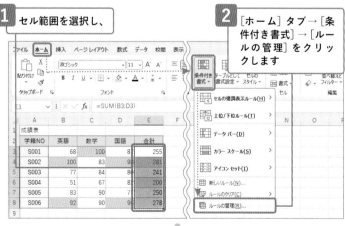

	A	B	C	D	E
1	成績表				
2	学籍NO	英語	数学	国語	合計
3	S001	68	100	87	255
4	S002	100	83		281
5	S003	77	84	80	241
6	S004	51	67	82	200
7	S005	83	90	77	250
8	S006	92	90	96	278

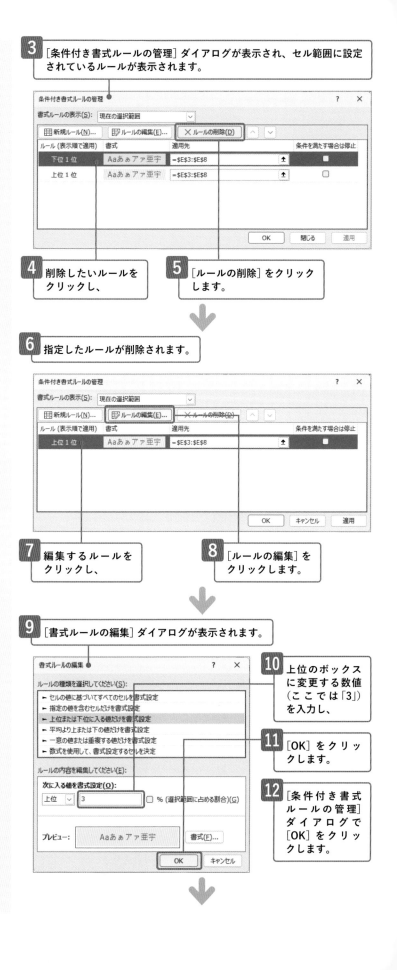

3 [条件付き書式ルールの管理] ダイアログが表示され、セル範囲に設定されているルールが表示されます。

4 削除したいルールをクリックし、

5 [ルールの削除] をクリックします。

6 指定したルールが削除されます。

7 編集するルールをクリックし、

8 [ルールの編集] をクリックします。

9 [書式ルールの編集] ダイアログが表示されます。

10 上位のボックスに変更する数値（ここでは「3」）を入力し、

11 [OK] をクリックします。

12 [条件付き書式ルールの管理] ダイアログで [OK] をクリックします。

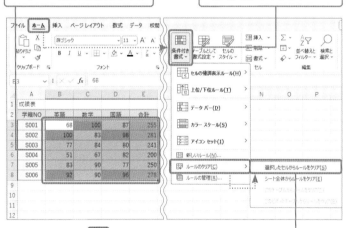

13 ルールが変更されます（ここでは上位3位）。

Memo ワークシート内の条件付き書式を削除する

[ホーム] タブの [条件付き書式] の [ルールのクリア] で [シート全体からルールをクリア] をクリックすると、ワークシート内に設定されているすべての条件付き書式が削除されます。

条件付き書式をまとめて削除する

ここでは表内に設定されているすべての条件付き書式をまとめて削除します。

1 条件付き書式が設定されているセル範囲を選択します。

2 [ホーム] タブ→[条件付き書式] をクリックし、

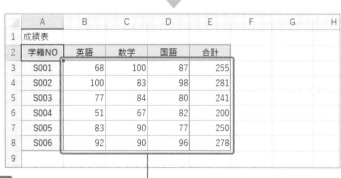

3 [ルールのクリア] → [選択したセルからルールをクリア] をクリックすると、

条件付き書式は数が多いから、必要なときに見直してね〜

	A	B	C	D	E	F	G	H
1	成績表							
2	学籍NO	英語	数学	国語	合計			
3	S001	68	100	87	255			
4	S002	100	83	98	281			
5	S003	77	84	80	241			
6	S004	51	67	82	200			
7	S005	83	90	77	250			
8	S006	92	90	96	278			
9								

4 選択したセル範囲の条件付き書式がすべて削除されます。

33 テーマを設定してブック全体の見た目を変更する

書式設定

テーマとは、フォント、配色、効果の組み合わせです。テーマを変えるだけで、ブック全体の見た目を変更することができるため、イメージを変えるのに役立ちます。

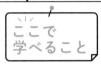
ここで学べること

習得スキル	操作ガイド	ページ
▶テーマの変更	レッスン33-1	p.435

まずは パッと見るだけ！

ブック全体のテーマを変更する

ブックのテーマを変更して、ブック全体の見た目をすばやく変更することができます。

\Before/
操作前

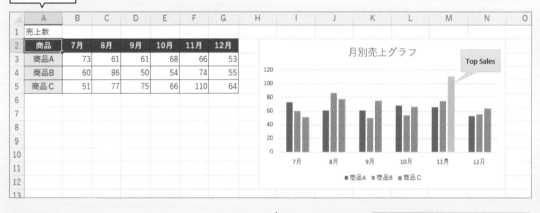

\After/
操作後

テーマを変更して、ブック全体の見た目が変わった

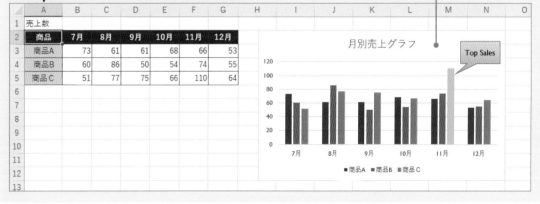

レッスン 33-1 ブックのテーマを変更する

練習用ファイル **33-売上数.xlsx**

ここでは、既定のテーマ「Office」のブックを別のテーマに変更します。

操作 テーマを変更する

ブックのテーマを変更するには、[ページレイアウト] タブの [テーマ] をクリックします。一覧からテーマを選択するだけで、フォント、配色、効果すべてがテーマに合わせて変更されます。既定のテーマは「Office」です。
なお、テーマ以外の色やフォントを設定している場合は、テーマを変更しても変わりません。
また、最初のテーマに戻すには、テーマの一覧で [Office] を選択します。

Memo フォント／配色／効果のテーマを個別に変更する

[ページレイアウト] タブの [テーマの色]、[テーマのフォント]、[テーマの効果] をクリックすると、それぞれ個別にテーマを変更することができます。例えば、フォントはそのままにして、配色だけ変更したいといった場合に使えます。

Memo 新しいテーマについて

Microsoft 365では、既定のテーマ「Office」が新しくなっており、配色が図1のように変更になっています。従来の「Office」のテーマを使用したい場合は、図2のように [Office 2013 – 2022 テーマ] を選択してください。

● 図1：新しい既定のテーマ

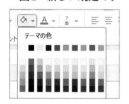

● 図2

1 [ページレイアウト] タブの [テーマ] をクリックします。

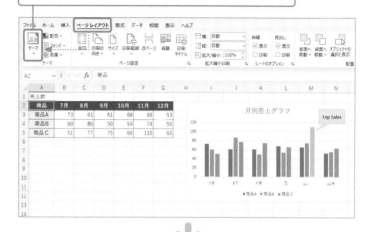

2 テーマの一覧で任意のテーマにマウスポインターを合わせると、

3 イメージがプレビューで表示されます。

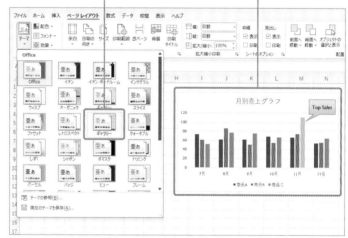

4 一覧でテーマをクリックすると、テーマが変更されます。

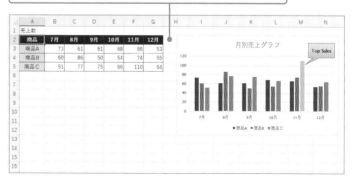

34 セルの中に小さなグラフを表示する

書式設定

複数のセルに入力されている数値をもとにセル内に作成されるミニグラフを「スパークライン」といいます。表内に作成することができるので、一目でデータの傾向や大小の比較を見ることができます。ここではスパークラインの作成方法を覚えましょう。

ここで学べること

習得スキル	操作ガイド	ページ
▶スパークラインの設定	レッスン34-1〜2	p.437〜p.439

まずは パッと見るだけ！

スパークラインの挿入

スパークラインには、折れ線のスパークライン、縦棒のスパークライン、勝敗のスパークラインの3種類があります。もととするデータに合わせて適切なものを作成しましょう。

\Before/
操作前

\After/
操作後

●折れ線のスパークライン

--->

時間の経過によるデータの推移を表す
折れ線グラフを表示

●縦棒のスパークライン

	A	B	C	D	G	H
1	売上数					
2	商品	1月	2月	3月	6月	売上比較
3	商品A	56	66		65	
4	商品B	78	74		77	
5	商品C	82	75		83	
6						

--->

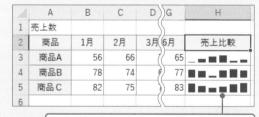

商品ごとの月別の売上数の縦棒グラフを表示

●勝敗のスパークライ（※本書では解説していません）

	A	B	C	G	H
1	集客数比較				
2	店舗A	1月	2月	月	結果
3	対前年差	-15	7	5	
4					

--->

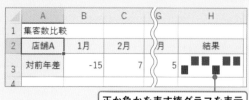

正か負かを表す棒グラフを表示

レッスン 34-1 折れ線のスパークラインを設定する

ここでは1日の気温の変化を折れ線スパークラインで表します。

操作 折れ線のスパークラインを設定する

折れ線のスパークラインは、時間の経過によるデータの推移を表したいときに使うとデータの変遷がよくわかります。[挿入] タブの [折れ線スパークライン] をクリックして作成します。

1 スパークラインのもとになるセル範囲を選択し、

2 [挿入] タブ→ [折れ線スパークライン] をクリックします。

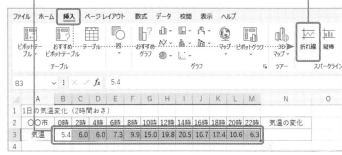

Point スパークラインのスタイルを変更する

[スパークライン] タブの [スタイル] グループにある▽をクリックすると、スタイルの一覧が表示され、スタイルをクリックして変更できます。

ここをクリックしてスタイルの一覧を表示する

3 [スパークラインの作成] ダイアログが表示されます。

4 [場所の範囲] にカーソルを移動し、スパークラインを表示するセルをクリックし、

5 [OK] をクリックします。

Memo スパークラインを削除する

スパークラインが設定されているセルをクリックし、[スパークライン] タブの [選択したスパークラインのクリア] ◇ クリア をクリックします。

コラム [表示] グループの項目

[スパークライン] タブの [表示] グループには、スパークラインを修飾する項目が配置されています。チェックを付けるとその項目を強調する色やマーカーが表示されます。

6 折れ線のスパークラインが表示されます。

頂点（山）	データの最大値を強調
頂点（谷）	データの最小値を強調
負のポイント	負の値を強調
始点	最初のデータを強調
終点	最後のデータを強調
マーカー	折れ線スパークラインで各値にマーカーを表示

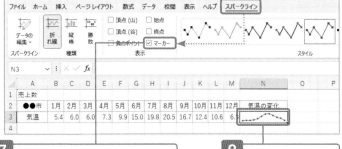

7 [スパークライン] タブの [マーカー] にチェックを付けます。

8 各値にマーカーが表示されます。

レッスン 34-2 縦棒のスパークラインを設定する

練習用ファイル 34-2-売上数.xlsx

ここでは3つの商品の月別の売上数を縦棒のスパークラインで表します。

操作 **縦棒のスパークラインを設定する**

縦棒のスパークラインは、売上数を比較するなど、数値の大きさを比較したいときに使います。
[挿入] タブの [縦棒スパークライン] をクリックして作成します。

Point **スパークラインのグループ化**

複数のセルにスパークラインをまとめて作成すると、自動的にスパークラインがグループ化されます。
スパークラインの書式を設定したい場合、スパークラインのいずれかのセルをクリックするだけで、各スパークラインの書式設定をまとめて行えます。

Point **スパークラインの軸の設定**

スパークラインの数値軸は、各行のスパークラインの値ごとに設定されます。すべてのスパークラインの軸を揃えると、すべての値の中で同じ最小値、最大値が設定され、尺度を統一することができます。

1 スパークラインのもとになるセル範囲を選択し、

2 [挿入] タブ→[縦棒のスパークライン] をクリックします。

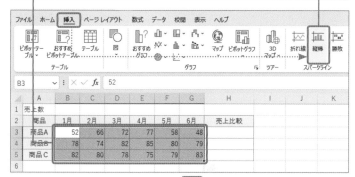

3 [スパークラインの作成] ダイアログが表示されます。

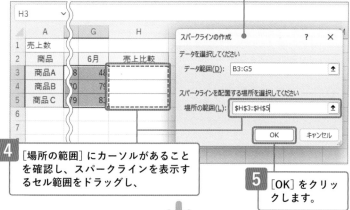

4 [場所の範囲] にカーソルがあることを確認し、スパークラインを表示するセル範囲をドラッグし、

5 [OK] をクリックします。

6 売上数を比較する縦棒スパークラインが表示されます。

	A	B	C	D	E	F	G	H
1	売上数							
2	商品	1月	2月	3月	4月	5月	6月	売上比較
3	商品A	52	66	72	77	58	48	
4	商品B	78	74	82	85	80	79	
5	商品C	82	80	78	75	79	83	
6								

各スパークラインの軸をすべてのスパークラインで同じにする

1 スパークラインが設定されているセルを選択します。

2 [スパークライン] タブの [スパークラインの軸] をクリックし、

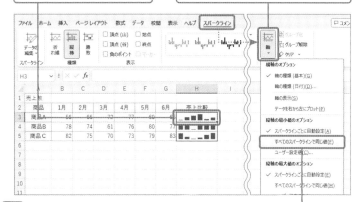

3月の商品A、2月の商品Bが近い値なのに縦棒の長さが全然違うわね

商品	1月	2月	3月	6月	売上比較
商品A	52	66	72	48	
商品B	78	74	91	70	
商品C	82	80	78	83	

3 [縦軸の最小値のオプション] で [すべてのスパークラインで同じ値] をクリックします。

Memo ユーザー設定値

スパークラインの軸は [ユーザー設定値] でも設定できます。

縦軸の最小値のオプション
　スパークラインごとに自動設定(A)
✓ すべてのスパークラインで同じ値(F)
　ユーザー設定値(C)...
縦軸の最大値のオプション
✓ スパークラインごとに自動設定(E)
　すべてのスパークラインで同じ値(M)
　ユーザー設定値(V)...

4 縦棒の最小値が各スパークラインで同じに設定されます。

5 続けて、[スパークライン] タブの [スパークラインの軸] をクリックし、

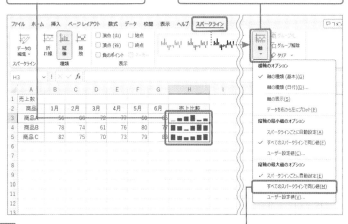

6 [縦軸の最大値のオプション] で [すべてのスパークラインで同じ値] をクリックします。

7 最小値と最大値がすべてのスパークラインで統一され、グラフの軸が揃いました。

	A	B	C	D	E	F	G	H
1	売上数							
2	商品	1月	2月	3月	4月	5月	6月	売上比較
3	商品A	56	66	72	77	60	65	
4	商品B	78	74	61	76	80	77	
5	商品C	82	75	70	73	79	83	
6								
7								

練習問題 書式を設定して表のレイアウトを整えましょう

練習用ファイル 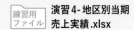 演習4-地区別当期売上実績.xlsx

完成見本を参考に、以下の手順で書式を設定してください。

1 セルA1のフォントを「BIZ UDPゴシック」、フォントサイズを「14」に変更する

2 表の1行目のセル範囲A3～B3とE3～G3は、セルの色を「青 アクセント1」にし、太字、文字色を白にする。次に、セル範囲C3～D3は、セルの色を「青 アクセント1 白＋基本色60％」にし、太字にする。表の1行目全体を中央揃えにする。セルG3を［縮小して全体を表示する］にして文字をセル内に収める

3 表の1列目のセル範囲A4～A7のセルの色を「青 アクセント1 白＋基本色60％」にし、中央揃えにする

   ヒント：「青 アクセント1」などは、p.395のMemo参照

4 表全体のセル範囲A3～G7に格子罫線を設定し、太い外枠を設定する。次に、セル範囲A4～G7の内側の横線を粗い点線に変更する

5 セル範囲B4～E7に表示形式「桁区切りスタイル」を設定する

6 セルF2を右揃えにする

7 セルG2の日付の表示形式を和暦で「令和6年3月31日」の形式に変更する

8 セル範囲F4～F7に表示形式「パーセントスタイル」を設定し、小数点以下第1位まで表示されるようにする。次に、マイナスの値が赤字で表示されるようにユーザー定義の表示形式「0.0%;[赤]-0.0%」を設定する

9 セル範囲G4～G7に縦棒のスパークラインを挿入する。データ範囲は、上期と下期のデータ（セル範囲C4～D7）とする。スパークラインのスタイルを緑系の色に変更し、スパークラインの軸を最小値を「0」（ユーザー設定値で指定）、最大値を「すべてのスパークラインで同じ値」に設定する

▼ **完成見本**

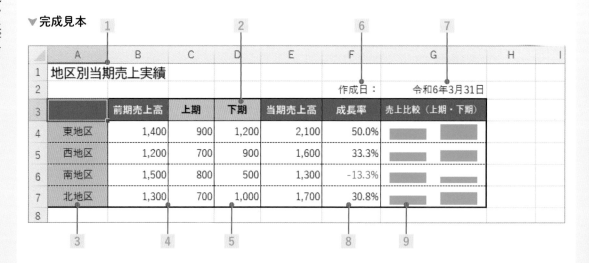

第 **5** 章

数式や関数で
楽に計算する

Excelでは、セルに入力された数値を使って計算します。ここでは数式の入力方法、セルの参照の仕方、基本的な関数を学びます。関数については、合計や平均値などを求める基本的な計算する関数と、文字列を操作する基本的な関数を紹介します。

数式も関数も
ゆっくりやれば
大丈夫！

Section

35 数式を使おう

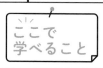
数式と関数

セルに入力された数値をもとに計算した結果を表示するには、数式を作成します。「10」のような数値を使うだけでなく、「A2」のようなセル番地を使って数式を作成することができます。

ここで学べること

習得スキル	操作ガイド	ページ
▶数式の設定	レッスン 35-1	p.443

まずは パッと見るだけ！

数式とは

数式とは、セルに入力する計算式のことです。セルに数式を入力するときは、先頭に半角の「=」を入力し、数値と算術演算子を組み合わせて作成します。算術演算子とは、「+」や「−」のように足し算や引き算などで使用する記号のことです。

● 数値を使って数式を入力する

数値の「20」と「30」を足し算するには算術演算子の「+」を使って、数値の結果を表示したいセルに「=20+30」と入力して数式を作成します。

セルに「=」から始まる数式を入力し Enter キーを押す

--->

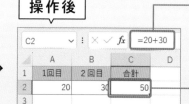

数式

セルに計算結果が表示される。数式バーには、入力した数式が表示されている

● セル参照を使って数式を入力する

数値が入力されているセルを使って数式を入力できます。セル参照を使うので、セルの数値が変われば自動的に再計算されて正しい結果を返します。例えば、セルA2とセルB2の数値を足し算するには、「=A2+B2」と記述します。

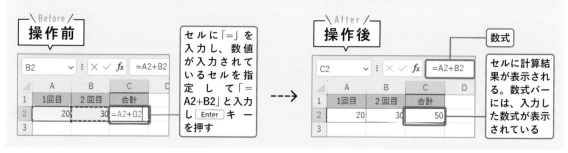

セルに「=」を入力し、数値が入力されているセルを指定して「=A2+B2」と入力し Enter キーを押す

数式

セルに計算結果が表示される。数式バーには、入力した数式が表示されている

5 数式や関数で楽に計算する

レッスン 35-1 数式を設定する

練習用ファイル 35-数式.xlsx

🖱 操作 数式を入力する

基本的な数式の入力方法を練習してみましょう。算術演算子、数値、セル番地はすべて半角で入力します。数式をコピーするには、オートフィルを使うと便利です（**Section19**）。数式をコピーすると、コピー先に合わせてセル参照が自動調整されます。

📝 Memo 算術演算子の種類

算術演算子には、以下のようなものがあります。

算術演算子	計算方法	例	結果
+	足し算	=2+4	6
−	引き算	=2-4	-2
*	掛け算	=2*4	8
/	割り算	=2/4	0.5
^	べき乗	=2^4	16
%	パーセンテージ	=2%	0.02

※「=2^4」は2の4乗のことです。

📝 Memo 算術演算子の優先順位

「*」や「/」は「+」や「−」より優先されるので、先に「+」や「−」を計算したい場合は「()」で囲みます。

順位	演算子
1	() 内の数式
2	%
3	^
4	*、/
5	+、−

数式の入力

ここでは、セルC2にセルA2とセルB2の数値を合計する数式を入力します。

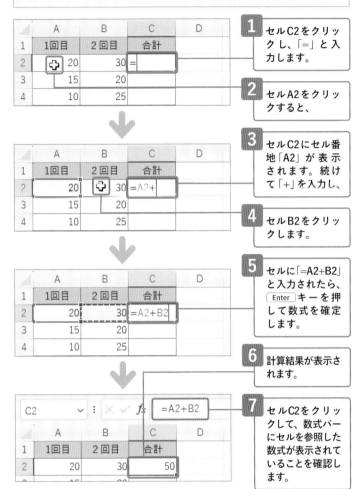

1 セルC2をクリックし、「=」と入力します。

2 セルA2をクリックすると、

3 セルC2にセル番地「A2」が表示されます。続けて「+」を入力し、

4 セルB2をクリックします。

5 セルに「=A2+B2」と入力されたら、Enter キーを押して数式を確定します。

6 計算結果が表示されます。

7 セルC2をクリックして、数式バーにセルを参照した数式が表示されていることを確認します。

数式のコピー

1 数式が入力されているセルを選択し、右下角のフィルハンドル（■）にマウスポインターを合わせ＋の形になったら、下方向にドラッグします。

2 数式がコピーされ、それぞれの行のセルの合計が表示されます。

Section

36 相対参照と絶対参照を知ろう

数式と
関数

レッスン**35-1**のように数式をコピーすると、コピー先に合わせてセル参照が自動調整されます。このような参照方式を「相対参照」といいます。数式をコピーしてもセル参照を固定したい場合はセルの参照方式を「絶対参照」に変更します。

ここで
学べること

習得スキル	操作ガイド	ページ
▶絶対参照で数式を入力する	レッスン36-1	p.445

まずは パッと見るだけ！

相対参照と絶対参照

　数式のコピー先に合わせて自動で参照を調整するのが「相対参照」、コピーしても参照するセルを変更したくない場合は、参照方法を「絶対参照」に変更します。絶対参照は「$C$1」のように行番号と列番号の前に「$」を付けます。

5

数式や関数で楽に計算する

●相対参照

数式をコピーすると、コピー先のセルに合わせてセル参照が同じ位置関係（相対的）で変更されます。

	A	B	C	D
1	1回目	2回目	合計	
2	20	30	50	
3	15	20	35	
4	10	25	35	
5				

コピー元
C2: =A2+B2

コピー先
C3: =A3+B3
C4: =A4+B4

●絶対参照

以下は達成率（実績÷目標）を求める例です。目標数のセルC1は固定にするため、絶対参照「$C$1」にしてセルC4の式は、「=B4/$C$1」となります。式をコピーしてもセルC1へのセル参照は固定され、正しく達成率を求められます。

Before
操作前

	A	B	C	D
1		目標数	130	
2				
3		実績	達成率	
4	商品A	180		
5	商品B	90		
6	商品C	120		
7	達成率：実績÷目標			

各商品の達成率を求めたい

--->

After
操作後

	A	B	C	D	E	F
1		目標数	130			
2						
3		実績	達成率			
4	商品A	180	138.5%			
5	商品B	90	69.2%			
6	商品C	120	92.3%			
7	達成率：実績÷目標					

コピー元
C4: =B4/$C$1

コピー先
C5: =B5/$C$1
C6: =B6/$C$1

商品の実績のセルは相対参照、目標数のセルは絶対参照にすることでコピーしても正しい数式が設定される

レッスン **36-1** 絶対参照を使って各商品の売上達成率を正確に計算する

練習用
ファイル 36-絶対参照.xlsx

🖱️ **操作** | **相対参照と絶対参照を使う**

数式をコピーしたときにセル参照が
ずれないようにするには、セルの参
照方式を絶対参照にします。

絶対参照にするには、行番号と列番
号の前に半角の「$」を付けて
「$C$1」のように記述します。直接
「$」を入力することもできますが、
ファンクションキーの [F4] キーを使
うと便利です。

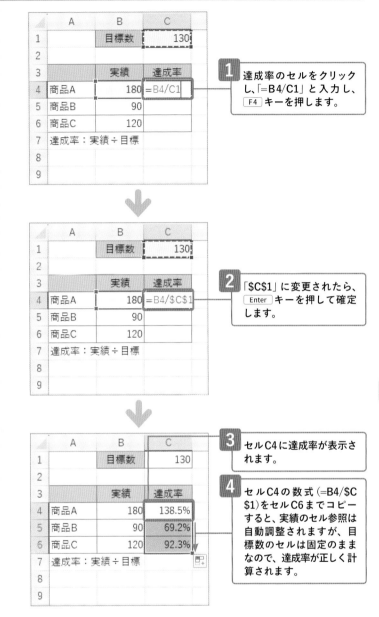

1 達成率のセルをクリック
し、「=B4/C1」と入力し、
[F4] キーを押します。

2 「$C$1」に変更されたら、
[Enter] キーを押して確定
します。

3 セルC4に達成率が表示さ
れます。

4 セルC4の数式（=B4/$C
$1）をセルC6までコピー
すると、実績のセル参照は
自動調整されますが、目
標数のセルは固定のまま
なので、達成率が正しく計
算されます。

💡 **上級テクニック** | **[F4] キーで相対参照と絶対参照を切り替える**

数式の中でセルを入力したときに [F4] キーを押します。[F4] キーを押すごとに以下のように参照方法が変わ
ります。行だけ固定する場合は「C$1」、列だけ固定する場合は「$C1」のように指定します。行列どちらかを
固定する参照方法を「複合参照」といいます。

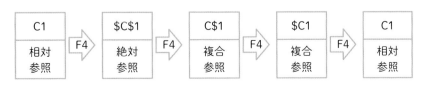

| C1
相対
参照 | →F4→ | $C$1
絶対
参照 | →F4→ | C$1
複合
参照 | →F4→ | $C1
複合
参照 | →F4→ | C1
相対
参照 |

37 関数を使おう

数式と関数

関数を使うと、複雑な計算を簡単に求めることができます。Excelには、500を超える関数が用意されており、さまざまな計算ができるようになっています。ここでは、関数の基本と入力方法を覚えましょう。

ここで学べること

習得スキル	操作ガイド	ページ
▶関数の入力	レッスン37-1	p.447

まずは パッと見るだけ！

関数とは

関数とは、計算方法があらかじめ定義されている数式です。関数は、「引数（ひきすう）」として受け取った値を使って計算し、計算結果を返します。

● 関数の書式

書式 ：=関数名（引数1, 引数2, …）

例 ：=SUM（数値1, [数値2], …）

・() 内には「引数」と呼ばれる、計算をするために必要な値や式を指定します。

・関数によって必要とする引数の数は異なります。

・[]で囲まれている引数は省略できます。

● 関数を入力して計算する

操作前

セルに「=」を入力し、関数名と() 内に引数を指定して Enter キーを押す

SUM（B2:E2）で、B2セルからE2セルまでの合計を求めています

操作後

関数

セルに計算結果が表示される。数式バーには、入力した関数が表示されている

レッスン 37-1 関数を入力する

練習用ファイル 37-関数入力.xlsx

ここでは、合計を求めるSUM関数を例にセルに直接関数を入力する手順を紹介します。

操作 関数を入力する

関数を入力するには、数式と同様に半角の「=」を入力し、関数名と引数を指定します。

Point 関数の引数がヒント表示される

関数の引数の入力を始めると、関数の書式がポップヒントで表示され、現在設定中の引数が太字で表示されます。書式を覚えていなくても、ヒントを目安に入力できます。

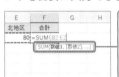

関数の書式が表示され、設定中の引数が太字で表示されます。

時短ワザ 「)」は入力を省略できる

関数の引数は「()」で囲む必要がありますが、手順5で最後に閉じるカッコ「)」の入力を省略しても自動的に補われるので、入力の手間を省くことができます。

Memo セル範囲の指定をする「参照演算子」

手順4で引数にセル範囲をドラッグで指定しています。引数でセル範囲を指定する場合は、「B2:E2」のように始点のセル番地と終点のセル番地を「:」(コロン) でつなげます。
また、離れたセル範囲を指定する場合は、セル番地とセル番地を「,」(カンマ) でつなげます。「:」や「,」を[参照演算子]といいます。

1 セルに「=su」と入力すると「SU」で始まる関数の一覧が表示されます。

2 ↓キーを押して[SUM]を選択し、Tabキーを押すと、

3 関数名と「(」が入力されます。

4 合計するセル範囲(セルB2〜E2)をドラッグし、

5 「)」を入力してEnterキーを押すと、

6 SUM関数が入力され、セルに計算結果(戻り値)が表示されます。数式バーには、入力した関数が表示されます。

Section

38 合計を求める

数式と関数

合計を求めるにはSUM関数を使います。ほとんどの表で合計列や合計行を用意するので、最初に覚える関数です。例えば、月別の売上から年間合計を求めるとか、テストの合計点を求めるなど、いろいろな場面で使います。ここでSUM関数をマスターしましょう。

ここで学べること

習得スキル	操作ガイド	ページ
▶ SUM関数で合計を求める	レッスン38-1	p.449
▶ SUM関数で離れた範囲の合計を求める	レッスン38-2	p.450

まずは パッと見るだけ！

SUM関数

SUM関数は、各月のデータを合計するなど、指定したすべての数値の合計を求めるのに使います。連続した範囲だけでなく、離れたセルを合計することもできます。

● 連続したセル範囲の合計

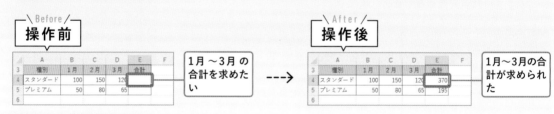

● 離れたセル範囲の合計

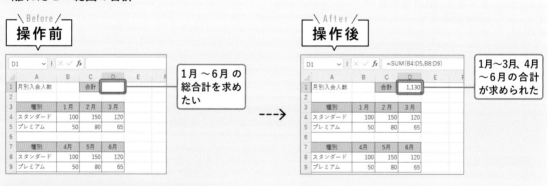

▼ SUM関数「数値の合計を求める関数」

書式	=SUM (数値1,[数値2], …)	
引数	数値	合計したい数値を指定します。セル範囲を指定した場合は、セル範囲内の数値のみが計算対象となります。数値、セル、セル範囲を指定できます。
説明	引数で指定した数値やセル、セル範囲に含まれる数値の合計を求めます。	

5 数式や関数で楽に計算する

練習用ファイル | 38-1-月別入会人数.xlsx

ここではセルE4～E5に、各行の1月～3月の合計を求めます。

🖱️操作　**合計を求める**

SUM関数を使って合計を求めてみましょう。合計は、とてもよく使用するので［ホーム］タブの［合計］∑をクリックするだけで入力できます。

📝Memo　**ここで設定した SUM関数の意味**

数式：=SUM(B4:D4)
意味：セル範囲B4～D4の数値の合計を求める

📝Memo　**［数式］タブにも［合計］∑がある**

［数式］タブにも［合計］があります。［ホーム］タブの［合計］と同様にクリックするだけでSUM関数を設定できます。

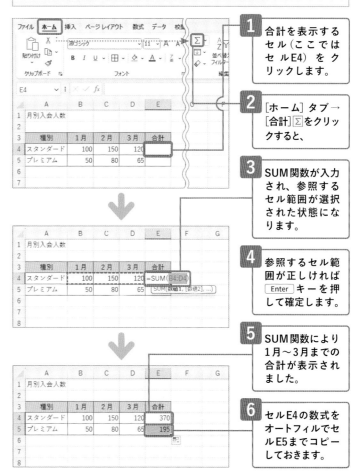

1 合計を表示するセル（ここではセルE4）をクリックします。

2 ［ホーム］タブ→［合計］∑をクリックすると、

3 SUM関数が入力され、参照するセル範囲が選択された状態になります。

4 参照するセル範囲が正しければ Enter キーを押して確定します。

5 SUM関数により1月～3月までの合計が表示されました。

6 セルE4の数式をオートフィルでセルE5までコピーしておきます。

🎯コラム　**［合計］∑で合計される範囲**

合計を表示したいセルを選択して、［ホーム］タブの［合計］をクリックすると、セルの左方向または上方向に続く連続する数値のセルを自動認識して合計範囲に指定します。レッスン**38-1**のセルE4のSUM関数の場合、セルB4までが数値なのでB4～D4を合計範囲にしています。合計範囲を間違いなく指定したい場合は、下図のようにあらかじめ合計する範囲を含めて範囲選択してから❶、［合計］をクリックしてください❷。

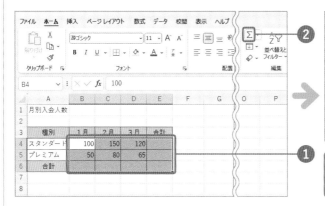

❶ ❷

❶ 合計するセル範囲を含めて選択していたので、SUM関数で横の合計と縦の合計がそれぞれ正しく求められました。

レッスン 38-2 SUM関数で離れた範囲の合計を求める

練習用ファイル 38-2-月別入会人数.xlsx

ここでは、数式バーにある [関数の挿入] f_x を使って2つの表の合計を求めるSUM関数を入力してみましょう。

操作 **離れた範囲の合計を求める**

SUM関数では、引数を「,」(カンマ)で区切って複数指定できます。「,」で区切ることで複数のセル範囲を合計することができます。

Memo **[SUM] が表示されていない場合**

[関数の挿入] ダイアログの [関数名] に [SUM] が表示されていない場合は、[関数の検索] 欄に「SUM」と関数名を入力し、[検索開始] をクリックしてください。「SUM」を含む関数が一覧に表示されます。

Memo **ここで設定したSUM関数の意味**

数式：=SUM(B4:D5,B8:D9)
意味：セル範囲B4〜D5とセル範囲B8〜D9の数値の合計を求める

5 数式や関数で楽に計算する

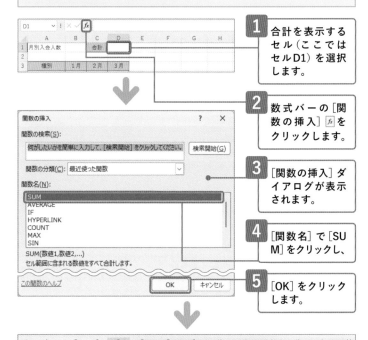

1 合計を表示するセル(ここではセルD1)を選択します。

2 数式バーの [関数の挿入] f_x をクリックします。

3 [関数の挿入] ダイアログが表示されます。

4 [関数名] で [SUM] をクリックし、

5 [OK] をクリックします。

6 [関数の引数] ダイアログが表示されます。

7 [数値1] 欄にカーソルがあることを確認し、1つ目の合計する範囲(ここではセルB4〜D5)をドラッグするとセル範囲が表示されます。

8 [数値2] 欄をクリックし、同様に2つ目の合計する範囲(ここではセルB8〜D9)をドラッグして指定し、

9 [OK] をクリックします。

10 セルD1にセル範囲B4〜D5とセル範囲B8〜D9の数値を合計するSUM関数が設定されました。

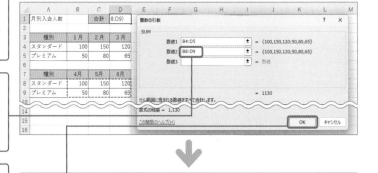

コラム　関数を修正するには

引数を変更するなど、入力した関数を修正するには、関数のセルをクリックし、数式バーをクリックしてカーソルを表示します。数式バーをクリックすると、引数が色分けされて表示されるので、下図のようにドラッグで修正できますが、数式バー上で直接書き直すこともできます。

または、関数のセルが選択されている状態で数式バーの［関数の挿入］をクリックすると［関数の引数］ダイアログが表示されるので、ダイアログ内で修正することもできます。

● 数式バー上で直接修正

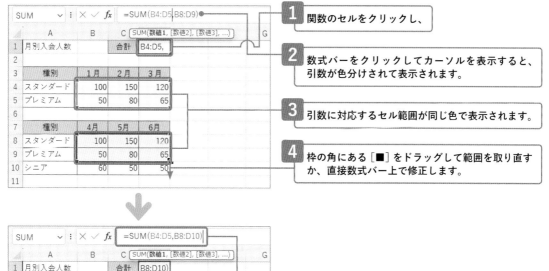

1 関数のセルをクリックし、

2 数式バーをクリックしてカーソルを表示すると、引数が色分けされて表示されます。

3 引数に対応するセル範囲が同じ色で表示されます。

4 枠の角にある［■］をドラッグして範囲を取り直すか、直接数式バー上で修正します。

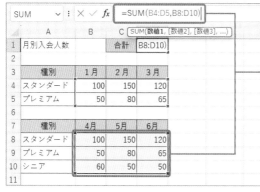

5 修正できたら、[Enter]キーを押して確定します。

● ［関数の引数］ダイアログを表示して修正

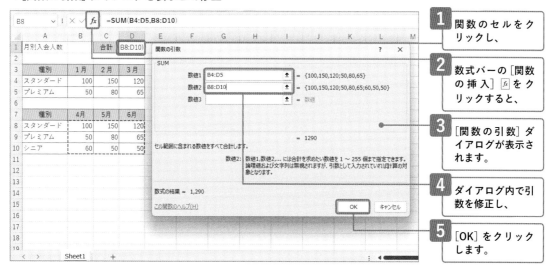

1 関数のセルをクリックし、

2 数式バーの［関数の挿入］[fx]をクリックすると、

3 ［関数の引数］ダイアログが表示されます。

4 ダイアログ内で引数を修正し、

5 ［OK］をクリックします。

Section

39

平均値を求める

数式と
関数

平均を求めるにはAVERAGE関数を使います。基本的ですがよく使用される関数です。例えば、各月の売上から月の平均売上を求めることができます。

ここで
学べること

習得スキル	操作ガイド	ページ
▶ AVERAGE 関数で平均値を求める	レッスン39-1	p.453

5

数式や関数で楽に計算する

まずは パッと見るだけ！

AVERAGE関数

AVERAGE関数を使うと、テストの平均点、平均気温など、指定した数値の平均値をすばやく求めることができます。

Before
操作前

	A	B	C	D	E
1	英語実力テスト				
2					
3	学籍番号	英文解釈	文法	ヒアリング	合計点
4	S1001	65	88	100	253
5	S1002	82	67	55	204
6	S1003	100	99	94	293
7	S1004	73	75	68	216
8	S1005	91	90	95	2/6
9	合計点	411	419	412	1,242
10	平均点				
11					
12					

科目別の平均点を求めたい

--->

After
操作後

	A	B	C	D	E
1	英語実力テスト				
2					
3	学籍番号	英文解釈	文法	ヒアリング	合計点
4	S1001	65	88	100	253
5	S1002	82	67	55	204
6	S1003	100	99	94	293
7	S1004	73	75	68	216
8	S1005	91	90	95	276
9	合計点	411	419	412	1,242
10	平均点	82	84	82	248
11					
12					

科目別の平均点が求められた

▼ AVERAGE関数「数値の平均を求める関数」

書式	=AVERAGE (数値1,[数値2], …)	
引数	数値	平均を求めたい数値を指定します。セル範囲を指定した場合は、セル範囲内の数値のみが計算対象となります。数値、セル、セル範囲を指定できます。
説明		引数で指定し数値やセル参照、セル範囲に含まれる数値の平均を求めます。複数の引数を指定する場合は、「=AVERAGE(A2:C2,A4:C4)」のようにセル範囲をカンマで区切って指定します。

レッスン 39-1 AVERAGE関数で平均値を求める

練習用ファイル 39-英語実力テスト .xlsx

ここでは、科目別の平均点を求めます。

操作 平均値を求める

AVERAGE関数を使って平均値を求めてみましょう。平均値はとてもよく使用するので[ホーム]タブの[合計]∑の[･]をクリックし、一覧から[平均]をクリックするだけで入力できます。

Point メニューを使った場合、引数のセル範囲に注意

手順4で入力されたAVERAGE関数は、隣接する数値のセルをすべてセル範囲にするので、入力直後は合計のセルB9も含めてセル範囲に含まれてしまっています。しかし、正確にはセルB4～B8を指定しないといけません。メニューを使って関数を入力する際は、右の使用例のように引数のセル範囲が正しく指定されているか必ず確認し、必要な場合は範囲を取り直してください。

Memo ここで設定したAVERAGE関数の意味

数式：=AVERAGE(B4:B8)
意味：セル範囲B4～B8の数値の平均値を求める

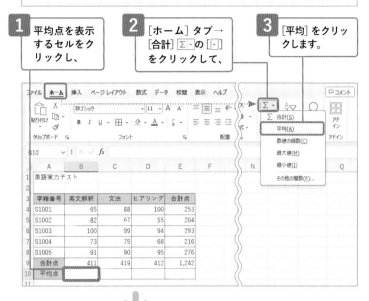

1 平均点を表示するセルをクリックし、

2 [ホーム]タブ→[合計]∑の[･]をクリックして、

3 [平均]をクリックします。

4 AVERAGE関数が入力されたら、

5 平均値を求めるセル範囲をドラッグしなおします。

6 Enter キーを押します。

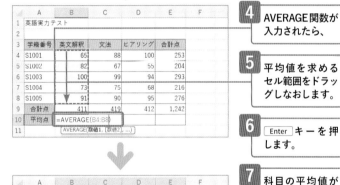

7 科目の平均値が表示されました。

8 セルB10のAVERAGE関数をセルE10までオートフィルでドラッグしてコピーしておきます。

コラム 平均値の表示桁数を調整する

平均値が整数で表示される場合、必ずしも割り切れているわけではないことに注意しましょう。表示形式によっては、整数で表示される場合があります。[ホーム]タブの[小数点以下の表示桁数を増やす]または[小数点以下の表示桁数を減らす]をクリックして表示桁数を調整してください。

| 9 | 合計点 | 411 | 419 | 412 | 1,242 |
| 10 | 平均点 | 82.2 | 83.8 | 82.4 | 248.4 |

◄─ 小数点以下第1位まで表示するよう、調整しています。

Section 40

最大値と最小値を求める

数式と関数

複数の数値の中から最大値を求めるにはMAX関数、最小値を求めるにはMIN関数を使います。最大値や最小値は、データの傾向を調べるために必要となる重要な情報になり、データ分析の際によく使われます。ここでは、最大値と最小値の求め方を覚えましょう。

ここで学べること

習得スキル	操作ガイド	ページ
▶ MAX関数で最大値を求める	レッスン40-1	p.455
▶ MIN関数で最小値を求める	レッスン40-1	p.455

まずは パッと見るだけ！

MAX関数／MIN関数

テスト結果の得点の列の中から最高点と最低点を求めてテスト結果をまとめます。最高点はMAX関数、最低点はMIN関数で求められます。

5
数式や関数で楽に計算する

＼Before／ 操作前

	A	B	C	D	E	F
1	英語実力テスト					
2						
3	学籍番号	得点		最高点		
4	S1001	253		最低点		
5	S1002	204				
6	S1003	293				
7	S1004	216				
8	S1005	276				
9						

[得点]列の中から最高点と最低点を表示したい

--->

＼After／ 操作後

	A	B	C	D	E	F
1	英語実力テスト					
2						
3	学籍番号	得点		最高点	293	
4	S1001	253		最低点	204	
5	S1002	204				
6	S1003	293				
7	S1004	216				
8	S1005	276				
9						

最高点と最低点が求められた

▼ MAX関数「数値の最大値を求める関数」

書式	=MAX (数値1,[数値2], …)
引数 数値	最大値を求める数値を指定します。セル範囲を指定した場合は、セル範囲内の数値のみが計算対象となります。数値、セル、セル範囲を指定できます。
説明	引数で指定した数値やセル参照、セル範囲に含まれる数値の中から最大値を求めます。複数の引数を指定する場合は、「=MAX(A2:C2,A4:C4)」のようにセル範囲をカンマで区切って指定します。

▼ MIN関数「数値の最小値を求める関数」

書式	=MIN (数値1,[数値2], …)
引数 数値	最小値を求める数値を指定します。セル範囲を指定した場合は、セル範囲内の数値のみが計算対象となります。数値、セル、セル範囲を指定できます。
説明	引数で指定した数値やセル参照、セル範囲に含まれる数値の中から最小値を求めます。複数の引数を指定する場合は、「=MIN(A2:C2,A4:C4)」のようにセル範囲をカンマで区切って指定します。

レッスン **40-1** MAX関数で最大値、MIN関数で最小値を求める

練習用ファイル **40-英語実力テスト.xlsx**

ここでは得点（セル範囲B4〜B8）の中から最高点をセルE3、最低点をセルE4に表示します。

🖱 操作　最大値と最小値を求める

MAX関数を使って最大値、MIN関数を使って最小値を求めてみましょう。どちらの関数も［ホーム］タブの［合計］ Σ・ の［・］をクリックし、一覧から［最大値］、［最小値］をクリックすると簡単に入力できます。

📝 Memo　ここで設定したMAX関数の意味

数式：=MAX(B4:B8)
意味：セル範囲B4〜B8の最大値を求める

📝 Memo　ここで設定したMIN関数の意味

数式：=MIN(B4:B8)
意味：セル範囲B4〜B8の最小値を求める

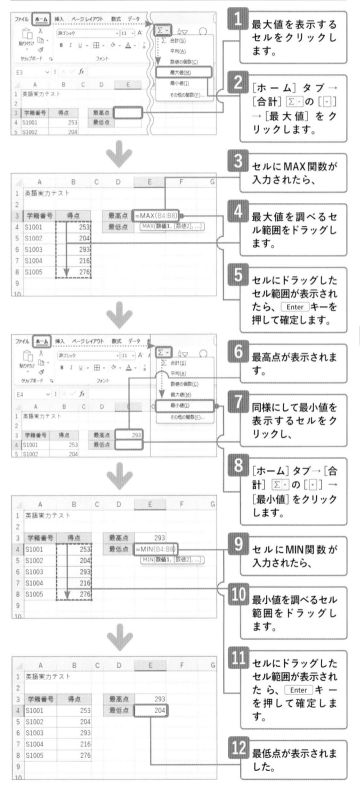

1 最大値を表示するセルをクリックします。

2 ［ホーム］タブ→［合計］ Σ・ の［・］→［最大値］をクリックします。

3 セルにMAX関数が入力されたら、

4 最大値を調べるセル範囲をドラッグします。

5 セルにドラッグしたセル範囲が表示されたら、 Enter キーを押して確定します。

6 最高点が表示されます。

7 同様にして最小値を表示するセルをクリックし、

8 ［ホーム］タブ→［合計］ Σ・ の［・］→［最小値］をクリックします。

9 セルにMIN関数が入力されたら、

10 最小値を調べるセル範囲をドラッグします。

11 セルにドラッグしたセル範囲が表示されたら、 Enter キーを押して確定します。

12 最低点が表示されました。

41 数値を四捨五入する

ROUND関数を使うと、指定した桁数になるように数値を四捨五入できます。例えば、「123.54」を小数点以下第1位で四捨五入して「124」のように整数にしたい場合に使えます。ここでは、ROUND関数の使い方を覚え、数値を丸める方法をマスターしましょう。

ここで学べること

習得スキル	操作ガイド	ページ
▶ ROUND関数で数値を四捨五入する	レッスン41-1	p.457

🔭 まずは パッと見るだけ！

ROUND関数

　商品を指定した値引率で値引いた後の価格（定価×（1-値引率））が小数点以下の数値になってしまった場合、小数点以下第1位を四捨五入して整数にして、価格を調整できます。表示形式で見せかけの整数にするのではなく、数値自体を変換することを押さえておきましょう。

5 数式や関数で楽に計算する

\Before/
操作前

	A	B	C	D	E
1	商品名	定価	値引率	値引後価格	値引後価格(整数)
2	商品1	3,455	25%	2591.25	
3	商品2	7,535	43%	4294.95	
4					
5					

値引後価格を整数に変換したい

\After/
操作後

E2 =ROUND(D2,0)

	A	B	C	D	E
1	商品名	定価	値引率	値引後価格	値引後価格(整数)
2	商品1	3,455	25%	2591.25	2591
3	商品2	7,535	43%	4294.95	4295
4					
5					

四捨五入して整数に変換できた

▼ ROUND関数「数値を指定した桁数になるように四捨五入する関数」

書式	=**ROUND** (数値,桁数)	
引数	数値	処理する数値を指定します。
	桁数	四捨五入後の結果の桁数を指定します。正の数の場合は、小数部分、負の数の場合は整数部分で四捨五入が行われます。
説明	数値を指定した桁数になるように四捨五入した結果を返します。小数点以下を四捨五入して整数に変換することができます。	

レッスン 41-1 ROUND関数で小数点以下第1位を四捨五入して整数にする

練習用ファイル 41-割引後価格.xlsx

操作 整数になるように四捨五入する

ROUND関数を使って、値引後の価格が1円単位になるように、小数点以下第1位を四捨五入して整数値にし、値引後の価格を求めてみましょう。

Memo ここで設定したROUND関数の意味

数式：=ROUND(D2,0)
意味：セルD2の数値を小数点第1位で四捨五入して、小数点以下の桁数を0(整数)に変換する

ここでは、セルD2の値引後価格を四捨五入して小数点以下の桁数を0にし、セルE2に表示します。

1 セルE2をクリックし、「=ROUND(D2,0)」と入力したら、[Enter]キーを押します。

E2	✓ : × ✓ fx	=ROUND(D2,0)		
	A	B	C	D	E	F
1	商品名	定価	値引率	値引後価格	値引後価格(整数)	
2	商品1	3,455	25%	2591.25	=ROUND(D2,0)	
3	商品2	7,535	43%	4294.95		
4						
5						
6						
7						

2 セルE2に値引後価格が整数で表示されます。

3 セルE2の式をオートフィルでセルE3までコピーしておきます。

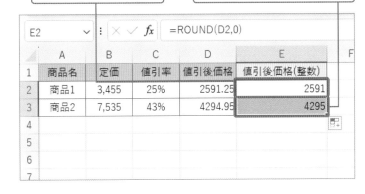

E2	✓ : × ✓ fx	=ROUND(D2,0)		
	A	B	C	D	E	F
1	商品名	定価	値引率	値引後価格	値引後価格(整数)	
2	商品1	3,455	25%	2591.25	2591	
3	商品2	7,535	43%	4294.95	4295	
4						
5						
6						
7						

コラム ROUND関数で数値を「123.456」にして、「桁数」を変更した場合

ROUND関数では、引数の桁数が正の場合は、小数点以下の表示桁数を指定します。桁数が負の場合は、整数部の表示桁数を指定し、「-1」は10の位、「-2」は100の位ということになります。「0」は表示桁数が0なので、整数表示になります。いずれも、桁数で指定した桁の1つ下の桁で四捨五入します。

	A	B	C	D
1	ROUND関数	桁数	結果	
2	=ROUND(123.456,2)	2	123.46	
3	=ROUND(123.456,1)	1	123.5	
4	=ROUND(123.456,0)	0	123	
5	=ROUND(123.456,-1)	-1	120	
6	=ROUND(123.456,-2)	-2	100	
7				

ゆっくり考えよう〜

Section

42 条件を満たす、満たさないで異なる結果を表示する

IF関数は、指定した条件を満たす場合と、満たさない場合で異なる結果を返す関数です。例えば、テスト結果が80点以上なら「合格」と表示するといったことができます。IF関数はとてもよく使用する関数です。条件式の設定方法もあわせてしっかり覚えましょう。

ここで学べること

習得スキル	操作ガイド	ページ
▶ IF関数で表示を分ける	レッスン42-1	p.459

 まずは パッと見るだけ！

IF関数

テスト結果の表で、[進級] 列に得点が70点以上の場合は「進級」と表示するといったことをIF関数で設定できます。

\Before/
操作前

	A	B	C	D	E	F
1	学籍番号	得点	進級			
2	S1001	76				
3	S1002	93				
4	S1003	64				
5	S1004	81				
6	S1005	100				
7	S1006	60				
8						

得点が70点以上で進級となる

--->

\After/
操作後

	A	B	C	D	E	F
1	学籍番号	得点	進級			
2	S1001	76	進級			
3	S1002	93	進級			
4	S1003	64				
5	S1004	81	進級			
6	S1005	100	進級			
7	S1006	60				
8						

得点が70点以上の場合のみ「進級」と表示された

▼ IF関数「条件を満たすかどうかで異なる値を返す関数」

書式	=IF(論理式, 真の場合,[偽の場合])	
引数	論理式	TRUE または FALSE を返す式を指定します。
	真の場合	[論理式] がTRUE または 0 以外の場合に返す値や数式を指定します。
	偽の場合	[論理式] がFALSE または 0 の場合に返す値や数式を指定します。省略時は、「0」が返ります。
説明	[論理式] がTRUE の場合は [真の場合] を返し、FALSE の場合は [偽の場合] を返します。	

コラム　論理式の設定方法

IF関数の第1引数［論理式］には、TRUEまたはFALSEが返る式を設定します。それには、「＞＝」や「＜」のような比較演算子を使って式を作成します。比較演算子は、2つの値を比較し、結果が成立する場合は「TRUE」、成立しない場合は「FALSE」が返ります。

● 比較演算子

演算子	意味	例（A1が10の場合）	結果
＝	等しい	A1 = 20	FALSE
＞	より大きい	A1 > 20	FALSE
＜	より小さい	A1 < 20	TRUE
＞＝	以上	A1>=20	FALSE
＜＝	以下	A1 < = 20	TRUE
＜＞	等しくない	A1 < > 20	TRUE

レッスン 42-1　IF関数で条件を満たすかどうかで異なる結果を表示する

練習用ファイル　42-テスト結果.xlsx

操作　**条件を満たすかどうかで表示を分ける**

「得点が70点以上の場合は「進級」、そうでない場合は何も表示しない」となるようにIF関数を設定する練習をしてみましょう。

Point　**数式内に文字列を指定する場合**

引数内に文字列を指定する場合は、文字列を半角の「"」（ダブルクォーテーション）で囲んで指定します。

Memo　**ここで設定したIF関数の意味**

数式：=IF(B3>=70,"進級","")
意味：セルB3の値が70以上の場合、「進級」と表示し、そうでない場合は何も表示しない。何も表示しない場合は、「""」を指定する

コラム　**点数によって「A」「B」「C」と表示するには**

IF関数で3つ以上の結果を表示したい場合は、IFの中の「偽の場合」にIF関数を追加します。例えば、90点以上で「A」、70点以上で「B」、それ以外の場合は「C」と表示したい場合は、「=IF(B2>=90,"A",IF(B2>=70,"B","C"))」と設定します。

ここでは、セルC2に得点が70以上の場合は「進級」と表示し、そうでない場合は何も表示しないという式をIF関数を使って入力します。

1 結果を表示するセルをクリックし、

2 「=IF(B2>=70, "進級","")」と入力したら、Enterキーを押します。

3 セルC2に結果が表示されます（ここではセルB2が76なので、「進級」と表示されます）。

4 オートフィルを実行してセルC2の数式をセルC7までコピーします。

43 アルファベットを大文字、小文字に揃える

数式と関数

アルファベット表記の文字列を大文字または小文字に揃えたい場合、UPPER関数、LOWER関数を使います。大文字と小文字が混在しているデータをどちらかに揃えてデータを整えたい場合に使えます。

ここで学べること

習得スキル	操作ガイド	ページ
▶ UPPER関数で大文字に揃える	レッスン43-1	p.461
▶ LOWER関数で小文字に揃える	レッスン43-1	p.461

まずは パッと見るだけ！

UPPER関数／LOWER関数

UPPER関数は文字列内に含まれるアルファベットをすべて大文字に変換し、LOWER関数はすべて小文字に変換します。商品名や氏名などの名前を英字で表す場合に、表記を統一して整理しやすくします。

5

数式や関数で楽に計算する

\Before/
操作前

A1	∨ : × ✓ fx	ローマ字名

	A	B	C
1	ローマ字名	大文字変換	小文字変換
2	Sanae KATO		
3	Kenji Tanaka		
4	ami Sakamoto		
5			
6			
7			
8			
9			
10			

\After/
操作後

A1	∨ : × ✓ fx	ローマ字名

	A	B	C
1	ローマ字名	大文字変換	小文字変換
2	Sanae KATO	SANAE KATO	sanae kato
3	Kenji Tanaka	KENJI TANAKA	kenji tanaka
4	ami Sakamoto	AMI SAKAMOTO	ami sakamoto
5			
6			
7			
8			
9			
10			

--→

大文字、小文字が混在している名前のローマ字表記を大文字、小文字に統一して変換したい

大文字、小文字に統一できた

▼ UPPER関数「英字を大文字にする関数」

書式	=UPPER(文字列)	
引数	文字列	大文字に変換する英字を含む文字列を指定します。
説明	引数で指定した文字列に含まれる英字の小文字を大文字に変換します。	

▼ LOWER関数「英字を小文字にする関数」

書式	=LOWER(文字列)	
引数	文字列	小文字に変換する英字を含む文字列を指定します。
説明	引数で指定した文字列に含まれる英字の大文字を小文字に変換します。	

練習用ファイル **43-ローマ字名.xlsx**

🖱 操作 **大文字または小文字に変換する**

ローマ字表記の名前をUPPER関数で大文字に統一、LOWER関数で小文字に統一してみましょう。

📝 Memo **ここで設定したUPPER関数の意味**

数式：=UPPER(A2)
意味：セルA2に入力された文字列にある英字をすべて大文字に変換する

📝 Memo **ここで設定したLOWER関数の意味**

数式：=LOWER(A2)
意味：セルA2に入力された文字列にある英字をすべて小文字に変換する

⚡ 上級テクニック **先頭のみ大文字に変換する**

PROPER関数を使うと、先頭文字のみ大文字、他の文字を小文字に変換できます。書式は、UPPER関数やLOWER関数と同じです。例えば、「=PROPER("SANAE KATO")」と入力すると、「Sanae Kato」と頭文字だけ大文字に変換されます。

UPPER関数で大文字変換

ここでは、セルA2のローマ字名を、セルB2に大文字に変換して表示します。

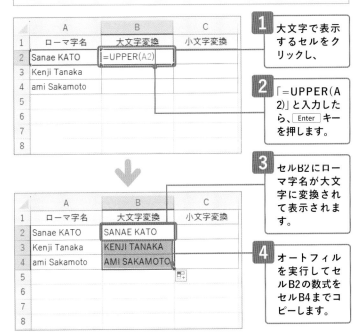

1 大文字で表示するセルをクリックし、

2 「=UPPER(A2)」と入力したら、Enter キーを押します。

3 セルB2にローマ字名が大文字に変換されて表示されます。

4 オートフィルを実行してセルB2の数式をセルB4までコピーします。

LOWER関数で小文字変換

ここでは、セルA2のローマ字名を、セルC2に小文字に変換して表示します。

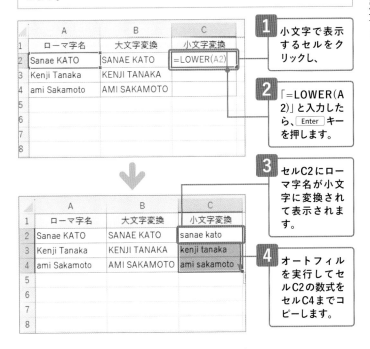

1 小文字で表示するセルをクリックし、

2 「=LOWER(A2)」と入力したら、Enter キーを押します。

3 セルC2にローマ字名が小文字に変換されて表示されます。

4 オートフィルを実行してセルC2の数式をセルC4までコピーします。

Section 44

文字列から文字の一部分を取り出す

数式と関数

文字列の中から部分的に文字を取り出したいとき、LEFT関数は左から○文字、RIGHT関数は右から○文字、MID関数は○文字目から○文字というように文字を取り出せます。郵便番号や電話番号のように区分を組み合わせて構成されているような文字列から各区分を取り出したいときに使えます。

ここで学べること

習得スキル	操作ガイド	ページ
▶ LEFT関数で文字を取り出す	レッスン44-1	p.463
▶ RIGHT関数で文字を取り出す	レッスン44-2	p.464
▶ MID関数で文字を取り出す	レッスン44-3	p.464

まずは パッと見るだけ！

LEFT関数／RIGHT関数／MID関数

商品コードが「分類」「カラー」「番号」の3区分で構成されている場合、各区分を取り出して別のセルに表示するには、LEFT関数、MID関数、RIGHT関数が使えます。

操作前 (Before)

	A	B	C	D	E
1	商品コード	商品名	分類	カラー	番号
2	PNR1001	ペン（赤）			
3	FLB2001	フォルダー(青)			
4	MSW4003	マウス（白）			
5					

商品コードから分類、カラー、番号を取り出したい

--->

操作後 (After)

	A	B	C	D	E
1	商品コード	商品名	分類	カラー	番号
2	PNR1001	ペン（赤）	PN	R	1001
3	FLB2001	フォルダー(青)	FL	B	2001
4	MSW4003	マウス（白）	MS	W	4003
5					

LEFT関数で分類、MID関数でカラー、RIGHT関数で番号が取り出せた

▼ LEFT関数「文字列の先頭から指定数の文字を取り出す関数」

書式	=LEFT (文字列, [文字数])	
引数	文字列	取り出すもととなる文字列を指定します。
	文字数	取り出したい文字数を指定します。省略した場合は、1とみなされます。文字列より大きい文字数を指定した場合はすべての文字列が取り出されます。
説明	文字列の先頭（左端）から指定された数の文字を返します。半角文字、全角文字の区別なく1文字として数えます。	

▼ RIGHT関数「文字列の末尾から指定数の文字を取り出す関数」

書式	=RIGHT (文字列, [文字数])	
引数	文字列	取り出すもととなる文字列を指定します。
	文字数	取り出したい文字数を指定します。省略した場合は、1とみなされます。文字列より大きい文字数を指定した場合はすべての文字列が取り出されます。
説明	文字列の末尾（右端）から指定された数の文字を返します。半角文字、全角文字の区別なく1文字として数えます。	

5 数式や関数で楽に計算する

▼ MID関数「文字列の指定した位置から指定数の文字を取り出す関数」

書式	=MID (文字列, 開始位置, 文字数)	
引数	文字列	取り出すもととなる文字列を指定します。
	開始位置	取り出したい文字列の開始位置を [文字列] の先頭文字を1として何文字目かを指定します。
	文字数	取り出したい文字数を指定します。指定した文字数が開始位置以降の文字数より大きい場合は、文字列の最後までの文字を返します。
説明	文字列の指定された位置から指定された文字数の文字を返します。半角文字、全角文字の区別なく1文字として数えます。	

レッスン 44-1 LEFT関数で左から2文字取り出す

練習用ファイル **44-1-商品コード.xlsx**

ここでは、セルA2の商品コードの先頭から2文字を取り出して、セルC2に表示します。

操作 文字列の先頭から2文字取り出す

LEFT関数を使うと、指定した文字列の先頭から指定した数の文字列を取り出せます。

ここでは、[分類][カラー][番号]の3つの区分で構成されている商品コードで、LEFT関数を使って左から2文字の[分類]を取り出してみましょう。

Memo ここで設定した LEFT関数の意味

数式：=LEFT(A2,2)
意味：セルA2に入力された文字列の先頭から2文字取り出す

1 分類のセルをクリックし、

2 「=LEFT(A2,2)」と入力したら、Enter キーを押します。

3 セルC2に商品コードの先頭から2文字が表示されます。

4 オートフィルを実行してセルC2の数式をセルC4までコピーします。

レッスン 44-2 RIGHT関数で右から4文字取り出す

練習用ファイル 44-2-商品コード.xlsx

> ここでは、セルA2の商品コードの末尾から4文字を取り出して、セルE2に表示します。

操作 文字列の先頭から2文字取り出す

RIGHT関数を使うと、指定した文字列の末尾から指定した数の文字列を取り出せます。
ここでは、[分類][カラー][番号]の3つの区分で構成されている商品コードで、RIGHT関数を使って右から4文字の[番号]を取り出してみましょう。

Memo ここで設定したRIGHT関数の意味

数式：=RIGHT(A2,4)
意味：セルA2に入力された文字列の末尾から4文字取り出す

1 番号のセルをクリックし、

2 「=RIGHT(A2,4)」と入力したら、Enter キーを押します。

	A	B	C	D	E	F	G
1	商品コード	商品名	分類	カラー	番号		
2	PNR1001	ペン（赤）	PN		=RIGHT(A2,4)		
3	FLB2001	フォルダー（青）	FL				
4	MSW4003	マウス（白）	MS				
5							

3 セルE2に商品コードの末尾から4文字が表示されます。

4 オートフィルを実行してセルE2の数式をセルE4までコピーします。

	A	B	C	D	E	F	G
1	商品コード	商品名	分類	カラー	番号		
2	PNR1001	ペン（赤）	PN		1001		
3	FLB2001	フォルダー(青)	FL		2001		
4	MSW4003	マウス（白）	MS		4003		
5							

レッスン 44-3 MID関数で3文字目から1文字取り出す

練習用ファイル 44-3-商品コード.xlsx

> ここでは、セルA2の商品コードの3文字目から1文字を取り出して、セルD2に表示します。

操作 文字列の3文字目から1文字取り出す

MID関数を使うと、指定した文字列の指定した位置から指定した数の文字列を取り出せます。
ここでは、[分類][カラー][番号]の3つの区分で構成されている商品コードで、MID関数を使って先頭から3文字目の[カラー]を取り出してみましょう。

Memo ここで設定したMID関数の意味

数式：=MID(A2,3,1)
意味：セルA2に入力された文字列の3文字目から1文字取り出す

1 カラーのセルをクリックし、

2 「=MID(A2,3,1)」と入力したら、Enter キーを押します。

	A	B	C	D	E	F	G
1	商品コード	商品名	分類	カラー	番号		
2	PNR1001	ペン（赤）	PN	=MID(A2,3,1)			
3	FLB2001	フォルダー(青)	FL		2001		
4	MSW4003	マウス（白）	MS		4003		
5							

3 セルD2に商品コードの3文字目から1文字が表示されます。

4 オートフィルを実行してセルD2の数式をセルD4までコピーします。

	A	B	C	D	E	F	G
1	商品コード	商品名	分類	カラー	番号		
2	PNR1001	ペン（赤）	PN	R	1001		
3	FLB2001	フォルダー(青)	FL	B	2001		
4	MSW4003	マウス（白）	MS	W	4003		
5							

数値の個数やデータ件数を求める

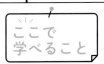
数式と関数

COUNTA関数、COUNT関数、COUNTBLANK関数は、それぞれ指定したセル範囲の中でデータが入力されているセルの数、数値データのセルの数、空白セルの数を調べることができます。データ件数を調べるときによく使われる便利な関数です。

ここで学べること

習得スキル	操作ガイド	ページ
▶ COUNTA関数でデータ件数を求める	レッスン45-1	p.466
▶ COUNT関数で数値の個数を求める	レッスン45-2	p.467
▶ COUNTBLANK関数で空白セルの数を求める	レッスン45-2	p.467

まずは パッと見るだけ！

COUNTA関数／COUNT関数／COUNTBLANK関数

COUNTA関数は空白でないセルの数、COUNT関数は数値のセルの数、COUNTBLANK関数は空白セルの数を数えます。これらの関数を使って申し込み状況の表から申込件数、入金済みの件数、未入金の件数を調べられます。

＼ Before ／
操作前

	A	B	C	D	E
1	申込状況				
2	顧客NO	入金金額		申込件数	
3	C1012	1,500		入金済	
4	C1033	5,000		未入金	
5	C1128				
6	C1369	3,500			
7	C1458	キャンセル			
8					

---＞

＼ After ／
操作後

	A	B	C	D	E
1	申し込み状況				
2	顧客NO	入金金額		申込件数	5
3	C1001	1,500		入金済	3
4	C1002	5,000		未入金	1
5	C1003				
6	C1004	3,500			
7	C1005	キャンセル			
8					

申し込み状況の表から件数、入金済みの件数、未入金の件数をそれぞれ調べたい

COUNTA関数で件数、
COUNT関数で入金済み件数、COUNTBLANK関数で未入金件数が数えられた

▼ COUNTA関数「データの個数を求める関数」

書式	=**COUNTA** (値1,[値2], …)	
引数	値	セルの個数を求めたいセル参照、セル範囲を指定します。
説明		引数で指定したセル範囲の中で空白でないセルの個数を求めます。数式の結果が「""」の場合やスペースだけが入力されている場合など、見かけが空白でもデータが入力されている場合は数えられます。

▼ COUNT関数「数値データの個数を求める関数」

書式	=COUNT (値1,[値2], …)	
引数	値	数値データのセルの個数を求めたい数値、セル参照、セル範囲を指定します。セル範囲を指定した場合は、セル範囲内の数値のみが計算対象となります。
説明	引数で指定した数値やセル参照、セル範囲に含まれる数値データの個数を求めます。日付や時刻も数値として扱われ、計算対象になります。	

▼ COUNTBLANK関数「空白セルの個数を求める関数」

書式	=COUNTBLANK (値1,[値2], …)	
引数	値	空白セルの数を求めたいセル範囲を指定します。
説明	引数で指定したセル範囲の中で空白セルの個数を求めます。数式の結果が「""」の場合で、見かけが空白の時は空白として数えられます。スペースが入力されている場合は、見かけが空白でも数えられません。	

レッスン 45-1　COUNTA関数で表のデータ件数を数える

練習用ファイル 45-1-申込状況.xlsx

5　数式や関数で楽に計算する

操作　データ件数を数える

COUNTA関数は、指定したセル範囲の中で文字や数値など、データが入力されているセルの数を返します。そのため、表のデータ件数を数えるときによく使用されます。
例えば、顧客NOのような空白セルのない列のセルを数えることでデータ件数を求められます。

Memo　ここで設定したCOUNTA関数の意味

数式：=COUNTA(A3:A7)
意味：セル範囲A3～A7でデータが入力されているセルの数を求める

Point　見かけは空白でも数えられるセル

COUNTA関数は、値が入力されているセルの数を数えます。見かけは空白でも何らかのデータが入力されていれば数えられることに注意してください。例えば、接頭辞の「'」やスペースが入力されていると見かけは空白セルですが、何らかのデータが入力されているので数えられます。

ここでは、[顧客NO] 列（セル範囲A3～A7）でデータが入力されているセルの数を数えて、セルE2に件数を求めます。

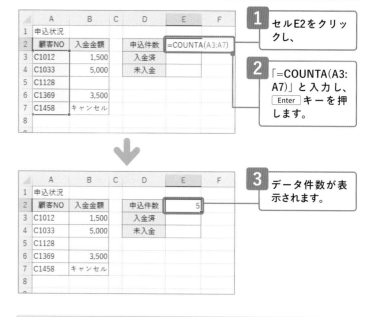

1　セルE2をクリックし、

2　「=COUNTA(A3:A7)」と入力し、Enter キーを押します。

3　データ件数が表示されます。

時短ワザ　キー操作で表内の列全体を選択する

COUNTA関数の引数でセル範囲を選択するときに、データが入力されている列方向のセル範囲を選択する場合、先頭のセルをクリックし、Ctrl + Shift + ↓ キーを押すと一気に列内でデータが入力されている一番下のセルまで選択できます。

レッスン **45-2** COUNT関数で数値の数、COUNTBLANK関数で空白の数を数える

練習用ファイル **45-2-申込状況.xlsx**

ここでは、[入金金額] 列（セル範囲B3～B7）で数値が入力されている
セルを数えてセルE3に表示し、空白セルを数えてセルE4に表示します。

操作 数値の個数と空白の個数を数える

COUNT関数は、指定したセル範囲の中で数値が入力されているセルの数を返します。数値が入力されているセルの数を数えることで、入金済みの件数を調べることができます。

また、COUNTBLANK関数は、何も入力されていない空白のセルの個数を数えます。例えば、未入金のセルを数えることができます。

Memo ここで設定したCOUNT関数の意味

数式：=COUNT(B3:B7)

意味：セル範囲B3～B7で数値が入力されているセルの数を求める

Memo ここで設定したCOUNTBLANK関数の意味

数式：=COUNTBLANK(B3:B7)

意味：セル範囲B3～B7で空白セルの数を求める

Point COUNT関数で日付のセルも数えられる

日付や時刻データも数値として認識されるため、COUNT関数で数えることができます。例えば、表に入金日が入力されている場合、入金日が入力されているセルの数を数えることで入金済みの件数が数えられます。

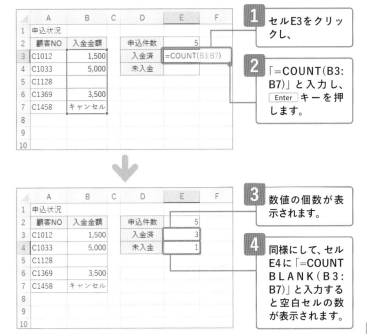

1 セルE3をクリックし、

2 「=COUNT(B3:B7)」と入力し、Enter キーを押します。

3 数値の個数が表示されます。

4 同様にして、セルE4に「=COUNTBLANK(B3:B7)」と入力すると空白セルの数が表示されます。

目で数えなくていいのね！

Point COUNTBLANK関数で数えられるセル

COUNTBLANK関数は、空白のセルを数えます。スペースが入力されているセルは、空白に見えますが数えられません。ですが、接頭辞「'」や数式の結果が「""」の場合、実際にはデータが入力されていますが、空白として数えられます。

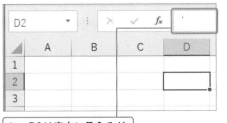

セルD2は空白に見えるが、「'」が入力されています。

46 ふりがなを表示する

数式と関数

文字が入力されたセルには、ふりがな情報が保管されています。PHONETIC関数を使うと、保管されているふりがなをセルに表示することができます。例えば、名簿の[フリガナ]列にふりがなを自動的に入力することができます。

ここで学べること

習得スキル	操作ガイド	ページ
▶ PHONETIC関数でふりがなを表示する	レッスン46-1	p.469

まずは パッと見るだけ！

PHONETIC関数

PHONETIC関数を使うと、セルまたはセル範囲に入力されている文字のふりがなを表示することができます。名簿の[フリガナ]列にふりがなを表示するのに利用できます。

\Before/
操作前

	A	B	C	D
1	受講者一覧			
2	NO	氏名	フリガナ	部署
3	1	近藤　久美子		営業部
4	2	山崎　雅史		総務部
5	3	北野　桃子		経理部
6				
7				
8				

受講者の氏名からふりがなを表示したい

---▶

\After/
操作後

	A	B	C	D
1	受講者一覧			
2	NO	氏名	フリガナ	部署
3	1	近藤　久美子	コンドウ　クミコ	営業部
4	2	山崎　雅史	ヤマザキ　マサシ	総務部
5	3	北野　桃子	キタノ　モモコ	経理部
6				
7				
8				

ふりがなが表示された

▼ PHONETIC関数「文字列のふりがなを取り出す関数」

書式	=PHONETIC(参照)	
引数	参照	ふりがなを取り出したい文字が入力されているセルまたはセル範囲を指定します。
説明	セルまたはセル範囲に入力されている文字列から、ふりがなを取り出します。	

レッスン 46-1 PHONETIC関数で［フリガナ］列にふりがなを表示する

練習用ファイル 46-受講者一覧.xlsx

操作 ふりがなを表示する

PHONETIC関数を使って［氏名］列の読みを［フリガナ］列に表示してみましょう。PHONETIC関数を使えば、わざわざふりがなを入力する必要がありません。

Memo ここで設定した PHONETIC関数の意味

数式：=PHONETIC(B3)

意味：セルB3に入力されている文字列のふりがなを表示する

ここでは、セルB3に入力されている文字の読みを、セルC3に表示します。

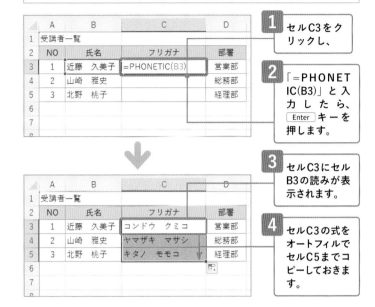

1 セルC3をクリックし、

2 「=PHONETIC(B3)」と入力したら、Enter キーを押します。

3 セルC3にセルB3の読みが表示されます。

4 セルC3の式をオートフィルでセルC5までコピーしておきます。

コラム LEN関数を使って文字数を調べる

LEN関数は、指定した文字列の文字数を求める関数です。LEN関数とRIGHT関数を組み合わせると、文字長が変動する場合、LEN関数を使って文字数を数え、右から何文字取り出せばいいかを調べて、RIGHT関数を使って取り出すことができます。

	A	B	C	D
1	住所	市区町村	住所1	
2	港区六本木x-x-x	港区	六本木x-x-x	
3 4	LEN(A2)	LEN(B2)	LEN(A2) − LEN(B2)	
5	10	2	8	

例えば、セルA2の住所の文字数とセルB2の市区町村の文字数をLEN関数で数えると、住所1の文字数は、「住所の文字数 - 市区町村の文字数」（LEN(A2) − LEN(B2)）で求めることができます。これをRIGHT関数で右から取り出す文字数に指定して、「=RIGHT(A2,LEN(A2)-LEN(B2))」とすることで残りの住所1をセルC2に表示することができます。

▼ LEN関数「文字列の文字数を求める関数」

書式	=LEN (文字列)	
引数	文字列	文字数を調べたい文字列や数値を指定します。
説明	引数で指定した文字列の文字数を返します。半角や全角区別なく1文字として数えます。文字列内のスペースや記号も数えます。なお、セルに設定されている表示形式は文字数として数えることはできません。	

コラム　エラー値の種類と対策

数式が入力されているセルの左上角に緑色のマークが表示されることがあります。これは、エラーの場合やエラーの可能性がある場合に表示されるエラーインジケーターです。セルを選択すると、[エラーチェックオプション] ⚠ ▾ が表示され、マウスポインターを合わせると、エラーの内容やメニューが表示されるので、必要な対処をしてください。また、セルに「#DIV/0!」のようなエラー値が表示される場合があります。エラー値の場合は、明らかなエラーなので数式を修正する必要があります。

●エラーチェックオプションに対応する

ここでは、セルE2のSUM関数がセル範囲C2～D2を合計範囲としています。セルB2は前年度の数値なので、合計に含めていません。ここで表示されるエラーチェックオプションは、セルB2も隣接する数値なのに合計範囲に含められていないために表示されています。そのためここで表示されるエラーインジケーターは無視しても構わないので非表示にします。

1 エラーインジケーターが表示されているセルをクリックし、[エラーチェックオプション]にマウスポインターを合わせてメッセージを確認します。

2 エラーチェックオプションをクリックし、[エラーを無視する]をクリックするとエラーチェックオプションが非表示になります。

●エラー値に対応する

セルにエラー値が表示されている場合、対処が必要です。エラー値が表示されているセルにもエラーインジケーターが表示されます。エラーインジケーターにマウスポインターを合わせて、内容を確認して必要な処理をしてください。

1 エラー値が表示されているセルをクリックし、[エラーチェックオプション]にマウスポインターを合わせてエラー内容を確認します。

2 ここでは、セルB2が空欄だったためエラーになっていました。値を入力することで解決しています。

● 主なエラー値の種類

数式が正しく評価されていないと、セルに「#」が付いたエラー値が表示されます。主なエラー値には、次のようなものがあります。種類と内容を確認しておきましょう。

エラー値	内容
#######	数値や日付がセル幅に収まらないか、日付や時刻が負の値になっている
#NULL!	セル範囲の指定で範囲演算子「：」や「,」が正しく使われていない
#DIV/0!	0または空白で割っている
#VALUE!	関数で指定した引数が不適切な場合や参照先のセルに問題がある
#REF!	数式で参照されているセルが削除された場合など、数式が有効でないセルを参照している
#NAME?	関数名や範囲名が間違っている。セル範囲の「：」（コロン）が抜けるなど、認識できない文字列が使用されている
#NUM!	数式や関数に無効な数値が含まれている場合に表示される
#N/A	VLOOKUP関数等で参照する値が見つからない場合や計算に必要な値が入力されていない
#SPILL!	動的配列数式の出力先のセルが空でない場合や結合されている場合など、スピル機能が動作できない

コラム　スピルって何？

「スピル」とは、数式が複数の値を返すときに隣接するセルに自動的に結果が表示される機能で、Excel 2021、Microsoft 365で追加されました。そのため、Excel 2019以前のExcelではこの機能は使えません。ここでは、以下の表で、スピルを使った各支店の上期と下期の合計の求め方を紹介します。なお、スピルにより自動で数式が入力される範囲に何らかのデータが入力されているとエラー「#SPILL!」が表示されます。数式が入力される範囲のセルは空にしておきます。

● スピルを使った数式の設定方法

1 結果を表示する先頭セル（ここではセルD2）を選択して「=B2:B4+C2:C4」と入力し、Enter キーを押します。

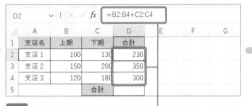

2 数式が入力されると同時に、スピルにより自動的に各行の「上期＋下期」の式の結果が表示されます。

3 自動で結果が表示されたセルの数式バーには灰色で数式が表示されます。これらの数式は編集、削除できません。数式の編集は、先頭のセルD2でのみ行えます。また、スピルにより入力された数式の範囲が青い枠で囲まれて表示されます。

4 合計のセルに「=SUM(D2#)」と入力すると、スピルのセル範囲（セルD2～D4）で合計が表示されます（SUM関数のセル範囲を指定する場合に、セルD2からD4をドラッグすると自動で「D2#」と表示されます）。

練習問題 数式や関数を入力する練習をしてみよう ｜練習用ファイル｜ **演習5-テスト結果成績表.xlsx**

完成見本を参考に、以下のように関数を設定してください。

1 セルD1にCOUNTA関数を使って受験者数を表示する

2 ［フリガナ］列（セル範囲C4〜C13）にPHONETIC関数を使って学生名のふりがなを表示する

3 ［合計］列（セル範囲G4〜G13）にSUM関数を使って3科目の合計点を表示する

4 平均点の行（セル範囲D14〜G14）にAVERAGE関数を使って各科目と合計の平均点を表示する

5 最高点の行（セル範囲D15〜G15）にMAX関数を使って各科目と合計の最大値を表示する

6 最低点の行（セル範囲D16〜G16）にMIN関数を使って各科目と合計の最小値を表示する

7 ［評価］列に、IF関数を使って合計点が200点以上の場合は「OK」、それ以外の場合は何も表示しない

▼ **完成見本**

NO	学生名		フリガナ	英語	数学	国語	合計	評価
				受験者数：	10			
1	吉本	七海	ヨシモト　ナナミ	68	83	79	230	OK
2	野村	健介	ノムラ　ケンスケ	97	67	63	227	OK
3	鈴木	洋子	スズキ　ヨウコ	63	68	73	204	OK
4	岸本	杏	キシモト　アン	69	88	94	251	OK
5	髙杉	慎二	タカスギ　シンジ	95	98	100	293	OK
6	飯塚	保志	イイヅカ　ヤスシ	89	61	74	224	OK
7	村松	明美	ムラマツ　アケミ	53	61	81	195	
8	下田	誠	シモダ　マコト	95	94	84	273	OK
9	中井	大樹	ナカイ　ダイキ	63	55	64	182	
10	安藤	歩美	アンドウ　アユミ	96	58	78	232	OK
		平均点		78.8	73.3	79	231.1	
		最高点		97	98	100	293	
		最低点		53	55	63	182	

実務をイメージして
練習しましょ！

5 数式や関数で楽に計算する

第 **6** 章

表のデータを
グラフにする

ここでは表をもとにグラフを作成する方法を紹介します。Excelでは、棒グラフ、折れ線グラフ、円グラフなど、さまざまな種類のグラフを作成できます。グラフを作成することで数値の変化を視覚化し、一目でわかるようになります。ビジネスでよく使われるグラフを作れるようになりましょう。

表をずばっと
グラフにしましょ

Section 47 グラフについて理解を深めよう

グラフとは、表の数値の関係性を図表で表したもので、棒グラフで大きさを比較したり、折れ線グラフで時間経過による数値の変化を表したり、円グラフで構成比を表したりできます。他にも目的によっていろいろなグラフが用意されています。

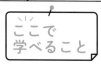
ここで学べること

習得スキル	操作ガイド	ページ
▶グラフの必要性を理解する	なし	p.474
▶よく利用されるグラフを知る		p.475

まずは パッと見るだけ！

グラフの必要性

データを分析するのに、表の数値をグラフ化するとデータの大小、傾向、割合、相関関係などを視覚化できます。グラフは数値だけでは読み取れない情報を把握するのに役立ちます。

	A	B	C	D	E	F	G
1	商品別売上					単位：万円	
2		2020年	2021年	2022年	2023年	合計	
3	商品A	1,450	1,600	1,500	1,650	6,200	
4	商品B	1,600	1,800	2,000	2,600	8,000	
5	商品C	1,150	1,350	1,100	1,250	4,850	
6	商品D	700	1,000	1,350	1,600	4,650	
7	合計	4,900	5,750	5,950	7,100	23,700	

数値だけだと、売れ行きや全体の傾向がわかりづらい

グラフ化することで商品ごとの売上状況や売れ筋などを把握できる

6 表のデータをグラフにする

474

よく利用されるグラフ

　Excelでは、一般的なグラフから株式や統計に使う専門的なグラフまでさまざまなグラフを作成できます。それぞれのグラフの特徴を確認し、目的にあったグラフを作成しましょう。

● 棒グラフ

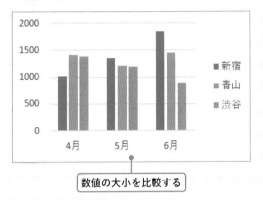

数値の大小を比較する

● 折れ線グラフ

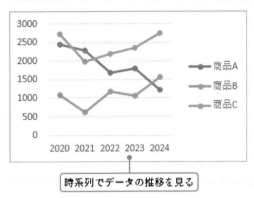

時系列でデータの推移を見る

● 円グラフ

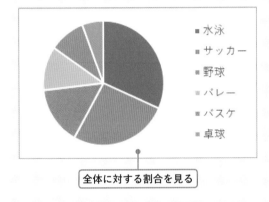

全体に対する割合を見る

● 散布図

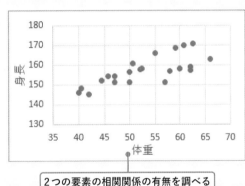

2つの要素の相関関係の有無を調べる

グラフを作ってみたい！

6章をひと通り学習したら、いろいろ試してみてね

48 棒グラフを作成する

グラフ

棒グラフは、数値の大小を比較するのに適したグラフです。例えば、年の商品別の売上結果を比較するのに向いています。棒グラフを作成しながら、グラフの基本操作を覚えましょう。

ここで学べること

習得スキル	操作ガイド	ページ
▶ 棒グラフの作成	レッスン 48-1	p.477
▶ グラフを移動とサイズ変更	レッスン 48-2	p.479

まずは パッと見るだけ！

棒グラフの作成

棒グラフは、もっとも一般的なグラフで、数値の大小を比較するのに使われます。棒グラフにもさまざまなものが用意されていますが、基本的な縦棒グラフを作成してみましょう。

\Before/
操作前

	A	B	C	D	E	F	G	H	I	J	K	L	M	N
1	商品別売上					単位：万円								
2		2020年	2021年	2022年	2023年	合計								
3	商品A	1,450	1,600	1,500	1,650	6,200								
4	商品B	1,600	1,800	2,000	2,600	8,000								
5	商品C	1,150	1,350	1,100	1,250	4,850								
6	商品D	700	1,000	1,350	1,600	4,650								
7	合計	4,900	5,750	5,950	7,100	23,700								
8														

年ごとの商品の売上を比較したい

棒グラフを作成したら、棒の高さで各商品の売上状況が比較できた

\After/
操作後

レッスン 48-1 棒グラフを作成する

練習用ファイル 48-1- 商品別売上 .xlsx

ここでは、セル範囲A2～E6をグラフ化する範囲とし、集合縦棒グラフを作成します。

操作 棒グラフを作成する

棒グラフを作成するには、まず、グラフ化したいセル範囲を選択し、[挿入] タブの [縦棒/横棒グラフの挿入] をクリックし、作成したいグラフの種類をクリックします。
作成したら、グラフタイトルに適切なタイトルを入力し完成させます。

Memo [おすすめグラフ] からグラフを作成する

[挿入] タブの [おすすめグラフ]) をクリックすると、[グラフの挿入] ダイアログが表示されます。[おすすめグラフ] タブには Excel がおすすめとしていくつかのグラフを挙げていますが、[すべてのグラフ] タブでは、すべてのグラフの種類の中から、選択できます。

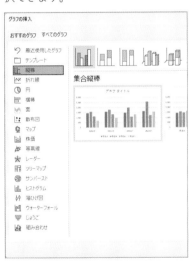

Memo 縦軸ラベルと横軸ラベル

グラフ作成直後には、縦軸ラベルと横軸ラベルが表示されていません。要素の追加は、**Section56** を参照してください。

1 グラフ化する範囲（ここではセル範囲A2～E6）を選択します。

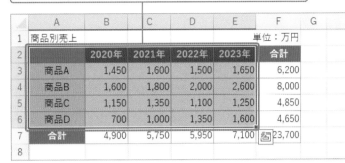

2 [挿入] → [縦棒/横棒グラフの挿入] をクリックし、作成するグラフをクリックすると、

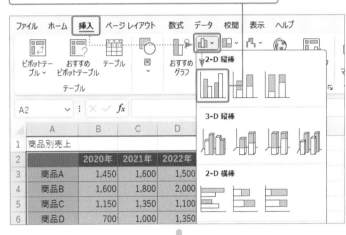

3 画面の中央に任意の大きさで縦棒グラフが作成されます。

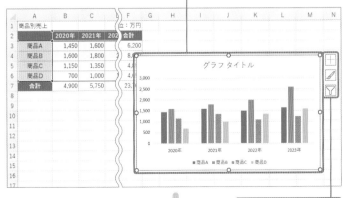

ショートカットツール

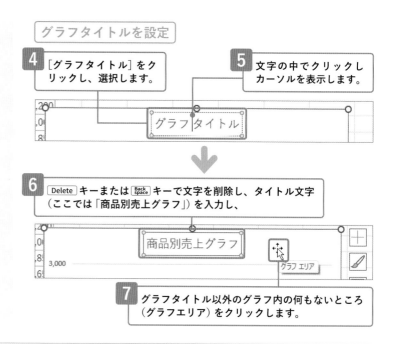

グラフタイトルを設定

4 [グラフタイトル] をクリックし、選択します。

5 文字の中でクリックしカーソルを表示します。

グラフタイトル

6 Delete キーまたは Back space キーで文字を削除し、タイトル文字（ここでは「商品別売上グラフ」）を入力し、

商品別売上グラフ

グラフ エリア

7 グラフタイトル以外のグラフ内の何もないところ（グラフエリア）をクリックします。

時短ワザ　ショートカットツール

グラフを作成すると、グラフの右上に3つのボタンが表示されます。これは「ショートカットツール」といい、グラフ編集に便利な機能がまとめられています。詳細は**Section56**のコラムを参照してください。

ボタン	名称	機能
┼	グラフ要素	グラフに表示する要素と表示位置を指定する
✎	グラフスタイル	グラフのスタイルや配色を変更する
▽	グラフフィルター	グラフに表示する項目を指定する

コラム　グラフの構成要素

棒グラフは次のような構成になっています。ここでは、使用例で表示されていない要素も含めて紹介します。マウスポインターを要素の上に合わせると、ポップヒントで要素名が表示されます。グラフを編集するときは、対象となる要素を選択してからメニューを選択します。また、グラフの要素は必要に応じて表示／非表示を切り替えたり位置を変更したりできます。

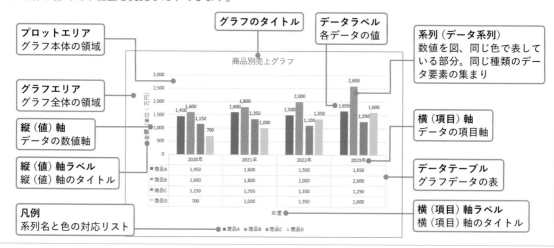

プロットエリア　グラフ本体の領域

グラフのタイトル

データラベル　各データの値

系列（データ系列）　数値を図、同じ色で表している部分。同じ種類のデータ要素の集まり

グラフエリア　グラフ全体の領域

縦（値）軸　データの数値軸

横（項目）軸　データの項目軸

縦（値）軸ラベル　縦（値）軸のタイトル

データテーブル　グラフデータの表

凡例　系列名と色の対応リスト

横（項目）軸ラベル　横（項目）軸のタイトル

表のデータをグラフにする

練習用
ファイル **48-2-商品別売上.xlsx**

🖱 操作 **グラフの移動／サイズ変更をする**

ワークシート上に作成されたグラフは、「オブジェクト」として扱われます。オブジェクトとは、ワークシート上に配置された、セルとは別に扱われる要素で、図形や画像もオブジェクトとして扱われます。グラフの移動とサイズ変更は、他のオブジェクトと同じ操作をします。

グラフ移動とサイズ変更のときのマウスポインターの形がポイントです。グラフ移動は🖼、サイズ変更は🔲の形になります。マウスポインターの形状を確認しながら操作してください。

💡 **Point グラフを選択する**

グラフを移動したり、サイズ変更したり、グラフ自体を編集したりするときは、グラフを選択します。グラフを選択する場合は、グラフ内の何もない場所（グラフエリア）をクリックします。グラフが選択されると、グラフの枠の周囲に白い○（ハンドル）が表示されます。

📝 **Memo 矢印キーで移動する**

グラフが選択されている状態で、↑、↓、→、←キーを押してもグラフを移動できます。少しずつ移動して位置を調整したいときに使えます。

✏ **上級テクニック セルの境界に合わせて移動／サイズ変更する**

[Alt] キーを押しながらドラッグすると、グラフがセルの境界にぴったり重なるように移動またはサイズ変更できます。

グラフの移動

1 グラフ内をクリックしてグラフを選択します。

2 グラフ内の何もない場所（グラフエリア）にマウスポインターを合わせ、🖼 の形になったらドラッグすると、

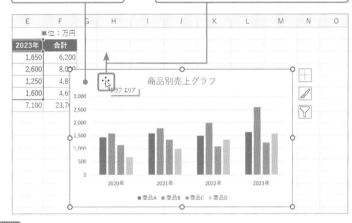

3 グラフが移動します。

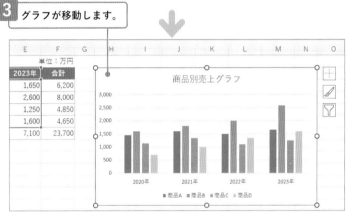

グラフのサイズ変更

1 グラフの中でクリックし、グラフを選択します。

2 グラフの周囲に表示された ［○］（ハンドル）にマウスポインターを合わせ、🔲の形になったら、ドラッグすると、

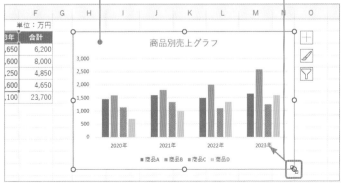

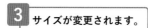

3 サイズが変更されます。

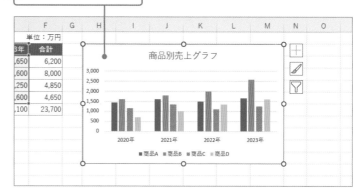

コラム　グラフシートにグラフを移動する

ワークシート上に作成されたグラフを、グラフシートに移動するには、グラフが選択されている状態で、[グラフのデザイン]タブ→[グラフの移動]をクリックします**❶**。
[グラフの移動]ダイアログで[新しいシート]をクリックし、シート名を入力して**❷**、[OK]をクリックすると**❸**、グラフシートが挿入され、そこにグラフが移動します**❹**。

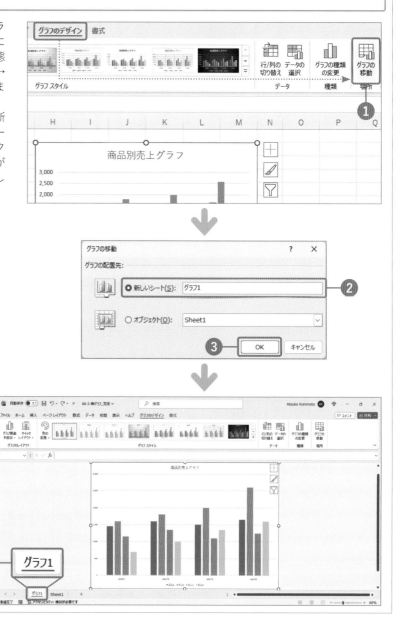

Section

49

折れ線グラフを作成する

折れ線グラフは、時系列で数値の変化を見るのに適したグラフです。例えば、商品の月ごとの売上数を折れ線グラフで表して、連続する期間でどう売上が変化したか傾向を探れます。

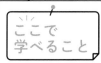

習得スキル	操作ガイド	ページ
▶ 折れ線グラフの作成	レッスン 49-1	p.482

まずは パッと見るだけ！

折れ線グラフの作成

　折れ線グラフは、時間の経過とともに数値がどのように変化したかを見るのに使われます。一般的に横軸に年、月、日などの期間を指定し、縦軸に売上数などの数値を指定します。

\Before/
操作前

	A	B	C	D	E	F	G	H
1	月別売上							
2		1月	2月	3月	4月	5月	6月	合計
3	支店1	1,300,914	1,200,524	1,350,357	1,400,852	1,350,149	1,550,641	8,153,437
4	支店2	1,650,188	1,500,114	1,150,925	1,200,637	1,100,239	900,527	7,502,630
5	支店3	750,740	1,050,200	1,250,925	1,300,719	1,500,156	1,650,808	7,503,548
6	合計	3,701,842	3,750,838	3,752,207	3,902,208	3,950,544	4,101,976	23,159,615

各支店の売上の推移を見たい

\After/
操作後

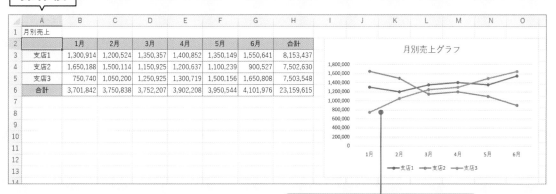

折れ線グラフを作成したら、線の傾きで各支店の売上の推移がわかった

レッスン **49-1** 折れ線グラフを作成する

練習用ファイル **49- 月別売上.xlsx**

ここでは、セル範囲A2〜G5をグラフ化する範囲とする、折れ線グラフを作成します。

🖱️ **操 作**　**折れ線グラフを作成する**

折れ線グラフを作成するには、まず、グラフ化したいセル範囲を選択し、[挿入] タブの [折れ線/面グラフの挿入] をクリックし、作成したいグラフの種類をクリックします。
作成したら、グラフタイトルに適切なタイトルを入力し完成させます。

💡 **Point**　**グラフタイトルを削除したい**

グラフタイトルの枠線上をクリックし、Delete キーを押します。なお、グラフタイトルを削除しても後から追加できます（**Section56** 参照）。

---

1 グラフ化する範囲（ここではセル範囲A2〜G5）を選択します。

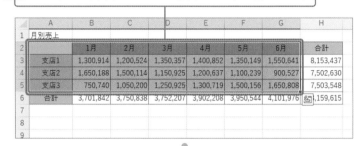

2 [挿入] → [折れ線/面グラフの挿入] をクリックし、作成するグラフをクリックすると、

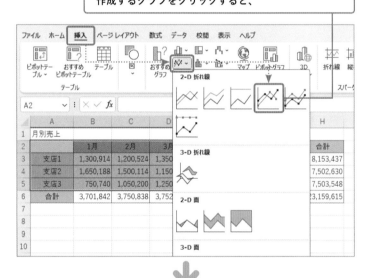

3 画面の中央に任意の大きさで折れ線グラフが作成されます。

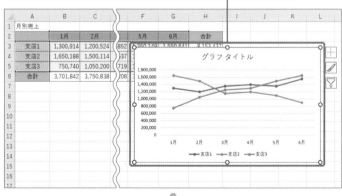

6

表のデータをグラフにする

4 レッスン48-1を参照し、グラフタイトルを設定し
（ここでは「月別売上グラフ」）、

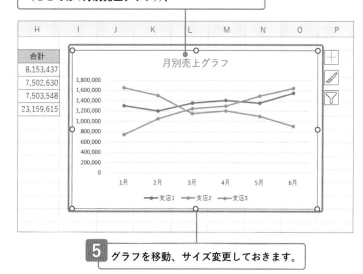

5 グラフを移動、サイズ変更しておきます。

コラム　折れ線グラフで途切れた線をつなぐには

表に空白があると、折れ線グラフは線が途切れてしまいます。途切れた線をつなぐには、次の手順で設定します。グラフを選択し、コンテキストタブの［グラフのデザイン］タブ→［データの選択］をクリックし❶、［データソースの選択］ダイアログで［非表示および空白のセル］をクリックします❷。［非表示および空白のセルの設定］ダイアログで［データ要素を線で結ぶ］をクリックして選択し❸、［OK］をクリックします❹。途切れていた線がつながります❺。

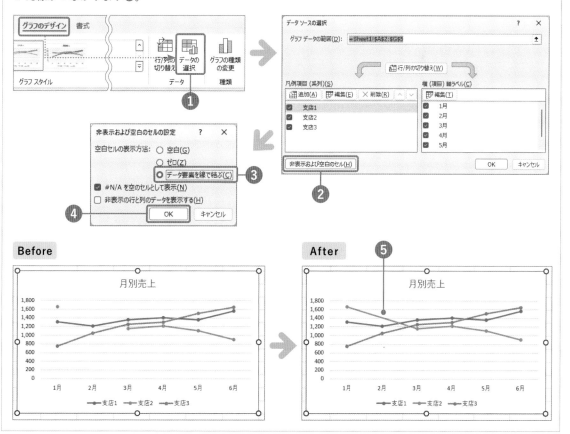

Section

50 円グラフを作成する

グラフ

円グラフは、全体の中での割合を見るのに適切なグラフです。例えば、売り上げ全体に対する、各商品の売上構成比を見たいときに、円グラフを作成することでその扇形の面積で占める割合を見ることができます。

ここで
学べること

習得スキル	操作ガイド	ページ
▶ 円グラフの作成	レッスン50-1	p.485

 まずは パッと見るだけ！

円グラフの作成

　円グラフは、各要素が全体に対してどのくらいの割合になっているかを見るのに使われます。通常、グラフ化する数値は「1月の売上」や「商品ごとの合計」など1種類にします。ここでは、上半期の商品ごとの合計を円グラフにします。

Before
操作前

> 上半期（1月～6月）の各商品の
> 売上の割合を見たい

	A	B	C	D	E	F	G	H
1	上半期商品別売上	(売上高い順)						
2	商品	1月	2月	3月	4月	5月	6月	合計
3	商品E	86,000	88,000	87,000	84,500	89,500	91,000	526,000
4	商品F	65,000	62,500	60,000	63,000	59,000	55,000	364,500
5	商品D	59,000	55,000	48,000	52,500	56,000	58,000	328,500
6	商品A	42,000	41,500	43,500	48,600	51,000	40,000	266,600
7	商品C	28,000	22,500	28,600	26,000	28,500	30,000	163,600
8	商品B	10,500	11,300	10,500	13,000	12,300	14,500	72,100
9	合計	290,500	280,800	277,600	287,600	296,300	288,500	1,721,300
10								

After
操作後

> 円グラフを作成したら、各商品の扇の大きさで
> 全体に占める割合が確認できた

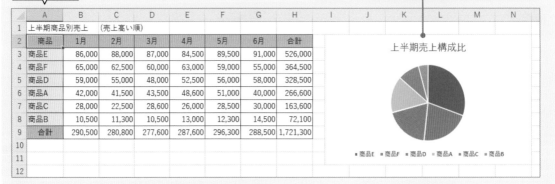

	A	B	C	D	E	F	G	H
1	上半期商品別売上	(売上高い順)						
2	商品	1月	2月	3月	4月	5月	6月	合計
3	商品E	86,000	88,000	87,000	84,500	89,500	91,000	526,000
4	商品F	65,000	62,500	60,000	63,000	59,000	55,000	364,500
5	商品D	59,000	55,000	48,000	52,500	56,000	58,000	328,500
6	商品A	42,000	41,500	43,500	48,600	51,000	40,000	266,600
7	商品C	28,000	22,500	28,600	26,000	28,500	30,000	163,600
8	商品B	10,500	11,300	10,500	13,000	12,300	14,500	72,100
9	合計	290,500	280,800	277,600	287,600	296,300	288,500	1,721,300
10								
11								
12								

上半期売上構成比

■商品E ■商品F ■商品D ■商品A ■商品C ■商品B

レッスン **50-1** 円グラフを作成する

練習用
ファイル 50-上半期商品別売上.xlsx

ここでは、セル範囲A2〜A8とH2〜H8をグラフ化する範囲とする、円グラフを作成します。

🖱️ 操作 円グラフを作成する

円グラフを作成するには、まず、グラフ化したいセル範囲を選択し、[挿入] タブの [円またはドーナツグラフの挿入] 🔘▾をクリックし、作成したいグラフの種類をクリックします。
作成したら、グラフタイトルに適切なタイトルを入力し完成させます。

💡 Point 表を数値の大きい順に並べ替えておく

円グラフは、割合の大きいものから順に配置されるようにした方が比較しやすく見やすいグラフになります。ここでは、表をあらかじめ売上金額の大きい順で並べ替えをしています。並べ替えについては、**Section59** を参照してください。

📝 Memo 割合は自動で計算される

円グラフを作成するときに各要素の全体に対する割合は自動で計算されます。そのため、円グラフを作成するために、[構成比] の列をあえて作成する必要はありません。

📝 Memo データラベルを表示するには

円グラフの中にパーセントの表示を追加する手順は、**Section56** を参照してください。

1 商品名の列 (セル範囲A2〜A8) をドラッグして選択し、

2 合計の列 (セルH2〜H8) を Ctrl キーを押しながらドラッグして選択します。

3 [挿入] → [円またはドーナツグラフの挿入] 🔘▾をクリックし、作成するグラフをクリックすると、

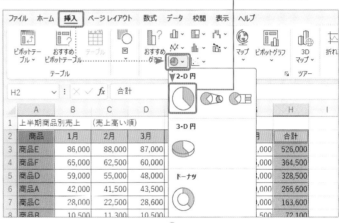

4 画面の中央に任意の大きさで円グラフが作成されます。

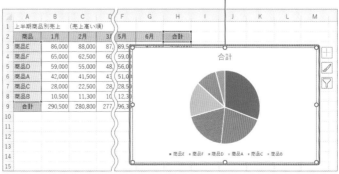

5 レッスン48-1を参照し、グラフタイトルを設定し（ここでは「上半期売上構成比」）、

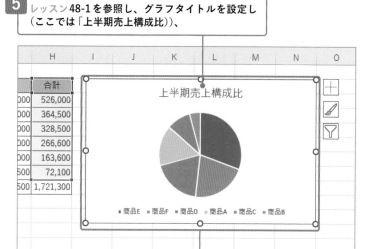

6 グラフを移動、サイズ変更しておきます。

コラム　セルの値をグラフのタイトルにするには

セルの値をグラフのタイトルとして使用したい場合は、次の手順でセルを参照します。
グラフタイトルをクリックして選択し**❶**、数式バーに半角で「=」を入力して**❷**、グラフタイトルにしたい文字列が入力されているセルをクリックします**❸**。数式バーに「=Sheet1!$A$1」のようにセル番地が表示されたら**❹**、[Enter]キーで確定すると、グラフタイトルにセルの値が表示されます**❺**。

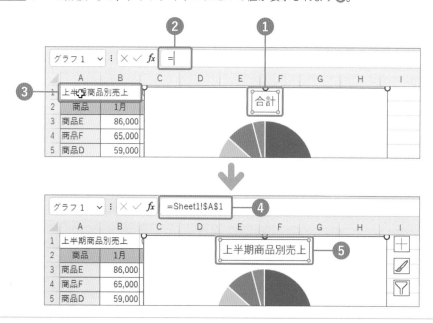

コラム　散布図を作成する

散布図は、2つのデータの相関関係を示すグラフです。2種類の項目を縦軸と横軸に取り、データの分布状態を示し、相関関係の有無を調べることができます。例えば、年齢と購入金額の表（セル範囲B2〜C29）をグラフ化する範囲とする散布図を作成するには、次のような手順になります。まず、セル範囲B2〜C29を選択し❶、［挿入］タブの［散布図（X,Y）またはバブルチャートの挿入］をクリックし、作成するグラフをクリックすると❷、画面の中央に任意の大きさで散布図が作成されます❸。

相関関係とは、どちらかが大きくなると、もう一方も大きくなる。または小さくなる関係です。もう一方も大きくなる場合は、正の相関関係があるといい、小さくなる場合は、負の相関関係があるといいます。ここで作成された散布図をみると、年齢が上がるほど、購入金額も増えているため、年齢と購入金額には、正の相関関係があるということがわかります。

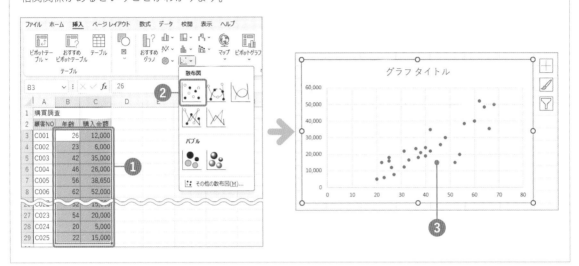

ひとやすみ

読みやすいグラフとは

グラフを作成する際は、まず、伝えたい内容にあったグラフを作成することが大切です。大きさを比較したいのであれば棒グラフですし、全体の構成比を見たいのであれば円グラフが適切です。

また、グラフを読みやすくするには、グラフの内容を簡潔に説明するラベルをつけます。グラフタイトルやグラフの縦軸や横軸のラベル（軸ラベル）、グラフの数値やパーセンテージ（データラベル）などを追加して、グラフの内容を正確に伝わるようにします。例えば、数値が金額なのか個数なのかや、単位が千なのか万なのかといったことも明確にする必要があります。

他にも、円グラフの構成比が何パーセントなのかデータラベルで表示するとわかりやすいですね。

次に、色の使い方も重要です。例えば、一番売れている商品を強調したいのであれば、その商品のグラフだけ色を変更して、それ以外は同系色にするとわかりやすいでしょう。

● **読みやすいグラフのためのチェックポイント**

☑ 内容に適したグラフを選んでいるか？　　　☑ データをラベルで補足できているか？
☑ 強調したいデータの色は適切か？

Point　グラフの種類／ラベル／色でグラフをスッキリと見せる

51 グラフの種類を変更する

グラフ

グラフの種類は、グラフ作成後でも変更できます。同じ表でも、グラフの種類を変更することで、見える情報が変わってきます。例えば、各要素の数の大きさを比較していたグラフを、グラフの種類を変更することで各要素の全体に占める割合を示すグラフにすることができます。

ここで学べること	習得スキル	操作ガイド	ページ
	▶グラフの種類の変更	レッスン51-1	p.490

👀 まずは パッと見るだけ！

グラフの種類を変える

グラフの種類を変更するだけで、簡単に受け取れる情報を変更できます。例えば、商品別売上の集合縦棒グラフを100%積み上げ縦棒グラフに変更するだけで、年ごとの各商品の売上構成比が確認できます。

─\Before/─ 操作前

グラフの種類を変更して各年における売上構成を見たい

─\After/─ 操作後

100%積み上げ縦棒グラフに変更したら、年ごとの各商品の占める割合が確認できた

棒グラフは縦棒グラフと横棒グラフの2種類に大きく分類されます。その中でもさらに系列を並べて比較する「集合」と、各系列を積み重ねて比較する「積み上げ」と、全体を100％として系列を積み重ねて割合をみる「100％積み上げ」の3種類があります。なお、3Dグラフといった立体型に見せるグラフもあります。

● 集合縦棒グラフ

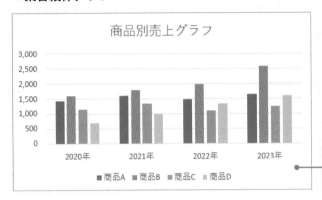

各商品の売上を棒グラフにして並べることで、各商品の売上を全体的に比較できる

● 積み上げ縦棒グラフ

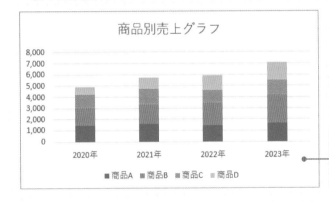

棒の高さが年の売上合計となるため、年単位の売上比較ができる。棒グラフの内部は、各商品の売上数であるため、その年の売上数の内訳が確認できる

● 100％積み上げ縦棒グラフ

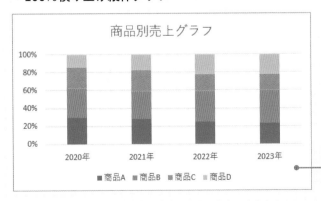

売上の合計を100％として、各商品の売上の割合が表示される。売上金額というより、全体に対する各商品の占める割合を確認できる

レッスン **51-1** 集合縦棒グラフを100%積み上げ縦棒グラフに変更する

練習用ファイル **51-商品別売上.xlsx**

ここでは、集合縦棒グラフを100%積み上げ縦棒グラフに変更します。

操作 グラフの種類を変更する

グラフの種類を変更するには、グラフを選択し、コンテキストタブの[グラフのデザイン]タブの[グラフの種類の変更]をクリックします。表示される[グラフの種類の変更]ダイアログで変更したいグラフを選択するだけです。

Memo 各要素の値を表示するには

グラフの右上にある⊞をクリックし❶、一覧から[データラベル]にチェックを付けると❷、各要素のセルの値が表示されます❸。
なお、パーセント表示はできないので、構成比を表示したい場合は、別途構成比の表を作成する必要があります。

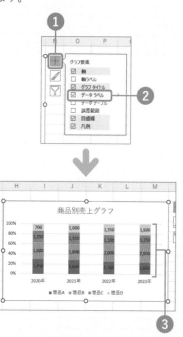

1 グラフを選択し、

2 コンテキストタブの[グラフのデザイン]タブ→[グラフの種類の変更]をクリックします。

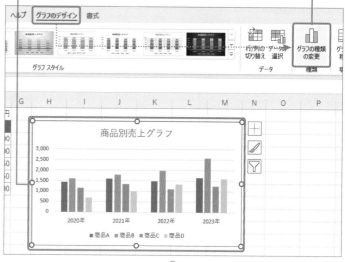

3 [グラフの種類の変更]ダイアログが表示されます。

4 [すべてのグラフ]タブのグラフの分類(ここでは[縦棒])をクリックし、

5 変更するグラフ(ここでは、[100%積み上げ縦棒])をクリックして、

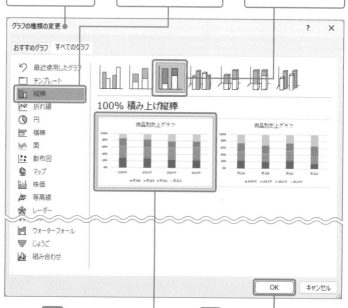

6 プレビューを確認して種類を選択したら、

7 [OK]をクリックします。

8 グラフの種類が変更されます。

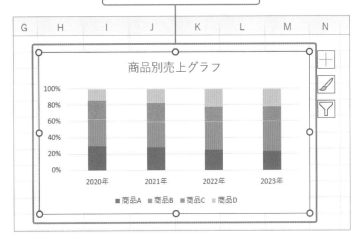

○ コラム　グラフ選択時に表示されるリボン

グラフを選択すると、コンテキストタブの［グラフのデザイン］タブと［書式］タブが表示されます。グラフに対するいろいろな編集を行うことができます。

● ［グラフのデザイン］タブ
グラフの要素を追加したり、デザインを変更したり、グラフの種類を変更したりと、グラフを編集する機能がまとめられています。

● ［書式］タブ
グラフの系列やデータ要素に色を変えたり、図形を追加したりと、個別に修飾を設定する機能がまとめられています。

≡ Memo　横棒グラフ

横棒グラフは、横長の棒グラフで、［グラフの種類の変更］ダイアログで選択できます。

Section

52 グラフの項目軸と凡例を入れ替える

グラフ

棒グラフや折れ線グラフを作成する場合、グラフの作成元となるデータ範囲の大きさによって項目軸（横軸）が自動で決められてグラフが作成されます。作成した後で、項目軸と凡例を入れ替えたい場合は、グラフの元となるデータ範囲の行と列を入れ替えます。

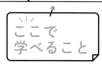
ここで
学べること

習得スキル	操作ガイド	ページ
▶項目軸と凡例の入れ替え	レッスン52-1	p.493

まずは パッと見るだけ！

グラフの項目軸と凡例の入れ替え

グラフの項目軸と凡例を入れ替えると、比較対象を変更することができ、グラフから伝わる情報を切り替えることができます。

\Before /
操作前

商品ごとに年の経過による
売り上げの変化を見たい

\After /
操作後

項目軸と凡例を入れ替えたら、各商品の
年ごとの売上状況が確認できた

レッスン **52-1** 項目軸を年別から商品別に変更する

練習用
ファイル 52-商品別売上.xlsx

🖱️ 操作 　行/列を切り替える

グラフの項目軸と凡例を入れ替える
には、コンテキストタブの［グラフ
のデザイン］タブの［行/列の切り替
え］をクリックするだけです。ク
リックするごとに入れ替えられます。

1 グラフを
選択し、

2 コンテキストタブの［グラフのデザイン］タブ→
［行/列の切り替え］をクリックします。

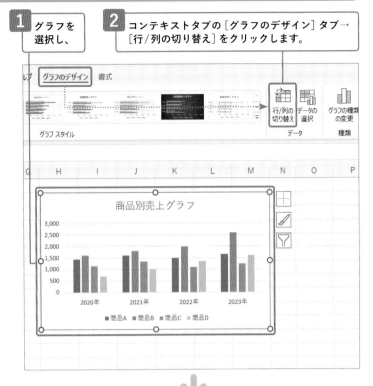

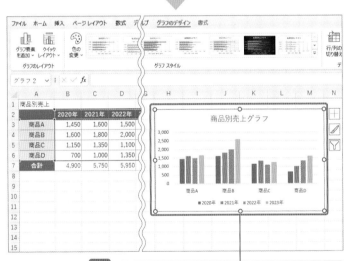

3 項目軸と凡例が切り替わり、商品ごとに年ごとの
売上を比較できます。

グラフで確認したい
観点を考えて
みましょう♪

53 グラフのデータ範囲を追加する

グラフ

表が大きくなったときにグラフにする範囲を広げたり、表が小さくなったときにグラフにする
範囲を縮小したりするには、データソースというグラフの元となるデータ範囲を変更します。

ここで
学べること

習得スキル	操作ガイド	ページ
▶グラフのデータ範囲の追加	レッスン53-1	p.495

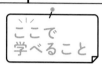
まずは パッと見るだけ！

グラフのデータ範囲を広げて反映する

　グラフを作成した後に表の項目が増加した場合、グラフにも増加分を追加するには、グラフの
データ範囲を広げます。

\Before/ 操作前

表に商品Eが追加されたので
グラフに反映したい

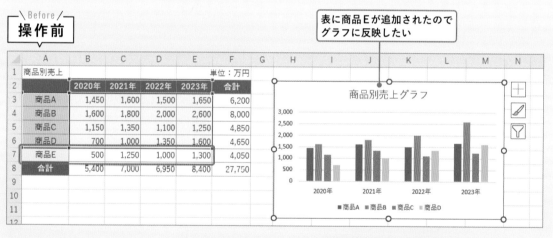

\After/ 操作後

グラフのデータ範囲を広げたら、
商品Eがグラフに追加された

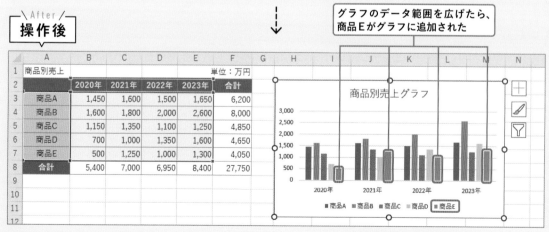

レッスン **53-1** グラフのデータ範囲を広げて商品を追加する

練習用
ファイル　53-商品別売上.xlsx

操作　グラフのデータ範囲を変更する

グラフのデータ範囲を広げるには、グラフを選択したときに表に表示される色の付いた枠線をドラッグします。

Memo　[データソースの選択] ダイアログでグラフ範囲を変更する

コンテキストタブの [グラフのデザイン] タブにある [データの選択] をクリックすると、[データソースの選択] ダイアログが表示されます①。[グラフデータの範囲] にグラフの元になるセル範囲 (データソース) が表示されています②。このセル範囲を修正してもグラフ範囲を変更できます。

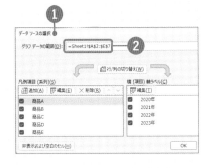

1 グラフを選択すると、

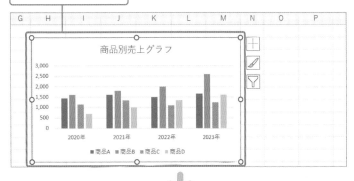

2 グラフのデータ範囲の周囲に色のついた枠線が表示されます。

3 色枠の線の角にある [■] (ハンドル) にマウスポインターを合わせ、⬉ の形になったら、データ範囲を広げたい方向にドラッグします。

4 色枠が広がり、グラフのデータ範囲が広がりました。

5 グラフに系列 (商品E) が追加されました。

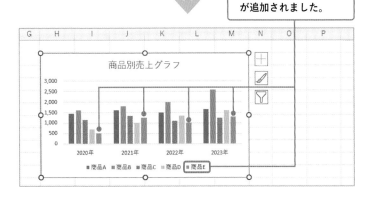

54 グラフのスタイルを変更する

グラフ

グラフのスタイルは、色、効果、データラベル、グラフタイトルなどの組み合わせのセットです。スタイルを変更するだけでグラフ全体のデザインを変更して、見栄えを一気に整えることができます。また、カラーパターンだけを変更してグラフの色合いを整えることもできます。

ここで
学べること

習得スキル	操作ガイド	ページ
▶ グラフのスタイルの変更	レッスン54-1	p.497
▶ グラフの要素を個別に変更	レッスン54-2	p.498

まずは パッと見るだけ！

グラフのスタイルを変える

　グラフを作成すると、カラフルな色合いの凡例とグラフタイトルが表示されているシンプルなスタイルが設定されています。グラフのスタイルを選択すれば、すばやく色合いやデザインを変更できます。なお、個別に色を変えたい場合は、要素ごとに設定します。

6

表のデータをグラフにする

\Before/
操作前

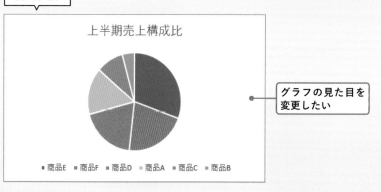

グラフの見た目を
変更したい

\After/
操作後

色合いやスタイルが変更され、
構成比が最も大きい商品だけ
強調できた

レッスン 54-1 グラフの色合いやスタイルを変更する

練習用ファイル 54-1-上半期商品別売上.xlsx

操作 **グラフのスタイルを変更する**

グラフのスタイルを変更するには、コンテキストタブの[グラフのデザイン]タブの[グラフスタイル]グループでデザインを選択します。

Memo **色合いを最初に戻す**

色合い変更の手順 3 で、一番上のカラーパターン[カラフルなパレット1]を選択します。

Memo **スタイルを最初に戻す**

グラフスタイルの一覧から、一番上の左端にあるスタイル[スタイル1]をクリックします。
なお、データラベルが表示されるスタイルを選択していた場合は、データラベルは削除されず、そのまま残ります。

時短ワザ **ショートカットツールを使ってスタイルを変更する**

グラフの右上に表示されているショートカットツールの[グラフスタイル]をクリックしてもスタイルを変更できます。

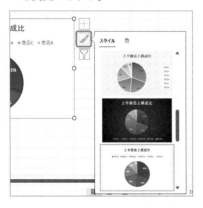

グラフの色合いを変更する

1 グラフを選択しておきます。

2 コンテキストタブの[グラフのデザイン]のタブ→[色の変更](グラフクイックカラー)をクリックし、

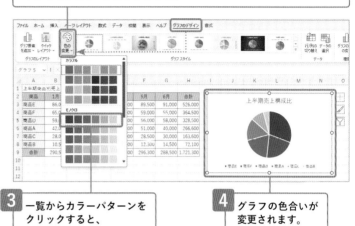

3 一覧からカラーパターンをクリックすると、

4 グラフの色合いが変更されます。

グラフのスタイルを変更する

1 グラフを選択しておきます。

2 コンテキストタブの[グラフのデザイン]タブの[グラフスタイル]にあるをクリックします。

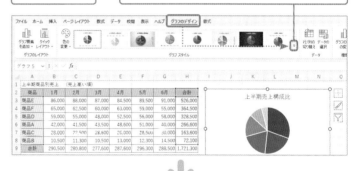

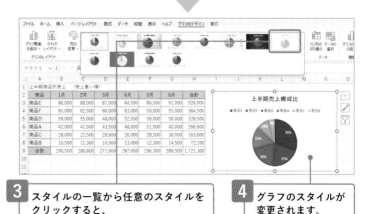

3 スタイルの一覧から任意のスタイルをクリックすると、

4 グラフのスタイルが変更されます。

レッスン **54-2** グラフの要素を個別に変更する

練習用
ファイル **54-2-上半期商品別売上.xlsx**

ここでは、一番構成比の大きいグラフの要素に赤い色を設定してみましょう。

操作 **グラフの要素を
個別に変更する**

グラフスタイルでは、全体をセットにしてデザインを変更しますが、グラフの要素を個別に変更するには、コンテキストタブの [書式] タブにあるメニューを使います。

コラム **1つのグラフの要素を
切り離したい**

円グラフの1つの要素を強調するには、色を変更する以外に、1つの要素だけ切り離して表示する方法があります。切り離したいグラフの要素だけを選択したら、マウスポインターをグラフ要素内に合わせ❶、外側にドラッグします❷。

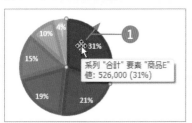

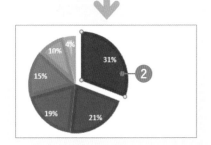

1 グラフを選択します。

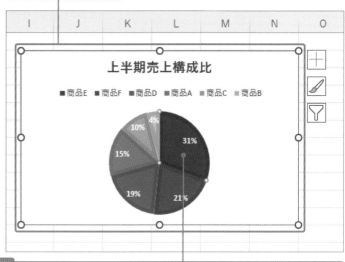

2 色を変更したいグラフの要素で2回クリックし、そのグラフ要素の周囲だけハンドル (○) を表示します。

3 コンテキストタブの [書式] タブ→
[図形の塗りつぶし] をクリックし、

4 色をクリックすると、

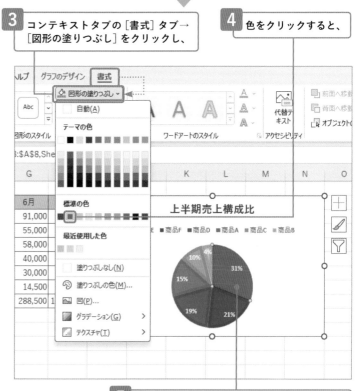

5 選択したグラフの要素だけ色が変更されます。

コラム　グラフ内に図形を配置する

グラフ内に図形を配置する場合、次の手順で追加します。

グラフを選択して、コンテキストタブの［書式］タブの［図形の挿入］グループにある▽をクリックし❶、一覧から図形をクリックします❷。グラフ内でドラッグして図形を作成します❸。

グラフが選択されている状態で図形を配置すると、グラフを移動する際に図形もいっしょに移動します。

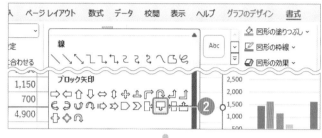

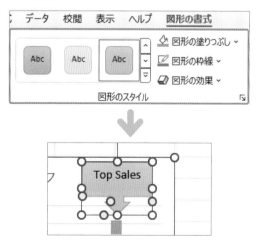

● 図形内に文字入力

図形が選択されている状態で、文字をタイプすると図形内に文字が入力されます。

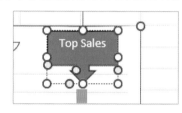

● 図形の移動

図形の中にマウスポインターを合わせ、ドラッグして移動します。

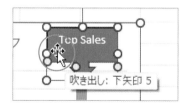

● 図形のサイズ変更

図形の周囲に表示される白いハンドル［○］にマウスポインターを合わせドラッグしてサイズ変更します。

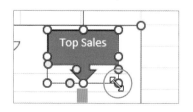

● 図形のスタイル変更

コンテキストタブの［図形の書式］タブの［図形のスタイル］グループで図形のスタイルを選択します。なお、［図形の塗りつぶし］や［図形の枠線］で色を選択すると、図形の色や枠線を個別に変更できます。

55 グラフのレイアウトを変更する

グラフに表示する、ラベルやデータテーブルなどのグラフ要素の組み合わせがレイアウトとして用意されています。レイアウトを選択するだけで、グラフのレイアウトを簡単に変更できます。標準では表示されない要素を手早く表示したいときに便利です。

習得スキル	操作ガイド	ページ
▶グラフのレイアウトの変更	レッスン55-1	p.501

まずは パッと見るだけ！

グラフのレイアウトを変える

Excelに用意されている**グラフのレイアウト**を適用することで、作成直後のレイアウトには表示されていないグラフの要素が追加されたレイアウトに変更できます。

操作前 \Before/

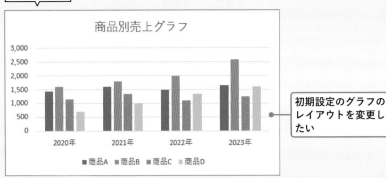

初期設定のグラフのレイアウトを変更したい

操作後 \After/

縦軸ラベル

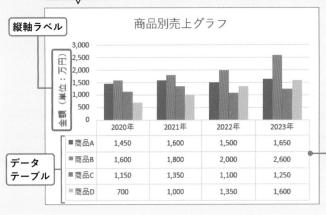

レイアウトを変更して、縦軸ラベルとデータテーブルが表示された

データテーブル

6

表のデータをグラフにする

レッスン **55-1** グラフのレイアウトを変更する

練習用ファイル　55-商品別売上.xlsx

操作　グラフのレイアウトを変更する

グラフのレイアウトを変更するには、コンテキストタブの[グラフのデザイン]タブの[クイックレイアウト]をクリックして一覧から選択します。グラフ要素などの組み合わせがまとめて設定されます。
なお、個別にグラフ要素を追加、削除するには、**Section56**を参照してください。

Memo　縦軸ラベルを変更する

縦軸ラベルをクリックして選択したら、文字の中でクリックしてカーソルを表示し、Back space または Delete キーを押して仮の文字列を削除して、表示したい文字を入力します。

ここでは、グラフのレイアウトを変更して縦軸ラベルとデータテーブルを表示します。グラフを選択しておいてください。

1 コンテキストタブの[グラフのデザイン]のタブ→[クイックレイアウト]をクリックし、

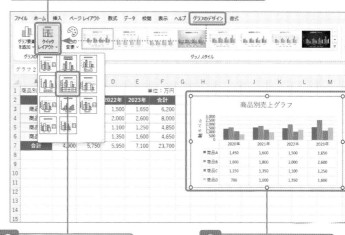

2 一覧からレイアウトをクリックすると、

3 グラフのレイアウトが変更されます。

4 グラフのサイズを調整し、

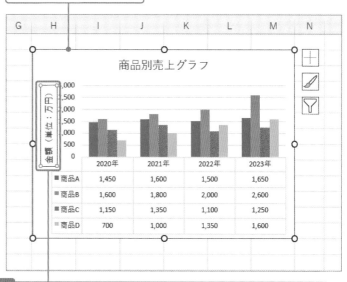

表付きだとグラフで数値を読まなくてすむね〜

5 表示されたグラフ要素（ここでは縦軸ラベル）の文字を修正します。

56 グラフの要素を追加／変更して編集する

グラフ

グラフにデータを追加で表示したり、目盛線を変更したりと、グラフの要素を追加／変更することで、より見やすいグラフを作成できます。ここでは、いろいろなグラフ要素の追加や編集方法を学びましょう。

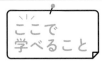
ここで学べること

習得スキル	操作ガイド	ページ
▶軸ラベルの追加／変更	レッスン56-1	p.503
▶縦（値）軸の変更	レッスン56-2	p.505
▶データラベルの追加	レッスン56-3	p.506

まずは パッと見るだけ！

グラフ要素の追加／変更する

グラフの各要素は自由に追加／変更できます。グラフをより見やすくわかりやすくするのに役立ちます。

\Before/
操作前

\After/
操作後

●軸ラベルの追加

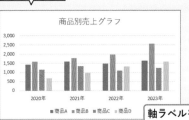

--->

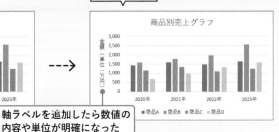

軸ラベルを追加したら数値の内容や単位が明確になった

●縦（値）軸の変更

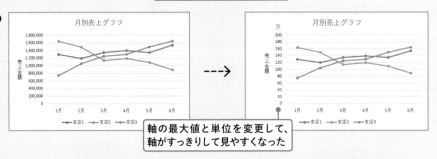

軸の最大値と単位を変更して、軸がすっきりして見やすくなった

●データラベルの追加

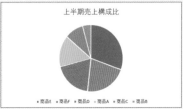

--->

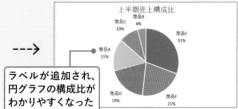

ラベルが追加され、円グラフの構成比がわかりやすくなった

レッスン 56-1 グラフの軸ラベルを追加／変更する

練習用ファイル 56-1-商品別売上.xlsx

ここでは、集合縦棒グラフの縦軸（第1縦軸）の軸ラベルを追加し、縦書きに変更します。グラフを選択しておいてください。

操作 軸ラベルを追加／編集する

棒グラフや折れ線グラフなど、縦軸と横軸のあるグラフにそれぞれの軸にラベルを追加するには、コンテキストタブの［グラフのデザイン］タブにある［グラフ要素を追加］を使います。また、追加した軸ラベルの設定を変更するには、［軸ラベルの書式設定］作業ウィンドウを表示します。

時短ワザ ショートカットツールで軸ラベルを追加する

グラフの右上に表示される［グラフ要素］田をクリックし①、［軸ラベル］の▸をクリックして一覧から追加したい軸ラベルをクリックします②。なお、縦軸、横軸ともに追加したい場合は、［軸ラベル］のチェックボックスをクリックしてチェックを付けます。

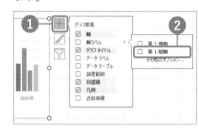

Memo 軸ラベルを削除する

不要な軸ラベルを削除するには、軸ラベルの外枠をクリックして選択し、Delete キーを押します。

軸ラベルの追加

1 コンテキストタブの［グラフのデザイン］のタブ→［グラフ要素を追加］をクリックし、

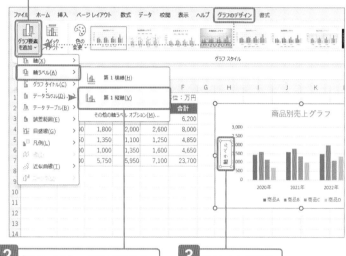

2 ［軸ラベル］→［第1縦軸］をクリックすると、

3 軸ラベルが追加されます。

4 軸ラベル内をクリックしてカーソルを表示し、Backspace キーまたは Delete キーで仮の文字を削除し、軸のラベルにする文字列（ここでは「金額（単位：万円）」）を入力します。

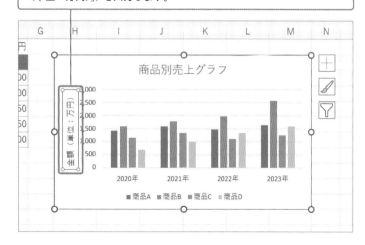

軸ラベルを縦書きに変更

1 縦軸ラベル上で右クリックし、[軸ラベルの書式設定]をクリックします。

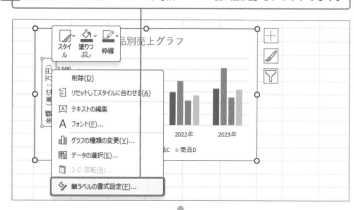

2 [軸ラベルの書式設定]作業ウィンドウが表示されます。

3 [文字のオプション]をクリックし、

4 [テキストボックス]をクリックします。

ゆっくり操作したらできた！

5 [テキストボックス]の[文字列の方向]で「縦書き」を選択すると、

6 [軸ラベルが縦書きになります。

コラム　グラフ要素の追加方法

グラフ要素は、コンテキストタブの[グラフのデザイン]のタブ→[グラフ要素を追加]をクリックして一覧からグラフ要素を選択し、追加する位置や種類を選択します。または、ショートカットツールの[グラフ要素] を使うこともできます。

● [グラフ要素を追加]

● ショートカットツールのグラフ要素

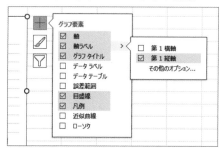

レッスン 56-2 縦（値）軸を変更する

練習用ファイル 56-2-月別売上.xlsx

🖱 **操作 縦軸を編集する**

棒グラフや折れ線グラフにある縦軸の最小値や最大値、目盛の間隔を変更するなど、設定を詳細に変更するには、［軸の書式設定］作業ウィンドウで設定します。

⏱ **時短ワザ ［（グラフ要素）の書式設定］作業ウィンドウの表示**

各グラフ要素の詳細を設定する書式設定作業ウィンドウは**レッスン56-1**のように右クリックして［（グラフ要素名）の書式設定］をクリックする以外に、直接グラフ要素をダブルクリックしても表示できます。
また、すでに作業ウィンドウが表示されている場合は、グラフ上でグラフ要素をクリックするだけで切り替えられます。

💡 **Point 最大値が「2.0E6」と表示される**

最大値の値が確定されると、作業ウィンドウの［最大値］の欄に「2.0E6」と表示されます。桁数が大きいと自動的に指数で表示されます。これは、「2×10^6」という意味で「2000000」を表しています。

軸のオプション	
境界値	
最小値(N) 0.0	自動
最大値(X) 2.0E6	リセット

軸の最大値を変更する

ここでは、折れ線グラフの縦軸の最大値を「2,000,000」に変更します。グラフを選択しておいてください。

1 縦軸の数値の部分をダブルクリックすると、

2 ［軸の書式設定］作業ウィンドウが表示されます。

3 ［軸のオプション］をクリックし、

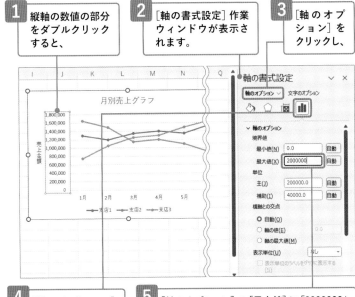

4 ［軸のオプション］をクリックして、

5 ［軸のオプション］の［最大値］に「2000000」と入力して Enter キーを押します。

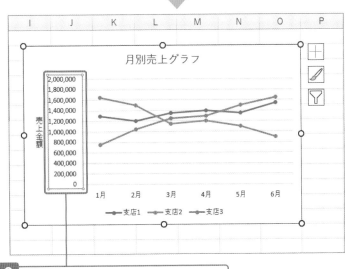

6 軸の最大値が「2,000,000」に変更されます。

6

表のデータをグラフにする

Memo 表示単位ラベルを縦書きにする

表示単位ラベルをダブルクリックして [表示単位ラベルの書式設定] 作業ウィンドウを表示したら、**レッスン 56-1**と同じ手順で縦書きに変更できます。

Memo ラベルを任意の位置に移動する

軸ラベルや表示単位のラベルはラベルの境界線をドラッグして任意の位置に移動することができます。

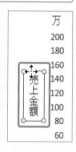

単位を「万」に変更する

ここでは、表の数値の桁数が大きいので単位を万にして軸の数値の表示単位を変更します。

1 [軸の書式設定] 作業ウィンドウの [軸のオプション] の [表示単位] で [万] を選択します。

2 [表示単位のラベルをグラフに表示する] にチェックがついていることを確認します。

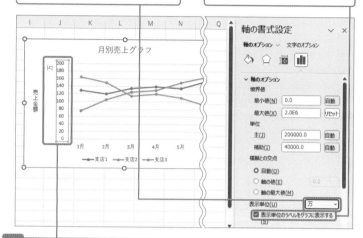

3 単位が変更され、表示単位のラベルが変更されます。

レッスン 56-3 データラベルを追加する

練習用ファイル　56-3-上半期商品別売上.xlsx

操作 データラベルを追加する

グラフのデータ系列にデータラベルを表示して、内訳が確認できるようにしてみましょう。
ここでは、ショートカットツールの [グラフ要素] ⊞ から [データラベルの書式設定] 作業ウィンドウを表示し、分類名とパーセントが上下に表示されるように設定を変更します。

ここでは円グラフにパーセンテージと商品名（分類名）を表示し、凡例を非表示にします。グラフを選択しておいてください。

1 [グラフ要素] ⊞ をクリックして、

2 [データラベル] の ▷ をクリックし、

3 [その他のオプション] をクリックすると、

Memo パーセント表示を小数点以下第1位まで表示する

手順 9 の後、作業ウィンドウの下の方にある［表示形式］をクリックして展開し、［カテゴリ］で［パーセンテージ］を選択して、［小数点以下の桁数］に「1」と入力します。

Point 凡例を移動／非表示にする

ショートカットツールの［グラフ要素］⊞→［凡例］の▷をクリックして、メニューから凡例を表示する位置を変更できます。

なお、凡例を直接ドラッグすると任意の位置に移動できます。

また、凡例を非表示にするには、［グラフ要素］⊞→［凡例］のチェックボックスをクリックしてチェックを外すか、凡例をクリックして選択し、Delete キーを押します。

表示位置を選択します。

4 ［データラベルの書式設定］作業ウィンドウが表示されます。

5 ［ラベルオプション］をクリックし、

6 ［ラベルオプション］をクリックして、

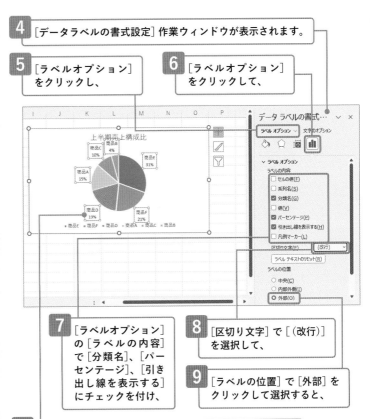

7 ［ラベルオプション］の［ラベルの内容］で［分類名］、［パーセンテージ］、［引き出し線を表示する］にチェックを付け、

8 ［区切り文字］で［（改行）］を選択して、

9 ［ラベルの位置］で［外部］をクリックして選択すると、

10 分類名とパーセンテージのデータラベルが表示されます。左のPointを参考に凡例を非表示にします。

コラム グラフに代替テキストを追加する

視覚に障がいがある方などが、グラフの内容がわかるようにグラフに代替テキストを追加することができます。代替テキストを追加するには、コンテキストタブの［書式］タブの［代替テキスト］をクリックして❶、［代替テキスト］作業ウィンドウを表示し❷、入力欄に簡単な説明文を入力します❸。

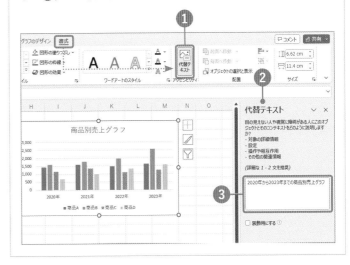

練習問題 グラフを作る練習をしよう

練習用ファイル **演習6-店舗別月別集客数.xlsx**

完成見本を参考に、以下の手順でグラフを作成してください。

1 セル範囲A2〜A7とE2〜E7をグラフ範囲として、円グラフを作成し、セルG7〜L12にぴったり収まるようにサイズ変更、移動する

2 グラフのタイトルを「店舗別集客数(1-3月)」に変更する

3 グラフの色合いを[カラフルなパレット3]に変更する

4 グラフのスタイルを[スタイル5]に変更する

5 データラベルを[分類名]と[パーセンテージ]を改行して、外部に表示する。このときパーセンテージの表示形式を小数点以下第1位までにする

6 凡例を非表示にする

　　ヒント：p.507のPoint参照

▼**完成見本**

	A	B	C	D	E	F
1	店舗別月別集客数				単位：人数	
2	店舗	1月	2月	3月	合計	
3	店舗1	880	1,080	1,250	3,210	
4	店舗2	640	640	1,000	2,280	
5	店舗3	530	550	700	1,780	
6	店舗4	390	260	230	880	
7	店舗5	150	310	320	780	

ここまでできたらすごいわ！

第 **7** 章

表のデータを
便利に利用する

Excelでは、ワークシート上に顧客情報や売上情報などのデータを集める
ことができます。データをただ集めて保管するだけでなく、データを活
用する機能も用意されています。ここでは、集めたデータを活用する機
能を紹介します。

意外と簡単に
データ活用が
できます

Section

データの上手な活用方法を知ろう

データの活用とは、集めたデータを有効に利用することです。例えば、50音順に並べ替えるとか、女性だけを抽出するなどがあります。これらの機能を使うには、表がデータベース形式で用意されている必要があります。ここでは、データベースの概要と機能を学びましょう。

ここで学べること

習得スキル	操作ガイド	ページ
▶データベース形式の表を知る	なし	p.510
▶データの活用を知る		p.511

🔭 まずは パッと見るだけ！

データベース形式の表

　データを活用する機能を利用するには、データベース形式の表を用意する必要があります。データベースとは、顧客情報や売上情報など、特定のテーマに沿って集められたデータです。Excelでは、表をデータベースとして認識すると、いろいろな機能が使えるようになります。

●データベース形式の表の構成要素

フィールド名：列見出し

レコード：1件のデータ

フィールド：同じ種類のデータの集まり

●データベース形式の表のきまり
- 表の1行目は列見出しにする
- 列見出しには2行目以降（レコード行）と異なる書式を設定する
- 列ごとに同じ種類のデータを入力する
- 2行目以降にはデータを入力し、1行で1件分のデータ（レコード）になるようにする
- 表に隣接するセルは空白にする（データベースの表の範囲は自動認識される）

7

表のデータを便利に利用する

データを活用をする機能

● 表の見出しの固定

画面をスクロールしても表の見出しは常に表示されるよう固定できます。

データが増えて、下の方のレコードを表示しても見出しを常に表示できる

● データの検索と置換

大量のデータの中から目的のデータをすばやく見つけたり、データの置き換えを正確に処理したりできます。

特定の文字列を検索して置き換える

● データの並べ替え

データを並べ替えて見やすい表を作成できます。

表をフリガナの50音順で並べ替える

● データの抽出

条件を満たすデータだけを表示して、必要なデータを取り出せます。

［性別］が「女」だけのデータを抽出する

● テーブルの利用

表をテーブルに変換すると、データの入力、並べ替え、抽出、集計、スタイル変更などが便利になり、効率的にデータを扱えます。

表をテーブルに変換すると、データ管理しやすくなる

● ピボットテーブルの利用

ピボットテーブルを作成すると、いろいろな角度から分析できる集計表が作成できます。本書では解説していません。

分類	(すべて) ▼			
合計 / 金額	月 ▼			
商品 ▼	6月	7月	8月	総計
リンゴジュース	20,000	15,000	17,000	52,000
白桃ジュース	19,200	2,400	1,200	22,800
バームクーヘン	21,000	19,600	21,000	61,600
クッキー詰合せ	25,200	13,200	13,200	51,600
紅茶セット	5,200	28,600	28,600	62,400
飲茶セット	24,000	31,500	24,000	79,500
総計	114,600	110,300	105,000	329,900

表のデータから月別の商品売上集計表が作成できる

58

スクロールしても表の見出しを常に表示する

データの活用

データベース形式の表でデータが多くなってくると、画面を下にスクロールして作業する場合が多くあります。画面をスクロールしても、表の見出しが常に表示されるように見出しを固定しておくと、作業するときに便利です。ここでは、見出しの固定方法を覚えましょう。

ここで学べること

習得スキル	操作ガイド	ページ
▶ウィンドウ枠の固定	レッスン58-1	p.513

まずは パッと見るだけ！

ウィンドウの枠の固定

表をスクロールしても見出しを常に表示するには、ウィンドウ枠を固定します。

＼Before／ 操作前

	A	B	C	D	E	F	G	H	I
16	14	1月15日	A1002	白桃ジュース	飲料	1,200	2	2,400	
17	15	1月16日	B2002	バームクーヘン	菓子	1,400	2	2,800	
18	16	1月17日	B2002	バームクーヘン	菓子	1,400	3	4,200	
19	17	1月18日	A1002	白桃ジュース	飲料	1,200	2	2,400	
20	18	1月19日	C3002	飲茶セット	セット	1,500	5	7,500	
21	19	1月20日	A1002	白桃ジュース	飲料	1,200	2	2,400	
22	20	1月21日	A1002	白桃ジュース	飲料	1,200	3	3,600	
23	21	1月22日	A1001	リンゴジュース	飲料	1,000	4	4,000	
24	22	1月23日	A1002	白桃ジュース	飲料	1,200	4	4,800	
25	24	1月25日	B2002	バームクーヘン	菓子	1,400	5	7,000	
26	24	1月25日	C3001	紅茶セット	セット	1,300	4	5,200	
27	25	1月26日	A1002	白桃ジュース	飲料	1,200	2	2,400	
28	26	1月27日	A1002	白桃ジュース	飲料	1,200	1	1,200	

画面をスクロールすると見出しが見えなくなる

＼After／ 操作後

ウィンドウ枠を固定したら、スクロールしても見出しが常に見えるようになった

	A	B	C	D	E	F	G	H	I
1									
2	No	日付	商品NO	商品	分類	単価	数量	金額	
16	14	1月15日	A1002	白桃ジュース	飲料	1,200	2	2,400	
17	15	1月16日	B2002	バームクーヘン	菓子	1,400	2	2,800	
18	16	1月17日	B2002	バームクーヘン	菓子	1,400	3	4,200	
19	17	1月18日	A1002	白桃ジュース	飲料	1,200	2	2,400	
20	18	1月19日	C3002	飲茶セット	セット	1,500	5	7,500	
21	19	1月20日	A1002	白桃ジュース	飲料	1,200	2	2,400	
22	20	1月21日	A1002	白桃ジュース	飲料	1,200	3	3,600	
23	21	1月22日	A1001	リンゴジュース	飲料	1,000	4	4,000	
24	22	1月23日	A1002	白桃ジュース	飲料	1,200	4	4,800	
25	23	1月24日	B2002	バームクーヘン	菓子	1,400	5	7,000	
26	24	1月25日	C3001	紅茶セット	セット	1,300	4	5,200	
27	25	1月26日	A1002	白桃ジュース	飲料	1,200	2	2,400	
28	26	1月27日	A1002	白桃ジュース	飲料	1,200	1	1,200	

見出し行を固定すれば、作業効率がアップ！

レッスン **58-1** ウィンドウ枠を固定して見出しを常に表示する

練習用ファイル **58-食品売上表.xlsx**

ここでは、2行目の見出しが常に表示されるように1～2行でウィンドウ枠を固定します。

操作 ウィンドウ枠を固定する

ウィンドウ枠を固定するには、固定したい位置にアクティブセルを移動し、[表示]タブの[ウィンドウ枠の固定]をクリックして、固定する方法を選択します。

Point ウィンドウ枠固定の種類

ウィンドウ枠固定には、以下の3種類があります。行列を組み合わせて任意の位置で固定したい場合は、[ウィンドウ枠の固定]を選択してください。

ウィンドウ枠の固定	アクティブセルの上の行、左の列を固定して常に表示します。
先頭行の固定	先頭行（1行目）を固定して常に表示します。
先頭列の固定	先頭列（1列目）を固定して常に表示します。

Memo ウィンドウ枠の固定を解除する

ウィンドウ枠の固定を解除するには、[表示]タブ→[ウィンドウ枠の固定]→[ウィンドウ枠固定の解除]をクリックします。

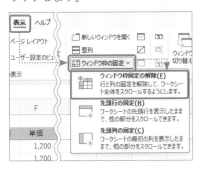

1 見出し行の1行下で、先頭列をクリックしてアクティブセルを移動します。

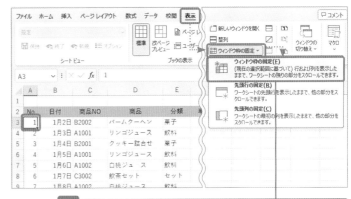

2 [表示]タブ→[ウィンドウ枠の固定]→[ウィンドウ枠の固定]をクリックすると、

3 アクティブセルの上の行と左の列が固定され（ここでは、先頭列なので行のみ固定）、固定された位置にラインが表示されます。

4 下方向にスクロールしても見出しは常に表示されます。

	A	B	C	D	E	F	G	H		R
1										
2	No	日付	商品NO	商品	分類	単価	数量	金額		
21	19	1月20日	A1002	白桃ジュース	飲料	1,200	2	2,400		
22	20	1月21日	A1002	白桃ジュース	飲料	1,200	3	3,600		
23	21	1月22日	A1001	リンゴジュース	飲料	1,000	4	4,000		
24	22	1月23日	A1002	白桃ジュース	飲料	1,200	4	4,800		
25	23	1月24日	B2002	バームクーヘン	菓子	1,400	5	7,000		
26	24	1月25日	C3001	紅茶セット	セット	1,300	4	5,200		
27	25	1月26日	A1002	白桃ジュース	飲料	1,200	2	2,400		
28	26	1月27日	A1002	白桃ジュース	飲料	1,200	1	1,200		
29	27	1月28日	A1001	リンゴジュース	飲料	1,000	2	2,000		
30	28	1月29日	A1002	白桃ジュース	飲料	1,200	3	3,600		
31	29	1月30日	C3001	紅茶セット	セット	1,300	4	5,200		
32	30	1月31日	C3002	飲茶セット	セット	1,500	1	1,500		
33	31	2月1日	C3002	飲茶セット	セット	1,500	5	7,500		
34	32	2月2日	C3001	紅茶セット	セット	1,300	3	3,900		
35	33	2月3日	C3002	飲茶セット	セット	1,500	3	4,500		

Section

59 データを並べ替える

データを50音順で並べ替えたり、年齢順に並べ替えたりすると、データが整理され、情報が見やすくなります。大きい順や小さい順に並べ替えたり、任意の順番で並べ替えたりできます。

ここで学べること

👀 まずは パッと見るだけ！

データの並べ替え

　表の指定した列を基準にして小さい順または大きい順に並べ替えることができます。小さい順を**昇順**、大きい順を**降順**といいます。1つの列だけでなく、複数の列を指定して並べ替えたり、オリジナルの順番で並べ替えたりできます。

Before
操作前

After
操作後

● 小さい順に並べ替え

50音順で並べ替わる

● 大きい順に並べ替え

金額の大きい順で並べ替わる

● 複数列で優先順位をつけて並べ替え

性別順、50音順で並べ替わる

● オリジナルの順番で並べ替え

指定した順番で並べ変わる

7

表のデータを便利に利用する

レッスン **59-1** 昇順／降順で並べ替える

練習用ファイル 59-1-会員名簿.xlsx

🖱 **操 作 昇順／降順で並べ替える**

データを昇順で並べ替えたり、降順で並べ替えたりするには、表の中で並べ替えの基準となる列内でクリックしてアクティブセルを移動し、[データ] タブの [昇順] または、[降順] をクリックします。

💡 **Point 昇順／降順の並べ替え**

昇順は小さい順、降順は大きい順の並べ替えになります。なお、空白セルは、昇順、降順にかかわらず常に一番下になります。

▼ **昇順の並べ替え順（降順はこの逆になる）**

文字種	並べ替え順
ひらがな	50音順（あ→ん）
英字	アルファベット順（A→Z）
数値	小さい順（小→大）
日付	古い順（古い日付→新しい日付）

📝 **Memo 最初の順番に戻すには**

最初の並べ替えに戻せるように、あらかじめ [NO] 列のような連番の列を用意しておき、[NO] 列を基準に昇順で並べ替えます。

昇順で並べ替え

ここでは、[フリガナ] 列を基準に50音順（昇順）で並べ替えます。

1 並べ替えの基準となる列内でクリックし（ここでは [フリガナ] 列）、

2 [データ] タブ→ [昇順] をクリックすると、

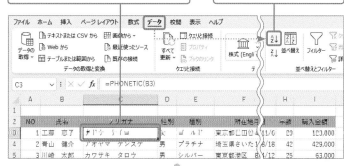

3 [フリガナ] 列の50音順で並べ替わります。

降順で並べ替え

ここでは、[購入金額] 列を基準に大きい順（降順）で並べ替えます。

1 並べ替えの基準となる列内でクリックし（ここでは [購入金額] 列）、

2 [データ] タブ→ [降順] をクリックすると、

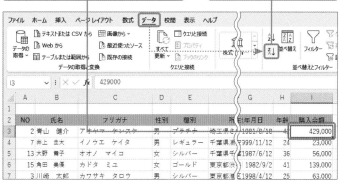

3 [購入金額]列の金額が大きい順で並べ替わります。

	A	B	C	D	E		G	H	
1									
2	NO	氏名	フリガナ	性別	種別		生年月日	年齢	購入金額
3	9	坂田 莉緒	サカタ リオ	女	プラチナ	東京都	1992/1/16	32	589,000
4	2	青山 健介	アオヤマ ケンスケ	男	プラチナ	埼玉県	1981/8/18	42	429,000
5	12	野村 歩美	ノムラ アユミ	女	プラチナ	神奈川	1984/2/8	39	338,000
6	6	手嶋 梨央	テシマ リオ	女	プラチナ	東京都	1980/4/29	43	258,000
7	4	田村 輝美	タムラ テルミ	女	ゴールド	千葉県	1992/7/16	31	184,000
8	11	岸川 誠二	キシカワ セイジ	男	ゴールド	神奈川	1990/7/1	33	156,000
9	15	角田 美蕗	カドタ ミユ	女	ゴールド	東京都	1982/9/2	41	139,000
10	1	工藤 恵子	クドウ ケイコ	女	ゴールド	東京都	1994/11/6	29	123,000
11	8	津田 信二	ツダ シンジ	男	シルバー	神奈川	2001/4/7	22	88,000

レッスン 59-2 [並べ替え] ダイアログを使って並べ替える

練習用ファイル **59-2-会員名簿.xlsx**

[並べ替え] ダイアログを使うと、男女別で並べ替えて、男性や女性の中で50音順に並べ替えるというように複数の列で優先順位をつけて並べ替えることができます。
[データ] タブの [並べ替え] をクリックして表示します。

💡 **Point 漢字の並べ替え**

漢字の列で並べ替える場合、文字がExcelで入力されて、漢字の読みがセルに保管されている場合は、50音順で並べ替わります。
他のソフトから取り込んだデータの場合は漢字の読みが保管されていないため、JISコード順で並べ変わります。
JISコードとはコンピューターで文字を表示するために作成された文字コードの規格で、各漢字に識別番号が割り当てられています。

ここでは、[性別] 列で大きい順（降順）で並べ、同じデータがある場合は [フリガナ] 列で50音順（昇順）で並べ替えます。

1 並べ替えをする表の中でクリックし、

2 [データ] タブ→ [並べ替え] をクリックすると、

3 [並べ替え] ダイアログが表示されます。

4 最初の並べ替えを設定します。[最優先されるキー] に「性別」「セルの値」「降順」の順番に選択して、

5 [レベルの追加] をクリックします。

6 次の並べ替えを設定します。[次に優先されるキー] に「フリガナ」「セルの値」「昇順」の順番に選択し、

7 [OK] をクリックします。

Memo　色やアイコンを基準に並べ替える

[並べ替え] ダイアログの [並べ替えのキー] では、[セルの値] の他に、[セルの色]、[フォントの色]、[条件付き書式のアイコン] などを基準にして並べ替えることができます。

	A	B	C	D	E	F	G	H	I
2	NO	氏名	フリガナ	性別	種別	所在地	生年月日	年齢	購入金額
3	13	大野 雅子	オオノ　マイコ	女	シルバー	千葉県千葉市	1987/6/12	36	56,000
4	15	角田 美優	カクタ　ミユ	女	ゴールド	東京都渋谷区	1982/9/2	41	139,000
5	1	工藤 恵子	クドウ　ケイコ	女	ゴールド	東京都世田谷区	1994/11/6	29	123,000
6	10	近藤 晴美	コンドウ　ハルミ	女	レギュラー	埼玉県川越市	1995/2/3	28	36,000
7	9	坂田 利緒	サカタ　リオ	女	プラチナ	東京都調布市	1992/1/16	32	589,000
8	4	田村 輝美	タムラ　テルミ	女	ゴールド	千葉県市川市	1992/7/16	31	184,000
9	6	手嶋 梨央	テシマ　リオ	女	プラチナ	東京都世田谷区	1980/4/29	43	258,000
10	12	野村 歩美	ノムラ　アユミ	女	プラチナ	神奈川県藤沢市	1984/2/8	39	338,000
11	2	青山 健介	アオヤマ　ケンスケ	男	プラチナ	埼玉県さいたま市	1981/8/18	42	429,000
12	7	井上 圭太	イノウエ　ケイタ	男	レギュラー	千葉県浦安市	1999/11/12	24	23,000
13	3	川崎 太郎	カワサキ　タロウ	男	シルバー	東京都港区	1998/4/12	25	63,000
14	11	岸川 誠二	キシカワ　セイジ	男	ゴールド	神奈川県横浜市	1990/7/1	33	156,000
15	5	椎川 幸太郎	シオカワ　コウタロウ	男	レギュラー	東京都文京区	1991/9/15	32	44,000
16	8	津田 信二	ツダ　シンジ	男	シルバー	神奈川県川崎市	2001/4/7	22	88,000
17	14	山崎 健吾	ヤマザキ　ケンゴ	男	レギュラー	埼玉県所沢市	1988/6/17	35	18,000

レッスン 59-3　オリジナルの順番で並べ替える

練習用ファイル　59-3-会員名簿.xlsx

操作　ユーザー定義で並べ替える

ユーザー定義リストにオリジナルの順番を登録することができます。
ここでは、「プラチナ」「ゴールド」「シルバー」「レギュラー」の順番をユーザー定義リストに登録し、登録した順番で並べ替えてみましょう。

Memo　ユーザー定義リストの表示方法

ユーザー定義リストは、p.77を参照して [ファイル] タブをクリックし、[その他] → [オプション] をクリックして [Excelのオプション] ダイアログを表示します❶。次に、[Excelのオプション] ダイアログの [詳細設定] で、[ユーザー設定リストの編集] をクリックして表示します❷。

ユーザー定義リストに追加

ここでは、オリジナルの順番を [ユーザー定義リスト] ダイアログに直接入力して追加します。

1　左のMemoの手順で [ユーザー設定リスト] ダイアログを表示します。

2　[リストの項目] の入力欄をクリックして、「プラチナ」「ゴールド」「シルバー」「レギュラー」を改行しながら入力します。

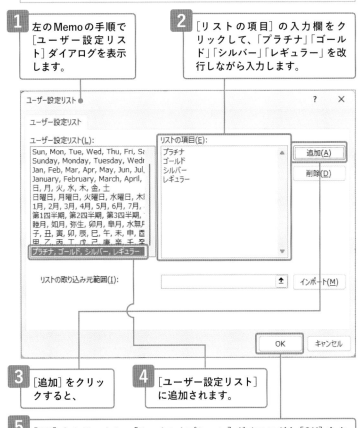

3　[追加] をクリックすると、

4　[ユーザー設定リスト] に追加されます。

5　[OK] をクリックし、[Excelのオプション] ダイアログも [OK] をクリックして閉じておきます。

ユーザー設定リスト順に並べ替える

ここでは［種別］列をユーザー設定リストに追加した順番で昇順に並べ替えます。

1 ［種別］列内でクリックし、

2 ［データ］タブ→［並べ替え］をクリックします。

3 ［並べ替え］ダイアログが表示されます。

4 ［最優先されるキー］で「種別」「セルの値」「ユーザー設定リスト」の順番で選択すると、

5 ［ユーザー設定リスト］ダイアログが表示されます。

6 一覧から並べ替えを選択し、

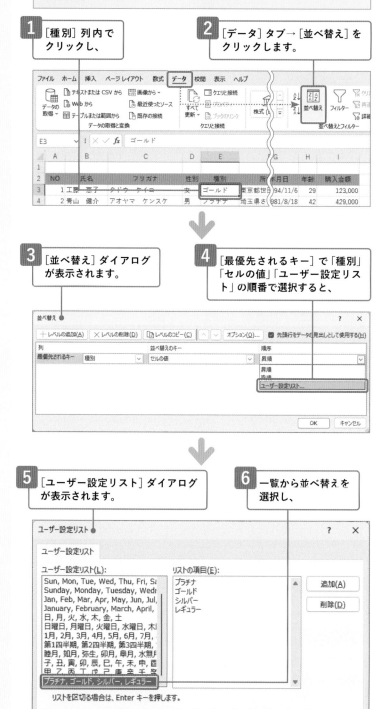

とっても便利！

7 ［OK］をクリックします。

7 表のデータを便利に利用する

8 [並べ替え]ダイアログが表示されたら、[OK]をクリックすると、

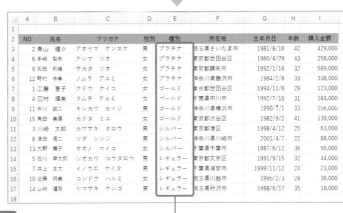

9 ユーザー設定リストに登録した順番で並び替わります。

コラム　並べ替えの範囲を指定する

表の最下部に「合計行」のような集計用の行がある場合に、その行を並べ替えの対象から外すには、並べ替え対象のセル範囲を選択してから、[並べ替え]ダイアログを表示して並べ替えを実行します。

例えば、以下の表で[日計]が大きい順に並べ替えるには、合計行を含めずに範囲選択し❶、[データ]タブ→[並べ替え]をクリックして❷、[並べ替え]ダイアログの[最優先されるキー]に「日計」「セルの値」「大きい順」の順番に選択して❸、[OK]をクリックします❹。選択範囲内で[日計]が大きい順で並べ替えが行われます❺。

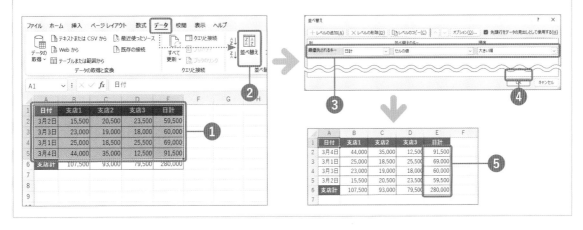

60 データを抽出する

データベース形式の表でデータを抽出する機能を「フィルター」といいます。フィルターを使うと、簡単な操作で条件に一致するデータだけを絞り込んで表示できます。文字列、数値、日付などいろいろなデータをいろいろな条件で抽出できます。

習得スキル	操作ガイド	ページ
▶ フィルターを使ってデータを抽出	レッスン60-1〜4	p.521〜p.524
▶ フィルターの解除	レッスン60-5	p.525

👀 まずは パッと見るだけ！

フィルター機能は、条件に一致するデータだけを表示します。非表示になったデータは削除されたわけではなく、一時的に非表示になっただけなので、再び元のデータを表示できます。

┌ Before ┐ 操作前

┌ After ┐ 操作後

● **特定の値を持つデータを抽出**

値が「ゴールド」のデータを抽出

● **文字列を指定してデータを抽出**
テキストフィルターで抽出します。

フリガナ	性	種別	所在地
ツダ シンジ	男	シルバー	神奈川県川崎市
キシカワ セイジ	男	ゴールド	神奈川県横浜市
ノムラ アユミ	女	プラチナ	神奈川県藤沢市

「神奈川県」で始まるデータを抽出

● **数値を指定してデータを抽出**
数値フィルターで抽出します。

種別	所在地	生年月日	年	購入金額
プラチナ	埼玉県さいたま市	1981/8/18	42	429,000
プラチナ	東京都調布市	1992/1/16	32	589,000
プラチナ	神奈川県藤沢市	1984/2/8	39	338,000

金額が上位3件のデータを抽出

● **日付を指定してデータを抽出**
日付フィルターで抽出します。

生年月日が1980年代のデータを抽出

レッスン **60-1** 特定の値を持つデータを抽出する

練習用ファイル **60-1-会員名簿.xlsx**

ここでは、[種別]が[ゴールド]のデータを抽出します。

操作 特定の値を抽出する

列内のセルの特定の値をもつデータを抽出するには、[フィルターボタン]▼をクリックし、表示されるメニューで表示したい値のチェックボックスにチェックを付けて選択します。[フィルターボタン]▼は[データ]タブの[フィルター]をクリックして表示します。

Point [フィルターボタン]のメニューから並べ替えができる

[フィルターボタン]をクリックすると表示されるメニューにある[昇順]や[降順]をクリックして並べ替えすることができます。
[色で並べ替え]をクリックすると、セルに設定されている色を基準にして並べ替えることもできます。

Memo 抽出中の列の[フィルターボタン]

列が抽出中の場合は、[フィルターボタン]の形状が🔽に変更になります。どの列が抽出されているかの目安になります。

Memo フィルターボタンの表示／非表示

[データ]タブの[フィルター]をクリックするごとに[フィルターボタン]の表示／非表示が切り替わります。抽出されているときに[フィルター]をクリックすると、抽出が解除され、非表示になっていたレコードが表示されます。

Memo 現在の抽出を解除する

現在の条件で抽出されているフィルターを解除するには、解除したい列の列見出しにある🔽をクリックし[(フィールド名)からフィルターをクリア]をクリックします(レッスン60-5参照)。

1 表内でクリックし、アクティブセルを移動します。

2 [データ]タブ→[フィルター]をクリックすると、

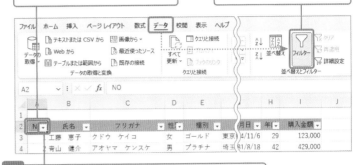

3 列見出しに[フィルターボタン]▼が表示されます。

4 表抽出する列(ここでは[種別]列)の[フィルターボタン]▼をクリックし、

5 抽出する値だけ(ここでは[ゴールド])にチェックを付けて、

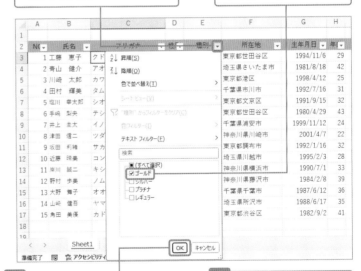

6 [OK]をクリックすると、

7 指定した値を持つレコードが抽出されます。

8 抽出中は、行番号が青字で表示され、

9 ステータスバーに抽出された件数が表示されます。

レッスン **60-2** テキストフィルターを使ってデータを抽出する

練習用ファイル **60-2-会員名簿.xlsx**

ここでは、［所在地］列で「神奈川県」で始まるデータを抽出します。

操作 **テキストフィルターで抽出する**

抽出する列のデータが文字列の場合は、文字に対して条件が設定できるテキストフィルターが使えます。「等しい」、「で始まる」、「を含む」など指定した値に対して、いろいろな条件が設定できます。

1 テキストフィルターを設定したい列（ここでは［所在地］列）の［フィルターボタン］をクリックし、

2 ［テキストフィルター］をクリックして、

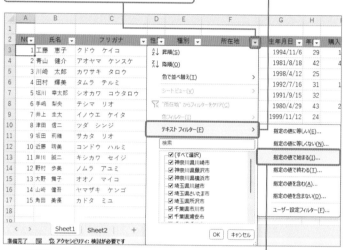

3 条件の項目をクリックすると（ここでは［指定の値で始まる］）、

4 ［カスタムオートフィルター］ダイアログが表示されます。

5 ここに条件とする文字列（ここでは「神奈川県」）を入力し、

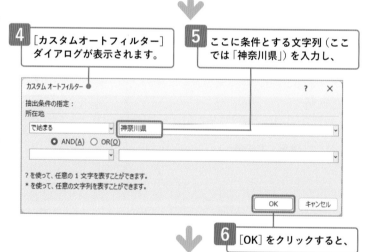

6 ［OK］をクリックすると、

7 指定した条件に一致するデータが抽出されます（ここでは「神奈川県」で始まるデータ）。

レッスン 60-3 数値フィルターを使ってデータを抽出する

練習用ファイル **60-3-会員名簿.xlsx**

ここでは、[購入金額] 列で降順で3件（トップ3）抽出します。

操作 **数値フィルターで抽出する**

抽出する列のデータが数値の場合は、数値に対していろいろな条件が設定できる数値フィルターが使えます。「以上」「より小さい」「トップテン」「平均より上」などの条件が用意されています。

Memo **[トップテン オートフィルタ] ダイアログでの設定内容**

[トップテン オートフィルタ] ダイアログでは、1つ目の選択肢は [上位] と [下位]、2つ目は取り出す数、3つ目は [項目] と [パーセント] で選択できます。1つ目の選択の [上位] とは大きい順で上から数え、[下位] は大きい順で下から数えます。
また、3つ目の選択肢は [項目] は個数、[パーセント] は割合で選択できます。

小さい方から数えて全体の10パーセントのデータを抽出します。

1 数値フィルターを設定したい列（ここでは [購入金額] 列）の [フィルターボタン] ▽ をクリックし、

2 [数値フィルター] をクリックして、

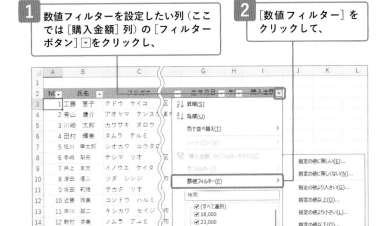

3 条件の項目をクリックすると（ここでは [トップテン]）、

4 [トップテン オートフィルター] ダイアログが表示されます。

5 ここで、[上位]、[3]、[項目] を順番に選択して、

6 [OK] をクリックすると、

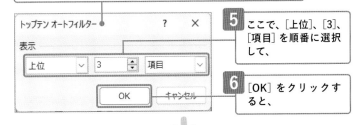

7 指定した条件に一致するデータが抽出されます（ここでは金額が高い方からトップ3のデータ）。

レッスン 60-4 日付フィルターを使ってデータを抽出する

練習用
ファイル 60-4- 会員名簿.xlsx

ここでは、[生年月日]列で「1980年代」のデータを抽出します。

操作 **日付フィルターで抽出する**

抽出する列のデータが日付の場合は、日付に対して条件が設定できる日付フィルターが使えます。「より前」「期間内」「来月」「昨年」など日付の値に対して、いろいろな条件が用意されています。

1 日付フィルターを設定したい列（ここでは[生年月日]列）の [フィルターボタン] ▽ をクリックし、

2 [日付フィルター] をクリックして、

3 条件の項目をクリックすると（ここでは[指定の期間内]）、

4 [カスタム オートフィルター] ダイアログが表示されます。

5 ここに開始の日付（ここでは「1980/1/1」）を入力し、

Memo **1980年代の指定方法**

1980年代は、1980/1/1から1989/12/31の期間です。そのため、[指定の期間内]を選択し、開始の日付と終了の日付を指定しています。

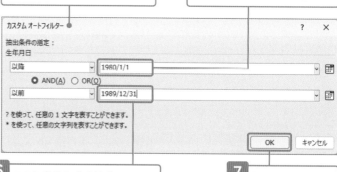

Memo **ANDとOR**

[カスタム オートフィルター] ダイアログで条件を2つ指定する場合、[AND] と [OR] の選択肢があります。[AND] とは「かつ」ということで2つの条件を共に満たすものという意味です。一方、[OR] とは「または」ということで2つの条件のいずれか1つでも条件を満たすものという意味です。

6 ここに条件とする値（ここでは「1989/12/31」）を入力して、

7 [OK]をクリックすると、

8 指定した条件に一致するデータが抽出されます（ここでは1980年代のデータ）。

レッスン **60-5** フィルターを解除する

練習用
ファイル 60-5-会員名簿.xlsx

操作 フィルターを解除する

フィルターを行っている列だけ解除するには、[フィルターボタン] 🔽 をクリックし、[(フィールド名)からフィルターをクリア]をクリックします。すべてのフィルターを一気に解除するには、[データ]タブの[クリア] 🔽クリア をクリックします。

Memo 複数フィールドの抽出

使用例では、[性別]列で「女」、[種別]列で「プラチナ」、[生年月日]列で「1980年代」の抽出を行っています。このように複数フィールドで抽出するとすべての条件に一致するレコードが抽出されます。

指定した列のフィルターを解除する

ここでは、[性別]列のフィルターを解除します。

1 フィルターを解除したい列（ここでは［性別］列）の
［フィルターボタン］🔽をクリックし、

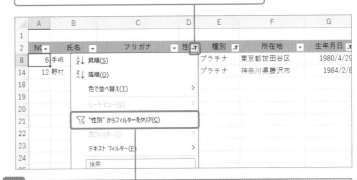

2 ［(フィールド名)からフィルターをクリア］（ここでは［"性別"からフィルターをクリア]）をクリックします。

3 ［性別］列のフィルターが解除されました。

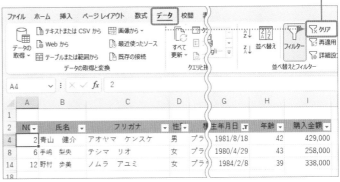

Memo ［フィルターボタン］🔽を表示したままフィルターを解除する

［データ］タブの［クリア］🔽クリア をクリックすると、［フィルターボタン］🔽を表示したままフィルターを解除するので引き続き抽出を行えます。
［データ］タブの［フィルター］をクリックすると、フィルターの解除と同時に［フィルターボタン］🔽も非表示になり、フィルター機能が終了します。

すべてのフィルターを解除する

1 ［データ］タブ→［クリア］🔽クリア をクリックします。

2 すべてのフィルターが解除されて、全レコードが表示されます。

フィルター機能を終了する

1 [データ]タブ→[フィルター]をクリックすると、

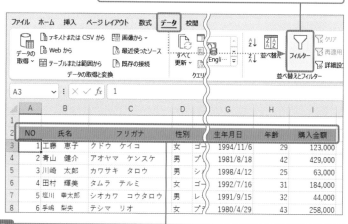

2 [フィルターボタン] が非表示になります。レコードが抽出されていた場合はすべてのレコードが表示されます。

大量のデータも
フィルターで
1発で絞りこみ！

多くのデータの中から特定の文字を探したり、指定した文字列を別の文字に置き換えたりすることがあるでしょう。検索と置換の機能を使えば、大量のデータの中から目的の文字をすばやく見つけたり、指定した文字を正確に1つ残らず置き換えたりできます。

習得スキル	操作ガイド	ページ
▶ データの検索	レッスン61-1	p.528
▶ データの置換	レッスン61-2	p.528

 まずは パッと見るだけ！

データの検索と置換

　集めたデータの中から指定した文字をすばやく探したり、指定した文字列を別の文字列に置き換えたりするには、［検索と置換］ダイアログを使います。必要なデータを見つけたいときやデータの修正が必要なときに役立ちます。

\ Before / **操作前**　　　　　　　　　　　　\ After / **操作後**

● データの検索

千葉県のデータを探したい

検索機能を使ってすばやく見つけられた

● データの置換

「ブロンズ」を「レギュラー」に修正したい

置換機能を使って一気に変更できた

レッスン **61-1** データを検索する

練習用ファイル　61-1-会員名簿.xlsx

ここでは、[所在地]が「千葉県」のものを検索します。

操作　データを検索する

データを検索するには、[ホーム]タブの[検索と選択]をクリックし[検索と置換]ダイアログの[検索]タブの画面を使います。実行前に検索したい列の先頭のセルを選択しておけば、上から順番に検索されます。

ショートカットキー

● 検索

[Ctrl] + [F]

上級テクニック　[すべて検索]で一気に検索する

手順 **5** で[すべて検索]をクリックすると、検索結果が[検索と置換]ダイアログの下にリスト表示されます。

1 検索する値のある列の列見出しをクリックし、

2 [ホーム]タブ→[検索と選択]→[検索]をクリックします。

3 [検索と置換]ダイアログで[検索]タブが選択されて表示されます。

4 [検索する文字列]に検索したい文字列(ここでは「千葉県」)と入力し、

5 [次を検索]をクリックすると、

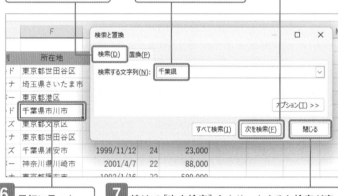

6 最初に見つかったセルが選択されます。

7 続けて[次を検索]をクリックすると検索が実行され、該当するセルが選択されます。終了する場合は、[閉じる]をクリックします。

レッスン **61-2** データを置換する

練習用ファイル　61-2-会員名簿.xlsx

ここでは、[種別]列の「ブロンズ」を「レギュラー」に置換します。

操作　データを置換する

データを置換するには、[ホーム]タブの[検索と選択]をクリックし[検索と置換]ダイアログの[置換]タブの画面を使います。1つずつ確認しながら置換することも、まとめて一気に置換することもできます。

1 置換する値のある列の列見出しをクリックし、

2 [ホーム]タブ→[検索と選択]→[置換]をクリックします。

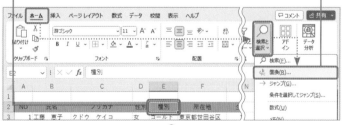

ショートカットキー

● 置換
[Ctrl] + [H]

✏️ Memo **[すべて置換] で一気に置換する**

[すべて置換] をクリックすると、該当するデータが一気に置換されます。置換後、下図のように置換されたデータの件数を表示するメッセージが表示されます。

Microsoft Excel ×

ℹ️ 4 件を置換しました。

OK

⚡上級テクニック **検索／置換の方法を詳細設定する**

[検索と置換] ダイアログで [オプション] をクリックすると画面が拡張され、詳細設定をする項目が表示されます。
例えば、[セル内容が完全に同一であるものを検索する] にチェックを付けると、完全一致するセルだけが検索されます。

検索、置換ともに設定内容は共通です。変更された設定は終了後も維持されるので、次に検索する場合は、必ず確認するようにしてください。

---

3 [検索と置換] ダイアログで [置換] タブが選択されて表示されます。

4 [検索する文字列] に検索文字 (ここでは「ブロンズ」) と入力し、

5 [置換後の文字列] に置換文字 (ここでは「レギュラー」) と入力して

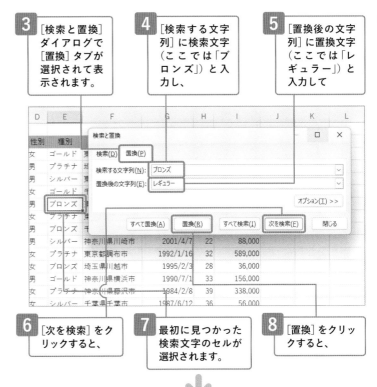

6 [次を検索] をクリックすると、

7 最初に見つかった検索文字のセルが選択されます。

8 [置換] をクリックすると、

9 選択されたセルの文字列が置換文字に置き換わり、

10 次の検索文字のセルが選択されます。

11 続けて [置換] をクリックして1つずつ置換します。

Microsoft Excel ×

⚠️ 一致するデータが見つかりません。

OK

12 置換が終了すると、「一致するデータが見つかりません」というメッセージが表示されます。[OK] をクリックしてメッセージを閉じ、[検索と置換] ダイアログで [閉じる] をクリックして終了します。

Section

62 テーブル機能を利用する

テーブル

テーブルとは、データを効率的に管理、分析するために用意された機能です。データベース形式で作成された表は、テーブルに変換できます。表がテーブルになると、表全体の範囲が自動的に識別され、データの入力が効率的になり、データを管理しやすくなります。

ここで学べること

習得スキル	操作ガイド	ページ
▶表をテーブルに変換	レッスン62-1	p.531
▶テーブルへの入力や編集	レッスン62-2〜3	p.532〜p.534
▶テーブルをセル範囲に戻す	レッスン62-4	p.535

まずは パッと見るだけ！

テーブルでデータを管理する

表をテーブルに変換すると、自動的に表全体に塗りつぶしや罫線などの書式が設定され、表全体に対していろいろな機能が使えるようになります。

＼ Before ／
操作前

＼ After ／
操作後

データベース形式の表

表をテーブルに変換すると、［フィルターボタン］が表示され、表全体にテーブルスタイルが設定されて、さまざまな機能が使えるようになる

▼テーブルでできること

テーブルでできること	参照レッスン
テーブルのセル範囲が自動認識され、名前が設定される	レッスン62-1
［フィルターボタン］を使って抽出や並べ替えができる	レッスン62-1
スタイルの一括変更ができる	レッスン62-1
画面スクロールで列番号が列見出しになる	レッスン62-2
新規入力行に自動で書式や数式がコピーされる	レッスン62-2
行や列の追加／削除をテーブル単位で操作できる	レッスン62-3
データの集計ができる	レッスン63-1
計算式のセル参照が構造化参照になる	レッスン64-1

7

表のデータを便利に利用する

レッスン **62-1** 表をテーブルに変換する

練習用ファイル **62-1-会員名簿.xlsx**

操作 表をテーブルにする

データベース形式の表をテーブルに変換するには、[挿入] タブ→[テーブル] をクリックします。
テーブルに変換すると自動的にテーブル全体にスタイルが設定されます。

Point 元の表の色や罫線を削除しておく

テーブルに設定されるスタイルは、元の表の色や罫線に重なって設定されます。テーブルのスタイルをきれいに表示したい場合は、テーブルに変換する前に、フォントの色は[黒]、セルの色は[塗りつぶしなし]に設定し、罫線は削除しておきましょう。元の表の書式をそのまま表示したい場合は、p.535のMemoの方法でテーブル変換後にテーブルスタイルをクリアしてください。

Memo [フィルターボタン]を使って並べ替え、抽出する

テーブルに変換すると列見出しに[フィルターボタン]▼が表示されます。[フィルターボタン]をクリックして表示されるメニューから並べ替えや抽出がすばやく行えます。通常の表と同じ手順で並べ替え、抽出を行うことができます（**Section59**、**Section60**参照）。

Memo テーブルスタイルを選択してテーブルに変換する

[ホーム] タブ→[テーブルとして書式設定] をクリックすると、あらかじめテーブルスタイルを指定してテーブルに変換できます。

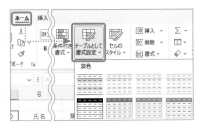

1 表内をクリックし、

2 [挿入] タブ→[テーブル] をクリックします。

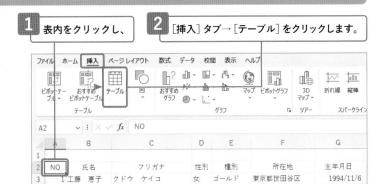

3 テーブルの範囲が点線で囲まれ、セル範囲が表示されます。正しく設定されていない場合はドラッグして範囲を修正します。

4 [OK] をクリックします。

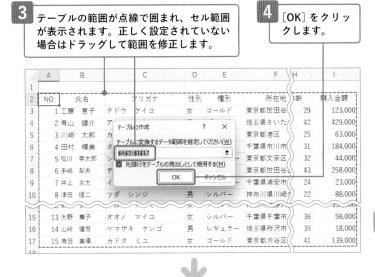

5 表がテーブルに変換されます。列見出しに[フィルターボタン]が表示され、テーブル全体にスタイルが設定されます。

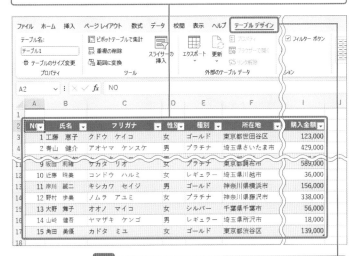

6 テーブル編集用のコンテキストタブの[テーブルデザイン] タブが表示されます。

Memo　テーブル名が設定される

テーブルを作成すると、自動的にテーブル名が設定されます。テーブル名はコンテキストタブの [テーブルデザイン] タブの [テーブル名] で確認、変更できます。[名前ボックス] の▽をクリックし、一覧からテーブル名を選択すると、テーブルの全レコードが選択されます。

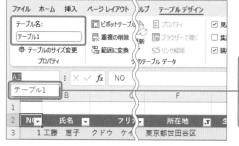

名前ボックスでテーブル名をクリックするとテーブルの全レコードを選択できます。

Memo　テーブルスタイルは自由に変更できる

コンテキストタブの [テーブルデザイン] タブの [テーブルスタイル] グループで▽をクリックすると、テーブルスタイルの一覧が表示されます。一覧から任意のテーブルスタイルを選択するだけでテーブル全体のスタイルを変更できます。

ここをクリックして、一覧からテーブルスタイルを変更できます。

レッスン 62-2　テーブルにデータを入力する

練習用ファイル　62-2-会員名簿.xlsx

操作　**テーブルにデータを入力する**

表をテーブルに変換後、新規レコードを入力すると、表にあらかじめ設定されていた入力規則や数式が自動的に新規入力行にコピーされるため、書式設定や数式をコピーする手間が省けます。

時短ワザ　**Tab キーだけでセル移動できる**

テーブル内でデータを入力する場合は、Tab キーで右方向に1つずつ移動し、右端のセルで Tab キーを押すと自動的に次の行の先頭セルに移動します。Tab だけでセル移動できるようになり便利です。逆方向に移動するには、Shift + Tab キーを押します。

1 テーブル内でクリックし、画面を下方向にスクロールし、最終行を表示します。

2 画面をスクロールすると、列番号が列見出しに置き換わっていることを確認します。

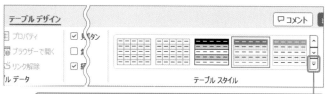

3 最終行の先頭セルをクリックし、Tab キーを押してアクティブセルが順番に右方向に移動することを確認します。

4 アクティブセルが右端にあるとき、Tab キーを押すと、

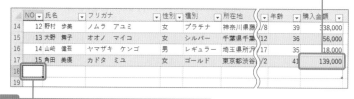

5 テーブルに新規入力行が追加されて、先頭にアクティブセルが表示されます。

6 画面を参照して、データを1件入力します。このとき日本語入力モードを切り替えることなくデータが入力でき、［フリガナ］と［年齢］が自動で表示され、［性別］と［種別］は選択肢から選択できることを確認してください（コラム参照）。

NO	氏名	フリガナ	性別	種別	所在地	生年月日	年齢	購入金額
14	12 野村 歩美	ノムラ アユミ	女	プラチナ	神奈川県藤沢市	1984/2/8	39	338,000
15	13 大野 舞子	オオノ マイコ	女	シルバー	千葉県千葉市	1987/6/12	36	56,000
16	14 山崎 健吾	ヤマザキ ケンゴ	男	レギュラー	埼玉県所沢市	1988/6/17	35	18,000
17	15 角田 美瑠	カドタ ミユ	女	ゴールド	東京都渋谷区	1982/9/2	41	139,000
18	16 中村 明美	ナカムラ アケミ	女	シルバー	東京都港区	1994/6/24	29	65,000
19								
20								

コラム　テーブルに設定されているデータの入力規則と数式

テーブルには、以下のようなデータの入力規則（赤枠）と数式（青枠）が設定されています。詳細は、サンプルファイルで確認してください。

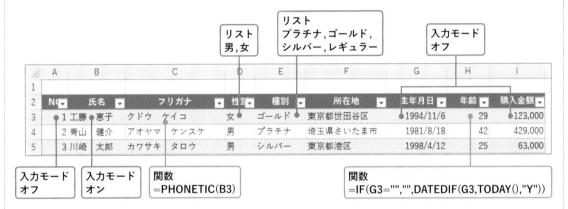

リスト
男,女

リスト
プラチナ,ゴールド,
シルバー,レギュラー

入力モード
オフ

入力モード
オフ

入力モード
オン

関数
=PHONETIC(B3)

関数
=IF(G3="","",DATEDIF(G3,TODAY(),"Y"))

●［年齢］列の数式
［年齢］列には、生年月日から年齢を算出する関数を設定しています。
数式：=IF(G3="","",DATEDIF(G3,TODAY(),"Y"))
意味：セルG3の値が空欄の場合、何も表示しない。そうでない場合は、DATEDIF関数の結果を表示する

数式：=DATEDIF(G3,TODAY(),"Y")
意味：セルG3の日付を開始日、今日の日付を終了日として、満年齢を求める

▼ TODAY関数「現在の日付を求める関数」

書式	=TODAY()
引数	なし
説明	現在の日付を求めます。

▼ DATEDIF関数「指定期間の年数、月数、日数を求める関数」

書式	=DATEDIF(開始日, 終了日, 単位)	
引数	開始日	開始日の日付を指定します。
	終了日	終了日の日付を指定します。
	単位	求める期間の単位を指定します。
説明	開始日から終了日の期間で、単位で指定した数値を返します。単位を「"Y"」にすると満年数を求めます。	

レッスン **62-3** テーブルの行や列を追加／削除する

練習用ファイル **62-3-会員名簿.xlsx**

**操作 テーブルの行列を
追加／削除する**

テーブル内の列や行を追加／削除する場合、自動的にテーブル範囲内で列や行を追加／削除できます。そのためテーブルの横や下にある別の表に影響を与えません。
また、テーブルのスタイルも自動調整されるため、書式を設定し直す必要もありません。

**Point 入力規則や数式も
設定される**

行を挿入すると、テーブル内に設定されているデータの入力規則や数式も自動的に設定されます。
なお、ここでは [NO] 列に数式を設定していないので、必要に応じて連番を設定し直してください。

**Memo テーブルの列を横方向に
増やすには**

テーブルの右端の列の右側のセルにデータを入力すると、自動的にテーブルが横方向に拡張されます。

**Memo テーブルの範囲を
変更する**

テーブルの右下角にある■にマウスポインターを合わせ、◤の形になったらドラッグしてテーブルサイズを変更できます。または、コンテキストタブの [テーブルデザイン] タブの [テーブルのサイズ変更] をクリックして表示される [表のサイズ変更] ダイアログで設定し直すことができます。

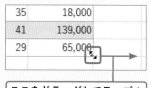

ここをドラッグしてテーブル範囲を変更できます

テーブルの列や行を追加

ここでは2行目に行を挿入します。

1 行または列を挿入したいセルを右クリックし、[挿入] → [テーブルの行 (上)(A)] をクリックします。

2 テーブル内に行が挿入され、自動的に横の縞模様が調整されます。

テーブルの列や行を削除

ここでは2行目の空白行を削除します。

1 行または列を削除したいセルを右クリックし、[削除] → [テーブルの行] をクリックします。

2 テーブル内の行が削除され、自動的に横の縞模様が調整されます。

レッスン 62-4 テーブルをセル範囲に戻す

練習用
ファイル 62-4-会員名簿.xlsx

操作 テーブルを
セル範囲に戻す

テーブルを通常の表に戻すには、コンテキストタブの[テーブルデザイン]タブ→[範囲に変換]をクリックします。通常の表に戻してもテーブルスタイルの書式はそのまま残ります。

1 テーブル内でクリックし、

2 コンテキストタブの[テーブルデザイン]タブ→[範囲に変換]をクリックします。

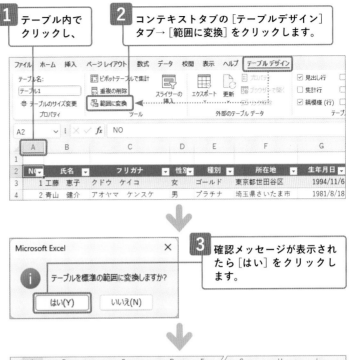

3 確認メッセージが表示されたら[はい]をクリックします。

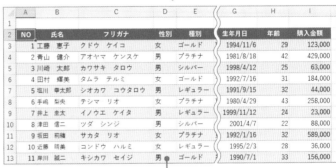

4 テーブルが解除され、通常のセル範囲に戻ります。テーブルスタイルの書式はそのまま残ります。

≡ Memo テーブルスタイルを残したくない場合

テーブルスタイルを残したくない場合は、範囲に変換する前にコンテキストタブの[テーブルデザイン]タブ→[テーブルスタイル]グループの▽をクリックし❶、[クリア]をクリックしてスタイルを解除しておきます❷。

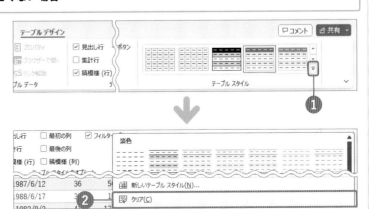

Section

63 テーブルに集計行を表示する

テーブルに集計行を表示すると、テーブルに入力されているレコードの値を集計することができます。数式を設定することなく、合計や個数、平均などいろいろな計算結果を確認できます。レコードを抽出している場合、表示されているレコードに対する集計結果を確認できます。

ここで学べること

習得スキル	操作ガイド	ページ
▶集計行を表示して集計する	レッスン63-1	p.537

まずは パッと見るだけ！

集計行を表示して集計する

テーブルの最終行に集計行を表示して、列ごとのデータを集計し、結果を表示できます。

\Before/
操作前

	A	B	C	D	E	F	G	H	I	J
2	No	氏名	フリガナ	性別	種別	所在地	生年月日	年齢	購入金額	
3	1 工藤 恵子	クドウ ケイコ	女	ゴールド	東京都世田谷区	1994/11/6	29	123,000	
4	2 青山 健介	アオヤマ ケンスケ	男	プラチナ	埼玉県さいたま市	1981/8/18	42	429,000	
5	3 川崎 太郎	カワサキ タロウ	男	シルバー	東京都港区	1998/4/12	25	63,000	
6	4 田村 輝美	タムラ テルミ	女	ゴールド	千葉県市川市	1992/7/16	31	184,000	
7	5 塩川 幸太郎	シオカワ コウタロウ	男	レギュラー	東京都文京区	1991/9/15	32	44,000	
8	6 手嶋 梨央	テシマ リオ	女	プラチナ	東京都世田谷区	1980/4/29	43	258,000	
14	12				プラチナ	神奈川県藤沢市	1984/2/8	39	358,000	
15	13 大野 舞子	オオノ マイコ	女	シルバー	千葉県千葉市	1987/6/12	36	56,000	
16	14 山崎 健吾	ヤマザキ ケンゴ	男	レギュラー	埼玉県所沢市	1988/6/17	35	18,000	
17	15 角田 美優	カクタ ミユ	女	ゴールド	東京都渋谷区	1982/9/2	41	139,000	
18	16 中村 明美	ナカムラ アケミ	女	シルバー	東京都港区	1994/6/24	29	65,000	
19										

\After/
操作後

集計行を表示し、[年齢]列のデータ件数、[購入金額]列の平均値が表示できた

	A	B	C	D	E	F	G	H	I	J
2	No	氏名	フリガナ	性別	種別	所在地	生年月日	年齢	購入金額	
3	1 工藤 恵子	クドウ ケイコ	女	ゴールド	東京都世田谷区	1994/11/6	29	123,000	
4	2 青山 健介	アオヤマ ケンスケ	男	プラチナ	埼玉県さいたま市	1981/8/18	42	429,000	
5	3 川崎 太郎	カワサキ タロウ	男	シルバー	東京都港区	1998/4/12	25	63,000	
6	4 田村 輝美	タムラ テルミ	女	ゴールド	千葉県市川市	1992/7/16	31	184,000	
7	5 塩川 幸太郎	シオカワ コウタロウ	男	レギュラー	東京都文京区	1991/9/15	32	44,000	
8	6 手嶋 梨央	テシマ リオ	女	プラチナ	東京都世田谷区	1980/4/29	43	258,000	
15	13 大野 舞子	オオノ マイコ	女	シルバー	千葉県千葉市	1987/6/12	36	56,000	
16	14 山崎 健吾	ヤマザキ ケンゴ	男	レギュラー	埼玉県所沢市	1988/6/17	35	18,000	
17	15 角田 美優	カクタ ミユ	女	ゴールド	東京都渋谷区	1982/9/2	41	139,000	
18	16 中村 明美	ナカムラ アケミ	女	シルバー	東京都港区	1994/6/24	29	65,000	
19	集計							16	163,063	

練習用ファイル　63-会員名簿.xlsx

操作 集計行を表示して集計する

テーブルに集計行を表示するには、コンテキストタブの [テーブルデザイン] タブの [集計行] にチェックを付けます。クリックするごとに表示、非表示を切り替えられます。

集計行を表示すると、既定でテーブルの右端の列に集計結果が表示されますが、集計方法を変更したり、別の列に集計結果を表示したりできます。

Memo 右端列が数値の場合の集計結果

右端列が数値の場合は、既定で合計が表示されます。それ以外は、データの個数が表示されます。

Memo 列の集計結果を非表示にする

列に表示されている集計結果を非表示にするには、手順 4 で [なし] を選択します。

Memo 集計行で設定される数式

集計行のセルには、SUBTOTAL関数が自動で設定されます。SUBTOTAL関数は、以下の書式でセル範囲を、指定した集計方法で計算した結果を返す関数です。

例えば、集計方法が101の場合は平均値、103の場合はデータの個数、109の場合は合計になります。

書式：SUBTOTAL(集計方法, セル範囲)

セルI19に設定されている数式は、下図の通りです。[購入金] は [購入金額] 列のデータ部分を参照する構造化参照です（**Section64**参照）。

1 テーブル内でクリックし、

2 コンテキストタブの [テーブルデザイン] タブで [集計行] をクリックしてチェックを付けると、

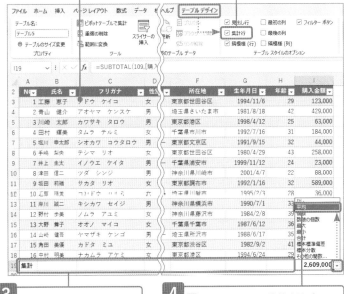

3 テーブルの最終行に集計行が表示されます。

4 ▼をクリックし、演算方法（ここでは [平均]）を選択すると、

5 指定した演算方法で集計結果（ここでは平均値）が表示されます。

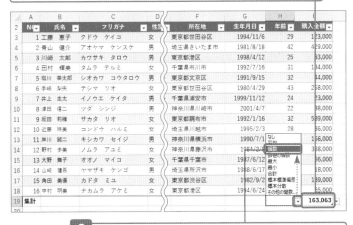

6 別の列の集計行のセルをクリックし、▼をクリックして演算方法（ここでは [個数]）をクリックすると、

7 指定した演算方法で集計結果（ここではデータの個数）が表示されます。

64

テーブル内のセルを参照した数式を入力する

テーブ

テーブル内で数式を入力する際、セルをクリックすると、セル番地が入力されずに角カッコ（[]）で囲まれた文字が入力されて驚くことがあります。テーブル内のセルを参照する場合、「構造化参照」という特別な参照形式になります。ここでは構造化参照を理解しましょう。

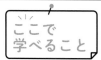
ここで学べること

習得スキル	操作ガイド	ページ
▶ 構造化参照で数式を入力する	レッスン64-1	p.539

まずは パッと見るだけ！

テーブル内の数式と構造化参照

　テーブル内で数式を入力する場合、構造化参照という参照方式を使います。構造化参照は角カッコ [ ] で囲んだ文字列でテーブル内のセルやセル範囲を参照します。構造化参照で入力された数式は、式を確定するとすべての列に自動入力されます。

Before
操作前

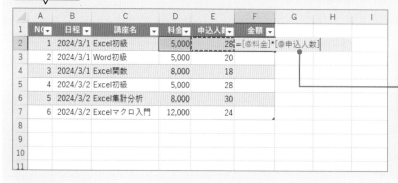

テーブル内で数式を設定する際、セルをクリックすると、セル番地ではなく、別の参照形式が入力された

After
操作後

式を確定すると、自動的にテーブル内の列全体に数式が入力された

7

表のデータを便利に利用する

レッスン 64-1 テーブル内で数式を入力する

🖱 **操作 テーブル内で数式を入力する**

テーブル内のセルに数式を入力する際、セルやセル範囲をクリックすると、自動的に構造化参照で入力され、式を確定すると列全体に数式が設定されることを確認しましょう。
また、テーブルの外の数式がテーブル内のセルを参照する場合の参照のされ方も合わせて確認してください。

📝 **Memo 構造化参照の指定子**

構造化参照では、角カッコ（[]）で囲まれた指定子を使ってセルやセル範囲を参照します。指定子は、下表の通りです。

指定子	内容
[#すべて]	テーブル全体
[#見出し]	列見出し行
[#データ]	データ部分
[#集計行]	集計行
[@]	数式が入力されている同じ行のセル
[見出し名]	フィールド名に対応するデータ部分
[@見出し名]	[@]と[見出し名]が交差するセル

📝 **Memo 「=[@料金]*[@申込人数]」の意味**

[@料金]は数式が入力されている同じ行で[料金]列の交点のセルを参照し、[@申込人数]は数式が入力されている同じ行で[申込人数]列の交点のセルを参照します。
「=[@料金]*[@申込人数]」は「数式が入力されている同じ行にある、[料金]列のセル×[申込人数]列のセル」という意味になります。

テーブル内で数式を設定する

ここでは、[金額]列に「＝料金×申込人数」の式を設定します。

1 数式を入力したい列の1レコード目のセルをクリックします。

2 「=」と入力し、[料金]のセルをクリックして「*」を入力し、[申込人数]のセルをクリックすると、「=[@料金]*[@申込人数]」と表示されることを確認し、Enter キーを押します。

F5 の数式バー： `=[@料金]*[@申込人数]`

NO	日程	講座名	料金	申込人数	金額
1	2024/3/1	Excel初級	5,000	28	140,000
2	2024/3/1	Word初級	5,000	20	100,000
3	2024/3/1	Excel関数	8,000	18	144,000
4	2024/3/2	Excel初級	5,000	28	140,000
5	2024/3/2	Excel集計分析	8,000	30	240,000
6	2024/3/2	Excelマクロ入門	12,000	24	288,000

合計金額

3 数式が確定され、[金額]列のすべてのセルに数式「=[@料金]*[@申込人数]」が入力され、それぞれの行に「料金×申込人数」の結果が表示されることを確認します。

テーブルの見出しを数式に使ってるよ〜

Memo 「=SUM(テーブル1 [金額])」の意味

テーブル外からテーブル内のセルを参照して数式を設定する場合、指定子の前にテーブル名を付けます。

「テーブル1[金額]」は、[テーブル1]テーブルの[金額]列のデータ範囲を参照します。

「=SUM(テーブル1[金額])」は[テーブル1]テーブルの金額列のデータの合計を求めます。

構造化参照では、セル番地を使って範囲を指定していないため、テーブルのレコード数の増減にかかわらず、常に[金額]列のデータ範囲が参照されます。

テーブル外で数式を設定する

ここでは、セルF1にテーブル内の[金額]列のデータを合計するSUM関数を設定します。

1 テーブル外にあるセル（ここではセルF1）をクリックします。

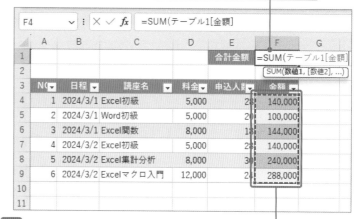

2 「=SUM(」と入力し、[金額]列のデータ部分（セル範囲F4～F9）をドラッグすると「=SUM(テーブル1[金額])」と表示されることを確認し、Enter キーを押します。

3 [テーブル1]テーブルの[金額]列の数値の合計が表示されます。

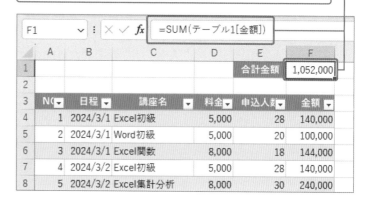

7

表のデータを便利に利用する

「構造化参照」は意外と直感的にわかるね～

演習7-商品マスター.xlsx

完成見本を参考に以下の手順でテーブルを作成し、データ活用の機能を使ってみましょう。

1 セル範囲A2〜D8をテーブルに変換する

2 テーブルスタイルを中間色の［ゴールド,テーブルスタイル（中間)5］に変更する

　　ヒント：p.532のMemo参照

3 ［単価］列の右に列を追加し、項目名を「セール価格」に設定する

4 ［セール価格］の列に「単価×0.8」の式を設定し、［セール価格］列に桁区切りカンマの表示形式を設定する

5 ［分類］を昇順で並べ替え、値が同じ場合は［単価］を降順（大きい順）で並べ替える

6 ［分類］列で「冷凍」だけ抽出して表示する

7 集計行を表示し、［セール価格］列に平均金額、［単価］列にデータの個数を表示する

▼完成見本

	A	B	C	D	E	F	G	H	I
1	商品マスター								
2	商品NO	商品	分類	単価	セール価格				
6	D4003	冷凍ホタテ	冷凍	4,300	3,440				
7	D4001	海老フライ	冷凍	3,600	2,880				
8	D4002	冷凍ロールキャベツ	冷凍	2,800	2,240				
9	集計			3	2,853				
10									
11									

データ活用も
できちゃった！

7

表のデータを便利に利用する

ひと
やすみ

資料を手早く作るには

資料を作る前に確認すべきこと

職場で「資料を作って」と頼まれた際、できるだけ手早く作成したいものですね。とはいえ、早ければいいということではありません。作成する前に、作成する資料の「対象」、「目的」を明確にしておく必要があります。

例えば、対象が社内なのか、社外なのか。社外の場合、取引先なのか、不特定多数なのかによっても書き方が変わります。対象と目的がはっきりすると、内容もだいたい決まってきます。依頼された上司とよく話し合って、どのような資料が必要なのか確認を取り、構成をきちんと決めておきましょう。

● **チェックリスト**

☑ 作成する資料は何か？
☑ 何のために作成するのか？
☑ 守るべきルールはあるか？
☑ いつまでに作成するのか？
☑ 作成後はどうすればよいか？（Aさんに確認後に印刷、ドライブに保存など）

資料はゼロから作らない

資料を何もないところから作成するのは、大変骨の折れる作業です。社外文書を作成する場合は、構成や表現にパターンがあるので、ビジネス文書の例文集のような書籍を参考書として手元に持っておくと便利です。

また、資料の中で使用する人数や金額などの数値は正確でないといけません。数値が入る表の作成のしやすさや、正確性を考えると、Excelで作成した表をWordに貼り付けるとよいでしょう。以前作成された同じような文書があれば、それをひな型（テンプレート）にして、内容を入れ替えながら作成すれば、より短時間で作成できるでしょう。

〆切も忘れずに確認しておきましょう

Point　**手を動かす前の情報収集がカギ**

7

表のデータを便利に利用する

第 **8** 章

シートやブックを
使いこなそう

Excelでは、同時に複数のブックを開いて作業できます。そのブック内には複数のワークシートを含むことができます。

ここでは、まずブックとワークシートの関係を説明しています。次に追加と削除、表示と非表示、ワークシートの整列や保護など、ワークシートに関するさまざまな操作を紹介します。そして、2つのブックを並べて比較しながら作業する機能も紹介します。いずれもとても実務的な内容です。ここでワークシートとブックの扱いに慣れましょう。

ブックをうまく
使ってデータを
まとめましょう

Section

65 ワークシートとブックの役割

ワークシートとブック

Excelは、データを入力するセル、表を作成するワークシート、ファイルとして保存するブックと、大きく3つの要素で構成されています。ここでは、ワークシートとブックについて理解を深めましょう。

ここで学べること

習得スキル	操作ガイド	ページ
▶ ワークシートとブックを理解する	なし	p.545

まずは パッと見るだけ！

ワークシートとブックの関係

Excelでは、保存の単位を**ブック**といい、ブックを構成するのが**ワークシート**です。Excelで新規に空白のブックを開くと、ワークシートが1枚表示されますが、自由に増やすことができます。

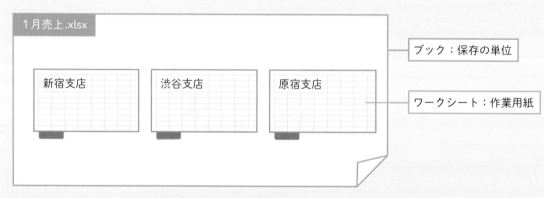

1月売上.xlsx

新宿支店　　渋谷支店　　原宿支店

ブック：保存の単位

ワークシート：作業用紙

●注意

• 1つのワークシート内には大きな表を作成したり、複数の表を作成したりできますが、データの管理を考えると、支店別など分類ごとにワークシートを分けて表を作成しましょう。

• すべてのデータを1つのブックに保存するのではなく、月別など内容ごとに分けて保存しましょう。

データを分けて管理すると、ファイルの破損や誤った削除によるデータの紛失を防げます

8

シートやブックを使いこなそう

ワークシートとブックでデータを整理する

　ワークシートは実際にデータを入力、表を作成する作業用紙です。収集したデータをもとに集計表を作成したり、納品書や報告書などの書類のひな型を作成したりします。

　ブックは、ワークシートで作成された表や書類の保管場所です。ワークシートは大量のデータを入力することも多く、データを保管するブックはとても大切なファイルです。きちんと整理して保管しましょう。

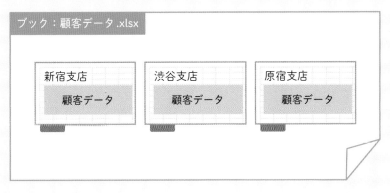

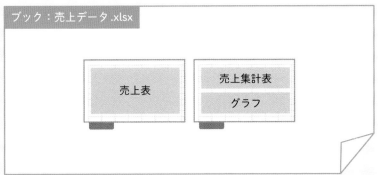

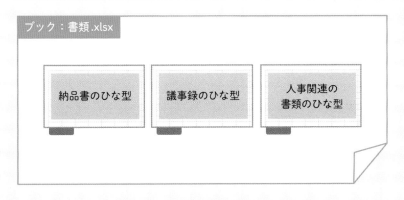

Section

66 ワークシートを追加／削除する

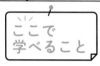

新規ブックには、1枚のワークシートが用意されていますが、必要に応じてワークシートを自由に追加できます。また、不要であれば削除も自由です。ここでは、ワークシートの追加と削除の方法を覚えましょう。

ここで学べること

習得スキル	操作ガイド	ページ
▶ ワークシートの追加	レッスン 66-1	p.547
▶ ワークシートの削除	レッスン 66-2	p.547

まずは パッと見るだけ！

ワークシートの追加と削除

支店別や月別にワークシートを分けて表を作成したい場合は、必要なだけワークシートを追加できます。また、不要なシートは削除してブック内のシートを整理します。

● ワークシートの追加

\ Before /
操作前

\ After /
操作後

ワークシートをブック内に追加できた

● ワークシートの削除

\ Before /
操作前

\ After /
操作後

不要なワークシートを削除できた

レッスン **66-1** ワークシートを追加する

練習用ファイル　66-1-シート追加.xlsx

操作　ワークシートを追加する

ワークシートを追加するには、シート見出しの右にある［新しいシート］ ＋をクリックします。作業中のシート（アクティブシート）の後ろにワークシートが追加されます。なお、シートを切り替えるには、シート見出しをクリックします。

ショートカットキー

● アクティブシートの前に新しいワークシートを追加する
　　 Shift ＋ F11

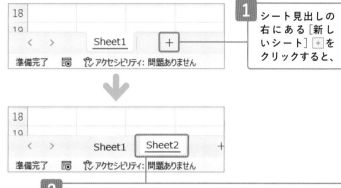

1 シート見出しの右にある［新しいシート］＋をクリックすると、

2 アクティブシートの後ろに新しいワークシートが追加され、追加したワークシートがアクティブシートになります。

Memo　アクティブシートとは

アクティブシートとは、現在選択されている作業対象のシートです。アクティブシートのシート見出しには緑の下線が表示されます。

レッスン **66-2** ワークシートを削除する

練習用ファイル　66-2-講座申込状況.xlsx

操作　ワークシートを削除する

ワークシートを削除するには、シート見出しを右クリックして、［削除］をクリックします。
削除したワークシートは完全に削除され［元に戻す］で復活させることはできません。注意しましょう。

Memo　ワークシートに何も入力されていない場合

削除するワークシートに何も入力されていない場合は、手順 **3** の確認メッセージは表示されません。

1 シート見出しを右クリックし、

2 ［削除］をクリックします。

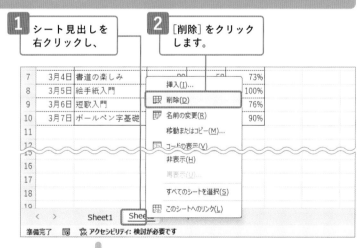

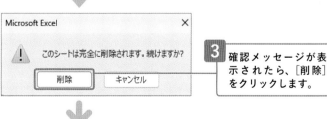

3 確認メッセージが表示されたら、［削除］をクリックします。

4 ワークシートが削除されます。

67 シート見出しの文字列や色を変更する

シート
見出し

シート見出しには、既定で「Sheet1」「Sheet2」とシート名が表示されます。シート名は自由に変更できるので、わかりやすい名前に変更して使用しましょう。また、シート見出しに色を設定することもできます。重要なシートに色を付けておくと目印になり選択しやすくなります。

ここで
学べること

習得スキル	操作ガイド	ページ
▶ シート名の変更	レッスン67-1	p.549
▶ シート見出しの色の変更	レッスン67-2	p.549

まずは パッと見るだけ！

シート見出しの文字列と色

シート見出しの文字列をシートに作成している表の内容に合わせて変更したり、シート見出しに色を付けて強調したりできます。複数のシートに同じ色を設定してグループ分けに利用してもよいでしょう。

● シート名の変更

\ Before /
操作前

---→

\ After /
操作後

シート名をワークシートの内容に合わせて名前を変更した

● シート見出しの色を設定

\ Before /
操作前

---→

\ After /
操作後

シート見出しに色を付けて見つけやすくなった

レッスン 67-1 シート名を変更する

練習用ファイル　67-1-講座申込状況.xlsx

操作　シート名を変更する

シート名を変更するには、シート見出しをダブルクリックし、編集状態にしてシート名にしたい文字列を入力します。

Memo　右クリックで変更する

シート見出しを右クリックし❶、[名前の変更]をクリックすることでも❷、シート名を変更できます。

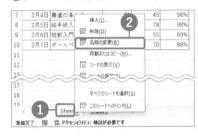

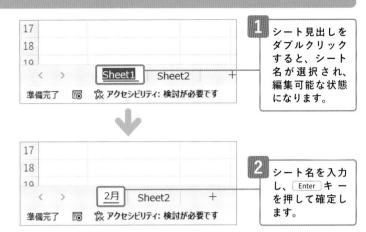

1 シート見出しをダブルクリックすると、シート名が選択され、編集可能な状態になります。

2 シート名を入力し、Enterキーを押して確定します。

コラム　シート名に使えない文字

コロン「:」、円マーク「¥」、スラッシュ「/」、疑問符「?」、アスタリスク「*」、左角かっこ「[」、右角かっこ「]」といった記号は使えません。また、シート名は空欄にできません。

レッスン 67-2 シート見出しの色を変更する

練習用ファイル　67-2-講座申込状況.xlsx

操作　シート見出しの色を変更する

シート見出しの色を変更するには、色を変更したいシート見出しを右クリックし、[シート見出しの色]をクリックしてカラーパレットから選択します。

Memo　色を解除するには

手順**2**で[色なし]をクリックします。

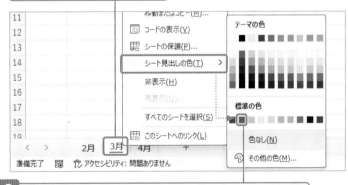

1 シート見出しを右クリックし、

2 [シート見出しの色]→カラーパレットで色をクリックします。

3 シート見出しの色が変更されます。別のシート見出しをクリックして、アクティブシートでなくなると設定した色がはっきり表示されます。

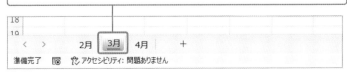

パソコン仕事で気をつけたいこと

パソコンやExcelは、普通に使っていれば簡単には壊れることはありませんが、パソコンを安全に使用するために、覚えておきたい3つの注意点があります。

● 1．強い衝撃を与えない。キーボードに飲み物をこぼさない

パソコンは、精密機械です。そのため、強い衝撃によって壊れることがあります。特に、ノートパソコンのような持ち運びができるものは、慎重に扱いましょう。また、キーボードに飲み物をこぼさないように気をつけてください。キーボードに飲み物をこぼすと、キーボードの交換が必要になったり、パソコン自体が動作しなくなったりすることがあります。意外とよくあることなので、注意しましょう。

● 2．自分が保存したファイル以外は削除しない

基礎編の0章でも紹介していますが、パソコンのハードディスクの中には、パソコンを動かすためのファイルが保存されています。それらのファイルを削除すると、パソコン自体が正常に動かなくなってしまうことがあります。原則的に、自分で作成したり、保存したりしたファイル以外は削除しないと決めておくといいでしょう。

● 3．席を離れるときは、パソコンをロックする

席を離れるときは、他人に勝手にデータを見られたり、操作されたりしないように以下の手順でパソコンをロックしておきましょう。作業中のアプリを終了することなく席を離れることができるので、短時間席を離れる場合に便利です。パソコンをロックすると、再度パソコンを使う場合、パスワードかPIN（暗証番号）の入力が必要になります。なお、帰宅する場合は、すべてのアプリを終了し、［スタート］メニューで［電源］をクリックして、［シャットダウン］をクリックしてパソコンを終了してください。

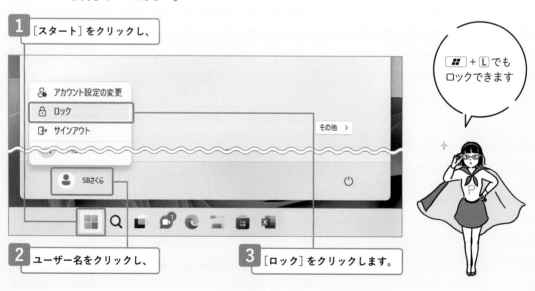

Point パソコンにやさしい習慣を身につけよう

Section

68 ワークシートを移動／コピーする

ワーク
シート

ワークシートを別の位置に移動して順番を変更したり、ワークシートごと複製したい場合はワークシートを移動、コピーします。ブック内での移動やコピーだけでなく、開いている他のブックへ移動／コピーすることもできます。ここではワークシートの移動とコピーの方法を覚えましょう。

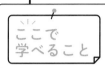
ここで
学べること

習得スキル	操作ガイド	ページ
▶ シートの移動とコピー	レッスン68-1	p.552

まずは パッと見るだけ！

> シートの移動とコピー

　ワークシートの並び順を変更したいときは、ワークシートを移動して調整します。また、ワークシートをコピーして、まったく同じ内容を複製して利用することができます。シートのコピーは、データのバックアップとしても使うことができます。

● ワークシートの移動

\Before/
操作前

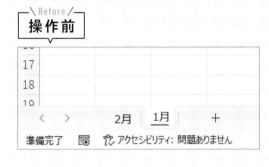

--->

\After/
操作後

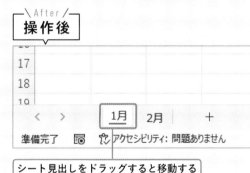

> シート見出しをドラッグすると移動する

● ワークシートのコピー

\Before/
操作前

--->

\After/
操作後

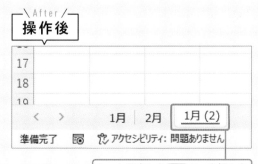

> シート見出しを Ctrl キーを押しながらドラッグするとコピーされる

レッスン 68-1 ワークシートを移動／コピーする

操作 ワークシートを移動／コピーする

ワークシートの移動は、シート見出しを移動先までドラッグします。
また、ワークシートのコピーは、シート見出しを [Ctrl] キーを押しながらコピー先までドラッグします。

Point ドラッグでのコピーの注意点

[Ctrl] キーを押しながらシート見出しをドラッグするとき、コピー先で先にマウスのボタンを放してから [Ctrl] キーを放してください。[Ctrl] キーを先に放すと移動になってしまいます。また、ドラッグでコピーする場合は、コピーするシートのすぐ隣にはコピーできません。いったん1つ離れた位置にコピーしてから、移動して調整してください。

コラム 複数のシートを選択するには

連続する複数のシートを選択するには、始点となるシートのシート見出しをクリックし❶、次に終点となるシートのシート見出しを [Shift] キーを押しながらクリックします❷。

また、離れた複数のシートを選択するには、1つ目のシートのシート見出しをクリックし❶、2つ目以降のシートのシート見出しを [Ctrl] キーを押しながらクリックします❷。

複数シートを選択することで、コピーや移動、データの入力など同じ操作をまとめて行うことができます。なお、複数の選択を解除するには、選択していないシートのシート見出しをクリックします。すべてのシートが選択されている場合は、アクティブシート以外のシートのシート見出しをクリックします。

ワークシートの移動

ここでは、[1月] シートを [2月] シートの前に移動します。

1 移動するワークシートのシート見出しにマウスポインターを合わせ、移動先までドラッグします。

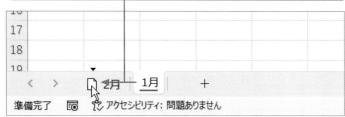

2 ワークシートが移動します。

ワークシートのコピー

ここでは [1月] シートを [2月] シートの後ろにコピーします。

1 コピーするワークシートのシート見出しにマウスポインターを合わせ、[Ctrl] キーを押しながらコピー先までドラッグします。

2 コピー先で、先にマウスのボタンを放してから [Ctrl] キーを放すと、ワークシートがコピーされます。

コラム　[移動またはコピー] ダイアログを使って移動／コピーする

[移動またはコピー] ダイアログを表示すると、ブック内だけでなく、開いている他のブックや新規ブックにシートを移動、またはコピーできます。

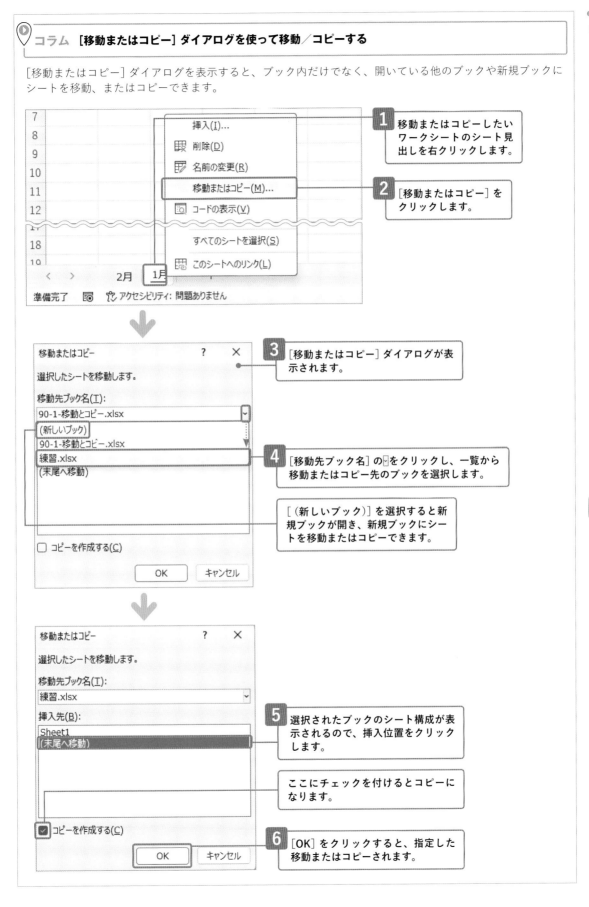

1 移動またはコピーしたいワークシートのシート見出しを右クリックします。

2 [移動またはコピー] をクリックします。

3 [移動またはコピー] ダイアログが表示されます。

4 [移動先ブック名] の▼をクリックし、一覧から移動またはコピー先のブックを選択します。

[(新しいブック)] を選択すると新規ブックが開き、新規ブックにシートを移動またはコピーできます。

5 選択されたブックのシート構成が表示されるので、挿入位置をクリックします。

ここにチェックを付けるとコピーになります。

6 [OK] をクリックすると、指定した移動またはコピーされます。

69 ワークシートを非表示にする

ワークシートを削除したくはないけど、表示したくないという場合、ワークシートを非表示にして隠しておくことができます。必要なときに再表示して使用できます。

ここで学べること

習得スキル	操作ガイド	ページ
▶ ワークシートを非表示にする	レッスン69-1	p.555
▶ ワークシートを再表示する	レッスン69-2	p.555

まずは パッと見るだけ！

ワークシートの非表示と再表示

ひな型となる表が作成されているシートなど、通常は非表示にして隠しておき、必要なときだけ表示するといったことがしたい場合に、ワークシートの非表示と再表示の機能が便利です。

● ワークシートの非表示

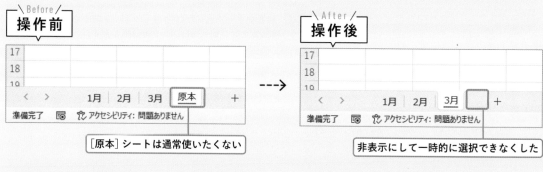

\Before/
操作前

\After/
操作後

[原本] シートは通常使いたくない

非表示にして一時的に選択できなくした

● ワークシートの再表示

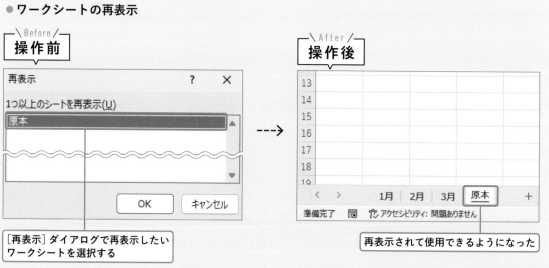

\Before/
操作前

\After/
操作後

[再表示] ダイアログで再表示したいワークシートを選択する

再表示されて使用できるようになった

レッスン 69-1 ワークシートを非表示にする

練習用ファイル　69-1-売上報告書.xlsx

🖱 操作　**ワークシートを非表示にする**

シートを非表示にするには、非表示にしたいワークシートのシート見出しで右クリックし、[非表示] をクリックします。

📝 Memo　**全シートを非表示にはできない**

ブック内のすべてのシートを非表示にすることはできません。少なくとも1つはワークシートを表示しておく必要があります。

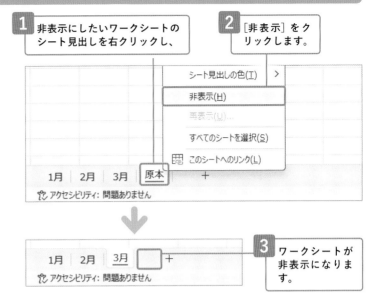

1 非表示にしたいワークシートのシート見出しを右クリックし、

2 [非表示] をクリックします。

3 ワークシートが非表示になります。

レッスン 69-2 ワークシートを再表示する

練習用ファイル　69-2-売上報告書.xlsx

🖱 操作　**ワークシートを再表示する**

非表示になっているワークシートを再表示するには、[再表示] ダイアログを表示し、再表示したいシートを選択します。

📝 Memo　**複数のシートをまとめて再表示する**

非表示にしているワークシートが複数ある場合、[再表示] ダイアログで複数のワークシートをまとめて選択し、一度に再表示することができます。1つ目のシートをクリックで選択し、2つ目以降のシートを Ctrl キーを押しながらクリックして、複数のシートを選択したら、[OK] をクリックします。

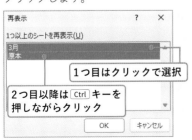

1つ目はクリックで選択

2つ目以降は Ctrl キーを押しながらクリック

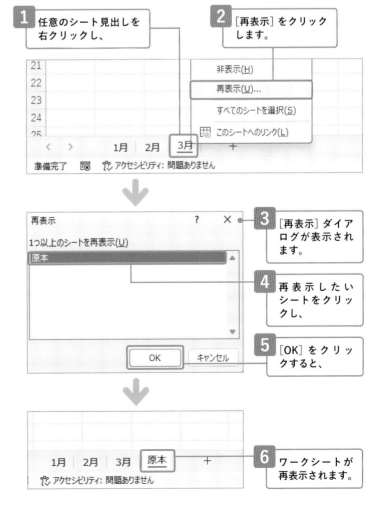

1 任意のシート見出しを右クリックし、

2 [再表示] をクリックします。

3 [再表示] ダイアログが表示されます。

4 再表示したいシートをクリックし、

5 [OK] をクリックすると、

6 ワークシートが再表示されます。

Section 70

指定したセルのみ入力できるように シートを保護する

ワーク シート

表に数式が入力されているなど、削除されたら困るデータが入力されている場合、シートを保護すると、削除されるリスクがなくなります。入力したいセルだけセルのロックを解除しておくと、指定したセルのみ入力できるようになり、シートを保護できます。

ここで 学べること

習得スキル	操作ガイド	ページ
▶ ロックを解除してシートを保護する	レッスン70-1	p.557
▶ シートの保護を解除する	レッスン70-2	p.559

まずは パッと見るだけ！

セルのロック解除とシートの保護

ワークシートを保護するという機能を使うと、ワークシート上のデータを削除したり、変更したりという操作を制限することができます。また、一部のセルだけ入力できるようにしたい場合は、先に対象となるセルのロックを解除し、その後ワークシートを保護します。

— Before —
操作前

	A	B	C	D	E
1	成績表				
2	学籍NO	英語	数学	国語	合計
3	S001	68	100	87	255
4	S002	100	83	98	281
5	S003	77	84	80	241
6	S004	51	67	82	200
7	S005	83	90	77	250
8	S006	92	90	96	278
9	S007	96	80	90	266
10	S008	80	97	84	261
11	平均点	80.9	86.4	86.8	254.0
12	最大値	100	100	98	281
13	最小値	51	67	77	200
14					

--→

— After —
操作後

	A	B	C	D	E
1	成績表				
2	学籍NO	英語	数学	国語	合計
3	S001		100	81	181
4	S002	86	72	99	257
5	S003	74	96	83	253
6	S004	100	85	70	255
7	S005	56	99	62	217
8	S006	83	100	98	281
9	S007	97	60	68	225
10	S008	81	72	84	237
11	平均点	82.4	85.5	80.6	238.3
12	最大値	100	100	99	281
13	最小値	56	60	62	181
14					

赤枠で囲んだ範囲だけ入力/削除できるようにしたい

セルB3のデータは削除できるが、セルE3のデータは削除できない

操作後のセルE3は、合計を出す数式が保護されているのね！

ここでは入力したいセルのロックを解除し、ワークシートを保護しました

レッスン 70-1 セルのロックを解除し、シートを保護する

練習用
ファイル 70-1-成績表.xlsx

操作 **セルのロックを解除して
シートを保護する**

セルのロックを解除するには、[ホーム] タブの [書式] で [セルのロック] をクリックして設定をオフにします。シートを保護するには、[ホーム] タブの [書式] で [シートの保護] をクリックします。このときシート保護を解除するためのパスワードを指定できます。

Memo **セルのロックの
オンとオフ**

手順 2 でメニューの [セルのロック] の前にあるアイコンが 🔒 の状態はセルがロックされています。
[セルのロック] をクリックするとロックが解除されアイコンが 🔓 になります。クリックするごとにロック、ロック解除が切り替わります。

入力できるセル範囲を指定してシートを保護

ここではセル範囲B3～D10だけ入力できるようにしてシートを保護します。

1 まず、セルのロックを解除します。入力可能にするセル範囲を選択し、

2 [ホーム] タブ→[書式]→[セルのロック] をクリックします。

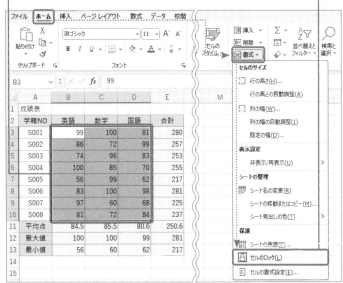

3 次にシートを保護します。[ホーム] タブ→ [書式]→[シートの保護] をクリックします。

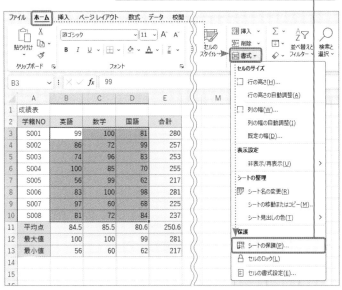

💡 Point　パスワードの入力

パスワードは大文字・小文字を区別
して入力します。パスワードを忘れ
るとシートの保護を解除できなくな
るので、どこかにメモするなどして
保管しておきましょう。
なお、パスワードを設定しなくても
シートを保護できます。手順 7 で空
欄のまま［OK］をクリックします。

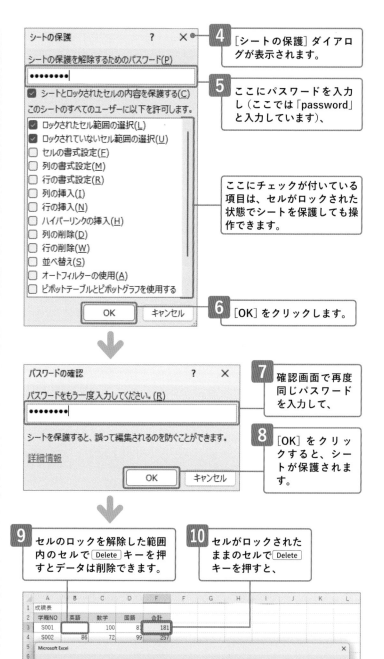

4 ［シートの保護］ダイアロ
グが表示されます。

5 ここにパスワードを入力
し（ここでは「password」
と入力しています）、

ここにチェックが付いている
項目は、セルがロックされた
状態でシートを保護しても操
作できます。

6 ［OK］をクリックします。

7 確認画面で再度
同じパスワード
を入力して、

8 ［OK］をクリッ
クすると、シー
トが保護されま
す。

9 セルのロックを解除した範囲
内のセルで Delete キーを押
すとデータは削除できます。

10 セルがロックされた
ままのセルで Delete
キーを押すと、

11 シートが保護されている内容のメッセージが表示されます。
［OK］をクリックして閉じます。

8 シートやブックを使いこなそう

実務では類推され
にくいパスワード
にしてください

レッスン 70-2 シートの保護を解除する

練習用ファイル 70-2-成績表.xlsx

操作 シートの保護を解除する

数式を変更したり、書式を変更したりしたい場合は、シートの保護を解除します。シートを保護したときにパスワードを設定している場合は、パスワードが必要になるので用意しておきましょう。
シート保護を解除するには、[ホーム] タブの [書式] で [シート保護の解除] をクリックします。

1 [ホーム] タブ→ [書式] → [シート保護の解除] をクリックします。

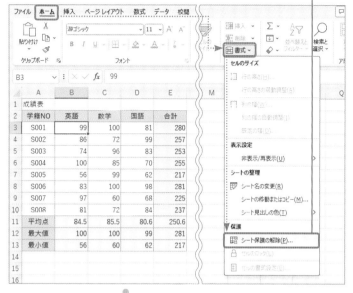

2 パスワードを入力し、

3 [OK] をクリックすると、シートの保護が解除されます。

シートの保護を使ってトラブルを防ぎましょ♪

71 異なるシートを並べて表示する

ワーク
シート

同じブック内の異なるシートを同時に表示して作業したいとき、新しいウィンドウを表示します。同じブックのウィンドウが2つになるので、一方のシートを切り替えて見比べることができます。ウィンドウを整列すれば、2つの画面を見やすく整えることができます。

ここで
学べること

習得スキル	操作ガイド	ページ
▶ シートを整列して表示する	レッスン71-1	p.561

まずは パッと見るだけ！

シートを整列する

ここでは、売上が月別に保存されているシートが、並列で表示される様子を確認してください。

\Before/
操作前

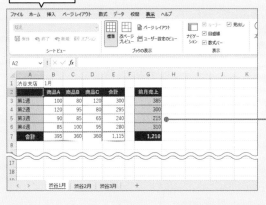

ブック内にある［渋谷1月］
シートと［渋谷2月］シート
を1画面で表示したい

8
シートやブックを使いこなそう

新しいウィンドウを追加
し、左右に整列したら、
作業しやすくなった

\After/
操作後

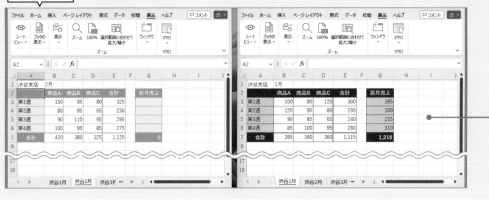

レッスン **71-1** 新しいウィンドウを表示してシートを整列する

練習用ファイル **71-渋谷支店.xlsx**

操作　シートを整列する

ブック内にある異なるシートを並べて表示するには、まず、新しいウィンドウを開いてウィンドウを2つにします。次に、ウィンドウを整列して並べます。新しいウィンドウは[表示]タブの[新しいウィンドウを開く]をクリックして表示し、ウィンドウの整列は[表示]タブの[整列]をクリックします。

Memo　同じブックのウィンドウを整列するには

同じブックのウィンドウを整列する場合は、[ウィンドウの整列]ダイアログで、[作業中のブックのウィンドウを整列する]をチェックします。

Memo　追加したウィンドウを閉じる

追加したウィンドウは、作業が終わったら閉じておきます。どちらのウィンドウを閉じても構いません。ウィンドウの[閉じる] ✕ をクリックして閉じてください。

コラム　異なるブックを整列するには

複数のブックが開いている状態で、[ウィンドウの整列]ダイアログで[作業中のブックのウィンドウを整列する]のチェックを外してブックとブックを整列してください。

1 ［表示］タブ→［新しいウィンドウを開く］をクリックします。

2 ［表示］タブ→［整列］をクリックします。

3 整列方法を選択し、

4 ここにチェックを付けて、

5 ［OK］をクリックします。

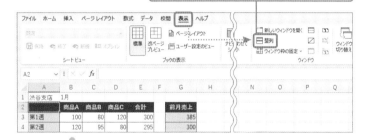

6 ウィンドウが指定された方法で整列します。

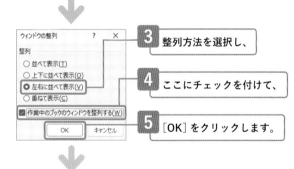

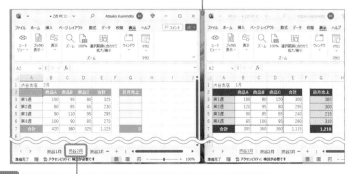

7 シート見出しをクリックしてシートを切り替えると、ブック内の別のシートが並んで表示されます。

72 2つのブックを並べて比較する

ブックの比較

2つのブックを並べて比較したい場合は、[並べて比較]を使います。[並べて比較]を使ってウィンドウを整列すると、上下または左右に並べて比較しながら作業ができます。2つのブックを同時にスクロールすることができるので同じ形の表を比較するのに便利です。

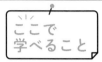
ここで学べること

習得スキル	操作ガイド	ページ
▶ ブックを並べて比較する	レッスン72-1	p.563

まずは パッと見るだけ！

ブックを並べて比較する

[並べて比較]機能を使うと、2つのブックを並べて、同時にスクロールできるようになります。例えば、先月の報告書と比較しながら、今月の報告書を作成したいといった場合に使えます。

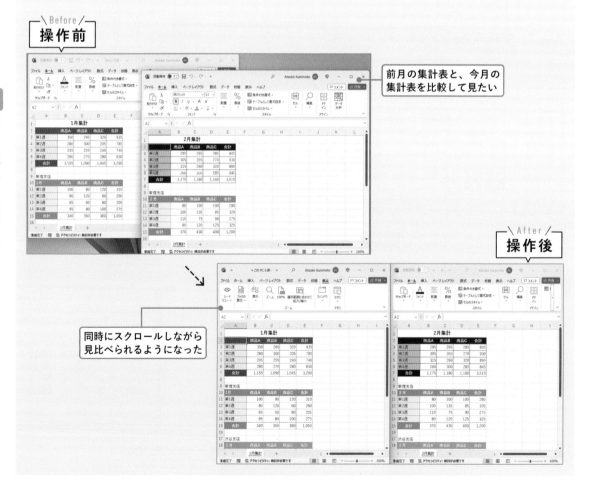

Before
操作前

前月の集計表と、今月の集計表を比較して見たい

After
操作後

同時にスクロールしながら見比べられるようになった

レッスン 72-1 ブックを比較する

操作　ブックを比較する

ブックを比較するには、先に比較したいブックを2つ開いてから、[表示]タブの[並べて比較]をクリックします。自動的に2つのブックが整列し、同時にスクロールされるようになります。

Point　ブックの先頭画面を表示しておく

[並べて比較]をクリックした時点での画面のまま同時スクロールされるので、[並べて比較]をクリックする前に2つのブック共に先頭画面を表示し、表示位置を揃えておきます。

Memo　同時にスクロールされない場合

どちらかのウィンドウの[最大化]をクリックして画面を最大化し、[表示]タブの[同時にスクロール]をクリックしてオンにします。その後、[元のサイズに戻す]をクリックしてウィンドウサイズを戻します。

Memo　並べて比較を解除する

どちらかのウィンドウの[最大化]をクリックして画面を最大化し、[表示]タブの[並べて比較]をクリックしてオフにします。

ここでは、2つのサンプルブックを開いている状態で操作します。

1 [表示]タブ→[並べて比較]をクリックしてオンにします。

2 2つのブックが並んで表示されます（きれいに整列されなかった場合は、次ページのコラムを参照してください）。

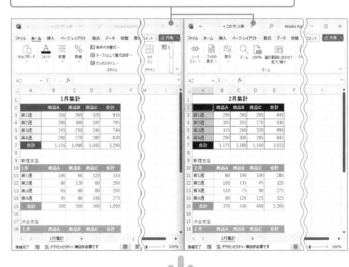

3 画面をスクロールすると、2つの画面が同時にスクロールされることを確認します。これで2つのブックを見比べながら作業ができます。

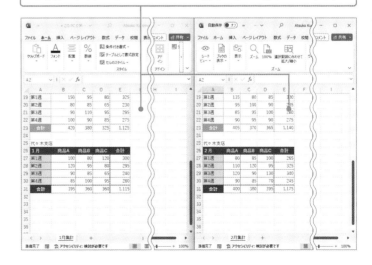

練習問題 ワークシートとブックの操作を練習しよう

 練習用ファイル | 演習8-講座申込状況.xlsx

以下の手順でワークシートやブックの操作の練習をしてみましょう。

1 非表示になっている［原本］シートを表示する

2 ［原本］シートを［3月］シートの右側にコピーし、シート名を「4月」に変更する

3 ［2月］シートと［3月］シートを選択し、シート見出しの色をオレンジ色に変更する

4 ［原本］シートのセル範囲A4〜A10とセルE1とセル範囲D4〜D10を入力可能な状態にして、パスワードを設定せずに、ワークシートを保護する

5 ［2月］シートを新規ブックにコピーして「講座申込状況2月」という名前で、練習ファイルと同じ場所に保存する

▼完成見本

シートを扱う
感覚がつかめたら
OK！

第 **9** 章

作成した表を
きれいに印刷する

ワークシートに作成した表やグラフを印刷するには、[印刷]画面を開き、
印刷を実行します。印刷プレビューで印刷結果を事前に確認し、1ページ
に収まるようにしたり、用紙の中央に印刷されるようにしたりするなど、
きれいに印刷するためのさまざまな設定項目が用意されています。

読みやすく印刷
しましょう

Section

73 ワークシートを印刷する

 印刷

ワークシート上に作成した表やグラフの印刷は、[印刷] 画面を表示して実行します。ここでは、[印刷] 画面での印刷手順と [印刷] 画面の構成を説明します。

 ここで学べること

習得スキル	操作ガイド	ページ
▶ [印刷] 画面の構成を知る	なし	p.566
▶ 印刷の設定を知る		p.567

まずは パッと見るだけ！

ワークシートの印刷

文書を印刷するには、[印刷] 画面を開き、印刷プレビューで設定を確認して印刷します。

● 印刷の手順

❶ [ファイル] タブ→ [印刷] をクリックして
  [印刷] 画面を表示する
❷ 印刷プレビューで印刷イメージを確認する
❸ 印刷の設定や部数を確認、変更する
❹ [印刷] をクリックして印刷を実行する

> プリンターの電源、用紙、インクの残量なども確認！

● [印刷] 画面の構成

パソコンに接続されているプリンター名と現在の状態が表示される

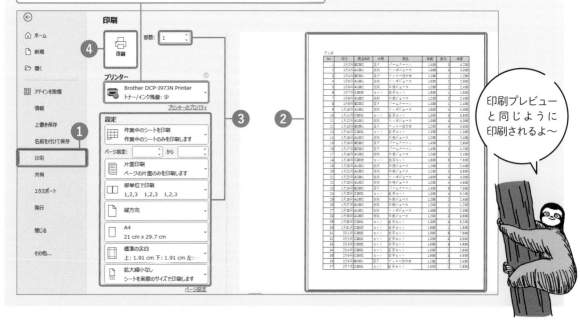

> 印刷プレビューと同じように印刷されるよ～

作成した表をきれいに印刷する

9

印刷の設定と内容

印刷の設定は、[印刷] 画面と [ページレイアウト] タブ、[ページ設定] ダイアログで行えます。

● [印刷] 画面の印刷設定

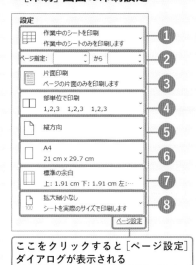

ここをクリックすると [ページ設定]
ダイアログが表示される

番号	設定内容
❶	印刷対象を [作業中のシートを印刷]、[ブック全体を印刷]、[現在の選択範囲を印刷] から選択
❷	印刷ページを指定
❸	印刷面を [片面印刷]、[両面印刷] のいずれかから選択
❹	印刷単位を [部単位]、[ページ単位] のいずれかから選択
❺	印刷方向を [縦方向]、[横方向] のいずれかから選択
❻	用紙サイズを選択
❼	余白を [最後に適用したユーザー設定]、[標準]、[広い]、[狭い] から選択。[ユーザー設定の余白] で [ページ設定] ダイアログを表示して数値で余白指定できる
❽	拡大/縮小印刷を [拡大縮小なし]、[シートを1ページに印刷]、[すべての列を1ページに印刷]、[すべての行を1ページに印刷] から選択。[拡大縮小オプション] を選択すると [ページ設定] ダイアログを表示し、より詳細に倍率を指定できる

● [ページレイアウト] タブ

ここをクリックすると [ページ設定] ダイアログが表示される

グループ名	設定項目
ページ設定	余白、印刷の向き、サイズという基本設定に加えて、印刷するセル範囲の指定、改ページ位置の指定、ワークシートの背景に表示する画像、印刷タイトルの設定
拡大縮小印刷	拡大/縮小印刷の方法を指定
シートのオプション	枠線の [印刷] にチェックを付けると、セルの線が印刷され、見出しの [印刷] にチェックを付けると、行番号、列番号が印刷される

● [ページ設定] ダイアログ

タブ	設定内容
ページ	印刷の向き、拡大縮小印刷、用紙サイズなどを設定できる
余白	用紙の上下左右の余白をセンチ単位で指定し、ページ中央印刷を設定できる
ヘッダー / フッター	ヘッダーとフッターを設定できる
シート	印刷範囲、印刷タイトル、印刷要素や印刷方法などを設定できる

74 ブック内のすべてのシートを印刷する

印刷

既定の印刷対象は、［印刷］画面を表示するときに作業していたワークシートです。ブック内のワークシートをすべて印刷したいときに、ワークシートを切り替えながら1つずつ印刷するのは面倒です。印刷対象をブック全体に変更することで、すべてのワークシートをまとめて印刷できます。

ここで
学べること

習得スキル	操作ガイド	ページ
▶すべてのワークシートの印刷	レッスン74-1	p.569

まずは パッと見るだけ！

すべてのワークシートの印刷

ブック内に［2月］、［3月］、［4月］と3つのワークシートがあるとき、すべてのワークシートの表を一度に印刷できるようにするには、印刷対象を［ブック全体を印刷］に変更します。

\Before/
操作前

印刷対象：［作業中のシートを印刷］のとき、選択されているシートが印刷される

[2月]シート

9

作成した表をきれいに印刷する

\After/
操作後

印刷対象：［ブック全体を印刷］のとき、すべてのシートが印刷される

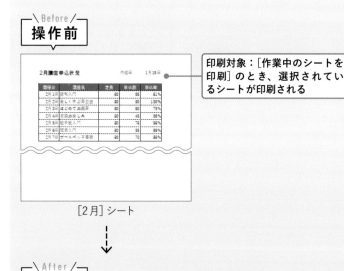

[2月]シート　　　　　　[3月]シート　　　　　　[4月]シート

レッスン **74-1** すべてのワークシートを一度に印刷する

練習用ファイル 74-講座申込状況.xlsx

🖱操作 すべてのワークシートを印刷する

すべてのワークシートを一度に印刷するには、[印刷] 画面で印刷対象を [ブック全体を印刷] に変更します。印刷対象を [ブック全体を印刷] に変更すると、印刷プレビューのページ数が変わり、ページを切り替えてすべてのワークシートの印刷プレビューが確認できます。

💡Point [2月] シートと [4月] シートだけ印刷したい

[2月] シートと [4月] シートだけ印刷したい場合は、[2月] シートと [4月] シートを選択してから、[印刷] 画面を表示します。印刷対象は、[作業中のシートを印刷] のままにします。

1つ目のシート見出しをクリックし、2つ目以降のシート見出しを [Ctrl] キーを押しながらクリックして、印刷したいシートを選択してから [印刷] 画面を表示します

📝Memo ワークシートの一部だけ印刷したい

ワークシート内に複数の表があり、その1つだけを印刷したいとか、大きい表の一部分だけを印刷したい場合は、印刷したいセル範囲を選択してから、[印刷] 画面を表示し、印刷対象を [選択した部分を印刷] に変更します。

---

1 [ファイル] タブ→ [印刷] をクリックし、[印刷] 画面を表示します。

2 [作業中のシートを印刷] → [ブック全体を印刷] をクリックします。

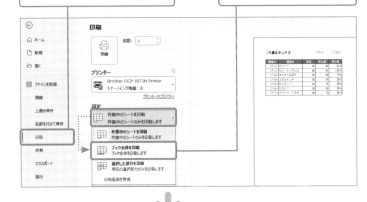

3 印刷対象が [ブック全体を印刷] になります。

4 印刷ページが増えるので、▶ をクリックすると、

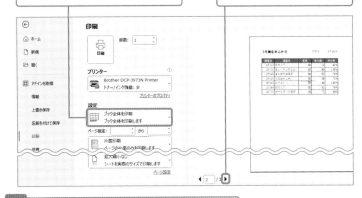

5 次のシートの印刷プレビューが表示されます。

📝Memo ワークシート上のグラフだけを印刷したい

ワークシートに作成したグラフだけ印刷したいときは、ワークシートにあるグラフを選択してから [印刷] 画面を表示します。自動的に印刷対象が [選択したグラフを印刷] に変更になり、印刷プレビューはグラフのみが表示されます。

グラフを選択してから [印刷] 画面を開くと、印刷対象が自動で [選択したグラフを印刷] に変更されます。

Section

75 用紙の中央に配置して印刷する

印刷

印刷プレビューを表示すると、表が用紙の左上に配置され、バランスがよくありません。設定を変更すれば、この問題は簡単に解決できます。ここでは、用紙の左右または上下に中央に配置してバランスよく印刷する方法を紹介します。

ここで
学べること

習得スキル	操作ガイド	ページ
▶用紙の中央に印刷	レッスン75-1	p.571

👀 まずは パッと見るだけ！

用紙の中央に印刷する

　用紙に対して印刷する表が小さい場合は、用紙の左上にかたよって印刷されてしまいます。用紙の中央に配置するように設定すれば、バランスよく印刷できます。

\Before/
操作前

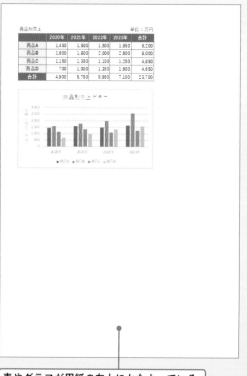

\After/
操作後

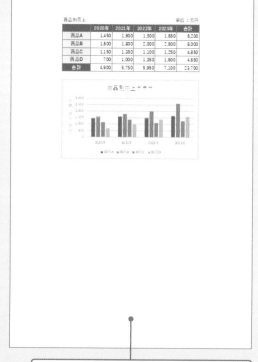

---→

表やグラフが用紙の左上にかたよっている。
バランスが悪い

用紙の中央に印刷されるように設定変更したら、
バランスがよくなった

9 作成した表をきれいに印刷する

レッスン 75-1 水平方向または垂直方向に中央に配置して印刷する

練習用ファイル　75-商品別売上.xlsx

操作　用紙の中央に印刷する

表やグラフを用紙の中央に配置して印刷するには、[ページ設定] ダイアログの [余白] タブの [ページ中央] で [水平] または [垂直] にチェックを付けます。

Memo　上下に中央に配置する

用紙の上下で中央に配置するには、手順 4 で [垂直] にチェックを付けます。

中央に印刷されるときちんとした感じになりますね！

1 [ファイル] タブ→ [印刷] をクリックし、[印刷] 画面で印刷プレビューを確認します。

2 [ページ設定] をクリックします。

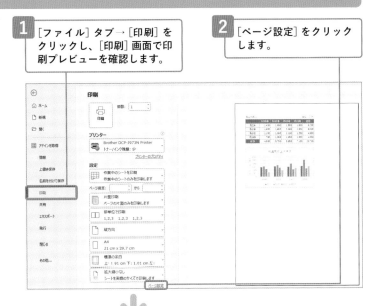

3 [ページ設定] ダイアログが表示されます。

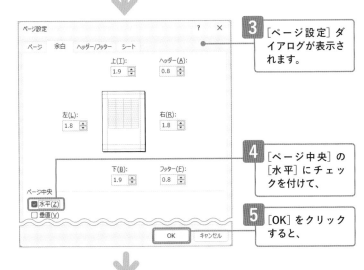

4 [ページ中央] の [水平] にチェックを付けて、

5 [OK] をクリックすると、

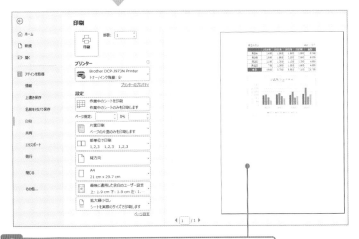

6 用紙の水平方向に中央に配置されたのが確認できます。

Section

76 余白を変更する

印刷

余白とは、用紙の上下左右にある印刷しない領域です。余白を小さくすることで印刷できる範囲が広がります。[標準]、[広い]、[狭い]といった選択肢から選択することもできますし、数値で細かく指定することもできます。ここでは、余白の変更方法を確認しましょう。

ここで
学べること

習得スキル	操作ガイド	ページ
▶数値を指定して余白を調整する	レッスン76-1	p.573

まずは パッと見るだけ！

余白を調整して印刷範囲を変更する

　余白の取り方によってページ内に収まる印刷範囲が変わります。余白の設定で[広い]を選択すると上下左右の余白が広がるため印刷範囲が小さくなり、[狭い]を選択すると印刷範囲が大きくなりますが、自分で数値を設定して微調整することもできます。

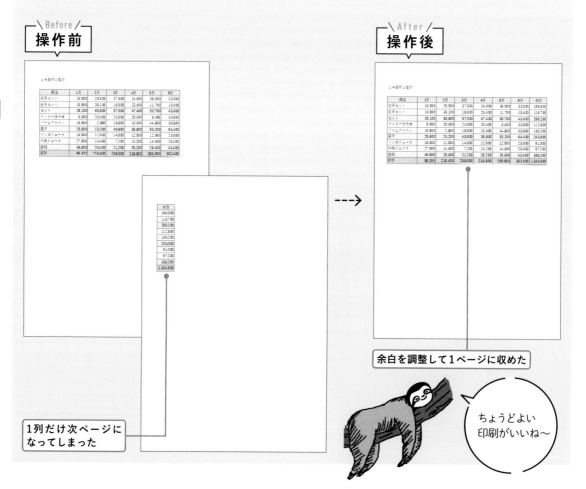

—\ Before /—
操作前

—\ After /—
操作後

---→

余白を調整して1ページに収めた

1列だけ次ページになってしまった

ちょうどよい
印刷がいいね〜

9

作成した表をきれいに印刷する

レッスン **76-1** 数値を指定して余白を調整する

練習用ファイル **76- 上半期売上集計 .xlsx**

ここでは、上下の余白を「2.5センチ」、左右の余白を「1.5センチ」に設定します。

操作 余白を数値で調節する

ここでは、余白を数値を使って自分で調整してみましょう。
数値で指定するには、[ページ設定]ダイアログの[余白]タブを表示します。cm単位で変更できます。

上級テクニック 印刷イメージで余白ラインを表示する

印刷イメージの右下にある[余白の表示]をクリックすると、余白ラインが表示されます。用紙にどのくらい空きがあるのかの目安になります。p.342で紹介したように、余白ラインをドラッグすることで余白を調整することができます。

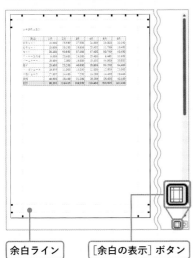

余白ライン　　[余白の表示]ボタン

1 [ファイル]タブ→[印刷]をクリックし、[印刷]画面を表示しておきます。

2 [標準の余白]→[ユーザー設定の余白]をクリックします。

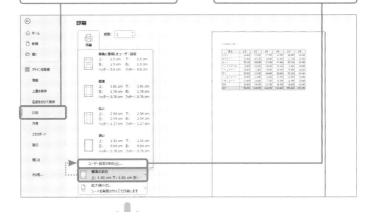

3 [ページ設定]ダイアログの[余白]タブが表示されます。

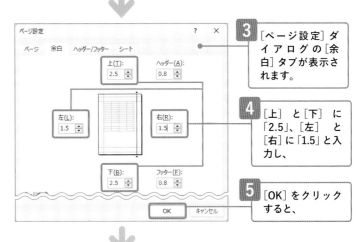

4 [上]と[下]に「2.5」、[左]と[右]に「1.5」と入力し、

5 [OK]をクリックすると、

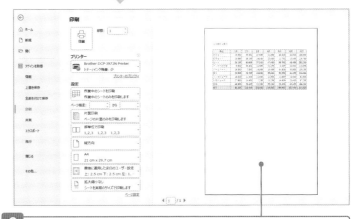

6 左右余白が調整されて、1ページに収まりました。また、上余白が多少広がり、少しゆとりができました。

Section

77

用紙1枚に収まるように印刷する

印刷

少し大きい表で、印刷イメージを表示すると1ページに収まらない場合、余白の調整だけでなく、印刷倍率を変更することでも調整できます。横方向を1ページに収めるのか、縦方向を1ページに収めるのかを指定することで自動的に倍率が変更されます。

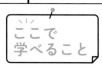
ここで
学べること

習得スキル	操作ガイド	ページ
▶印刷倍率の変更	レッスン77-1	p.575

まずは パッと見るだけ！

印刷倍率を調節する

余白を変更することなく、表を1ページに収めて印刷するには、拡張縮小の設定を変更します。すべての列を1ページに印刷するように設定するだけで印刷倍率が自動調整されます。

\ Before /
操作前

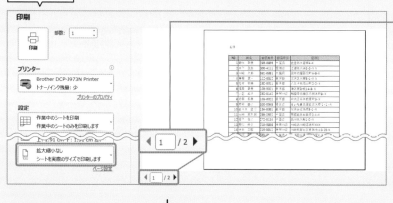

倍率変更しない[拡大縮小なし]では1ページに収まっていない

\ After /
操作後

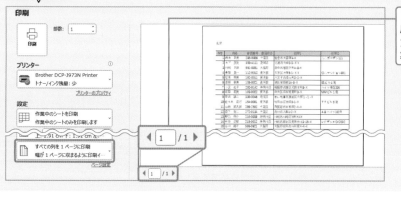

[すべての列を1ページに印刷]に変更したら、表の横幅が1ページに収まるように印刷倍率が変更された

レッスン 77-1 1ページに収まるように印刷倍率を調節する

練習用ファイル 77-名簿.xlsx

ここでは、表の横幅が1ページに収まるように設定を変更します。

操作 印刷倍率を調整する

1ページに収まるように印刷倍率を変更するには、[印刷]画面で[拡大縮小なし]をクリックして、

・[シートを1ページに印刷]
・[すべての列を1ページに印刷]
・[すべての行を1ページに印刷]

のいずれかを選択します。

コラム ワークシートに表示される点線は何？

[印刷]画面からワークシートに戻ると、ワークシート上に薄い点線が表示されることがあります。これは印刷プレビュー後に自動的に表示される改ページの線です。
この線は印刷されません。気になる場合は、ブックを閉じてから開き直すと消えます。
なお、印刷倍率が[シートを1ページに印刷]のような自動倍率になっている場合は表示されません。

1 [ファイル]タブ→[印刷]をクリックし、[印刷]画面を表示しておきます。

2 [拡大縮小なし]→[すべての列を1ページに印刷]をクリックします。

3 設定が[すべての列を1ページに印刷]に変更になります。

4 印刷倍率が自動調節されて、1ページに収まりました。

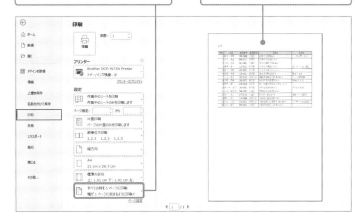

なんでいつもはみ出るの？

Memo [ページレイアウト]タブで印刷倍率を変更する

[ページレイアウト]タブの[拡大縮小]グループでは、[横]と[縦]でページ数を指定できます。また、[拡大/縮小]では数値でパーセントを指定して印刷倍率を変えられます。縮小するだけではなく、拡大することもできます。

78 改ページの位置を調整する

印刷

複数ページになるような大きい表を印刷する場合、支店や月が切り替わる行のような切りのよい位置で改ページを設定し、ページを分けることができます。改ページの設定には、[改ページプレビュー]が便利です。ここでは[改ページプレビュー]を使って改ページを設定してみましょう。

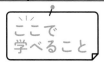
ここで学べること

習得スキル	操作ガイド	ページ
▶ 任意の位置で改ページする	レッスン78-1	p.577

まずは パッと見るだけ！

任意の位置で改ページを設定する

売上表のように、データ件数が多い表を印刷するとき、月ごとにページが分かれているとデータが見やすくなります。改ページ位置を調整することで格段と読みやすい資料になります。

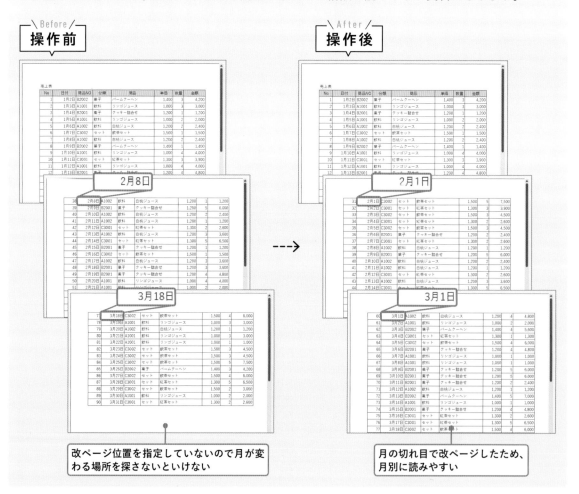

Before
操作前

After
操作後

改ページ位置を指定していないので月が変わる場所を探さないといけない

月の切れ目で改ページしたため、月別に読みやすい

レッスン 78-1 月ごとに改ページされるように設定する

練習用
ファイル 78-売上表.xlsx

ここでは、月ごとに改ページされるように調整します。

操作 改ページを調整する

改ページの調整を[改ページプレビュー]を表示して設定変更します。[表示]タブの[改ページプレビュー]をクリックして表示します。

Memo 改ページを追加する

改ページを追加したいときは、改ページしたい位置にアクティブセルを移動し❶、[ページレイアウト]タブの[改ページ]→[改ページの挿入]をクリックします❷。

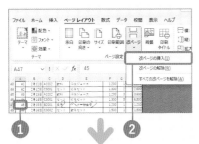

アクティブセルの上下に改ページが挿入されます。ここでは、セルA47にアクティブセルがあるので、セルA47の上に改ページが挿入されます。

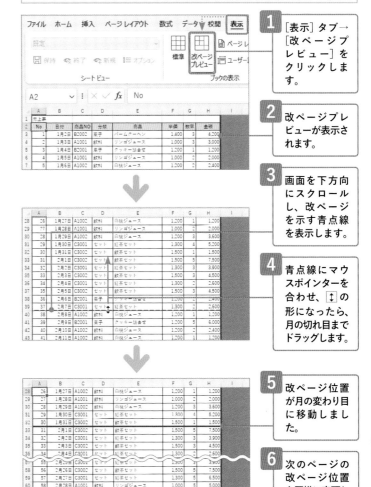

1 [表示]タブ→[改ページプレビュー]をクリックします。

2 改ページプレビューが表示されます。

3 画面を下方向にスクロールし、改ページを示す青点線を表示します。

4 青点線にマウスポインターを合わせ、⇕の形になったら、月の切れ目までドラッグします。

5 改ページ位置が月の変わり目に移動しました。

6 次のページの改ページ位置も同様に変更します。

7 [表示]タブ→[標準]をクリックして画面表示を元に戻しておきます。

コラム 改ページプレビューの表示

改ページプレビューでは、印刷範囲や改ページ位置の確認と変更ができます。灰色の部分は印刷されない部分で、白と灰色を区切る青実線が印刷範囲です。これをドラッグすると印刷範囲を変更できます。また、挿入した改ページ位置は実線、自動改ページ位置は点線で表示されます。これらの線をドラッグして改ページ位置を変更できます。

周囲の青実線が印刷範囲

表内部の線が改ページ位置

点線や実線をドラッグすると、改ページ位置や印刷範囲が変更できる

Section 79
全ページに表の見出しを印刷する

印刷

複数ページで印刷する場合、既定の印刷では、2ページ目以降は表の見出し部分は印刷されません。すべてのページに表の見出しが印刷されるようにするには、印刷タイトルを設定します。ここでは印刷タイトルの設定方法を覚えて、各ページに見出しが印刷されるように設定を変更してみましょう。

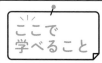

ここで学べること

習得スキル	操作ガイド	ページ
▶印刷タイトルの設定	レッスン79-1	p.579

まずは パッと見るだけ！

表の見出しを印刷タイトルに設定する

大きな表を印刷すると、複数ページの中で、1ページ目だけに表の見出しが印刷されます。2ページ以降で見出しが印刷されないと、資料を読むのに不便です。1ページ目にしか印刷されない列見出しを印刷タイトルに設定することで、2ページ目以降も印刷されるようになります。

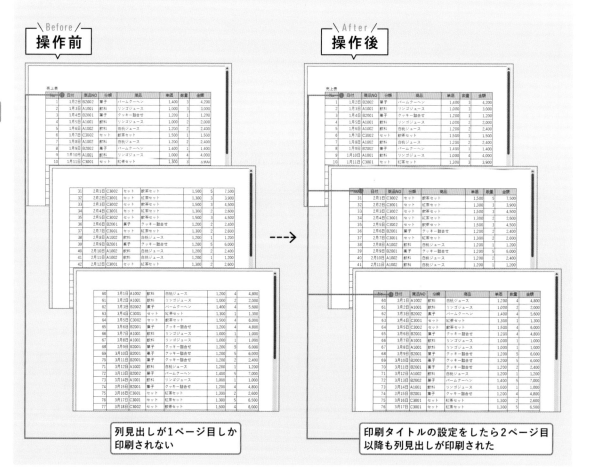

＼Before／
操作前

＼After／
操作後

列見出しが1ページ目しか印刷されない

印刷タイトルの設定をしたら2ページ目以降も列見出しが印刷された

9

作成した表をきれいに印刷する

練習用ファイル 79-売上表.xlsx

ここでは、売上表の1行目にある列見出しを印刷タイトルに設定します。

操作 印刷タイトルを設定する

表の1行目にある列見出しを、2ページ目以降も印刷するには、印刷タイトルの [タイトル行] を設定します。
[ページレイアウト] タブの [印刷タイトル] をクリックし、[ページ設定] ダイアログの [シート] タブにある [タイトル行] で列見出しの行番号を指定します。
なお、表の1列目にある行見出しを印刷タイトルにするには、[タイトル列] で行見出しの列番号を指定します。

Memo 複数行をタイトル行に指定できる

ここでは、行番号2のみ指定していますが、1行目にある表のタイトルも含めたい場合は、行番号1から2までドラッグして複数行設定します。

1 [ページレイアウト] タブの [印刷タイトル] をクリックします。

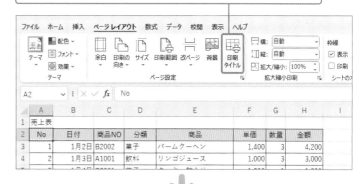

2 [ページ設定] ダイアログが表示されます。

3 [シート] タブの [タイトル行] をクリックし、表の列見出しの行番号（ここでは行番号2）をクリックし、

4 [OK] をクリックします。

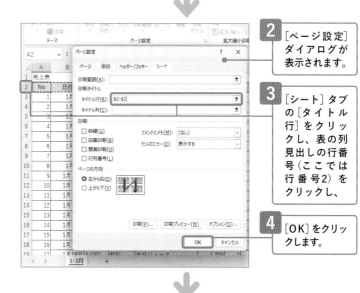

受け取る人も助かるわ！

5 [ファイル] タブ→ [印刷] をクリックして [印刷] 画面を表示します。

6 [次のページ] ▶ をクリックして、印刷プレビューで2ページ目以降も見出しが表示されることを確認します。

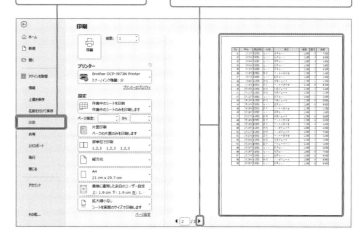

80 ヘッダーとフッターを設定する

印刷

用紙の上部の余白部分に印刷できる領域をヘッダー、下部の余白部分に印刷できる領域をフッターといい、日付やページ番号などの情報を印刷できます。ヘッダー、フッターの設定には、[ページレイアウトビュー] が便利です。ここでは [ページレイアウトビュー] を使って設定してみましょう。

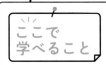

ここで
学べること

習得スキル	操作ガイド	ページ
▶ ヘッダーの設定	レッスン80-1	p.581
▶ フッターの設定	レッスン80-2	p.582

まずは パッと見るだけ！

ヘッダーとフッターを印刷する

　用紙の上部や下部に日付やページ番号を各ページに印刷すると、複数の部数を印刷したときに順番がわかりやすくなり、便利です。

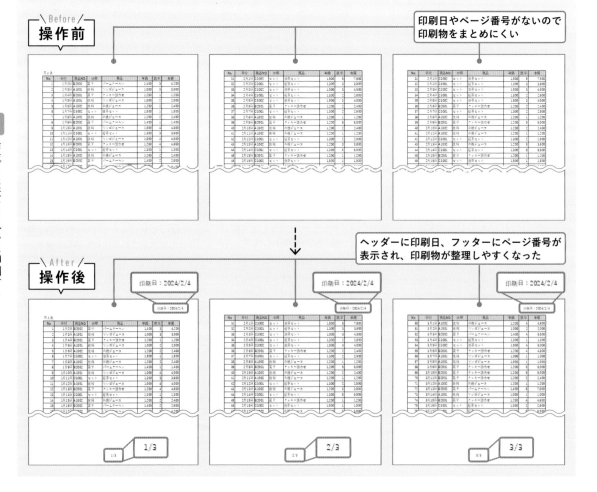

\Before/
操作前

印刷日やページ番号がないので
印刷物をまとめにくい

\After/
操作後

ヘッダーに印刷日、フッターにページ番号が
表示され、印刷物が整理しやすくなった

印刷日：2024/2/4

1/3　　2/3　　3/3

レッスン **80-1** ヘッダーに今日の日付を設定する

ここではヘッダーの右側に印刷時の日付を「印刷日：(現在の日付)」となるように設定します。

操作 ヘッダーを設定する

ヘッダーは、用紙の上余白に印刷できる領域です。ページレイアウトビューを表示すると、画面の上部にヘッダーの設定欄が表示されます。ヘッダーの欄にカーソルを表示し、印刷したい内容を設定します。

1 [表示] タブ→ [ページレイアウト] をクリックします。

Point ページレイアウトビュー

[ページレイアウトビュー] は、印刷イメージを確認しながら編集できる画面です。ヘッダーとフッターの領域が表示されるため、画面で直接編集できます。ヘッダーやフッターの欄をクリックすると、コンテキストタブの [ヘッダーとフッター] タブが表示され、ヘッダーやフッターで表示する項目を選択できます。

2 ページレイアウトビューに切り替わって、ヘッダーの領域が表示されるので、ヘッダーの領域内をクリックします。

3 コンテキストタブの [ヘッダーとフッター] タブが表示されます。

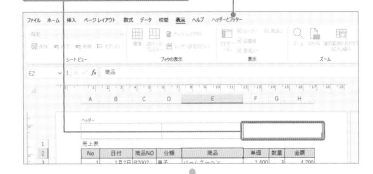

Memo 日付のコード

手順 **5** で [現在の日付] をクリックすると、日付のコード「&[日付]」が入力されます。文字列で入力されるので、直接「&[日付]」と入力して指定することもできます。
このコードが入力されると、パソコンの現在の日付が表示されます。固定の日付を印刷したい場合は、「2024/2/4」のように直接文字入力してください。

4 ヘッダー欄にヘッダーに表示する文字列 (ここでは「印刷日：」) を入力し、

5 コンテキストタブの [ヘッダーとフッター] タブ→ [現在の日付] をクリックします。

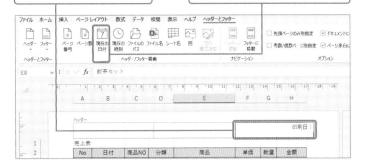

6 現在の日付を意味するコード (&[日付]) が挿入されます。

7 ワークシート上のいずれかの
セルをクリックすると、

8 編集画面に戻り、現在の
日付が表示されます。

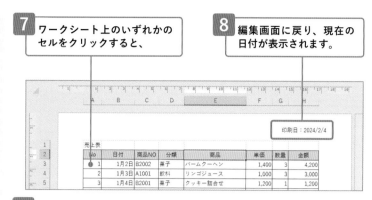

9 [表示] タブ→ [標準] をクリックして標準ビューに戻します。

レッスン 80-2 フッターにページ番号を設定する

練習用ファイル 80-2-売上表.xlsx

ここでは、フッターの中央にページ番号を設定します。

操作 フッターを設定する

フッターは、用紙の下余白に印刷できる領域です。ヘッダーと同様に [ページレイアウトビュー] で設定することができます。コンテキストタブの [ヘッダーとフッター] タブにある [フッターに移動] をクリックしてフッターに移動できます。

1 レッスン80-1の手順を参照して [ページレイアウトビュー] を表示し、ヘッダー領域のいずれかの欄をクリックします。

2 コンテキストタブの [ヘッダーとフッター] タブ→ [フッターに移動] をクリックします。

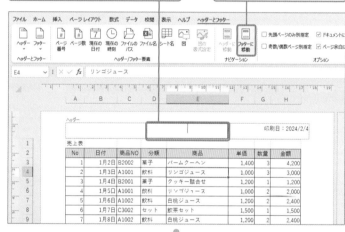

Memo 設定リストから選択する

コンテキストタブの [ヘッダーとフッター] タブの [ヘッダー]、[フッター] をクリックすると❶、ヘッダーやフッターに配置する設定リストのパターンが一覧表示されます❷。設定後のイメージが確認できます。例えば、「1/?ページ」を選択するとページ番号とページ数を表示するフッターが挿入できます。

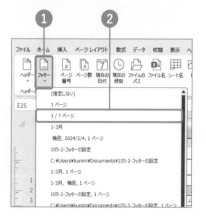

3 フッターが表示されたら、フッターを設定したい欄をクリックしてカーソルを移動します。

4 コンテキストタブの[ヘッダーと
フッター]タブ→[ページ番号]
をクリックすると、

5 ページ番号を意味する
コード（&[ページ番号]）
が挿入されます。

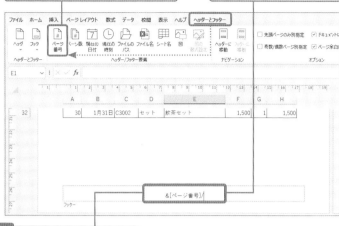

6 続けて「/」（スラッシュ）
を入力し、

7 コンテキストタブの[ヘッダーと
フッター]タブ→[ページ数]を
クリックすると、

8 ページ数を意味するコー
ド（&[総ページ数]）が
挿入されます。

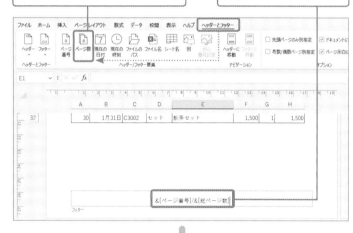

9 作成した表をきれいに印刷する

9 ワークシート上のいずれかの
セルをクリックすると、

10 編集画面に戻り、ページ番号
とページ数が表示されます。

順番がわから
なくなっても
目印をつくれ
ば大丈夫〜

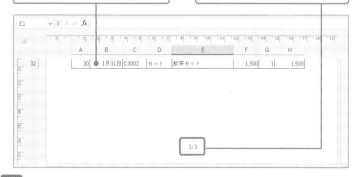

11 [表示]タブ→[標準]をクリックして標準ビューに戻しておきます。

練習問題 印刷の設定を練習しよう

練習用ファイル 演習9-売上表.xlsx

以下の手順でワークシートの印刷設定をしてみましょう。

1 余白を上下「2.0センチ」、左右「1.5センチ」に設定を変更する

2 表が用紙の水平方向に中央に印刷されるように設定する

3 月ごとに用紙が変わるように、月の切れ目で改ページを設定する

4 各ページに表の列見出しが印刷されるように印刷タイトルを設定する

5 ヘッダーの左側にシート名を設定し、右側に現在の印刷日を設定する

　　ヒント：p.581のPointを参照し、ページレイアウトビューでヘッダーの左の枠に「売上表」と入力する

6 フッターの中央に「1ページ」の形式で表示されるようにページ番号を設定する

▼完成見本

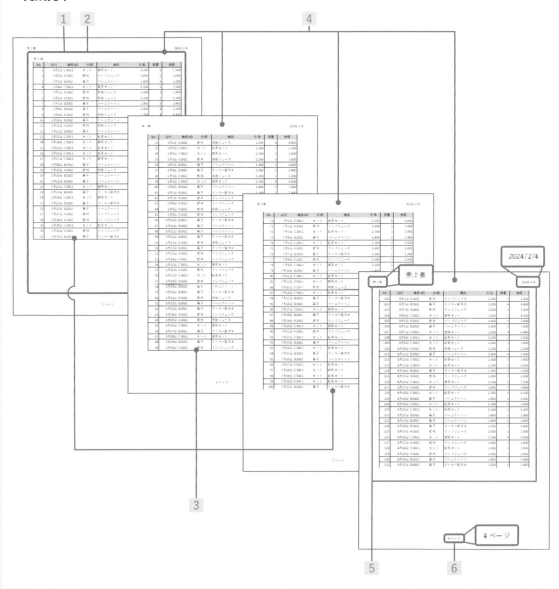

9
作成した表をきれいに印刷する

第 **1** 章

共同作業に便利な機能

Wordの文書やExcelのブックをネットワーク上に保存し、共有の設定をすると、文書やブックを他のユーザーと共同して編集することができます。文書やブックにコメントを残して、共同で編集するユーザーとコメントのやり取りをすることもできます。ここでは、文書やブックなどのファイルをOneDriveに保存し、共有したファイルを他ユーザーと編集する方法を紹介します。

Section **01**　OneDrive を利用する

Section **02**　コメントを挿入する

共有まで
できれば完璧！

Section

01 OneDrive を利用する

OneDrive とは、マイクロソフト社が提供するオンラインストレージサービスです。Microsoft アカウントを持っていると、インターネット上に自分専用の保存場所である OneDrive が提供され、Excel のブックや Word の文書などのデータを保存できます。

ここで学べること	習得スキル	操作ガイド	ページ
	▶ ブックを OneDrive に保存	レッスン 01-1	p.587
	▶ ブックの共有	レッスン 01-2	p.588

👀 まずは パッと見るだけ！

OneDrive への保存とブックの共有

　ブックを OneDrive に保存すると、別のパソコンから Word の文書や Excel のブックを開くことができます。文書やブックを共有すれば、複数のユーザーがそれらを開いて編集できるようになります。

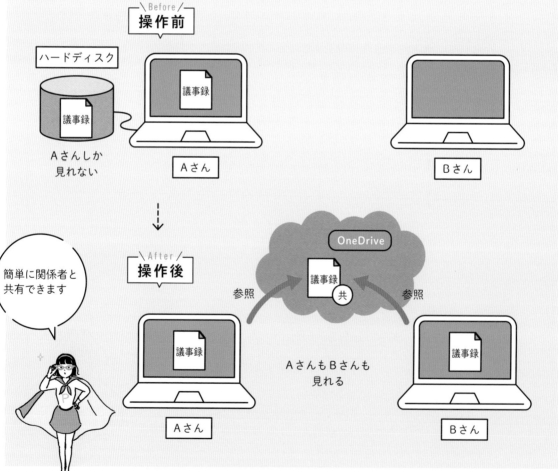

レッスン 01-1 Wordの文書やExcelのブックをOneDriveに保存する

練習用
ファイル **01-売上集計表.xlsx**

Microsoftアカウントでサインインしておきます。ここではExcelのブックをOneDriveに保存しますが、Wordの文書も同じ手順で保存できます。

操作 **OneDriveに文書やブックを保存する**

Microsoftアカウントでサインインしていれば、自分のパソコンに保存するのと同じ感覚でOneDriveにWordの文書やExcelのブックを保存できます。OneDriveに保存すると、自動保存機能によって文書やブックに変更があると自動的に保存されるようになり、保存し忘れることがなくなります。

Point **Microsoftアカウントでサインインする**

タイトルバーの右端にある［サインイン］をクリックし❶、表示される画面でMicrosoftアカウントを入力して❷、［次へ］をクリックします❸。サインインが完了するとアカウント名がタイトルバーに表示されます。

まだMicrosoftアカウントを作成していない場合は、「アカウントを作成しましょう」から作成できます。

Memo **OneDriveの利用可能容量**

1つのMicrosoftアカウントにつき、無料で5GBまで使用できます。なお、Microsoft 365では1TBまで使用できるようになります。詳しくはMicrosoft社のWebページで確認してください。

---

1 ［ファイル］タブ→［名前を付けて保存］をクリックし、

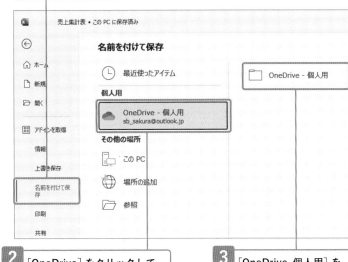

2 ［OneDrive］をクリックして、

3 ［OneDrive-個人用］をクリックします。

4 ［名前を付けて保存］ダイアログが表示されます

5 保存先となるOneDriveのフォルダー（ここでは「ドキュメント」）をクリックし、

6 ファイル名（ここでは「売上集計表」）を入力して、

7 ［保存］をクリックすると、指定したOneDriveのフォルダーに保存されます。

8 ブックが保存され、編集画面に戻ると［自動保存］が［オン］になります。以降、文書に変更があると自動的に保存されるようになります（p.336参照）。

レッスン 01-2 Wordの文書やExcelのブックを共有する

練習用ファイル **01-売上集計表.xlsx**

🖱 操作 **OneDrive上で文書やブックを共有する**

OneDriveに保存されているブックをExcelで開いている場合、Excelからブックを他のユーザーと共有することができます。文書を共有するには、タイトルバー右端にある［共有］をクリックします。なお、Wordの文書も同じ手順で共有できます。

レッスン01-1で保存したOneDrive上にある［売上集計表.xlsx］を使います。また、共有するファイルをあらかじめOneDriveに保存しておきます。

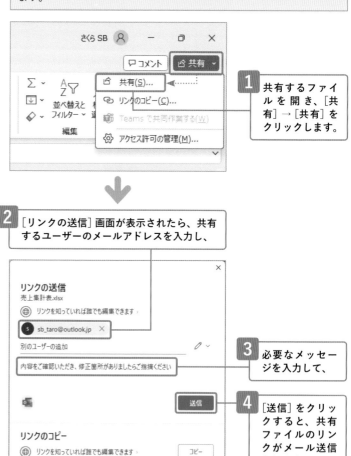

1 共有するファイルを開き、［共有］→［共有］をクリックします。

2 ［リンクの送信］画面が表示されたら、共有するユーザーのメールアドレスを入力し、

3 必要なメッセージを入力して、

4 ［送信］をクリックすると、共有ファイルのリンクがメール送信されます。

'売上集計表.xlsx' へのリンクを送信しました

宛先: S

> **5** メッセージを確認し、[×] をクリックして閉じます。

コラム　共有者に届くメール

共有者には以下のようなメールが届きます。届いたメールを開き、[開く] をクリックすると❶、OneDrive 上の文書が編集できる状態で開きます❷。

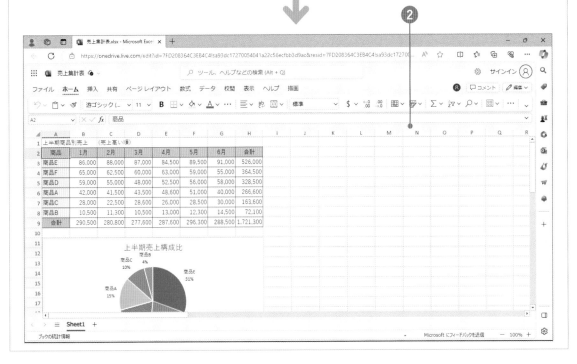

02 コメントを挿入する

コメント機能を使うと、セルの内容について、確認や質問事項を残しておけます。ブック内でコメント間を移動しながら、内容を確認し、返答ができます。ブックの内容についての意見交換のツールとして使う以外に、作成者の確認用の覚え書きとして使うこともできます。

ここで学べること

習得スキル	操作ガイド	ページ
▶ コメントの挿入	レッスン02-1	p.373
▶ コメントの表示／非表示	レッスン02-2	p.374
▶ コメントに返答する	レッスン02-3	p.375

まずは パッと見るだけ！

コメントの挿入

セルにコメントを挿入すると、セルの右側にコメントが追加されます。別のユーザーからコメントに対する返答を受け取ることもできます。本書では、Excelで操作方法を説明していますが、Wordでも同じ操作でコメントを挿入できます。

\ Before /
操作前

\ After /
操作後

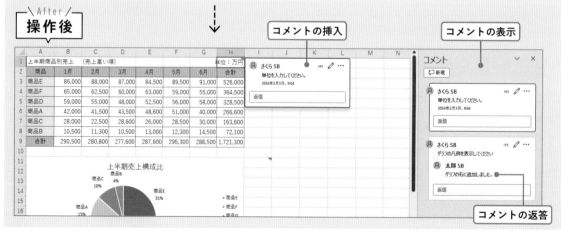

| コメントの挿入 | コメントの表示 |

| コメントの返答 |

レッスン 02-1 コメントを挿入する

練習用
ファイル 02-1-売上集計表.xlsx

操作 コメントを挿入する

コメント機能を使うと、ブック内の
セルや内容について、確認や質問事
項を欄外に残しておけます。複数人
で校正する場合にやり取りするのに
使えます。

Point コメントが設定された
セル

コメントが設定されたセルには、セ
ルの右上に🔲が表示されます。マウ
スポインターを合わせると、コメン
トが表示されます。

ショートカットキー

● コメントの挿入
[Ctrl] + [Alt] + [M]

Memo Wordの場合

手順1で文書内のコメントを付けた
い文字列を選択します。

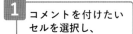

1 コメントを付けたい
セルを選択し、

2 [校閲] タブ→[新しいコメント] を
クリックすると、

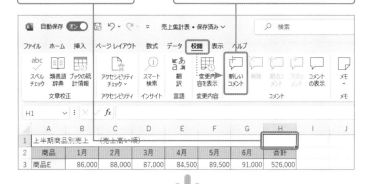

3 コメントウィンドウが表示され
るので、コメントを入力し、

4 [コメントを投稿する] ▷
をクリックします。

5 コメントが確定されます。

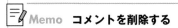

Memo コメントを削除する

コメントを削除する際、投稿前と投稿後で操作が異なります。

● 投稿前のコメントの削除
投稿前の場合は、コメント内の [キャ
ンセル] ✕ をクリックします。

● 投稿済みのコメントの削除
投稿済みのコメントの場合は、削除したいコメントが入力された
セルをクリックし❶、[校閲] タブ→[削除] をクリックします❷。

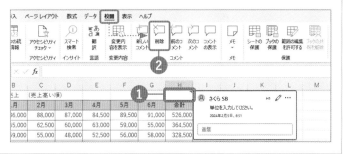

レッスン 02-2 コメント一覧の表示

練習用
ファイル 02-2-売上集計表.xlsx

操作 コメント一覧を表示する

セルに挿入されているコメントの一覧を表示するには、[校閲] タブの [コメントの表示] をクリックします。[コメント] 作業ウィンドウが表示され、コメントが一覧表示され、ここで編集することができます。

Memo コメントを切り替える

ブック内に複数のコメントが挿入されている場合、[校閲] タブの [次のコメント] または [前のコメント] で順番に閲覧できます。

資料を見ながらコメントできるよ～

---

1 [校閲] タブ→ [コメントの表示] をクリックします。

2 [コメント] 作業ウィンドウが表示され、ワークシート上のコメントが一覧表示されます。

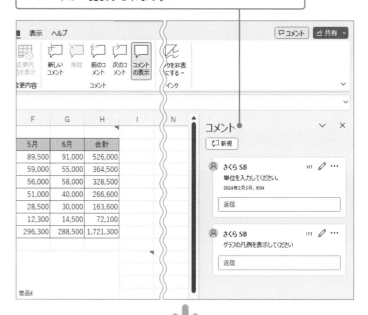

3 コメントをクリックして選択して編集できます。

4 選択されたコメントが挿入されているセルが選択されます。

レッスン 02-3 コメントに返答する

練習用
ファイル 02-3-売上集計表.xlsx

操作 コメントに返信する

コメントに対する返信をするには、コメントウィンドウにある[返信]ボックスに入力し、[返信を投稿する] ▷ をクリックします。

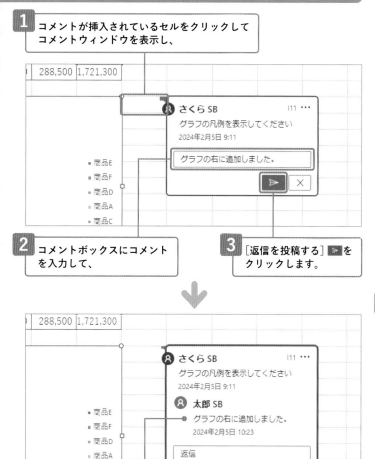

1 コメントが挿入されているセルをクリックしてコメントウィンドウを表示し、

2 コメントボックスにコメントを入力して、

3 [返信を投稿する] ▷ をクリックします。

4 返信が投稿されます。

Memo **コメントを解決する**

コメントウィンドウの … をクリックし、表示されるメニューで[スレッドを解決する]をクリックすると❶、コメントウィンドウが解決済みと表示されます❷。

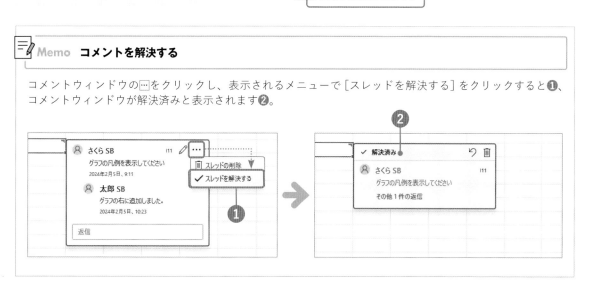

コラム　メモを追加する

メモは、セルに対するメモ書きです。自分用の覚え書きや、相手とのやり取りを前提としないテキストなどを入力します。メモを入力するには、［校閲］タブの［メモ］→［新しいメモ］をクリックします。

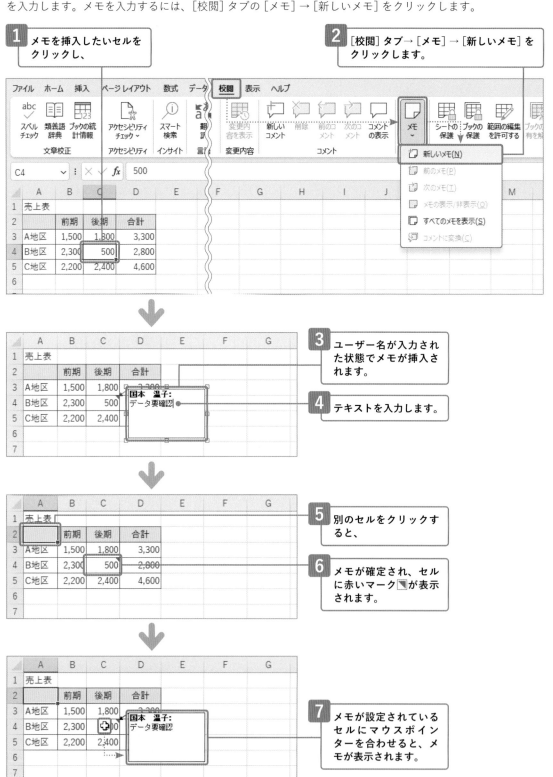

1 メモを挿入したいセルをクリックし、

2 ［校閲］タブ→［メモ］→［新しいメモ］をクリックします。

3 ユーザー名が入力された状態でメモが挿入されます。

4 テキストを入力します。

5 別のセルをクリックすると、

6 メモが確定され、セルに赤いマーク ◣ が表示されます。

7 メモが設定されているセルにマウスポインターを合わせると、メモが表示されます。

練習問題 コメントの挿入と返信の練習をしよう | 練習用ファイル | **演習1-売上報告書.xlsx**

ブック「売上報告書」に以下の手順で、コメントの挿入／返信／コメントを表示してみましょう。

1　セルE1にコメントを挿入し、「作成日の日付を入力してください。」とテキストを入力して、投稿する

2　セルB4の値を「25000」に変更し、セルに設定されているコメントに「数値を確認し、修正しました。」と入力して、返信する

3　［コメント］作業ウィンドウを表示してコメントを一覧で表示する

▼ **完成見本**

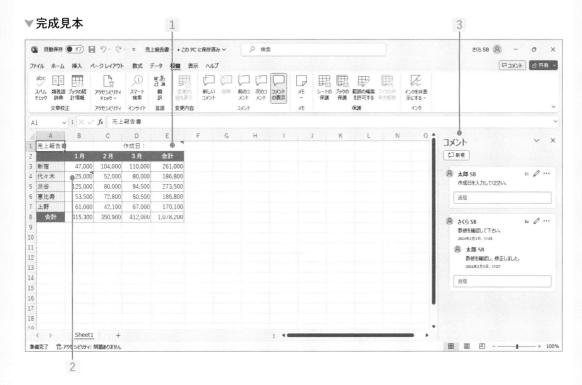

お疲れ様～

1

共同作業に便利な機能

マウス／タッチパッドの操作

クリック

画面上のものやメニューを選択したり、ボタンをクリックしたりするときなどに使います。

左ボタンを1回押します。

左ボタンを1回押します。

右クリック

操作可能なメニューを表示するときに使います。

右ボタンを1回押します。

右ボタンを1回押します。

ダブルクリック

ファイルやフォルダーを開いたり、アプリを起動したりするときに使います。

左ボタンをすばやく2回押します。

左ボタンをすばやく2回押します。

ドラッグ

画面上のものを移動するときなどに使います。

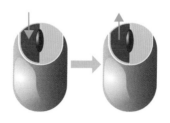

左ボタンを押したままマウスを移動し、移動先で左ボタンを離します。

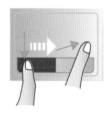

左ボタンを押したままタッチパッドを指でなぞり、移動先で左ボタンを離します。

よく使うキー

Esc（エスケープ）キー
操作を取り消すときに使います。

半角 / 全角キー
日本語入力モードと半角英数モードを切り替えます。

Delete（デリート）キー
カーソルの右側の文字を削除します。

テンキー
電卓のように数字や演算記号が集まったキーです。

BackSpace（バックスペース）キー
カーソルの左側の文字を削除します。

Shift（シフト）キー
他のキーと組み合わせて使います。

スペースキー
空白の入力や漢字への変換に使います。

Enter（エンター）キー
文字の確定や改行入力で使います。

矢印キー
カーソルを上下左右に移動します。

Ctrl（コントロール）キー
他のキーと組み合わせて使います。

ショートカットキー

複数のキーを組み合わせて押すことで、特定の操作をすばやく実行することができます。
本書中では 〇〇 ＋ △△ キーのように表記しています。

▶ Ctrl ＋ A キーという表記の場合

2つのキーを同時に押します。

▶ Ctrl ＋ Shift ＋ Esc キーという表記の場合

3つのキーを同時に押します。

便利なショートカットキー

Word

●文書の操作

ショートカットキー	操作内容
Ctrl + N	白紙の文書を作成する
Ctrl + Home	文書の先頭に移動する
Ctrl + End	文書の末尾に移動する
Ctrl + O	Backstageビューの[開く]を表示する
Ctrl + F12	[ファイルを開く]ダイアログを表示する
Ctrl + S	文書を上書き保存する
F12	[名前を付けて保存]ダイアログを表示する
Ctrl + W	文書を閉じる
Alt + F4	文書を閉じる／Wordを終了する
Ctrl + P	Backstageビューの[印刷]を表示する
Ctrl + Z	直前の操作を取り消して元に戻す
Ctrl + Y	元に戻した操作をやり直す
F4	直前の操作を繰り返す
ESC	現在の操作を途中で取り消す

●ウィンドウの操作

ショートカットキー	操作内容
Ctrl + F1	リボンの表示／非表示を切り替える
Ctrl +マウスのホイールを奥に回す	拡大表示する
Ctrl +マウスのホイールを手前に回す	縮小表示する
Ctrl + F	ナビゲーションウィンドウを表示する
Ctrl + H	[検索と置換]ダイアログの[置換]タブを表示する
Ctrl + G ／ F5	[検索と置換]ダイアログの[ジャンプ]タブを表示する

●文字入力・変換

ショートカットキー	操作内容
変換	確定した文字を再変換する
ESC	入力を途中で取り消す
F6	文字の変換中にひらがなに変換する
F7	文字の変換中に全角カタカナに変換する
F8	文字の変換中に半角カタカナに変換する
F9	文字の変換中に全角英数字に変換する
F10	文字の変換中に半角英数字に変換する

WordとExcelの使用時に知っておくと便利なショートカットキーを用途別にまとめました。たとえば、白紙の文書を作成するときに使用する Ctrl + N とは、Ctrl キーを押しながら N キーを押すことです。

Excel

●ブックの操作

ショートカットキー	操作内容
Ctrl + N	空白ブックを作成する
Ctrl + O	[開く] 画面を表示する
Ctrl + F12	[ファイルを開く] ダイアログを表示する
Ctrl + S	ブックを上書き保存する
F12	[名前を付けて保存] ダイアログを表示する
Ctrl + W	Excel を終了せずにブックを閉じる
Alt + F4	ブックを閉じる／アプリを終了する
Ctrl + P	[印刷] 画面を表示する
Ctrl + Z	直前の操作を取り消して元に戻す
Ctrl + Y	元に戻した操作をやり直す
F4	直前の操作を繰り返す
ESC	現在の操作を取り消す

●アクティブセルの移動

ショートカットキー	操作内容
Ctrl + Home	セル A1 に移動する
Tab	右隣に移動する
Shift + Tab	左隣に移動する
Home	選択しているセルの A 列に移動する
PageUp	1画面上方向にスクロールする
PageDown	1画面下方向にスクロールする
Alt + PageDown	1画面右方向にスクロールする
Alt + PageUp	1画面左方向にスクロールする
Ctrl + ↓	データが入力された範囲の下端のセルに移動する
Ctrl + ↑	データが入力された範囲の上端のセルに移動する
Ctrl + →	データが入力された範囲の右端のセルに移動する
Ctrl + ←	データが入力された範囲の左端のセルに移動する

●範囲選択

ショートカットキー	操作内容
Ctrl + Shift + :	アクティブセル領域を選択する
Shift + Space	ワークシートの行全体を選択する
Ctrl + Space	ワークシートの列全体を選択する
Ctrl + Shift + ↓	データが入力された範囲の下端のセルまでを選択する
Ctrl + Shift + ↑	データが入力された範囲の上端のセルまでを選択する
Ctrl + Shift + →	データが入力された範囲の右端のセルまでを選択する
Ctrl + Shift + ←	データが入力された範囲の左端のセルまでを選択する
Ctrl + A	表全体、ワークシート全体を選択する

ローマ字／かな対応表

あ行

あ	い	う	え	お		あ	い	う	え	お
A	I	U	E	O		LA	LI	LU	LE	LO
	YI	WU				XA	XI	XU	XE	XO
		WHU					LYI		LYE	
							XYI		XYE	

いぇ
YE

うぁ	うぃ		うぇ	うぉ
WHA	WHI		WHE	WHO
	WI		WE	

か行

か	き	く	け	こ		が	ぎ	ぐ	げ	ご
KA	KI	KU	KE	KO		GA	GI	GU	GE	GO
CA		CU		CO						
		QU								

カ			ケ	
LKA			LKE	
XKA			XKE	

きゃ	きぃ	きゅ	きぇ	きょ		ぎゃ	ぎぃ	ぎゅ	ぎぇ	ぎょ
KYA	KYI	KYU	KYE	KYO		GYA	GYI	GYU	GYE	GYO

くぁ	くぃ	くぅ	くぇ	くぉ		ぐぁ	ぐぃ	ぐぅ	ぐぇ	ぐぉ
QWA	QWI	QWU	QWE	QWO		GWA	GWI	GWU	GWE	GWO
QA	QI		QE	QO						
KWA	QYI		QYE							

くゃ		くゅ		くょ
QYA		QYU		QYO

さ行

さ	し	す	せ	そ		ざ	じ	ず	ぜ	ぞ
SA	SI	SU	SE	SO		ZA	ZI	ZU	ZE	ZO
	CI		CE				JI			
	SHI									

しゃ	しぃ	しゅ	しぇ	しょ		じゃ	じぃ	じゅ	じぇ	じょ
SYA	SYI	SYU	SYE	SYO		JYA	JYI	JYU	JYE	JYO
SHA		SHU	SHE	SHO		ZYA	ZYI	ZYU	ZYE	ZYO
						JA		JU	JE	JO

すぁ	すぃ	すぅ	すぇ	すぉ
SWA	SWI	SWU	SWE	SWO

た行

た	ち	つ	て	と		だ	ぢ	づ	で	ど
TA	TI	TU	TE	TO		DA	DI	DU	DE	DO
	CHI	TSU								

		っ		
		LTU		
		XTU		
		LTSU		

ちゃ	ちぃ	ちゅ	ちぇ	ちょ
TYA	TYI	TYU	TYE	TYO
CYA	CYI	CYU	CYE	CYO
CHA		CHU	CHE	CHO

つぁ	つぃ		つぇ	つぉ
TSA	TSI		TSE	TSO

てゃ	てぃ	てゅ	てぇ	てょ
THA	THI	THU	THE	THO

とぁ	とぃ	とぅ	とぇ	とぉ
TWA	TWI	TWU	TWE	TWO

ぢゃ	ぢぃ	ぢゅ	ぢぇ	ぢょ
DYA	DYI	DYU	DYE	DYO

でゃ	でぃ	でゅ	でぇ	でょ
DHA	DHI	DHU	DHE	DHO

どぁ	どぃ	どぅ	どぇ	どぉ
DWA	DWI	DWU	DWE	DWO

な行

な	に	ぬ	ね	の
NA	NI	NU	NE	NO

にゃ	にぃ	にゅ	にぇ	にょ
NYA	NYI	NYU	NYE	NYO

は行

は	ひ	ふ	へ	ほ
HA	HI	HU	HE	HO
		FU		

ば	び	ぶ	べ	ぼ
BA	BI	BU	BE	BO

ぱ	ぴ	ぷ	ぺ	ぽ
PA	PI	PU	PE	PO

ひゃ	ひぃ	ひゅ	ひぇ	ひょ
HYA	HYI	HYU	HYE	HYO

びゃ	びぃ	びゅ	びぇ	びょ
BYA	BYI	BYU	BYE	BYO

ぴゃ	ぴぃ	ぴゅ	ぴぇ	ぴょ
PYA	PYI	PYU	PYE	PYO

ふぁ	ふぃ	ふぅ	ふぇ	ふぉ
FWA	FWI	FWU	FWE	FWO
FA	FI		FE	FO
	FYI		FYE	

ヴぁ	ヴぃ	ヴ	ヴぇ	ヴぉ
VA	VI	VU	VE	VO
	VYI		VYE	

ふゃ		ふゅ		ふょ
FYA		FYU		FYO

ヴゃ	ヴぃ	ヴゅ	ヴぇ	ヴょ
VYA	VYI	VYU	VYE	VYO

ま行

ま	み	む	め	も
MA	MI	MU	ME	MO

みゃ	みぃ	みゅ	みぇ	みょ
MYA	MYI	MYU	MYE	MYO

や行

や		ゆ		よ
YA		YU		YO

ゃ		ゅ		ょ
LYA		LYU		LYO
XYA		XYU		XYO

ら行

ら	り	る	れ	ろ
RA	RI	RU	RE	RO

りゃ	りぃ	りゅ	りぇ	りょ
RYA	RYI	RYU	RYE	RYO

わ行

わ	ゐ		ゑ	を
WA	WI		WE	WO

ん
N
NN
XN
N'

● 「ん」は、母音（A、I、U、E、O）の前と、単語の最後ではNNと入力します（TANI→たに、TANNI→たんい、HONN→ほん）。

● 「っ」は、N以外の子音を連続しても入力できます（ITTA→いった）。

● 「ヴ」のひらがなはありません。

索　引

か行

さ行

Excel

アルファベット

あ行

注意事項

● 本書に掲載されている情報は、2024年2月現在のものです。本書の発行後にWordとExcelの機能や操作方法、画面が変更された場合は、本書の手順通りに操作できなくなる可能性があります。

● 本書に掲載されている画面や手順は一例であり、すべての環境で同様に動作することを保証するものではありません。読者がお使いのパソコン環境、周辺機器、スマートフォンなどによって、紙面とは異なる画面、異なる手順となる場合があります。

● 読者固有の環境についてのお問い合わせ、本書の発行後に変更されたアプリ、インターネットのサービスなどについてのお問い合わせにはお答えできない場合があります。あらかじめご了承ください。

● 本書に掲載されている手順以外についてのご質問は受け付けておりません。

● 本書の内容に関するお問い合わせに際して、編集部への電話によるお問い合わせはご遠慮ください。

本書サポートページ https://isbn2.sbcr.jp/23906/

著者紹介

国本 温子（くにもと あつこ）

テクニカルライター。企業内でワープロ、パソコンなどのOA教育担当後、Office、VB、VBAなどのインストラクターや実務経験を経て、現在はフリーのITライターとして書籍の執筆を中心に活動中。

企画協力	ヒートウェーブ株式会社　Heat Wave IT Academy　大住 真理子
カバーデザイン	新井 大輔
カバーイラスト	ますこ えり
カバーフォト	Garnar-stock.adobe.com
制作協力	岡本 晋吾・後藤 健大・荻原 尚人・河野 太一
制作	BUCH+
編集	本間 千裕

やさしく教わる Word & Excel
[Office 2021 ／ Microsoft 365対応]

2024年　4月29日　初版第1刷発行

著　者	国本 温子
発行者	出井 貴完
発行所	SBクリエイティブ株式会社 〒105-0001 東京都港区虎ノ門2-2-1 https://www.sbcr.jp/
印　刷	株式会社シナノ

落丁本、乱丁本は小社営業部にてお取り替えいたします。
定価はカバーに記載されております。
Printed in Japan　ISBN978-4-8156-2390-6